Zum Buch
Als Professor Baumann die junge Studentin Sonia bittet, ihn und seine Frau auf einer wissenschaftlichen Expedition in die Sahara zu begleiten, sagt sie ohne Zögern zu. In der Wüste angekommen, ist Sonia fasziniert von dieser völlig anderen Welt; der endlosen Weite, dem Charme der Wüste und besonders dem Leben der Tuareg. Als sie Tarek kennen lernt, einen Adligen vom Stamm der Kel Rela, verliebt sie sich unsterblich in den jungen Mann. Trotz aller Widerstände ihrer Familie und Freunde kennt Sonia nur noch ein Ziel: zurückkehren in die Wüste, um mit Tarek zu leben. Die beiden verbringen die schönste Zeit ihres Lebens zusammen. Doch dann geschieht ein unvorhersehbares Unglück, das die Familie auseinander zu reißen droht.

Zum Autor
Federica de Cesco wurde in Italien geboren und wuchs in verschiedenen Ländern mehrsprachig auf. Sie hat über 50 Romane für Kinder und Jugendliche geschrieben. Mit ihrem Bestseller *Silbermuschel* gelang ihr der Durchbruch in der Belletristik. Weitere Erfolgsromane wie *Seidentanz*, *Die Tibeterin* und *Wüstenmond* folgten. Heute lebt Federica de Cesco mit ihrem japanischen Mann in der Schweiz.

Lieferbare Titel
Im Heyne-Verlag erschienen: *Die goldenen Dächer von Lhasa - Fern von Tibet - Im Herzen der Sahara - Weißer Kranich über Tibet - Das Gold der Azteken*

Federica de Cesco

Im Herzen der Sahara

Roman

WILHELM HEYNE VERLAG
MÜNCHEN

Zum Gedenken an
Abd El Kader ag Marly,
Tamanrasset

Das Buch erschien bereits unter dem Titel
»Kel Rela – im Herzen der Sahara«

Verlagsgruppe Random House
FSC-DEU-0100
Das für dieses Buch verwendete
FSC-zertifizierte Papier *München Super*
liefert Mochenwangen.

4. Auflage
Taschenbuchausgabe 03/2005
Copyright © 2002 by Arena Verlag, Würzburg
Copyright © dieser Ausgabe 2005 by Wilhelm Heyne Verlag, München,
in der Verlagsgruppe Random House GmbH
Printed in Germany 2007
Umschlagillustration: Getty Images/Tim Hall
Umschlaggestaltung: Hauptmann und Kampa Werbeagentur,
München, Zürich
Gesetzt aus der Minion
Satz: KompetenzCenter, Mönchengladbach
Druck und Bindung: GGP Media GmbH, Pößneck
ISBN: 978-3-453-40039-9
http://www.heyne.de

Prolog

Es gibt Wirbelstürme in der Wüste, Staubwinde, die mit rasender Geschwindigkeit wehen und die Luft zum Knistern bringen. Der Wind bringt Geheimnisse und Erinnerungen, zuweilen weiß ich nicht, ob es Träume sind. Als Kind stellte Mariama kaum Fragen, was mir die Sache leicht machte. Später gab es viele Dinge, die sie wissen wollte – über ihren Vater, ihre Mutter, die sie nie gekannt hat. Darüber, wie ich sie mit Achmeds Hilfe zu mir geholt hatte nach dem Tod ihres Vaters. Ihre Fragen rissen die Wunden wieder auf, brachten mich durcheinander. »Überlass es mir«, hatte Achmed dazu gemeint. »Sie kann das alles auch von mir erfahren.«

Doch ich wollte nicht vom Vergessen leben, auch wenn es schmerzte. Nach und nach erzählte ich ihr das Wesentliche, und das Übrige konnte sie sich ausmalen.

Mariama studierte Medizin, gerade hat sie ihr Staatsexamen abgeschlossen. In zwei Monaten beginnt ihr Praktikum im Universitätskrankenhaus in Lausanne. Kürzlich wollte sie wissen, wie es war, als wir sie damals aus dem Tuareg-Lager holten.

»Und Großmutter? War sie einverstanden?«

»Sie sah ein, dass es das Beste für dich war.«

»Schade, dass ich mich kaum an sie erinnern kann.« Mariama seufzte. »Und dann, als wir nach Algier gingen?«

»Da wohnten wir nur zwei Jahre. Achmed besuchte einen Fortbildungskurs und ich war Sprechstundenhilfe. Karin hatte mir die Stelle besorgt. Dann starb meine Mutter und hinterließ mir die Wohnung. Wir kehrten nach Genf zurück. Achmed und ich heirateten.«

Mariama blinzelte amüsiert.

»Ja, an die Hochzeit entsinne ich mich gut!«

»Da war nicht viel los«, meinte Achmed.

Wir tauschten einen Blick und lächelten. Heute arbeitet Achmed in einem Fotolabor, daneben bringt er afrikanischen Asylbewerbern Französisch bei. Ich arbeite als Sprechstundenhilfe, seit zwanzig Jahren beim gleichen Arzt. Eine Halbtagsstelle. Da wir keine Miete zahlen, reichte es uns so gerade und Mariama konnte studieren.

Jetzt hatte sie ein Zimmer in Lausanne gefunden, ein kleines Zimmer in der vierten Etage, mit einer Kochnische und einer winzigen Dusche. Es war durchaus ein hübsches Zimmer, aber ein enges. Wir packten einige Möbel in unseren Kombiwagen, schleppten sie mit Mariama die vier Stockwerke hoch. Mariama war fröhlich und aufgeregt. Für sie begann ein neuer Lebensabschnitt.

Mariama ist groß, wie die Tuaregmädchen es sind, mit langen, schlanken Beinen. Ihr Haar ist kastanienbraun und sie hat grüne Augen, eine seltene, klare Farbe. Wenn ich sie ansehe, denke ich an früher. In der Stille meines Herzens nimmt diese Zeit in der Wüste einen besonderen Platz ein. Nie werde ich den Zauber von damals vergessen. Ab und zu steigt ein Name in mir auf und ich merke erst im Nachhinein, dass ich ihn laut ausgesprochen habe. Hört ihn Achmed, hebt er den Kopf, aufmerksam, etwas besorgt. Ich beruhige ihn, mit einem Lächeln. Und doch möchte ich weinen. Achmed fragt nicht: »Was hast du?«, sondern nimmt still meine Hand. Es sind merkwürdige Träume, die mich erfüllen. Träume von

Leben, Liebe und Tod. Ich suche sie, wie im Halbschlaf. Sie kommen, antworten; sie sind überall. Achmed nimmt mir die Gedanken ab, die mich belasten, ich klammere mich an seine Hand und werde in die Vergangenheit getragen. Die Zeit wirbelt zurück. Zweiundzwanzig Jahre zurück. Ich sehe Algier, im Dezember. Die Gehsteige sind übersät mit Papier, Zigarettenstummeln und Orangenschalen. Ich sehe mich, wie ich eine Fremde sehen würde. Ich bin neunzehn Jahre alt, aber ich kann mich nicht täuschen: Die wirkliche Geschichte wurde bereits vorher geschrieben.

ERINNERUNG

1. Kapitel

Algier, Dezember 1978. Es war vier oder fünf Uhr, die Sonne stand schräg. Der Wind wehte heftig, die Fahnen sämtlicher afrikanischer Staaten klatschten gegen ihre Stangen. Es war ausgesprochen kalt. Lichtsignale leuchteten auf an den Kreuzungen, wo sich ein unentwirrbares Gewühl von Autos, stinkenden überfüllten Bussen, selbstmörderischen Taxis, Fahrrädern und knatternden Mopeds staute. Irgendwo traktierte ein Polizist seine Trillerpfeife. Arabische Musik tönte aus den Lautsprechern. In den neonerleuchteten Bars verkündeten Transistorradios die neuesten Sportnachrichten.

Ich schlug den Kragen meiner Jacke hoch. Der Lärm der Stadt dröhnte in meinem Kopf. Leute hasteten vorbei, drängten sich vor, eine Entschuldigung auf den Lippen, aber kein Lächeln. Die Menge hatte tausend Gesichter: gleichgültige, überarbeitete, unschuldige, abstoßende, heruntergekommene, unrasierte. Ich sah matte Haut, olivfarben oder schwarz. Schimmernde Augen verschleierter Frauen. Über dem Spitzentuch, das Mund und Nase bedeckt, erkannte man ihre zarten, blau geäderten Schläfen. Studentinnen mit offenen Haaren, lang bis zur Taille, zeigten ihre Beine und gaben sich emanzipiert. Unter den Torbogen hielten Halbwüchsige Erdnüsse oder Schnürsenkel feil. Sie standen da, in grellfarbenen

Pullovern, die Hüfte vorgeschoben, Kaugummi zwischen den mahlenden Zähnen, lachten, lärmten, boxten.

Der Wind roch nach Tang und gebratenem Fisch. Ab und zu sah ich am Ende einer Querstraße das Meer, die schwarzen Wellen mit den weißen Schaumkronen. Und dann die Arkaden, das Halbdunkel, der Geruch von Urin, obszöne Kritzeleien, Plakate in Fetzen von den Mauern hängend. Bettler hielten die hohle Hand hin. Eine Mutter gab ihrem Kind die Brust. Ein verkrüppelter Alter folgte mir auf seinen Krücken, hartnäckig vor sich hin singend. Ich warf meine Tasche auf die andere Schulter und beschleunigte meine Schritte. Eine rote Ampel hielt mich auf. Die Flut des Verkehrs ergoss sich in beiden Richtungen: Abgase, Hupen, kreischende Bremsen. Ich wartete inmitten des Gestanks und Lärms.

Mein Flugzeug war gestern in Dar-el-Beida, dem Flughafen Algiers, gelandet; es war schon dunkel. Achmed war nicht auf dem Flugplatz, ich musste mit dem Bus in die Stadt fahren. Der scheußliche Abflug in Genf, wo es in Strömen goss, saß mir noch immer in den Knochen. Über dem Mittelmeer wurde die Maschine von Windstößen geschüttelt. Die Stewardessen verteilten Getränke; die Passagiere, denen schlecht geworden war, standen Schlange vor den Toiletten. Schicksalsergeben und verstört saß ich in meinem Sitz und sah schon das Flugzeug in einem Wirbel von Schwimmwesten, Papiertüten und Kaffeetassen ins Wasser stürzen – ein Crash, der den Zeitungen Schlagzeilen geliefert, mir persönlich jedoch allerhand Probleme gelöst hätte. Aber an diese versuchte ich im Moment nicht zu denken!

Das Lichtsignal wechselte endlich auf Grün. Ich überquerte die Straße und ging mit unsicheren Schritten auf der gegenüberliegenden Seite weiter. Die Müdigkeit und die Medikamente machten mich benommen: Die Dächer der schmalen, hohen Häuser schienen sich an den Firsten zu berühren, die Kreuzungen schwankten, die Bäume kamen auf mich zu. Ich hätte dieses Mittel nicht nehmen sollen! Ich hatte in den letzten Tagen zu viel geschluckt: gelbe und weiße Kapseln, zum Einschlafen, zum Aufwachen – meine tägliche Ration des Vergessens...

Jetzt begann es auch noch zu regnen! Große Tropfen fielen auf den Asphalt, trommelten auf die Windschutzscheiben der Autos. Vor mir zog eine schwangere Frau mit Einkaufstasche zwei unterernährte Kinder hinter sich her. Der Knabe war verrotzt. Das etwas jüngere Mädchen hatte genau das Haar von Mariama, auch ihre Hautfarbe! Die Sehnsucht nach der Kleinen schnürte mir die Kehle zu. Ich starrte das Kind an: Der Gesichtsausdruck war anders, und die Augen braun, nicht grün, aber es hatte dieselben flaumigen Wangen, die gebogenen Wimpern, dieselbe stolze, kindliche Anmut. Es trug über Pyjamahosen einen hässlichen karierten Rock mit Flicken und einen zerschlissenen Pullover. Die Frau wartete mit den Kindern auf den Bus. Sie hatte dicke Beine und zudem Krampfadern. Es musste eine Berberin sein, denn sie war unverschleiert. Kleine blaue Zeichen waren auf Kinn und Stirn tätowiert. Die Kinder froren im Regen wie junge Katzen. Das Mädchen kratzte sich unter dem Pullover. Ich sah seine zarten Handgelenke, seine schmutzigen, rot gefärbten Fingernägel. Plötzlich kreuzten sich unsere Blicke: Sie musterte mich mit dem unerschütterlichen Ernst der Kindheit. Ich lächelte ihr verzweifelt zu – aber sie schaute weg. Ich ging näher, streckte ihr die Hand hin, völlig unsinnig, ich machte den Mund auf, um etwas zu sagen – aber was?

In diesem Moment kam der Bus, zum Bersten voll, und hielt mit quietschenden Bremsen. Die Frau drängte sich, den Bauch voran, hinein; im Vorbeigehen streifte mich ein leerer Blick. Die Kinder folgten ihr. Schon schlossen sich die Türen. Der Wagen fuhr ab. Aus, vorbei...

Der Regen peitschte mir ins Gesicht. Ich zog mich schnell zurück und suchte Schutz unter den Arkaden. Dort blieb ich stehen, hustete hinter vorgehaltener Hand, einem Überbleibsel meiner guten Erziehung. Die Regentropfen klatschten auf den schmutzigen Gehsteig, pluff, pluff, zerplatzten oder bildeten schillernde Blasen, die lautlos zersprangen. Aber wie er begonnen hatte, so hörte der Regen plötzlich auf – unvermittelt, als wäre ein Hahn zugedreht worden. Der Asphalt glänzte im Neonlicht wie glattes Leder. Ich hatte auf einmal das Gefühl, beobachtet zu werden. Tatsächlich: In der Dunkelheit stand reglos ein Mann und starrte mich unverwandt an. Wie lange schon? Er stand ganz nah, schweigend, die Beine ein wenig gespreizt. Ich sah das Weiße seiner Augen und das Glühen seiner Zigarette. Ich habe selten Angst, ich meine: richtig Angst. Aber an diesem Abend fühlte ich mich zu verwundbar, war zu aufgewühlt, um mit so etwas fertig zu werden. Ich ging weg und gab mir alle Mühe, nicht zu rennen. Der Mann folgte mir auf dem Fuß, ohne den geringsten Laut, wie ein Schatten. Ich ging schneller. Der Unbekannte folgte mir. In einem Anflug von Panik begann ich nun doch zu rennen. Ich bekam Seitenstechen und in meinem Mund sammelte sich kalter Speichel. Es war Geschäftsschluss. Die Händler ließen die Rollläden mit ratterndem Getöse herunter. In den Bars standen die Männer an der Theke, sie hatten Feierabend. Ich sah mich um – ich hatte meinen Verfolger abgehängt, oder er war es leid geworden, mir zu folgen. Atemlos blieb ich stehen. Ein Hustenanfall schüttelte mich. Ich presste das Taschentuch vor den Mund. Auf der andern Seite der Kreuzung erhob sich das hell erleuchtete Hotel Aletti in seiner ganzen überwältigenden Hässlichkeit. Der Portier führte die Hand zur Mütze und schaute mir mit unbestimmter Neugier nach, während ich die haushohe Halle durchquerte und meinen Schlüssel holte. Ich wartete, bis ein sehr englisch aussehendes Paar den Meldezettel ausgefüllt hatte, und fragte den Empfangschef: »War jemand für mich hier?«

»Niemand, Mademoiselle«, antwortete er höflich.

Ich betrat den Lift. Das Scherengitter schloss mit einem metallischen Knall. Gegen die Wand gelehnt, hustete und hustete ich und bekam kaum mehr Luft. Endlich, vierte Etage: Die Tür öffnete sich quietschend. Das Taschentuch zwischen die Zähne gepresst, ging ich durch den leeren, teppichbelegten Flur.

Das Zimmermädchen hatte mein Bett gemacht und die Vorhänge zugezogen. Ich knipste das Licht an. Die Helligkeit blendete mich. Ein fernes Brausen drang von der Straße herauf. Der Wind heulte vom Meer her. Ich zog Jacke und Stiefel aus und ging ins Bad. Mein Gesicht im Spiegel: verkrampfte Züge, blasse Haut, dunkle Schatten unter den Augen – aber das machte vielleicht die Beleuchtung. Mein Haar fiel in Strähnen über den Kragen. Seltsam. Ich hatte nicht geglaubt, dass es so schnell wieder wachsen würde...

In meiner Erinnerung tauchte ein Bild auf. Grüne Wände, eine nackte Glühbirne an der Decke, Achmed, der die Locken zusammenwischt, die auf dem Boden vor meinem Bett liegen. Ich sehe sein Gesicht, sogar die Poren seiner Haut, die Schweißperlen auf seiner Stirn...

Ich stürzte aus dem Bad, als ob ich fliehen wollte. Ich schaltete das Radio an. Baden-Powell spielte einen Bossanova auf der Gitarre. Ich saß im Schneidersitz auf dem Bett, die Hände um die Knie gefaltet. Immer schön ruhig, Sonia. So, du hast es geschafft, der Husten vergeht. Ich hörte der Musik zu und dachte an nichts. Baden-Powell, ich mochte ihn damals sehr. Wer kannte ihn heute noch? Die Jugend wohl kaum. Und außerdem ist er tot...

Da klingelte das Telefon. Ich fuhr hoch. Ein durchdringender, befehlender Ton. Dreimal, viermal, fünfmal...

Langsam streckte ich die Hand aus und hob ab. Meine Stimme? Nur ein heiseres Flüstern: »Ja?«

Es war der Angestellte vom Empfang. »Ein Herr wünscht Sie zu sprechen.«

Ich fuhr mit der Zungenspitze über die trockenen Lippen. Mir war heiß und kalt zugleich. Auf dem Hörer zeichneten sich meine feuchten Hände ab.

»Sagen Sie ihm, er soll heraufkommen!«

Ich rutschte vom Bett, machte automatisch ein paar Schritte, stand unvermittelt mitten im Zimmer, starrte auf die Tür. Ich strich mit den klebrigen Handflächen über meine Jeans, zitterte stärker, biss die Zähne zusammen. Minuten vergingen. Ich rührte mich nicht, starrte nur auf die Tür.

Diskretes Klopfen. Mit steifen Gliedern ging ich hin und öffnete: Vor mir stand Achmed ag Barka und schaute mich nachdenklich an, so, als ob er mich nicht mehr erkennen würde!

Achmed: zwanzig Jahre alt, sehr groß, sehr schlank. Schmale Hüften, breite, gerade Schultern. Ein schmales Gesicht, hohe Wangenknochen, die typische Nase seiner Familie: kurz und ein wenig nach oben gebogen. Den Kopf hielt er immer leicht schräg oder nach hinten geworfen; das gab ihm das Aussehen eines scheuen, misstrauischen Hirsches – ein Eindruck, der noch durch die außerordentlich raschen und trotzdem weichen Bewegungen unterstrichen wurde. Ein kleiner Schnurrbart, fast mehr ein Flaum, bedeckte seine Oberlippe. Er trug Jeans, einen Rollkragenpullover, darüber eine Lederjacke. Er sah aus wie ein Jüngling, der zu rasch gewachsen ist und noch die ganze Verletzlichkeit der Kindheit in sich trägt. Aber ich wusste, dass er stark war, stark wie ein Mann. Und ich wusste, dass ich ihm vertrauen konnte.

Langsam entspannten sich seine Züge, ein Lächeln erschien auf seinem Gesicht, wobei er ein wenig die Schultern hob. Seine Hand berührte die meine, zog sich rasch zurück, wie der Brauch es verlangte.

»Komm doch herein!«, sagte ich zaghaft.

Er trat ein und schloss behutsam die Tür hinter sich. Ich sah die glatte Haut seiner Hände, über die sich ein Netz von Adern zog, und mein Herz verkrampfte sich vor Zärtlichkeit und vor etwas anderem auch.

»Bleib nicht stehen. Setz dich!«

Er ließ sich in einen Sessel fallen und schlug die langen Beine übereinander. Ich spürte, dass er wachsam war. Seine Augen wanderten in meinem Zimmer umher, in dem es nichts Besonderes gab: keine Toilettensachen, keine Kleider, nur meine Stiefel, meine Jacke und meine Umhängetasche auf dem Boden. Ich hätte aufstehen und gehen können: Nichts hätte meine Anwesenheit verraten.

Achmed fing meinen Blick auf.

»Vier Monate sind es her, nicht wahr?«, sagte er.

»Vier Monate und eine Woche, ganz genau«, berichtete ich. Achmed machte eine Handbewegung.

»Ich habe dich auf den Flugplatz begleitet. Erinnerst du dich, Sonia? Mein Jeep hatte eine Panne.«

»Wie üblich«, sagte ich lächelnd.

Und ob ich mich erinnerte! Wir waren in einen Sandsturm geraten; auf meinen Kleidern, im Gesicht, auf den Händen, zwischen den Fingern – überall war eine puderfeine Schicht von rotem Sandmehl gelegen. Ich war dagesessen, ganz steif, und hatte mich nicht gerührt. Es war entsetzlich heiß gewesen und doch hatte ich innerlich so stark gefroren, dass Achmed mir seine Jacke hatte geben müssen, die aus Leder, die er auch jetzt trug.

Achmeds Lachen riss mich aus meinen Gedanken. Ich

schaute ihn an, überrascht von diesem spontanen, herzlichen Lachen, das ich so gut kannte.

»Wie üblich, da hast du Recht! Weißt du, warum ich erst jetzt komme? Mein Motor hat mich mitten im Tademait im Stich gelassen. Ich bin mit einem Laster nach El Golea gekommen. Einen ganzen Tag habe ich gebraucht, bis ich das Ersatzteil hatte.«

Das Lachen erstarb auf seinen lebhaften Zügen.

»Da saß ich fest und schimpfte auf die ganze Welt: auf den Mechaniker, den Garagisten, den Lastwagenfahrer. Ich dachte immer wieder: Morgen landet Sonias Flugzeug, und ich werde nicht rechtzeitig in Algier sein, um sie abzuholen!«

»Das macht nichts. Ich wusste doch, dass du kommen würdest.«

Er spreizte nervös die Finger. Ich betrachtete sein verkrampftes Gesicht.

»Du bist müde…«

»Ein wenig schon. Ich bin die ganze Nacht durchgefahren.«

Ich beugte mich vor, um ihm den Aschenbecher zu reichen. »Rauch nur!«

Sein Gesicht hellte sich auf. Er holte ein Päckchen Gitanes hervor, zündete sich eine an und zog den Rauch mit sichtlicher Erleichterung in die Lunge, froh, etwas in der Hand zu halten. Damals rauchte man noch, ohne sich viel Gedanken zu machen, Achmed bildete da keine Ausnahme.

Inzwischen beobachtete er mich, wenn er meinte, dass ich es nicht merken würde. Sobald ich ihm ins Gesicht blickte, schaute er weg. Ich wusste, welche Fragen er sich stellte, und warum.

»Habe ich mich derart verändert?«, fragte ich mit schwachem Lächeln.

Er antwortete leise: »Dein Haar ist gewachsen.«

Ganz instinktiv machte ich eine wischende Handbewegung, um mir die Haarsträhne aus dem Gesicht zu streichen.

»Ja, aber es wird nie mehr so lang sein wie früher.«

Eine Weile sagten wir nichts, verstrickt in dieses zarte Spiel von Befangenheit und Erinnerung, das uns gleichzeitig lähmte und verband. Endlich brach ich das lastende Schweigen: »Erzähl mir von deiner Familie.«

»Es geht allen gut im Lager. Aber meine Mutter hat starke Schmerzen im Rücken. Sie kann sich nicht mehr aufrecht halten. Rahim bedrängt sie, dass sie ins Krankenhaus geht. Aber du kennst ja Chelifa.«

»Ja«, sagte ich, »ich kenne Chelifa!«

Abermals Stille. Achmed rauchte, schaute mich ernst und aufmerksam an. Und schon war es so weit: Ich begann wieder zu husten. Ich presste das Taschentuch auf den Mund.

»Wo – wo ist Mariama?«

Ich kannte Achmed zu gut, um nicht zu merken, wie er sich innerlich versteifte. Er verschloss sich wie eine Auster.

»Mariama geht es gut«, sagte er gepresst. »Sie ist im Lager bei Chelifa.« Nicht ein Muskel bewegte sich in seinem Gesicht. Er fuhr mit übertriebener Vorsicht fort: »Chelifa lässt dir danken für deine Pakete. Rahim oder ich haben sie jeweils auf der Post abgeholt.«

Ich dachte: Da ist etwas nicht in Ordnung! Ich muss wissen, was los ist. Der Husten schüttelte mich. Ich stieß mühsam hervor: »Bitte, bring mir etwas Wasser!«

Er stand rasch auf, die Zigarette im Mundwinkel, ging ins Bad und kam mit einem Zahnputzglas voll Wasser zurück. Mit zitternden Fingern wühlte ich in meinen Taschen, bis ich das Röhrchen mit den Tabletten gefunden hatte. Schweigend schaute Achmed zu, wie ich eine herausnahm und sie mit einem großen Schluck hinunterspülte. Keuchend wischte ich mir den Mund. »Entschuldige! Es geht gleich vorüber…!«

Achmed nahm das Glas und trug es wieder ins Badezimmer. Als er zurückkam, lag ich auf dem Bett, den Kopf mit dem Kissen an die Wand gestützt. Ich schwitzte ein wenig, aber der Husten hatte sich beruhigt.

Achmed lächelte erleichtert. »Fühlst du dich besser? Sie sind gut, deine Tabletten«, fügte er treuherzig hinzu.

Ich schaute ihm in die Augen. »Was ist passiert? Los, rede!«

Achmed schlug die Wimpern nieder. Er stand am Fußende meines Bettes, die Zigarette zwischen den schlanken Fingern. Ich wiederholte ungeduldig »Nun rede doch endlich!«

Achmed ließ den Kopf hängen und flüsterte: »Mariama darf nicht ausreisen!«

Ich schoss in die Höhe und schrie: »Das kann nicht sein! Ich bin gekommen, um sie zu holen, und fahre nicht ohne sie ab.«

»Es hat Schwierigkeiten gegeben«, seufzte Achmed.

»Das ist mir egal! Chelifa ist alt, halb gelähmt, sie wird bald sterben. Was wird dann aus Mariama?« Ich schrie so laut, dass man mich wohl noch am andern Ende des Flurs hören konnte. Ein erneuter Hustenanfall verschlug mir die Sprache. Von Krämpfen geschüttelt, wand ich mich auf dem Bett. Diese verflixte Tablette, dauerte es denn so lange, bis sie wirkte? Wenn ich doch wenigstens zur Ruhe kommen, klar denken könnte! Nach Luft schnappend stammelte ich: »Es... es war doch so abgemacht, dass ich mich um Mariamas Erziehung kümmere, dass ich sie mit mir nach Europa nehme. Ihr wart einverstanden. Warum habt ihr eure Meinung geändert?«

»Es ist Rahim«, sagte Achmed.

Ich brüllte wieder los: »Was, Rahim?«

Achmed machte eine beschwichtigende Handbewegung. Er zog aus seiner Tasche einen zerknitterten Briefumschlag und gab ihn mir.

Ich schaute ihn über mein Taschentuch hinweg feindselig und halb erstickt an. »Ein Brief von Rahim? Was will der von mir?«

Ich riss wütend den Umschlag auf. Zum Vorschein kam ein gefaltetes Stück Papier, darauf Rahims pedantische Schriftzüge mit den kräftigen Aufstrichen und den Unterstreichungen.

»Liebe Sonia, ich hoffe, dass es dir wieder gut geht und du kräftig genug bist, um eine schlechte Nachricht zu ertragen. Hier die Tatsachen: Getreu meinem Versprechen, habe ich gleich nach deiner Abreise angefangen, mich um die nötigen Formalitäten für Mariamas Ausreisegenehmigung zu kümmern. Auf der Präfektur von Tamanrasset hat mich der ehrenwerte Sidi Nadir (der, wie du weißt, ein angeheirateter Onkel von mir ist) auf die Schwierigkeiten dieses Unternehmens aufmerksam gemacht, das weit über seine Kompetenzen hinausgehe. Er hat mir geraten, nach In Salah zu gehen, wo sein Schwager Abdallah ben Moktar in der Distriktverwaltung tätig ist. Bewundere bitte meinen Einsatz: Ich habe 1400 Kilometer Fahrt hin und zurück auf mich genommen, um dir einen Gefallen zu tun! Darf ich mit einem dankbaren Gefühl deinerseits rechnen? Aber ach, mein Eifer war nicht von Erfolg gekrönt. Mariama ist von Gesetzes wegen algerische Staatsangehörige. Wenn sie das Land verlassen will, braucht sie die Einwilligung ihres Vaters, was uns vor ein ernsthaftes Problem stellt. Umsonst versuchte ich dem würdigen Abdallah ben Moktar zu erklären, dass ich Mariamas Onkel mütterlicherseits und damit nach unserer Auffassung ihr nächster Blutsverwandter sei, folglich befugt zu unterschreiben. Leider will die algerische Verwaltung von unseren subtilen Unterscheidungen nichts wissen. Abdallah ben Moktar hat mir auch abgeraten, eine internationale Organisation einzuschalten, zum Beispiel den ›Roten Halbmond‹

oder etwa ›Terre des Hommes‹: Da Mariama weder krank noch invalid oder unterernährt sei, würde man uns bloß auslachen. Und da du in keiner Weise mit dem Kind verwandt bist, hat Abdallah ben Moktar mir wenig Hoffnung gemacht.

Andererseits weißt du, wie sehr Chelifa an dem Kind hängt. Eine Trennung würde ihr nicht leicht fallen. Achmed wird dir gesagt haben, dass es ihr gar nicht gut geht. Sie wird immer schwächer, will es nicht zugeben und macht uns allen das Leben zur Hölle.

Nimm dir die Sache nicht allzu sehr zu Herzen. Du sollst wissen, dass ich immer da sein werde, um mich um Mariama zu kümmern. Ihre Zukunft wird nicht schlechter und nicht besser sein als die unsere. Oft ist es sogar gefährlich, ein Menschenkind aus seiner ursprünglichen Umgebung herauszureißen, ich spreche da aus Erfahrung. Wie in allem hatte Tarek auch hierin ganz ungewöhnliche Ansichten. Aber was soll's! Du bist vernünftig genug, um Tatsachen einzusehen und auf etwas zu verzichten, was undurchführbar ist. Wenn du an meinen Ausführungen zweifelst, dann rate ich dir, in Algier zur Einwanderungsbehörde zu gehen, wo man dir zweifellos bestätigen wird, dass die algerische Politik gegenüber unserer ethnischen Minderheit die Integration und nicht die Auswanderung verfolgt. Bitte, sei nicht böse und versuche mich zu verstehen. Wozu die Vergangenheit heraufbeschwören? Meiner Zuneigung darfst du stets gewiss sein. Komm uns einmal besuchen, das wird uns alle freuen. Ich wünsche dir alles Gute und umarme dich brüderlich. Rahim.«

Brüderlich oder nicht, ich warne dich, es zu versuchen, du Verräter, du! Mit glühenden Wangen zerriss ich den Brief in tausend kleine Stücke und warf sie zornig in den Aschenbecher. Achmed biss sich ratlos auf die Lippen.

»Rahim hat dir die Wahrheit geschrieben. Er ist wirklich nach In Salah gefahren und hat sich erkundigt.«

»Ich zweifle nicht daran«, zischte ich. »Er brauchte ja handfeste Argumente, um mich zu entmutigen. Aber wenn er glaubt, dass ich mich dadurch unterkriegen lasse, dann hat er sich gründlich geirrt! Es ist zwecklos, mir gegenüber den Aufgeklärten zu spielen! Das Theater mit der Bürokratie sah ich kommen, aber das ganze Getue um Chelifa ist nichts als eine faule Entschuldigung! Ich durchschaue ihn ganz genau: Da schwingt er sentimentale Reden und hält den politischen Einsatz im Auge! Tarek hatte die Willenskraft und die Macht, sich dagegen aufzulehnen. Aber ich, was kann ich tun?«

Zeit gewinnen, deine Nerven in Ordnung bringen und überlegen, geht es mir durch den Kopf. Es wird dir schon etwas einfallen...

Nach der ersten Wut machte sich Verzweiflung breit. Mariama brauchte mich. Ich hatte ihrem Vater versprochen, sie zu mir zu nehmen. Ich konnte sie doch nicht alleine lassen! Kraftlos sank ich aufs Kopfkissen zurück. Ich schaute zur Decke. Meine verkrampften Muskeln entspannten sich. Ich spürte Tränen aufsteigen. Alles löste sich in weißen Nebel auf. Ich weinte still vor mich hin. Das tat gut: Es beruhigte und erleichterte. Wenn ich doch so hätte weinen können, damals in Arlit...

Ich flüsterte: »Rahim hat mich nie gemocht, nicht wahr?«

Achmed schüttelte weich den Kopf. »Er hatte Angst vor dir...«

Der Geruch seiner Zigarette hing im Zimmer. Ich spürte, dass er mir sehr nahe war, voll von Verständnis und jener seltsamen, leidenschaftlichen Zärtlichkeit, wie sie den Menschen der Wüste eigen ist.

»Es ist meine Schuld«, sagte ich unter Tränen. »Ich hätte Mariama nicht im Lager lassen dürfen. Ich hätte sie gleich mitnehmen sollen nach Algier. Die Botschaft hätte mir geholfen und die nötigen Papiere beschafft.«

»Du warst viel zu krank«, entgegnete Achmed ruhig.

Er hatte wieder einmal Recht. Ich schob meine Beine aus dem Bett und stand auf. Schweigend knüllte ich mein durchnässtes Taschentuch zusammen und holte aus meiner Tasche ein neues. Dann wurde mir bewusst, dass es spät war. Achmed musste Hunger haben nach der langen Fahrt, die er hinter sich hatte.

»Komm, wir gehen essen«, sagte ich so ruhig wie möglich, während ich meine Stiefel anzog. Im Spiegel des Lifts betrachtete ich gleichgültig mein aufgelöstes, verquollenes Gesicht. In meinen Jeans, der Jacke, dem Rollkragenpulli und mit den kurzen Haaren sah ich wie Achmeds jüngerer Bruder aus. Nicht nur, weil ich so mager geworden war: Wir hatten beide denselben verletzten Gesichtsausdruck, wir fröstelten und schienen ein bisschen verloren, wie Menschen, die nicht da sind, wo sie hingehören.

Ein paar Geschäftsleute saßen an der Bar. Zwei stark geschminkte Mädchen in Abendkleidern schielten zu ihnen hinüber und knabberten an ihren Chips. Aus dem Speisesaal drangen die Klänge eines Wiener Walzers. Zögernd blieb ich auf der Schwelle stehen. Ein Kronleuchter hing an der rauchgeschwärzten Decke. Ein geschniegelter Oberkellner schlängelte sich zwischen den Tischen hindurch, an denen dunkelhäutige Beamte in blütenweißen Hemden und maßgeschneiderten Anzügen speisten.

In der Mitte des Saales stand ein Tisch, auf dem gebratenes Geflügel, Fisch in Gelee, rosige und korallenrote Schalentiere angerichtet waren. Dieser zur Schau gestellte Überfluss drehte mir den Magen um. Überdies war es viel zu voll hier. Ich sehnte mich nach Ruhe und gedämpftem Licht und ich spürte, dass Achmed genauso empfand.

»Komm, wir gehen woanders hin!«, sagte ich und drehte mich auf dem Absatz um.

Draußen regnete es schon wieder. Die Palmen bogen sich im Wind wie große, durchnässte Federn. Ich machte ein Zeichen in Richtung auf die Gässchen, die zur Kasbah hinaufführten. Beim Überqueren der Straße schwankte ich. Achmed umfasste instinktiv meinen Arm, ließ mich aber gleich wieder los. Er ging mit großen Schritten, die Schultern eingezogen, die Augenlider zusammengekniffen.

Durchnässt betraten wir eine sparsam beleuchtete Kneipe an der Rue de Tlemcen. Der Wirt, ein wendiger, schwitzender Spanier, führte uns zu einem der gedeckten Tische und wedelte mit seiner Serviette großzügig über das Wachstuch. Flink wie ein Taschenspieler zauberte er Öl, Essig, Salz und Zahnstocher auf den Tisch. Wir setzten uns einander gegenüber auf die Holzstühle, deren Nägel sich uns in den Hintern bohrten. Rundherum saßen Araber schweigend beim Essen. Sie musterten mich aus den Augenwinkeln: Ich war die einzige Frau hier. Na und? Sollten sie sich ruhig die Augen ausschauen: Vielleicht half das verdauen!

Wir bestellten Nudeln, denn Achmed aß als echter Saharabewohner nichts, was er nicht kannte; der Anblick eines Mannes, der am Nebentisch Garnelen aß, ließ ihn erschauern. Der Wirt eilte geschäftig hin und her, brachte Gläser und stellte einen Krug mit Wasser auf den Tisch. Ich saß völlig erstarrt da, das Haar klebte mir am Kopf vor Nässe. In der Luft hing ein Geruch von heißem Öl und nassen Kleidern. Ich verspürte nicht den geringsten Hunger. In einer Ecke stand eine riesige, bunt beleuchtete Musikbox. Sie spielte etwas Arabisches: Eine einsame Flöte klagte ununterbrochen über das gleiche eindringliche Thema. Ein Bild zog an meinem »inneren Auge« vorüber: die schwarzgrauen Felsen des Assekrem in der Abenddämmerung, die glutrote Sonne, die hinter den Gipfeln versank...

Ich durfte nicht an die Wüste denken. Ich wollte die sternklaren Nächte vergessen, die blauen Morgen, den Gesang der Vögel im Wadi, das Flimmern der Luft in der Mittagsstunde, das Aroma des heißen Tees, den Schatten in der Seriba...

Ich hob den Krug und füllte unsere Gläser. Ein wenig Wasser spritzte auf das Wachstuch. Achmed beobachtete mich. Seine durchnässte Lederjacke schimmerte im Halbdunkel.

»Was ist los?«, sagte ich, weniger um etwas zu sagen als vielmehr jenen Gedanken zu entgehen, die ich so sehr fürchtete.

»Dein Haar!«, flüsterte Achmed. »Du hattest wunderschönes Haar. Ich hab dich einmal gesehen im Lager, da hast du es an der Sonne getrocknet. Tarek hat es dir gebürstet und...« Er verstummte aus Angst, schon zu viel gesagt zu haben. Ich tauchte meinen Finger in das Wasser und zeichnete das Muster des Tischtuches nach. »Ja, Tarek hat es manchmal gebürstet.«

Da: Langsam und lautlos hatte sich die Wunde in mir geöffnet. Ganz leise tat es weh, ein unbestimmtes, immer weiter um sich greifendes Schmerzgefühl erfasste mich! Ich dachte: Es ist eigenartig: Deine Stimme habe ich als Erstes vergessen. Ich kann dein Gesicht heraufbeschwören, deine Augen, aber der Klang deiner Stimme ist mir entglitten, und ich weiß, dass du langsam stirbst in mir, ganz langsam, aber unaufhaltsam, so wie das Wasser versickert im Sand...

Der Wirt brachte die Spaghetti mit Tomatensauce, in der irgendwelche undefinierbaren Fleischstückchen schwammen. Achmed mischte die Sauce unter die Nudeln und begann zu essen. Ich rührte meinen Teller nicht an. Die Musik verstummte. Irgendwo in einem Innenhof plätscherte geräuschvoll eine Dachrinne. Ich drehte mein Glas in den Händen, ohne zu trinken. In mir rieselte der Schmerz, süß und stark, er nahm mir fast den Atem. Ich presste das Glas mit ganzer Kraft zusammen. Meine Muskeln spannten sich. Ein leichtes Knirschen: Das Wasser floss mir über die Hand auf den Tisch. Ich spürte einen kurzen, stechenden Schmerz. Blut rann in einem dünnen Faden über mein Handgelenk.

»Sonia!« Achmed hatte sein Besteck fallen lassen. Über den Tisch hinweg löste er meine Finger mit sanfter Gewalt. »Vorsicht! Du tust dir weh!«

Ich öffnete die Hand. Die Scherben glitzerten auf dem Tischtuch. Ich lächelte Achmed zu. »Macht nichts.«

Ich hob die Hand und leckte die Wunde. Das Blut schmeckte süß und ein klein wenig salzig.

»Dein Taschentuch!«, sagte Achmed mit rauer Stimme. »Das muss man verbinden.« Er half mir, das Tuch aus meiner Tasche zu nehmen, und band es mir um die Hand. Der Schnitt war nicht tief, aber er blutete stark. Ich presste die andere Hand darauf. Achmed machte dem Wirt ein Zeichen, er bat ihn die Scherben zu entfernen und ein neues Glas zu bringen. »Entschuldigen Sie«, sagte er auf Arabisch. »Eine Ungeschicklichkeit...« Ich war einmal mehr überrascht von seinem Einfühlungsvermögen. Fragen stellte er nicht. In ihm war der seltsame Gegensatz jugendlicher Unbefangenheit und jener geheimnisvollen Weisheit ohne Alter, die den Wüstenbewohnern eigen ist.

»Iss«, sagte er sanft. »Es wird dir gut tun.« Mit gerunzelter Stirn schaute er zu, wie ich die Spaghetti um meine Gabel rollte.

»Gut?«

Ich lächelte zurück. Die Sauce war fettig und stark gewürzt. Eine angenehme Wärme breitete sich in mir aus. Auf einmal hatte ich schrecklichen Hunger. Achmeds Miene hellte sich auf. Er nickte zufrieden und wandte sich ebenfalls seinem Essen zu. Nach einer Weile nahm er das Gespräch ganz beiläufig wieder auf: »Weißt du, ich war immer ein bisschen in dich verliebt.«

»Wirklich?«

Achmed nickte mit vollem Mund.

»Ja. Und Rahim auch. Und Joji. Aber wir durften ja nichts sagen... wegen Tarek. Er hätte uns den Hals umgedreht!« Er grinste verwundert über seinen eigenen Mut. Seine Zähne blitzten und seine Augen leuchteten. Bilder wirbelten in meinem Kopf durcheinander, Namen auch: Achmed, Rahim, Joji, ihre Vettern, ihre Freunde. Sie kamen sehr früh am Morgen, zogen ihre Sandalen an der Türschwelle aus, ließen sich auf dem Teppich nieder, der Länge nach, auf einen Ellbogen gestützt. Matali musste ununterbrochen Kaffee kochen, er kam kaum damit nach. Er schickte einen seiner Söhne zum Bäcker, um frisches Brot zu holen. Es gab Aprikosenmarmelade und Butter, die nach Ziege schmeckte. Wir tranken den starken, süßen Kaffee, wir lachten und unterhielten uns.

Stundenlang. Ich schaute zu, wie der Himmel über der Lehmmauer blass wurde und anfing zu glühen. Die ersten Geier zogen ihre Kreise in der Luft und ich hörte auf dem Marktplatz die Dromedare brüllen...

Verwirrt hob ich den Kopf. Achmeds Lachen war erloschen. Sein Gesicht war glatt und ausdruckslos. Vielleicht bereute er, was er gesagt hatte. Wenn er verliebt gewesen war in mich oder es noch war, was ging mich das an? Nichts, und doch... Impulsiv legte ich meine Hand auf die seine. Ich fühlte die Zartheit seiner Haut, die sanften Bewegungen der Gelenke. Leise sagte ich: »Das war einmal. Denk nicht mehr daran.«

Es war einmal, in einem anderen Leben, in einer anderen Welt, da ich glaubte, die Ewigkeit wie einen Vogel gefangen zu haben. Jetzt war ich allein, krank und voller Angst, denn die Zeit zerstörte unaufhaltsam das Einzige, was mir noch blieb: das feine Netz der Erinnerung. Die Vergangenheit bestand nicht aus Leben und Blut; sie wurde zu Asche, Wind und Staub...

Ein junger Araber mit krausem Haar und einem gelben Schal um den Hals steckte eine Münze in die Musikbox. Dusty Springfield sang »The Windmills of your Mind«, ein Lied, was man in jenen Jahren oft hörte. In meiner Erinnerung flimmerte ein neues Bild: die milchig weißen Dünen im Mondschein, ein einsames Zelt, goldschimmernd wie eine Muschel...

»Like a circle in a spiral
Like a wheelring in the wheel
Never ending or beginning...«

Ich sagte leise: »Lass uns gehen, bitte.«

Es war Achmed, der die Rechnung beglich, obwohl er pleite war wie immer, aber zu stolz, es zuzugeben. Bitter dachte ich: Das sind sie, die Kinder Chelifas, stolz, arm, großzügig bis zum Gehtnichtmehr, verloren in einer Welt der Slums, der Militärlastwagen, der Bohrtürme und der organisierten Touristenkonvois, eine Welt, für die sie nicht gemacht sind, die sie verdirbt und zu Grunde richtet...

Wir verließen das Lokal. Es hatte aufgehört zu regnen. Wir gingen langsam durch die feuchte Dunkelheit. Manchmal berührten sich unsere Schultern, aus Unsicherheit oder Unachtsamkeit, was weiß ich, und ich dachte an andere Nächte, da ich allein umherirrte und niemand mir Antwort gab. Ich dachte an das leere Zimmer, das auf mich wartete, an die Tabletten, die bleierne Ruhe verhießen. Zwei oder drei davon nehmen und dann ziel- und planlos in den Traum hinübergleiten...

»Like a circle in a spiral
Like a wheelring in the wheel...«

Er hätte nicht diese Platte wählen sollen, der Dummkopf.

In den Gärten des Aletti raschelte und tropfte es im Gebüsch. Die Palmen waren schwer vom Regen. Die Tropfen sprühten wie silberne Garben und zerplatzten mit einem dumpfen Geräusch auf der nassen Erde.

Achmed blieb am Fuß der Treppe stehen und vergrub die Hände in den Taschen. »Da wären wir«, sagte er ernst.

»Ja!« – Schweigen.

Ich ließ meinen Blick durch die Nacht schweifen. Mein Gesicht war kühl und ich atmete in vollen Zügen den Geruch nasser Erde und von verblühtem Jasmin. Zerstreut fragte ich: »Wo übernachtest du?«

»Bei einem Freund in der Kasbah. Ich habe meine Sachen schon dort.«

»Ist es weit?«

»Nein.«

Er streckte mir seine Hand hin.

»Gut, dann bis morgen!«

Ich nahm seine Hand nicht. Zwei oder drei Sekunden verstrichen, einzelne Regentropfen fielen mir auf den Kopf. Dann sagte ich seltsam entschlossen: »Bitte, geh nicht weg.«

Achmed zog seine Hand langsam zurück. Wieder Schweigen. Ich fragte mich, was er jetzt wohl dachte.

»Du möchtest, dass ich...«, fragte er gepresst.

»Ja«, sagte ich und wendete den Kopf. »Bleib, bitte, ich brauche dich.«

Ich konnte jetzt einfach nicht allein sein. Wenigstens heute Nacht nicht. Ich hatte Angst davor, nicht schlafen zu können, Angst vor den nicht enden wollenden Hustenanfällen. Im Zimmer umhergehen, stundenlang, sich übergeben über dem Waschbecken im Bad, das Gesicht unters kalte Wasser halten, warten, bis der Morgen kommt, bis das Hotel erwacht und ein neuer Tag beginnt in Tatenlosigkeit und Verzweiflung.

Ich hatte gesagt: Ich brauche dich. Aber das stimmte nur

halb. Ich brauchte seine Anwesenheit mehr als ihn selber. Das konnte er nicht wissen und wie sollte ich ihm das erklären? Es war Selbsttäuschung, Ersatz für eine Leere, für das Gefühl der Zärtlichkeit, der Liebe, eine Illusion, um die Lücken in meinem Gedächtnis zu stopfen. Ich hatte zu lange gewartet, meine Seele war leer, ich hatte es satt, allein zu schlafen, ich war zu müde, weiter zu leiden ...

Ich drehte mich um und ging die Treppe hinauf zum hell erleuchteten Eingang. Am Empfang gab mir der Angestellte den Schlüssel und wünschte mir eine gute Nacht. Achmed blieb stehen und studierte eingehend irgendein Plakat. Hoch erhobenen Hauptes betrat ich den Lift. Ich spürte hinter mir Achmeds lautlose Schritte, seinen beschleunigten Atem, die Wärme seiner Gegenwart, aber um ihn anzuschauen, fehlte mir der Mut.

Im Halbdunkel meines Zimmers bauschten sich die Vorhänge vor den Fenstern. Ich trat ein, Achmed folgte mir. Ich trug den Kopf nun nicht mehr hoch – das war bloß für den Liftboy –, ich wühlte in meiner Tasche. Schweigend streckte ich die Hand aus, um Licht zu machen, und Achmed tat genau das, was ich erwartet hatte: Er hielt meinen Arm zurück, nahm mir den Schlüssel aus der Hand und schloss hinter sich die Tür. Ich rührte mich nicht, zitterte nur ein wenig. Achmeds Arme legten sich um meine Schultern, ganz leicht, er berührte mich kaum. Ich brauchte mich nur gehen zu lassen. Und schon lag mein Kopf auf seiner Brust. Sein Pullover roch nach Öl und Nässe, aber da war noch ein anderer Geruch, der warm, süß und vertraut aus der Tiefe des Vergessens aufstieg: der Geruch von warmem Leder, von Holzkohlenfeuer. Ich fühlte, wie das Leben in mir erwachte und sich regte. Ich schmiegte mich an Achmed, die Augen geschlossen, und alles wurde dunkel. Nun hatte ich keine Erinnerung mehr, ich war die Erinnerung selbst ...

DIE GESCHICHTE, DIE WIRKLICHE…

2. Kapitel

Genf im Oktober 1976. Ein Taubenschwarm am blauen Himmel. Freitagnachmittag kam ich aus der Vorlesung und ging durch die Gärten der Universität. Es hatte geregnet in der Nacht: Meine Turnschuhe sanken im feuchten, von welkem Laub bedeckten Boden ein. Am Abend wollte ich mich mit Christine treffen und mit ihr im Byblos tanzen gehen. Das Byblos war damals ein beliebter Treffpunkt für Studenten. Es war erst vier Uhr: Ich hatte noch viel Zeit, um nach Hause zu gehen, mich zu kämmen und umzuziehen. Wenn ich mich so genau an all diese Einzelheiten erinnere, dann ist das wegen Anna Nikolaiewska.

Es war Oktober. Ein kalter Wind blies vom See her. Als ich die Promenade des Bastions hinaufging, dachte ich, wenn die Stille eine Farbe hätte, dann müsste diejenige der Genfer Altstadt die Farbe leichten Herbstnebels haben. Ich ging langsam, lauschte dem Läuten einer Glocke und dem Gurren der Tauben. Ein unsichtbarer Klavierspieler übte Mozart. Von weit her tönte das Summen des Verkehrs.

Dieser trügerische Friede war mir von Kind an vertraut. Ich kannte die Altstadt auswendig: Wir bewohnten ein Haus zwischen der Rue de l'Evêché und der Rue du Cloître. Und wenn ich sage *wir*, so meine ich bloß meine Mutter und mich. Mütterlicherseits war ich eine Favre: alte Hugenottenfamilie, die der Stadt eine Hand voll Offiziere, ein paar Ärzte und einen Seismologen geschenkt hatte, der nach Brasilien ausgewandert war. Im 19. Jahrhundert hatten die Favres ihr Vermögen in dunklen Spekulationsgeschäften verloren. Es blieb nichts als die Wohnung, die meine Mutter erbte. Sie hatte noch einen Bruder, Gilbert, ein missmutiger Mann, der unter Zahngeschwüren litt und Verleger war. Einer alten Genfer Familie anzugehören, ist für normal veranlagte Menschen eine schwere Last! Gott sei Dank hatte Mama »unter ihrem Stand« geheiratet. Sie war dem Charme eines gewissen Giorgio Graziani erlegen, der aus dem Piemont stammte, und hatte gegen den Willen ihrer Eltern geheiratet. Auch wenn sich mein Vater als Anwalt einen Namen geschaffen hatte, so blieb er für eine gewisse Kategorie von Leuten stets der »Ausländer«, der sich eine Favre geangelt hatte. Ich war zwölf, als er starb, und als einziges Kind entluden sich aller Schmerz und alle Fürsorge meiner Mutter auf mich, wie auch ihre Nervenkrisen, ihre Schlaflosigkeit und ihre Wechseljahrbeschwerden.

Ich ging eben am Musée Rath vorbei, als mir eine Frau entgegenkam. Sie war dick, mit breiten Hüften; den Kopf trug sie leicht zur Seite geneigt. Ihre grün geschminkten Augen streiften mich gleichgültig. Beim Vorbeigehen bekam ich ihr Parfüm in die Nase; selbst durch meine Haut schien es hindurchzudringen und ich fröstelte. Sie indessen ging weiter, merkte nicht, dass ich stehen geblieben war und ihr nachschaute.

Anna Nikolaiewska!

Mein Herz schlug bis zum Hals. Wie sie sich verändert hatte! Seit dem Tod meines Vaters hatte ich sie nicht mehr gesehen. Es kam mir seltsam vor, dass sie mir gerade in dieser Zeit über den Weg lief, wo ich so viel an ihn dachte. Ich erinnerte mich an seine lebhaften, geschmeidigen Bewegungen, an sein glänzendes schwarzes Haar, an sein lautes Lachen. Er kam mir kraftvoll und unzerstörbar vor, wie ein starker, gesunder Baum. Jedoch – ich täuschte mich. Mein Vater starb bei einem Autounfall im Süden von Frankreich zwischen Arles und Montelimar. Er war nicht allein, als sein Wagen die Kurve verfehlte. Neben ihm hatte Anna Nikolaiewska gesessen...

Ich ging durch den Vorhof mit dem Kastanienbaum, stieg die dunkle Steintreppe hoch und schloss die Tür im dritten Stockwerk auf.

»Bist du's, Sonia?«, rief meine Mutter vom Wohnzimmer aus.

Wen erwartete sie denn sonst heute Abend? Ich ging über den abgeschabten Teppich im Flur. Der übliche Geruch lag in der Luft: ein Geruch nach Staub, kalter Asche, ungelüfteten Räumen. Meine Mutter saß vor ihrem Sekretär, die Brille auf der Nase. Es war Monatsende: Ein kleiner Haufen sorgfältig gestapelter Rechnungen lagen vor ihr. Aufgeregt drehte sie Papas goldenen Füllfederhalter in den Händen. Der Aschenbecher quoll über.

»Du solltest lüften«, sagte ich angewidert. »Man erstickt ja.«
»Seit gestern habe ich Schmerzen im Genick. Zugluft, nehme ich an.«
»Kein Lungenkrebs?«
Sie rieb sich die Stirn. »Manchmal hast du ein Mundwerk...«
»Wie viele Päckchen hast du heute geraucht?«
»Nur eines«, antwortete sie, mit müder Empörung. »Und überhaupt, was geht dich das an?«
»Ich pflege dich nicht, wenn du krank wirst. Ich nicht!«
»Sonia, sei nicht ungezogen.«
Ich zerrte meinen Schal vom Hals, warf die Jacke auf einen Sessel und öffnete das Fenster. Auf den Sims gelehnt, sog ich die feuchte Luft in vollen Zügen ein. Die frühe Dämmerung

senkte sich bereits über die graue Masse der Dächer. Hinter mir rief meine Mutter: »Diese Kälte draußen! Um Himmels willen, mach das Fenster zu!«

Ich tat, was sie wollte; die Scheiben klirrten. Sie seufzte ungehalten.

»Musst du denn immer solchen Krach machen?«

Die Lampe auf dem Sekretär beleuchtete ihr Gesicht, sodass es durchsichtig erschien wie Seidenpapier. Wie sie so aufrecht dasaß, die Füße nebeneinander auf dem Teppich, hatte sie etwas von der falschen Zerbrechlichkeit eines Insekts und der sterilen Sauberkeit einer Krankenschwester.

»Tee, Sonia?«

Ich schüttelte den Kopf. »Ich gehe gleich wieder.«

»Darf ich wissen, wohin?«

Ihre feierliche Ausdrucksweise reizte mich. »Du darfst. Ich treffe Christine im Jimmy. Anschließend gehen wir ins Byblos.«

Sie presste die Lippen aufeinander. »Musst du dauernd in berüchtigten Lokalen verkehren?«

Ich betrachtete den Stuck an der Decke, der an vielen Stellen abbröckelte.

»Das Byblos ist eine Diskothek und keine Bar mit Huren.«

Mutter bekam rote Flecken im Gesicht. »Sonia, jetzt hör mal…«

»Und ich gehe auch nicht dauernd, sondern nur von Zeit zu Zeit.«

»In deinem Alter…«

»…hast du zu Hause gesessen und auf einen Mann gewartet. Du bist nie allein ins Kino gegangen, du hast auch im Sommer Strümpfe getragen und am Sonntag weiße Handschuhe.« Sie sollte sich nicht auf solche Unterhaltungen einlassen; sie musste doch wissen, dass sie immer den Kürzeren zog.

»Trotzdem, du bist zu jung, um ...«

»Ich mache dich darauf aufmerksam, dass ich achtzehn bin.«

»Das will nichts heißen. Es gibt Dinge, die ein anständiges Mädchen sich nicht erlauben darf.«

»Woher weißt du denn, was ein anständiges Mädchen ist und was nicht?«

Sie gab es auf.

»Habt ihr wenigstens einen Jungen, der euch begleitet?«

»Nein! Den finden wir im Byblos. Deshalb gehen wir ja hin.«

»Zwei Mädchen allein in einem Dancing?«

»Und? Die Jungen kommen auch allein.«

»Das ist nicht das Gleiche.«

»Was heißt, nicht das Gleiche? Was sollen sie denn machen in einer Diskothek ohne Mädchen? Zusammen tanzen wie die Schwulen?«

Schachmatt. Meine Mutter seufzte, nahm ihre Brille ab und flüchtete sich in ihr ewiges Gejammer.

»Die Gläser taugen nichts mehr. Ich müsste längst zum Augenarzt.«

»Dann lass dir doch einen Termin geben!«

Als ich Schal und Jacke vom Sessel nahm, fiel mein Blick auf das Ölbild, das Anna Nikolaiewska von mir gemalt hatte, als ich elf war. Ich starrte das Porträt an, bis meine Mutter nervös wurde.

»Du bist mir im Licht, Sonia.«

Ich holte tief Luft.

»Ich habe Anna Nikolaiewska getroffen.«

Mutter rauchte, als ob sie nichts gehört hätte, aber ich sah, wie ihr Rücken sich versteifte. Mit geheuchelter Gleichgültigkeit fragte sie: »Und? Wie sah sie aus?«

»Alt, dick, hässlich.«

»Hast du... hast du mit ihr gesprochen?« Ihre Stimme zitterte.

»Nein, sie hat mich nicht wiedererkannt.«

Ich drehte mich um und ging. Keinen Schritt konnte man hier tun, ohne dass der Parkettboden quietschte. In meinem Zimmer zog ich meinen Shetlandpulli und meine Bluse aus, öffnete den Schrank und wühlte in meinen Kleidern. Ordnung in meinen Sachen hatte ich nie gehabt. Ich zog einen lila Pullover mit langen Ärmeln an. Vor dem Spiegel hob ich mit beiden Händen das Haar hoch und betrachtete mein Profil. Nicht übel.

Anna Nikolaiewska war Malerin. Als kleines Mädchen hatte ich sie bewundert, ich glaube, ich war in sie verliebt. Ich erinnere mich an ihre weiche, ein wenig raue Stimme und ganz besonders an das schwere, würzige Parfüm, das sie benutzte. Ein Parfüm mit dem Duft von Lebkuchen und überreifen Äpfeln...

Ich hätte sie vorhin vor dem Museum ansprechen sollen. Ich hätte sagen sollen: »Guten Tag, ich bin Sonia. Sie haben mich einmal gemalt. Sie waren bei meinem Vater, als er verunglückte. Sie waren nur leicht verletzt, während er...«

Es war im Herbst, damals, Ende September. Ich saß in meinem Zimmer und machte Hausaufgaben. Die Tür ging plötzlich auf, meine Mutter stand auf der Schwelle. Sie starrte vor sich hin, biss sich auf die Lippen und zerknüllte nervös das Taschentuch in ihrer Hand.

»Sonia, die Polizei hat angerufen. Aus Frankreich. Dein Vater ist tot. Ein Unfall...«

Ich starrte sie an und verstand kein Wort. Sie wiederholte das Ganze, als ob sie einen Text aufsagte, wie im Theater. Ich saß da wie versteinert. Sie hob plötzlich die Hand und presste sie hart an ihr Kinn. »Er war mit dieser Person zusammen...«

Ich schluckte würgend. »Mit welcher Person?«
»Du weißt doch, die das Bild von dir gemalt hat...«
»Anna?«
Sie kreischte fast. »Sei still! Ich will den Namen nicht hören!«

Das Porträt blieb trotzdem im Wohnzimmer hängen. Anna Nikolaiewska stellte in Kunstgalerien aus; ihre Bilder erzielten ansehnliche Preise. In ihrer weltfremden Art dachte meine Mutter praktisch.

3. Kapitel

Das Jimmy war voll wie immer. Die Luft war blau vor Rauch und roch nach Kaffee und nassem Hund: Ein großer Chow-Chow lag ausgestreckt auf dem Boden. Ich hielt Ausschau nach Christine, aber sie war noch nicht da. An der Bar wurde heftig diskutiert. Ein bärtiger Kerl las Zeitung und versperrte den Leuten damit den Platz. Schließlich entdeckte ich noch einen unbesetzten Hocker und bestellte Kaffee. Ich rührte den Zucker um und trank das Gebräu in einem Zug. Puh! Ich mochte eigentlich keinen Zucker im Kaffee, aber heute brauchte ich eine Stärkung. Die ewigen Auseinandersetzungen mit meiner Mutter machten mich fertig. Ich atmete geradezu auf, als wenige Minuten später Christine kam, gefolgt von einem jungen Mann, den ich nicht kannte.

»Tut mir Leid, dass ich zu spät bin! Wartest du schon lange?«

»Macht nichts, ich hab schon einen Kaffee getrunken. Wer ist denn das da?«

»Ich heiße Patrick«, sagte der junge Mann und grinste. »Christine und ich haben uns zufällig getroffen.«

Er war dem Typ nach Südländer, hatte ein schmales Gesicht, ungekämmtes, schwarzes Haar und einen schön geschnittenen Mund. Seine ausgeprägten Gesichtszüge ließen ihn älter erscheinen, mindestens fünfundzwanzig, aber er konnte auch jünger sein. Er trug einen ausgebeulten Cordanzug und einen ausgeleierten Pullover.

»Wir kennen uns seit zehn Jahren«, erklärte Christine.

»Und ich weiß nichts davon?«

»Das ist kein Witz«, sagte Patrick. »Wir wohnten im gleichen Haus. Ich bin es auch, der ihr den ersten Kuss gegeben hat. Vermute ich jedenfalls...«

»Du vermutest richtig!« Christine gluckste. »Es war abends im Treppenhaus. Ich war erst dreizehn und furchtbar verlegen.«

»Da hast du dich aber sehr verändert«, sagte ich anzüglich.

Sie lachten. Christine hatte krause schwarze Haare, blau lackierte Fingernägel und mollige Hüften. Über ihr Bitter Lemon warf sie mir einen Blick zu, den ich mühelos zu deuten verstand: Der Typ ist gut, aber nicht mein Fall! Anders ausgedrückt: Du bist frei, ihn dir zu angeln. Mit einem Zucken der Augenlider signalisierte ich zurück: danke, verstanden. Christine und ich kannten uns seit der Schulzeit. Unmittelbar nach dem Abitur, als ich zu studieren begann, hatte sie eine Stelle als Assistentin bei Omega, Abteilung Design, gefunden. Sie hatte eine kleine Wohnung an der Rue des Alpes, einen Mini-Cooper, den damals alle haben wollten, und kam dank ihres großzügigen Gehalts auch sonst ganz gut zurecht. Ich beneidete sie um ihre Unabhängigkeit, sowohl finanziell als auch sonst. Sie hatte keine Mutter, die weinerlich wurde, wenn sie mal nach Mitternacht nach Hause kam, allein oder mit einem Freund.

Patrick erzählte, dass er ein Praktikum bei der Tribune machte, einer Tageszeitung. Ein bekannter Journalist hatte ihn unter seine Fittiche genommen.

»Im Herbst geht er nach Kanada und ich übernehme seine Rubrik: Ausstellungen, Filme, Theaterpremieren.«

Christine verzog das Gesicht. »Offenbar traust du dir einiges zu. Als Träger der Kultur musst du dir ziemlich wichtig vorkommen. Bringt das auch etwas ein?«

Patrick verzog das Gesicht.

»Wenn ich in eine Versicherungsgesellschaft eingetreten wäre, wie mein Papa es sich gewünscht hat, dann würden sich meine Monatsenden weniger akrobatisch gestalten.«

»Du interviewst Stars und bekommst Freikarten«, sagte Christine. »Worüber beklagst du dich?«

Er zwinkerte mir zu.

»Habe ich mich beklagt?«

Patricks gelassener Humor, sein warmes Lachen gefielen mir. Ich erwiderte sein Lächeln, was Christine sofort als grünes Licht auffasste.

»Wie wär's, Sonia, wenn wir das Programm umstellten? Zuerst schleppen wir diesen Pressemenschen irgendwohin zum Essen und gehen anschließend in eine Disko.«

Wir beschlossen eine Pizza zu essen, das war am billigsten. Patrick kannte ein Bistro, einige Straßen weiter, das um diese Zeit noch nicht überfüllt sein würde. Bei Tisch redeten Christine und Patrick pausenlos miteinander. Die Unterhaltung war hitzig und interessant. Ich hörte zu. Dabei fiel mir auf, dass Patrick mich immer wieder ansah. Er wollte, dass ich mich an dem Gespräch beteiligte. Aber ich hatte nur wenig zu sagen und träumte vor mich hin. Aus meiner Gedankenwelt würde keine lange Rede nach außen dringen, das wusste ich. Um überhaupt etwas zu sagen, erzählte ich von Onkel Gilbert, dem jüngsten Bruder meiner Mutter, der einen Bildbandverlag leitete. Ich hätte sofort bei ihm anfangen können. Aber ich wollte nicht.

»Oh, warum denn nicht?«

Ich schüttelte wortlos den Kopf. Patrick verstand das nicht.

»Was veröffentlicht er denn?«

Ich wollte antworten, aber Christine kam mir zuvor.

»Lauter elitäres Zeug! Einen ›Universalatlas der religiösen Malerei‹ und Ähnliches. Du hast ja keine Ahnung, aus welchem Milieu sie kommt! Ihre Mutter ist eine Favre, die letzte von drei Generationen kleinkarierter, biederer Bürger. Von Kindheit an hat man ihr die Tugenden der Zurückhaltung, die Achtung vor dem Geld und die Liebe zu den bleibenden Werten eingetrichtert.«

»Das muss ja schrecklich sein«, meinte Patrick. Er betrachtete mich amüsiert. »Sie sieht aber gar nicht so würdevoll aus, wie sie eigentlich müsste.«

»Natürlich nicht. Sie profitiert von der väterlichen Erbmasse. Ihre Mutter hat einen Skandal provoziert, indem sie einen Italiener heiratete.«

»Ein Zeichen von gesundem Menschenverstand und Charakter«, bemerkte Patrick. »Die Frucht solch exotischer Verbindungen ist in der Regel höchst bestechend!«

»Hört auf, ihr seid doch unmöglich!«, rief ich lachend dazwischen. »Ihr redet von mir, als ob ich überhaupt nicht da wäre.«

Gegen halb neun Uhr verließen wir das Lokal und gingen ins Byblos. Eine schmale Treppe führte zu einem kleinen Keller hinunter, der in blaues Aquariumlicht getaucht war. Der Raum war zum Bersten voll. Getanzt wurde dicht gedrängt. Patrick bahnte uns einen Weg durch das Gewühl. Wir hatten kaum einen Platz gefunden, als ein Typ Christine zum Tanzen holte. Die elektrischen Gitarren dröhnten so laut, dass man sein eigenes Wort nicht mehr verstand. Patrick berührte mich am Arm und machte ein Zeichen zur Tanzfläche hin. Die Scheinwerfer blinkten, wir tanzten und es wurde ganz lustig.

Es dauerte nicht lange, da machte Christine ihre erste Eroberung. Er hatte blonde Locken, trug knapp sitzende Jeans, die den Bauchnabel frei ließen. Eng umschlungen glitten die beiden über die Tanzfläche. Ich fing Patricks spöttischen Blick auf. »Bleibt nicht lange untätig, was?«, schrie er mir ins Ohr.

Ich nickte: »Sie liebt blond.«

»Scheint so.« Patrick stand auf und nahm mich bei der Hand. »Komm, wir trösten uns gegenseitig!«

Das warme Halbdunkel, die volle, aber weiche Musik versetzten mich in einen Zustand angenehmer Betäubung. Ich hatte einen Ginfizz getrunken. Ich fühlte mich schwer und ein wenig schläfrig. Patrick zog mich an sich, aber nicht zu sehr. Meine Finger lagen ganz in seiner Hand. Seine Wange war weich: Er hatte keinen allzu stacheligen Bart. Ich mochte sein Rasierwasser; das nach Baumrinde und Äpfeln roch.

Christine stellte uns ihre Eroberung vor: Tommy kam aus Oklahoma und sprach, als hätte er eine heiße Kartoffel im Mund. Eine Unterhaltung fand kaum statt, außerdem war es zu anstrengend, sich in diesem Lärm auf Englisch anzubrüllen. Wir tanzten noch einige Slows. Dann sagte Patrick: »Wie wär's, wenn wir einen Spaziergang machten, wir zwei?«

Ich nickte. Wir verabschiedeten uns von Christine, die nur noch Augen für ihren Cowboy hatte. Auf der Treppe schwankte ich ein wenig – das musste der Ginfizz sein – und Patrick hielt mich am Arm fest. Als wir endlich an der frischen Luft waren, schauten wir uns an und lachten.

»Christine entschließt sich immer sehr schnell«, sagte ich.

»Und du?«, fragte Patrick halb lachend, halb ernst.

»Das kommt drauf an«, gab ich im selben Ton zurück. Patrick nahm meine Hand und ich zog sie nicht weg.

»Gehen wir noch was trinken?« Er führte mich in einen Pub, in dem es nach Bier und heißem Käse roch. Ich bestellte einen Pfefferminztee, Patrick einen Whisky. Ich fühlte mich wohl bei ihm. Er hatte einen sympathischen, offenen Blick. Außerdem war er älter als die Jungen, mit denen ich bis jetzt ausgegangen war, und dann war er Journalist, was ihm in meinen Augen ein gewisses Ansehen gab. Er beobachtete mich aufmerksam.

»Komm«, sagte er, »verrate mir dein Geheimnis. Nimmst du Lockenwickler oder die Brennschere?«

Ehrliche Bewunderung lag in seinem schalkhaften Ton. Ich hatte so etwas Ähnliches erwartet. Mein Haar gefiel allen Jungen. Es war weich und voll, haselnussbraun mit rötlichem Schimmer. Bei feuchtem Wetter lud es sich elektrisch auf wie das Fell eines Tieres. Ich bürstete es täglich ausgiebig und benutzte Kamillenshampoo, damit es einen goldenen Ton bekam.

»Ich schlafe jede Nacht mit Lockenwicklern und Bierfestiger«, neckte ich ihn.

Er schüttelte sich. »Wie unromantisch!« Dann wurde er auf einmal ernst. Er streckte die Hand aus und ließ die Finger durch mein Haar gleiten. »Es ist hübsch«, sagte er halblaut. »So lebendig! Aber sag, warum hast du so traurige Mundwinkel?«

»Traurig?«

Er nickte wortlos. Verwirrt nahm ich einen Schluck Tee und verbrannte mir die Zunge. Patrick wartete, ohne ein Wort zu sagen. Ich war ihm dankbar, dass er mich nicht drängte, und holte tief Luft.

»Ich habe heute die Geliebte meines Vaters gesehen. Sie saß mit ihm im Auto, als er ums Leben kam.«

»Hat sie dich wiedererkannt?«

»Nein. Aber das ist ja auch nicht wichtig.«

»Mir scheint doch. Sonst würdest du nicht darüber reden.«

Ich holte tief Luft.

»Es war eigenartig, als ich diese Frau wiedersah. Ein ganzer Abschnitt meines Lebens tat sich plötzlich wieder auf.«

47

Er nickte. »Ich verstehe.«

Ich rührte in meinem Tee, um ihn abzukühlen. »Ich habe mir nie ein Urteil erlaubt über meinen Vater. Zuerst war ich einfach zu traurig und später habe ich dann begriffen, dass meine Mutter gänzlich unfähig war, ihn glücklich zu machen. Die Favre können sich nicht mitteilen. Die sind alle stumm, wie Fische im Aquarium.«

»Ich stelle fest, dass du ganz schön Luftblasen aufwirbelst.«

»Ich will da raus und beiße jede Angelschnur an.«

Er lachte. »Pass auf, dass du nicht im Kochtopf landest! Und dann?«

»Mein Vater ist tot, meine Mutter raucht zwei Päckchen Zigaretten am Tag und jammert, wenn ich etwas für mich tun will, als ob es das größte Verbrechen wäre.«

»Das ist doch klar«, sagte Patrick. »Du mit deinem Lebenshunger erinnerst sie dauernd an deinen Vater; dafür musst du büßen.«

Ich schaute ihn dankbar an, erleichtert, dass mich endlich jemand verstand.

»Wenn ich doch nur einen Job hätte, dann könnte ich ausziehen. Aber bei Onkel Gilbert will ich nicht arbeiten. Die religiöse Malerei kann mir gestohlen bleiben. In den Ferien habe ich Badeanzüge verkauft, das war witzig. Meine Mutter ist fast in Ohnmacht gefallen. Eine Graziani-Favre, Verkäuferin in einem Warenhaus!«

»Konntest du diesen Job nicht behalten?«

»Nein, wegen der Krise dürfen sie nur bedingt Studenten beschäftigen. Was ich möchte, ist eine Halbtagsstelle in einem Büro. Ich kann Maschineschreiben.«

»Flüssig?«

»Es geht. Ich komme ganz gut zurecht. Ich kann auch Italienisch und ein bisschen Deutsch.«

Von Computern redeten wir nicht. Die waren noch nicht erfunden worden.

»Vielleicht hätte ich was für dich«, sagte Patrick.

»Daraus wird wohl nichts.«

»Warum nicht?«

Er hatte so einen komischen Blick, die Augen leicht zusammengekniffen, als ob er sich über mich Gedanken machte.

Ich sagte: »Ich komme schon zurecht. Und eines Tages werde ich eine völlig verrückte Geschichte erleben, eine, die mein ganzes Leben durcheinander bringt. Das hört sich merkwürdig an, ich weiß. Und trotzdem bin ich sicher, dass es so sein wird.«

Er rückte noch näher und legte den Arm um mich.

»Kann ich eine Rolle spielen in deiner Geschichte?«

»Vielleicht«, sagte ich, um ihm eine Freude zu machen.

Er zog mich zu sich heran und küsste mich. Ich war nicht darauf vorbereitet, aber ich küsste ihn wieder. Eine Weile blieben wir so sitzen, dann fiel mein Blick auf die Uhr. Meine Mutter bekam Zustände, wenn ich um Mitternacht noch nicht zu Hause war, aber ich schämte mich, Patrick das zu sagen. So gab ich einfach vor, müde zu sein. Er begleitete mich bis zur Haustür, küsste mich auf die Nasenspitze und wünschte mir eine gute Nacht.

»Ich rufe dich morgen an.«

Er wartete, bis ich die Tür aufgeschlossen hatte, dann hob er die Hand und ging, den Kragen seiner Jacke hochgeschlagen, mit raschen Schritten weg. Als seine Gestalt in der Dunkelheit verschwunden war, fühlte ich mich kaum anders als sonst, vielleicht etwas weniger leer.

4. Kapitel

Patrick rief mich am nächsten Tag an: Er wollte sich mit mir Kubrick's »Odyssee im Weltraum« ansehen, die er schon dreimal gesehen hatte. Und wie stand es mit mir? Ich kannte den Streifen nicht, solche Geschichten mit Raumschiffen ließen mich kalt. Aber der Film berührte mich tief – ich konnte nicht sagen, woran es lag. Patrick und ich diskutierten lange über den Schluss und wurden uns kaum einig. Aber das machte nichts. Immer wieder alles zusammenfassen, was man denkt, macht Spaß, auch wenn zu guter Letzt nicht viel dabei herauskommt.

Am Sonntag war der obligate Besuch bei Onkel Gilbert an der Route de Fernay. Diese wöchentlichen Mittagessen von einer deprimierenden Mittelmäßigkeit lagen mir seit Jahren schwer im Magen und ich wusste schon gar nicht mehr, was ich noch erfinden sollte, um nicht hingehen zu müssen. Tante Colette, Mamas Schwägerin, war eine mürrische, blasse Frau mit gelblich grauen Haaren – bei Favres und Konsorten färbt man sich nicht die Haare und entfernt sie auch nicht unter den Achseln! Tante Colette gehörte zu jenen Wesen, die besessen sind von dem Gedanken, einem etwas abzunehmen, das man viel besser selber tut. Matthias, ihr einziger Sohn und folglich mein Kusin, konnte sich nicht den kleinen Finger waschen, ohne dass sie herbeigerannt kam und sagte: »Lass das, mein Liebling, ich mache es schon!«

Es war wirklich schrecklich, jeden Sonntag das gleiche Theater, ich dachte, das hältst du nicht mehr aus. Wir können uns die Verwandten nicht aussuchen; aber ob ich wollte oder nicht, ich fing an sie zu hassen. Das Gefühl hatte in irgendeiner Weise mit dem Tod meines Vaters zu tun. Sie gehörten zusammen und ich nicht mehr dazu, ich wollte sie nicht mehr sehen. Rattengift in das Käsefondue, das wäre doch was?

Christine rief niedergeschlagen an. Nach einigen wilden Nächten hatte sie der blonde Cowboy sitzen lassen.

»Verstehst du, er ist auf einem Europatrip mit seinem Freund. Genf war für die beiden nur Durchgangsstation. Jetzt sind sie in Amsterdam. Er fehlt mir, weißt du. Aber es ist immer das Gleiche mit den Ausländern, irgendeine Macke haben sie alle. Tommy rief ständig: ›Jesus ist coming‹, und ausgerechnet dann, wenn's am schönsten war.«

Ich verbiss mir ein Lachen und äußerte mein Mitgefühl.

»Und wie geht's dir mit Patrick?«, wollte sie wissen.

»Wir haben uns ein paar Mal getroffen.«

»Der Typ ist zu dunkel für meinen Geschmack, sonst hätte ich ihn dir nie überlassen.«

»Wie großzügig von dir!«

»Nichts zu danken. Vorläufig lebe ich wie eine Nonne.«

»Das passt doch zu Jesus.«

»Lach nicht so dämlich. Und deine Wortspiele kannst du dir sparen.«

Am Nachmittag nahm mich Patrick mit zu sich. Er hatte ein Studio in einem Wohnblock, ganz oben, im siebten Stockwerk. Die Einrichtung war praktisch, ohne Firlefanz: ein Tisch, vier Klappstühle, eine Couch mit einer Berberdecke darüber. Auf dem Schreibtisch türmte sich um eine elektrische

Schreibmaschine ein Durcheinander von Aktenstößen, Zeitungsausschnitten und Büchern. Die Bücherwand, selbst gebaut von Patrick, war aus Brettern und Ziegelsteinen. Neben dem Fernseher hing ein Poster. Eine Farbige in Jeans, superschlank und ohne Hemd, zeigte ihre schönen Zähne.

»Sexy, was?«, meinte Patrick. Ich gab es zu. Er zog mich zum Fenster und legte mir den Arm um die Schultern. Unten sah man Wiesenstücke, einen großen Parkplatz, halb fertige Häuserblöcke und eine Anzahl Kräne, die sich in großer Höhe bewegten.

»Wenn ich mal Geld habe«, sagte Patrick, »kaufe ich mir ein altes Bauernhaus mitten in den Reben und setze es selbst in Stand.«

Ich lehnte mich leicht gegen ihn. »Ich liebe Häuser, die gebaut werden, Stadtviertel, die abgerissen werden. Kommt ein Gewitter, hoffe ich, dass der Blitz einschlägt. Alles, was sicher scheint, macht mir Angst.«

Ich spürte Patricks Finger in meinem Haar. »Mir scheint, die mütterliche Erziehung hat nicht viel zu Stande gebracht.«

»Wie kommst du darauf?«

»Du siehst lieb und sanft aus und sagst selten ein Wort lauter als das andere. Aber bei Gelegenheit kannst du ganz schön brutal werden.«

»Warum weißt du das erst heute?«, fragte ich.

»Gestern auch schon«, sagte er. »Als ich dich kennen lernte, da habe ich es sofort gewusst.«

»Und? Hast du keine Angst vor mir?«

»Bis heute noch nicht. Aber wer weiß, was noch kommt. Kaffee?«, setzte er hinzu.

Ich folgte ihm zur Kochnische. Teller trockneten im Ausguss. Der Kühlschrank war voll gestopft mit angebrochenen Dosen, Eierkartons, Majonäsetuben und Äpfeln unter Zellophan. Patrick setzte Wasser auf.

»Nescafé, geht das?«

Eine Stereoanlage befand sich neben der Couch. Ich hockte mich auf den Teppich und wühlte in den Platten. Patrick warf mir einen Blick zu.

»Was hast du ausgesucht? Miles Davis? Ja, die ist gut!«

Im Rücken die Berberdecke, die nach Mottenpulver roch, lauschte ich den hinreißenden Tönen der Trompete und trank meinen Kaffee in kleinen Schlucken. Als ich fünfzehn war, hatte ich Miles Davis mal erlebt, als er in Montreux auftrat, und ein Autogramm von ihm erhalten. Jetzt ist er schon lange tot, Miles Davis. An diesem Nachmittag, im siebten Stockwerk, habe ich mit Patrick geschlafen, zum ersten Mal. Sein Atem und mein Atem und die Musik von Miles Davis, ich höre es immer noch, wenn ich träumend darüber nachdenke. All dies – und vieles mehr – war bloß eine Suche, ein Fortschreiten auf dem Weg zu dir. Es gab viele Wendepunkte, viele Wanderungen in dieser einen Geschichte. Aber das wurde mir erst später bewusst.

Zwei Tage danach, ich war gerade dabei, mich mit einem Text von Camus herumzuplagen, klingelte das Telefon. Es war Patrick.

»Ich rufe dich von der Redaktion aus an. Ich habe gerade was für dich gefunden, sofern du immer noch an einem Job interessiert bist.«

»Klar!«

»Also, einer meiner Onkel, der für das Völkerkundemuseum arbeitet, sucht eine Sekretärin. Die letzte hat gekündigt, weil sie sich mit seiner Frau, diesem Drachen, nicht verstand. Wenn du den Mut hast, es mit ihr aufzunehmen, dann schreib dir die Adresse auf: Professor Charles Baumann, Boulevard George Favon 19.«

»Was erwartet der von mir?«

»Dass du seine Unterlagen sortierst, seine Briefe tippst und

Ordnung in sein Durcheinander bringst. Lass dich nicht von dem Drachen beeindrucken. Knöpf dir deine Bluse bis oben hin zu und zieh keine allzu engen Jeans an, sonst denkt Tante Martha, du bist gekommen, um dir ihren Mann zu angeln.«

»Ich werde mein Favre-Gesicht aufsetzen.«

»Ein Jammer, dass ich nicht dabei sein kann! Ciao, Liebste, ich geb dir einen Kuss und wünsche dir alles Gute. Wir sehen uns morgen.«

»Okay. Und… vielen Dank.«

Ich hängte ein, ohne zu sagen, dass ich ihm auch einen Kuss gäbe. Meine Mutter war während des Gesprächs hereingekommen.

»Wer war denn das?«

»Patrick Hauser. Er hat mir einen Halbtagsjob verschafft, bei einem Professor.«

Mama hielt ihre Zigarette wie eine Teetasse, den kleinen Finger gespreizt.

»Ist es wirklich angebracht, jetzt dein Studium zu vernachlässigen? Du gehst jeden Abend fort und kommst zu den unmöglichsten Zeiten nach Hause. Du bleibst noch hängen, wenn du so weitermachst.«

»Ist mir doch egal. Ich will Geld verdienen.«

»Bevor du die Stelle annimmst, müssen wir uns über die Leute erkundigen. Zeig mal die Adresse…« Sie stieß den Rauch aus und hustete. »Professor Charles Baumann«, las sie halblaut. »Der Name sagt mir etwas. Ich werde Gilbert fragen…«

Ich fuhr in die Höhe.

»Onkel Gilbert hat damit nichts zu tun! Ich will nicht, dass er seine Nase in meine Angelegenheiten steckt!«

Ich floh in mein Zimmer, knallte die Türe zu und legte eine Platte der Stones auf, um mich zu beruhigen. Langsam wurde ich versöhnlicher und spürte die Dankbarkeit gegenüber Patrick, der sein Versprechen gehalten hatte. Ich konnte den morgigen Tag kaum abwarten. Ich hatte das seltsame und gänzlich unlogische Gefühl, dass sich etwas Wichtiges anbahnte. Aber was?

Am nächsten Tag traf ich gegen drei Uhr auf dem Boulevard George Favon ein. Ich hatte das Haar mit einem Samtband festgebunden. Über der beigen Flanellhose trug ich eine Wildlederjacke und im Ausschnitt meiner Baumwollbluse ein seidenes Halstuch. Gediegene Eleganz, Bürgerstochter vom Scheitel bis zur Sohle, so schritt ich durch die bleiche Herbstsonne. Irgendwo in einem Garten wurde welkes Laub verbrannt, die Luft roch bitter. Die Nummer 19 war eins dieser soliden alten Häuser, in denen sich in der Regel Treuhandbüros und Versicherungen befinden. Ich ließ den Aufzug mit seiner schmiedeeisernen Verschalung links liegen und stieg zu Fuß die Treppen hoch. Der Professor wohnte im zweiten Stock. Ich klingelte. Es dauerte eine Weile, dann öffnete sich die Tür. Zum Vorschein kam ein maskenhaft gepudertes altes Gesicht.

»Ja?«, sagte die Person unfreundlich.

Ich stellte mich vor und sagte, ich käme von Patrick Hauser. »Es ist wegen der Stelle.«

Die Tür öffnete sich etwas mehr und ich konnte durch die schmale Öffnung schlüpfen. Die berüchtigte Tante Martha reichte mir nur bis zu den Schultern. Ihr schwarz gefärbtes Haar war straff nach hinten gekämmt und zu einem mit Haarnadeln gespickten Knoten gewunden, der einem Igel ähnlich sah. Sie trug einen rosa Rollkragenpullover und auf der flachen Brust ein Gehänge aus Silber mit Korallen, etwas Arabisches oder Türkisches oder sonstwie Orientalisches.

»Haben Sie ein Diplom von der Handelsschule?«, fragte sie.

Das fing ja gut an! »Nein, ich bin Literaturstudentin im zweiten Semester.«

»Ah!«, machte sie verächtlich. Sie ging mir voran durch den Flur, der nach Bohnerwachs roch und unter jedem Schritt knarrte.

»Ich bin Madame Baumann« stellte sie sich überflüssigerweise vor, jede Vertraulichkeit von vorneherein abwehrend. »Und ich muss Ihnen gleich sagen: Mein Mann stellt nicht irgendwen ein. Wir wünschen eine seriöse Person, die gewissenhaft arbeitet. Nichts Zerfahrenes wie dieses Fräulein, das uns eben verlassen hat.« Sie schaute mich über ihre Schulter hinweg triumphierend an. »Ich habe sie vor die Tür gesetzt!«

Zum Glück hatte Patrick mich gewarnt, sonst hätte ich sofort das Feld geräumt. Ohne ihren Redefluss zu unterbrechen, führte mich Madame in den Salon, der haargenau aussah wie das Wartezimmer eines Zahnarztes: drei Sessel, ein durchgesessenes Sofa und ein Tischchen mit Fayence-Tellern, auf denen Windmühlen gemalt waren.

»... da mein Mann überlastet, kurzsichtig und viel zu gutmütig ist, glaubte sie sich alles erlauben zu können. Zu spät zu kommen, früher wegzugehen, private Telefongespräche zu führen und so weiter. Haben Sie das auch vor?«

Sie hatte so plötzlich einen Punkt gemacht, dass ich überrumpelt war und nur stammeln konnte: »Hm?«

Ihre schwarzen Vogelaugen funkelten mich an. »Ich frage Sie, ob Sie die Absicht haben zu arbeiten oder nicht.«

Ich schaute auf sie herab und machte ein ernstes Gesicht. »Natürlich. Deswegen bin ich gekommen.«

Pause, dann ein Blick von unten herauf: »Fräulein Graziani, sagten Sie? Sind Sie... äh, verwandt mit dem Anwalt Giorgio Graziani, der vor ein paar Jahren gestorben ist?«

Ich senkte den Blick, wie es sich gehört. »Er war mein Vater.«

Mit gebieterischem Zeigefinger wies sie auf das Sofa. »Nehmen Sie hier Platz und warten Sie.« Ich setzte mich und sie stolzierte hinaus. Drei Minuten später kam Madame zurück und führte mich in ein Büro, in dem ein Mief nach alten Papieren, Leder und ungelüfteten Pantoffeln stand. Der Raum war voll gestopft mit Büchern, Aktenordnern, Zeitungen und Kartons, die sich auf Regalen und Stühlen stapelten. An der einen Wand hing eine Karte von Afrika, die anderen waren mit alten Fotos bedeckt. Exotische Gegenstände, Dolche, Bögen, Lanzen und Kalebassen hingen, wo immer Platz war. Ausgesprochen museal, das Ganze. Hinter einem überladenen Schreibtisch erhob sich ein bebrillter Mann in Hemdsärmeln und Wollweste, um mich zu begrüßen. Er hatte einen mächtigen Kopf und trug einen Augenschirm aus Plastik, der von einem Gummiband festgehalten wurde.

»Fräulein Graziani? Patrick hat mir am Telefon von Ihnen erzählt. Sind Sie verlobt?«

Diesmal brauchte ich zwei Sekunden, um zu reagieren. »Patrick und ich? Nein, nein, wir sind gute Freunde, weiter nichts.«

»Aha, so ist das.« Er räusperte sich. »Nehmen Sie doch bitte einen Stuhl – ja, den dort. Legen Sie die Bücher ruhig auf den Boden.«

Er schob seine Brille hoch, die die Neigung hatte, ihm von der Nase zu rutschen.

»Ich habe gehört, dass Sie Literatur studieren. Geschichte wäre mir lieber gewesen, aber das macht nichts. Sie werden mir mindestens vier Stunden pro Tag widmen müssen, vormittags oder nachmittags, wie es für Sie günstiger ist.« Er sprach leise und stieß zwischen den einzelnen Worten kleine Pfiffe aus. Vermutlich litt er unter einer Erkrankung der Atemwege.

»Was Sie hier sehen«, er fuhr mit seiner knochigen Hand über sein Tohuwabohu, »ist die Frucht fünfzehnjähriger Arbeit. Sie werden die Papiere gemäß meinen Anweisungen ordnen und ... äh, ein wenig abstauben müssen. Ich habe auch Texte, die ich Ihnen diktieren werde. Können Sie einigermaßen stenografieren?«

Ich schluckte leer. »Ich ... ich kann überhaupt nicht stenografieren. Aber recht gut Maschineschreiben«, fügte ich rasch hinzu, um meine Scharte auszuwetzen.

Er schaute mich freundlich an. »Machen Sie sich keine Sorgen. Guter Wille spart Geld, Zeit und Nerven.« Er raffte einige Papiere zusammen und brachte dabei hoffnungslos alles durcheinander.

»Im Augenblick arbeite ich an einer Monografie über die präislamischen Kulturen in der südlichen Sahara. Kommen Sie und schauen Sie sich's an!« Er zeigte mir ein Bündel Manuskriptseiten, die mit einer perfiden Kritzelschrift bedeckt waren, voller Korrekturen, Streichungen und eingefügten Worten. Ich stöhnte innerlich auf. Um in diesem Chaos klar zu sehen, brauchte man eine Lupe!

»Glauben Sie, dass Sie damit zurechtkommen werden?«, fragte der Professor ein wenig besorgt. Ich versicherte es und versuchte mich an den Gedanken zu gewöhnen, bald kurzsichtig zu sein.

Er erzählte mir, dass er ein Gesuch an das algerische Kulturministerium gestellt hatte, um in der Zentralsahara soeben entdeckte Grabruinen besichtigen zu können.

»Werden Sie nach Algerien fahren?«, fragte ich.

»Ich hoffe, dass ich die Erlaubnis bekommen werde. Die Bürokratie der neuen afrikanisch-sozialistischen Länder geht manchmal verworrene Wege. Man weiß nie so recht, was den Leuten dort durch die Köpfe geht. Kennen Sie Afrika?«

Ich schüttelte den Kopf. Ich kannte nur Süditalien und Spanien, oder besser gesagt die Strände, wo ich im Bikini faul herumgelegen und die Langeweile mit belanglosen Flirts totgeschlagen hatte.

»Sie sollten mal nach Afrika reisen!«, sagte Baumann. »Ein hochinteressanter Erdteil! Die Gegensätze der Entwicklung in den verschiedenen Ländern sind verblüffend!«

Wir unterhielten uns noch eine Weile. Es wurde vereinbart, dass ich am kommenden Montag um zwei Uhr mit meiner Arbeit beginnen sollte. Wir verabschiedeten uns im besten Einvernehmen.

Ich traf meine Mutter, wie sie verbissen die Fliesen im Bad schrubbte. Eine Putzfrau konnten wir uns nicht leisten. Ächzend richtete sie sich auf, drehte den Wasserhahn zu.

»Und –?«

Natürlich hoffte sie, es wäre nichts aus meinem Job geworden. Während ich ihr sagte, die Stelle sei okay, zog sie umständlich die Gummihandschuhe aus und strich sich ihr klebriges Haar aus der Stirn.

»Du kannst doch nicht einfach zusagen! Darüber muss man doch reden!«

Wie mich das nervt, dieses ewige Zaudern! »Wozu? Der Professor hat mir gezeigt, was ich zu tun habe. Ich habe alles mitgekriegt. Himmel, ist das eine schlechte Luft hier!«

»Willst du es warm haben oder nicht?«

Ich zog meine Jacke aus und ging in mein Zimmer. Meine Mutter nestelte an ihrer Schürze, schlurfte hinter mir her. Sie stand mit verlorenem Blick an der Tür, während ich die Kleider wechselte. Sie sah mich nicht gern im Slip.

»Und – was verdienst du?«

Ich nannte ihr die Summe. Sie schluckte.

»Das ist ja glatte Ausbeutung. Wie dumm, dass du das angenommen hast!«

»Ich mache dich darauf aufmerksam, dass es die Baumanns sind, die mich angenommen haben.«

Ich sah mit Genugtuung, wie sie meine Hose aufhob, mit Leidensmiene meine Bluse über einen Bügel hängte. Während sie mir den Rücken zukehrte, landete ich den Tiefschlag.

»Frau Baumann hat mich gefragt, ob ich mit dem Anwalt Giorgio Graziani verwandt sei.«

Mutter schloss die Schranktür, drehte unnötigerweise den Schlüssel. Ich sah im Spiegel ihr verwirrtes Gesicht.

»Sie kannte den Namen deines Vaters?«

»Ja«, sagte ich leichthin, »deswegen habe ich die Stelle bekommen.«

»Deswegen?«

Ich zog meinen Jeansgürtel zu. »Ich habe Durst.«

Ich ging in die Küche, meine Mutter noch immer im Schlepptau, und schenkte mir ein Glas Milch ein.

»Ich muss noch weg. Warte nicht auf mich mit dem Essen.«

»Wo gehst du wieder hin?«

»Ich treffe mich mit Patrick.«

»Der Freund, der dich den Baumanns empfohlen hat? Wer ist der Junge?« Sie wollte natürlich sagen: Was macht er?

Ich gab ihr die gewünschte Auskunft: »Er ist Journalist. Ciao!« Ich lief die Treppe hinunter und verdrängte sofort das Bild meiner Mutter, wie sie da unter der Lampe stand mit ihrer Schürze, den feuchten Pantoffeln und der ewigen Perlenkette.

Patrick ging nervös vor dem Jimmy auf und ab.

»Kein Parkplatz und an jeder Ecke Polente! Weg hier, bevor man mir einen Bußzettel aufbrummt. Nun, wie ist es dir ergangen mit meiner Drachentante?«

»Ich finde sie witzig.«

»Witzig? Eine Nervensäge, das ist sie!«

»Mir hat sie schließlich nichts getan.«

Patricks Toyota stand noch ohne Bußzettel unten an der Straße. Während Patrick den Wagen aus der Parklücke hinausmanövrierte, beschrieb ich ihm meinen Besuch und sagte, wie viel ich verdiene. Wir lachten beide.

»Der alte Herr versteht rein gar nichts von Finanzen«, meinte Patrick. »Das ist Tante Martha, die über den Geldbeutel wacht. Versuch zwei, drei Monate durchzuhalten, bevor du eine Gehaltserhöhung aushandelst.«

»Ja, die werde ich auch brauchen, um mir eine Brille zu kaufen...«

Patrick drehte an der Ampel rechts ab und fuhr die Straße am See entlang. Wir gingen also zu ihm. Lächelnd sagte ich: »Ich muss vor Mitternacht zu Hause sein.«

»Da haben wir doch noch ein wenig Zeit füreinander«, sagte Patrick. Seine Hand suchte die meine und drückte sie fest. Ich lehnte den Kopf an seine Schulter, sodass ich an meiner Wange den rauen Stoff seines Dufflecoats spürte. Ich war unglaublich in Fahrt. Ich glaube, ich war glücklich.

5. Kapitel

Am Montag traf ich Punkt zwei Uhr bei den Baumanns ein, ganz Gewissenhaftigkeit und Pünktlichkeit. Patrick hatte mir viel über seinen Onkel erzählt, der sich als Spezialist für afrikanische Urgeschichte einen Namen in der wissenschaftlichen Welt geschaffen und in Cambridge und an der Sorbonne Vorlesungen gehalten hatte. Er war viel gereist und hatte noch in jüngster Zeit Ausgrabungen in der Sahelzone, in der Kalahari und in Madagaskar geleitet.

Ein kleiner, unbequemer Schreibtisch war für mich vorbereitet. Eine vorsintflutliche Schreibmaschine, die mich wohl etliche Mühe kosten würde, stand monströs auf der Tischplatte. Ein Telefon war in Reichweite auf einem Bücherstapel platziert.

Der Professor öffnete einen Schrank nach dem andern, um mir zu zeigen, wohin die Ordner gehörten, mit denen ich mich zu beschäftigen hatte. Alles lag drunter und drüber. Die Fächer rochen nach Tinte, Mottenkugeln und modrigem Fell. Ich entdeckte einen ausgestopften Wüstenfuchs und eine vertrocknete Eidechse, die aussah wie eine verfaulte Bohnenschote. Mit Putzlappen, einem Eimer Wasser und einem Superreinigungsmittel bewaffnet, machte ich mich an die Schubfächer und Regale.

Das Einreihen der Ordner war nicht schwierig, trotzdem brauchte ich die ganze Woche, bis das Chaos beseitigt war.

Dann hatte ich einen Stapel vergilbter Fotos zu ordnen und mit Datum und Kommentar zu versehen, den der Professor mir diktierte. Ferner waren Telefongespräche zu erledigen und Briefe zu beantworten. Die verflixte Schreibmaschine klemmte alle Augenblicke.

»Nicht nervös werden, es geht ja alles gut!« Er redete meist nicht viel. Im müden Licht einer verstaubten Lampe füllte er Seite um Seite mit seinem unleserlichen Gekritzel.

Ich merkte bald, dass sich hinter Madame Baumanns Menschenfeindlichkeit eine etwas raue Güte und eine unbeschränkte Bewunderung für ihren Mann verbargen. Unermüdlich hielt sie Luftzug und Aufregung von ihm fern, achtete darauf, dass er seine Vitamine, seine Tabletten für die Bronchien, seine Augen- und Nasentropfen nahm. Er indessen ließ sich mit stets gleich bleibender Höflichkeit drangsalieren und bemuttern und schonte seine Kräfte für wichtigere Sachen.

Der November ging rasch vorüber. Morgens ging ich in die Vorlesungen, an vier Nachmittagen in der Woche arbeitete ich bei Baumann. Patrick traf ich regelmäßig. Er machte mich mit einigen Kollegen bekannt, alles Journalisten wie er. Sie waren versessen auf Kino, Theater und Comicstrips, redeten endlos und klug über die Bewegungen der Kamera, die Thematik der Inszenierung und die Archetypen in der Bildsprache. Es ging üblicherweise sehr laut zu. Ihre oberflächliche Art störte mich nicht; mein Leben hätte ewig so weitergehen können. Alles war wunderbar einfach. Nur ab und zu spürte ich einen Graben, der sich zwischen uns auftat. Ich schob das auf den Altersunterschied.

Christine sah ich nur noch selten. Sie hatte den Verlust des schönen Cowboys schnell überwunden und erzählte mir begeistert von einem blonden Designer, der Frotteewäsche für ein Warenhaus entwarf.

Ich wollte nicht wie meine Mutter werden. Ich hatte ständig diese spießige, verklemmte Generation der Fünfzigerjahre vor Augen. Jetzt hatte sie selbst erwachsene Kinder und die sollten auf die gleiche Art weiterticken. Das machte mich rasend. Es wurde Zeit, dass ich die Spielregeln änderte, und ich nahm mir die Freiheit, die ich brauchte, wobei ich ziemlich rücksichtslos vorging. Für meine Mutter war das etwas Neues.

»Triffst du dich immer noch mit dem jungen Pressemenschen? Gilbert sagt, man verdient nicht gut im Journalistenberuf.«

»Ist doch mir egal.«

»Das sollte dir nicht egal sein. Und deine Zukunft?«

An diesem Abend hatte sie Pech. Ich lernte für die Uni, wir hatten Föhn und ausnahmsweise war ich es, die unter Kopfschmerzen litt.

»Was hat meine Zukunft mit Patrick zu tun?«

Sie wurde rot. Eine Frage brannte ihr auf der Zunge.

»Hast du... ich meine: Habt ihr...«

Ich lehnte mich zurück. Ich hatte das alles so satt, ihre Fürsorge und wie sie mir sagte, was ich tun sollte und was nicht. Irgendwann war sie doch auch so alt gewesen wie ich und hatte ihre Eltern provoziert. Schlimm wäre, wenn sie alles kritiklos geschluckt hätte. Die Jugendlichen damals, was mochten sie für lahme Gänse gewesen sein!

»Ich schlafe mit ihm«, gab ich patzig zur Antwort. »Falls es das ist, was du wissen wolltest...«

Sie zuckte zusammen, wobei sie rote Flecken auf den Wangen bekam. »Ich... ich weiß nicht, wie dein Vater das aufgenommen hätte.«

»Schlecht vermutlich. Italiener sind in diesen Dingen eher

rückständig.« Verdammt, sie sollte doch meinen Vater aus dem Spiel lassen!

Sie knetete ihre Hände im Schoß und machte sofort eine Tragödie daraus. »Ich habe immer gehofft, dir gewisse Unannehmlichkeiten ersparen zu können.«

»Mir geht es gut«, versetzte ich. »Mir geht es sogar glänzend.«

»Ich mache mir große Sorgen um dich.«

»Das kannst du dir sparen. Ich nehme die Pille.«

Sie tastete verstört nach ihrer Zigarette. »Du bist wirklich sehr leichtsinnig.«

»Das ist mein Problem.«

Sie schluckte würgend. »Willst du... willst du ihn heiraten?«

Ich verlor allmählich die Geduld. »Hör auf, Patrick und ich sind doch nicht aneinander genagelt!«

Sie stieß den Rauch durch die Nase. »Vielleicht wirst du mal nachdenken und...«

Ich klappte wütend das Buch zu. »Schluss, Mama! Was zwischen Patrick und mir läuft, geht dich überhaupt nichts an.«

»Mach, was du willst«, entgegnete sie schwach. »Und sei nicht so unverschämt...«

Ich erzählte Patrick nichts von dem Gespräch. Doch als er mich fragte, ob ich Weihnachten mit ihm verbringen wollte, sagte ich sofort zu.

»Meine Eltern haben eine Ferienwohnung in Villars. In diesem Jahr gehen sie nach Florida. Wir können die Wohnung haben und Ski fahren. Sag, hast du Lust?«

Mir kam der todlangweilige Heiligabend bei Onkel Gilbert in den Sinn, der phantasielos geschmückte Baum, die mühsame Unterhaltung bei Tisch. Das Christkind brachte rosafarbenes Badesalz und ich hatte zu jauchzen. Ich mochte die Favres nicht, sie mochten mich nicht, aber ich sollte trotzdem alle küssen. Ich sehnte mich nach Ruhe, Sonne, Schnee und blauem Himmel.

»Großartig!«

Meine Mutter klagte, dass nun der Heilige Abend für alle vermasselt sei. Ich erwiderte: »Meinetwegen!«, und sie schickte sich ins Unvermeidliche. Patrick und ich fuhren am Nachmittag los. Ich hatte mich am vorigen Tag von den Baumanns verabschiedet, in der Tasche fünfzig Franken Gratifikation, die der Professor mir – in Abwesenheit seiner »süßen Hälfte« – verlegen hüstelnd überreicht hatte. Ich kaufte rosa Badesalz für meine Mutter und für Patrick einen Bildband über Astrologie.

Das Chalet stand am Nordabhang in der Nähe des Skilifts, dessen Rasseln wir von neun Uhr morgens an hörten. Aber das störte uns nicht allzu sehr: Wir standen ohnehin den ganzen Tag auf den Skiern. Das Wetter war herrlich und ich holte mir einen Sonnenbrand.

Am Abend vor Silvester, als wir am Kaminfeuer saßen und Nüsse knackten, meinte Patrick, dass wir doch eigentlich zusammenziehen könnten.

»Du wolltest dir irgendwo ein Zimmer suchen, hast du gesagt. Warum kommst du nicht einfach zu mir? An Stelle deiner historischen Behausung biete ich dir eine siebte Etage mit Aussicht.«

Ich trug die norwegische Strickjacke, die Patrick mir geschenkt hatte, und meine Wangen glühten.

»Also, was ist?«, drängte Patrick, als ich nicht antwortete, und versuchte, eine Nuss zuerst mit den Zähnen, dann mit den Händen zu knacken. »So ist das doch kein Leben mehr! Du kommst, du gehst, und alles in Hast und Eile. Jetzt haben wir endlich Zeit füreinander. Ich finde das gut. Du nicht auch?«

Ich nickte unbestimmt. »Irgendwie schon.«
»Also, wo liegt denn das Problem?«
Ich schwieg. Er wartete. Schließlich sagte ich: »Ich weiß nicht, woran ich bin...«
Er schnalzte ungeduldig mit der Zunge. »Aber ich weiß es! Deine Mutter läuft mit verheulten Augen herum und du fühlst dich schuldig. Das ist Erpressung, hast du das noch nicht bemerkt?«
Das stimmte mehr oder weniger, aber in einem Punkt irrte er sich: Meine Mutter konnte heulen, so viel sie wollte: Sie konnte mich damit nicht hindern, das zu tun, wozu ich wirklich Lust hatte oder was ich für richtig hielt. Niemand konnte mich hindern! Nein, das Problem lag nicht bei meiner Mutter. Das Problem lag bei mir. Ich hatte Patrick sehr gern. Ich mochte unsere Gespräche, unsere Blödeleien. Ich mochte seine Art zärtlich zu sein. Und doch hatte ich keine Lust, ihn ständig in meiner Nähe zu haben.
»Ach, Patrick!«, sagte ich unglücklich, »lass mir ein bisschen Zeit. So schnell geht das nicht.«
Er hatte so einen merkwürdigen Blick, die Brauen eng zusammengezogen. Mit diesem Blick sah er mich an.
»Manchmal werde ich nicht recht klug aus dir. Schade.«
Ich drehte den Kopf von ihm weg. »Ich kann nicht gut darüber reden.«
Er lag dicht neben mir, ich hörte ihn atmen.
»Ich möchte bloß wissen, wie es weitergeht mit uns.«
Ich drehte mich zu ihm, strich über sein Gesicht. Ich hatte ihn wirklich sehr gern. Ungeschickt versuchte ich unklare Empfindungen in Worte zu fassen. »Mir geht ständig ein komischer Gedanke durch den Kopf. Als ob ich auf etwas warten würde, etwas Wichtiges. Das Dumme ist nur, dass ich überhaupt nicht weiß, was es ist. Und solange ich nicht klarer sehe, will ich lieber die Dinge so lassen, wie sie sind.«

Seine Züge entspannten sich. Er legte den Arm um mich und lächelte. »Wenn ich richtig verstanden habe, dann muss ich warten, bis du weißt, worauf du wartest. Ist es das?«

»Ungefähr, ja.«

Mein Haar lag auf seinem Gesicht. Er nahm eine Strähne zwischen die Zähne und zog daran. Es tat mir ein bisschen weh, aber ich sagte nichts. Nach einer Weile brach Patrick das Schweigen.

»Ich habe immer gedacht, ich wäre wichtig für dich. Na gut, ich werde warten. Aber nicht bis an mein Lebensende, das nicht.«

6. *Kapitel*

In Genf schneite es. Graue Haufen türmten sich am Straßenrand. In den Geschäften hingen noch die Weihnachtsdekorationen und schon wurden Vorbereitungen für den Ausverkauf getroffen. Völlig durchfroren kam ich bei den Baumanns an, Madame öffnete mir die Tür und suchte nach Anzeichen, ob ich nicht vielleicht seit den Ferien irgendwelche Verhaltensstörungen entwickelt hätte.

»Sie sind braun geworden«, stellte sie schließlich missmutig fest.

Höflich, wie man mich erzogen hatte, wünschte ich ihr ein gutes Neujahr.

»Wir können die Zeit nicht zurückdrehen«, kommentierte sie, und das war alles. Ich hängte meinen Lodenmantel an den Haken, putzte mir die Nase und betrat das Arbeitszimmer, wo mich der Professor, im Gegensatz zu Madame, in nahezu ausgelassener Laune empfing.

»Ach, da sind Sie ja, Fräulein Graziani! Schön, dass Sie wieder da sind. Sie sehen ja blendend aus.«

»Danke«, erwiderte ich verwirrt. »Wir waren in Villars.«

»Recht so! Mieses Wetter, kurze Tage, das Genfer Klima ist rau im Winter, wir brauchen afrikanische Sonne!«

Ich sah keinen Zusammenhang, aber Baumanns Gedanken weilten offenbar in einem anderen Erdteil.

»Ich habe eine Überraschung für Sie. Hätten Sie Lust, nach Algerien zu fahren?«

Ich starrte ihn an. »Nach Algerien?«

»Die Antwort des Ministeriums ist endlich eingetroffen. Ich habe nicht nur die Genehmigung, in die Sahara zu gehen, sondern soll auch einen Vortrag an der Universität von Algier halten.«

»Toll«, sagte ich matt und dachte: »Was geht mich das an?«, während der Professor überschwänglich in seinen Erläuterungen fortfuhr: »Meine Frau will mich selbstverständlich begleiten. Wir werden ein paar Tage in Algier bleiben, ich habe noch einiges zu tun im ethnografischen Museum. Dann fahren wir weiter in den Süden. Die Gräber, die ich mir ansehen möchte, liegen mitten in der Wüste, in einer Gegend, die sehr schwer zu erreichen ist. Leider erlaubt es die Gesundheit meiner Frau nicht, dass sie stundenlange Fahrten über die Wüstenpisten auf sich nimmt. Und da ich selber auch nicht mehr der Jüngste bin, brauche ich jemanden, der robust ist und Ausdauer genug hat, um mir zu helfen. Ich glaube, dass Sie das sehr gut machen werden. Die Reise wird von der Universität bezahlt. Ich müsste Sie«, er machte eine verlegene Grimasse, »lediglich um eine kleine Beteiligung an den Tagesausgaben bitten.«

»Falls Sie glauben, dass wir Ihnen Urlaub im Paradies anbieten, dann haben Sie sich gründlich getäuscht«, sagte Madame, die während unseres Gesprächs hereingekommen war. »Eine Expedition in die Sahara stellt Anforderungen.«

Ich schüttelte den Kopf. »Das macht nichts.«

Mir war gleichgültig, was sie sagte. Wichtig war nur, was mit mir plötzlich geschah. Und das war ganz erstaunlich. Ein Schauer rieselte meinen Rücken entlang, ein geradezu aufwühlendes Prickeln. Ich hatte ein merkwürdiges Gefühl im Mund. Inzwischen wühlte der Professor in seinen Papieren, brachte beflissen alles durcheinander. »Sehr gut, sehr gut. Sie rufen bei der Swissair an und buchen den Flug. Ich werde Ihnen gleich die Antwort an den Rektor der Universität von Algier diktieren und ein paar Zeilen an meinen Freund Sidi Nadir, den Bürgermeister von Tamanrasset, schreiben, damit er weiß, dass wir kommen.«

Ich holte tief Luft. »Tamanrasset«, wiederholte ich langsam, »wo liegt das?«

»In der Zentralsahara, im Hoggargebirge. Kommen Sie, ich zeige es Ihnen!«

Er schob seinen Stuhl zurück. An der Wand hing eine große Landkarte. Ich trat neben ihn. Baumann wies auf einen bestimmten Punkt.

»Das ist Tamanrasset, der Hauptort des Hoggars.«

»Das liegt aber weit von der Küste entfernt.«

Er nickte bedeutungsvoll. »2000 Kilometer südwärts, im Herzen der Sahara! Es gibt drei Pisten, mitten durch die Wüste. Ich bin alle drei gefahren, im Jeep. Das war um 1950 herum, ehe sie im Norden geteert wurden. Ja, das waren noch Zeiten. Es gab keine Versicherung, keine Haftpflicht, nichts. Man war völlig auf sich selbst angewiesen...«

»Tamanrasset!«, flüsterte ich.

Vier raue Silben, süß und schwer, die ich zum ersten Mal hörte und nie vergessen würde. Irgendwo in Afrika, an einem Ort, den ich mir nicht vorstellen konnte, gab es eine Stadt mit diesem Namen...

Ich sagte meiner Mutter, dass ich am 12. Januar nach Algerien fahren würde. Sie traute ihren Ohren nicht.

»Nach Algerien? Mit Professor Baumann?«

»Hast du was dagegen?«

»Ich? Etwas dagegen haben? Sicher nicht. Aber... wie kommt er ausgerechnet auf dich? Und wo bleibt seine Frau?«

»Die fährt natürlich mit und passt auf, dass ich ihren Angetrauten nicht verführe.«

»Was, um Himmels willen, will er denn in der Sahara?«

»Alte Gräber erforschen, oder Ähnliches. Die Flugkarten sind schon bestellt. Ist noch Schokolade da?«

Von Heißhunger getrieben, durchsuchte ich den Küchenschrank, bis ich eine angebrochene Tafel fand, die ich gierig verschlang. Meine Mutter schlurfte hinter mir her.

»Welch ein Wahnsinn, in ein sozialistisches arabisches Land zu reisen! Liest du denn überhaupt keine Zeitungen? Und wenn euch etwas zustößt?«

»Dann machen wir eben Schlagzeilen.«

Zu den Untugenden, die meine Mutter mir vorwarf, gehörte meine Fähigkeit zur völligen Unaufmerksamkeit. Wenn ich mich ganz bestimmten Empfindungen überließ, verlor ich den Kontakt zu dem, was man im Allgemeinen als Außenwelt bezeichnet. Meine Mutter konnte sagen, was sie wollte, ich hörte kaum zu. Ich fühlte mich so selbstsicher, so voller Erwartung und lebendig bis in die Haarspitzen.

Am nächsten Tag traf ich Patrick zum Mittagessen. Das Lokal war wie immer überfüllt, die Luft stickig. Wir hatten Glück: Ein Tisch wurde frei, ganz hinten an der Wand. Wir setzten uns und Patrick sagte: »Offen gesagt, ich bin überrascht. Da laden dich die Baumanns nach Afrika ein. Wem hast du das zu verdanken? Doch sicher nicht meiner Drachentante?«

Ich lachte. »Einladen ist gut! Ich zahle meinen Anteil.«

Hungrig studierte ich die Karte. Ich hatte auf alles gleichzeitig Lust. Patrick betrachtete mich mit steifem Lächeln. Seine gespielte Begeisterung täuschte mich nicht. Er war verstimmt.

»Du siehst blendend aus. Die Ferien haben dir gut getan. Oder ist das schon der heiße Atem Afrikas?«

»Beides«, sagte ich fröhlich. »Ich nehme Lamm mit Champignons!«

Strahlend warf ich meine Haare aus der Stirn. Ich war froh, fühlte mich leicht und ganz von frischer Luft erfüllt.

»Wir gehen in den Hoggar«, sagte ich, »nach Tamanrasset.«

»Ach ja«, sagte Patrick, »nach Atlantis.«

Der Kellner kam mit gezücktem Kugelschreiber an unseren Tisch. Als er gegangen war, sagte ich: »Atlantis? Das war doch eine Insel, oder?«

»Hat mein Onkel dir keinen Vortrag gehalten? Über versteinerte Baumstämme und Muschelabdrücke? Das ist doch sein Spezialgebiet.«

»Doch. Zuerst konnte ich mir das kaum vorstellen. Aber dann fiel mir Frau Peters ein...«

»Wer ist Frau Peters?«

»Eine Lehrerin, die wir im Gymnasium hatten. Sie war ganz vernarrt in solche Geschichten. Sie sagte, was die Märchen erzählen, könnte durchaus wahr sein. Uns klang das total nach Pulp-Fiction. Fehlten nur noch die Außerirdischen. Immerhin war der Unterricht nie langweilig.«

»Das kann ich mir denken.« Patrick lachte ein wenig. »Was erzählte sie denn?«

»Ach, lauter Zeug, von dem man nicht wusste, ob es erfunden war oder nicht. Von alten Sagen, von griechischen Philosophen...«

»Platon und Herodot?«

»Ja, ich glaube, dass die so heißen. Einer erzählte von einem sagenhaften Reich jenseits von Gibraltar. Die Bewohner, die Atlantiden, hätten eine phantastische Zivilisation entwickelt, die allen anderen Kulturen als Vorbild dienen sollte.«

»Das war Platon.«

»Richtig. Eine fürchterliche Erdbebenkatastrophe hätte dann die Insel im Meer versinken lassen.«

Der Kellner brachte das Essen. Ich wurde abgelenkt.

»Sieht gut aus.«

Eine Weile aßen wir schweigend. Patrick stocherte in seinem Teller herum.

»Schmeckt es dir nicht?«

Er schnitt eine Grimasse. »Verkocht.«

»Findest du?«

Erneutes Schweigen. Patrick legte die Gabel nieder. Ich starrte ihn selbstvergessen an.

»Was ist los?«

Er lächelte verkrampft. »Sich in der Wüste vergraben ist vielleicht genau das Richtige, um mit sich selbst ins Reine zu kommen. Das haben schon andere vor dir getan.«

Ohne Grund hatte ich plötzlich ein schlechtes Gewissen. »Bist du mir böse?«

Er machte ein überraschtes Gesicht. »Ich? Nein! Wieso denn?«

Ich sagte: »Das wäre mir nämlich nicht recht.«

Er schüttelte wortlos den Kopf. Zwischen seinen Brauen hatte sich diese scharfe Falte gebildet. Ich legte meine Hand auf seine und streichelte sie.

»Sei ruhig, in zwei Wochen bin ich wieder da.«

»Nein«, Patrick schüttelte den Kopf. »Du wirst nie wieder zurückkommen.«

»Du bist witzig«, sagte ich und lachte. Patrick lachte nicht. Dann kam der Kellner und fragte, ob uns das Essen geschmeckt hatte. Wir sagten ja und bestellten zwei Kaffee.

Es war die Zeit der »Blumenkinder«; man trug indische Gewänder, die nach Sandelholz dufteten, peruanische Mützen und Lammfellmäntel aus Afghanistan. Bei Brazilia entdeckte ich ein langes Baumwollkleid, pflaumenfarbig, mit

Lila und Purpur bestickt und mit kleinen Spiegelchen besetzt. In der engen Umkleidekabine zog ich Pullover und Jeans aus und probierte das Kleid an, das im Rücken von kleinen Bändern geschlossen wurde. Um mich besser zu sehen, verließ ich die Kabine und stellte mich draußen vor den großen Spiegel. Kritisch betrachtete ich die Gestalt, die mir im Spiegelbild entgegensah. Ein Spotlight an der Decke strahlte direkt in mein Haar, ließ es wie Bronze leuchten. Die weiten Ärmel bewegten sich wie Flügel, wenn ich die Arme hob, und bei jedem Atemzug blitzten die Spiegelchen in der Stickerei auf der Brust.

Die Verkäuferin musterte mich anerkennend. »Dieses Kleid kann nicht jede tragen.«

Da hatte sie durchaus Recht. Ich sah auf das Preisschild. Das Kleid war nicht im Ausverkauf.

»Sieht toll an Ihnen aus«, meinte die Verkäuferin und zupfte an ihrer Nagelhaut.

Ich betrachtete mich von Kopf bis Fuß, holte tief Luft und kaufte das Kleid.

7. Kapitel

Am Sonntagmorgen schneite es in großen Flocken. In Cointrin blies der Wind über den Flugplatz und pfiff um die Ecken der Gebäude. Die Maschine hatte eine Stunde Verspätung. Wir warteten an der Bar der Abflughalle. Meine Mutter hatte darauf bestanden, mich zu begleiten, und Patrick hatte angeboten, sie nachher nach Hause zu fahren. So würde sie eine gute Gelegenheit haben, sich »meinen« Journalisten näher anzusehen! Jetzt unterhielt sie sich mit den Baumanns, redete unverbindlich vom Wetter. Patrick brütete wortkarg vor sich hin und ich trank in stummer Ungeduld einen Cappuccino. Endlich wurde unser Flug aufgerufen. Mutter umarmte mich ein wenig hektisch. Ich roch ihren Tabakatem, ihre kalte Nasenspitze stieß an meine Wange.

»Wenn du in Algerien etwas trinkst, bringe deine Lippen nicht an das Glas. Und sei nicht leichtsinnig! Gehe nie allein in die Araberviertel, schon gar nicht nach Einbruch der Dunkelheit.«

Frau Baumann schürzte die Lippen. »Wir behalten sie schon im Auge.«

Das könnte dir so passen, dachte ich, hielt aber den Mund. Patrick und ich gingen ein paar Schritte auf die Seite. Die andern gaben sich diskret und taten so, als sähen sie nichts.

»Ich hab dieses Getue satt«, brummte Patrick.

»Ich möchte dich küssen, aber mit deiner Mutter im Hintergrund geht das nicht. Was sollen denn die Leute denken!«
Er zog mich kurz an sich.
»Ciao, Sonia! Pass gut auf dich auf.«
»Tu ich. Tu ich bestimmt!«, versicherte ich und dachte, wenn ich das doch nur alles schon hinter mir hätte.
Das Flugzeug hob in einem Wirbel grauer Wolken ab und tauchte alsbald in eine umrisslose Masse von blendendem Weiß. Ich verspürte einen unangenehmen Druck in meinen Ohren und schluckte mühsam. Madame wurde grün im Gesicht, ich musste sie zur Toilette begleiten. Der Professor saß angegurtet in seinem Sitz und wiegte gedankenverloren den Kopf. Aber über den verschneiten Alpen rissen die Wolkenberge plötzlich auf und gaben die Sicht auf den Boden frei. Als wir die Mittelmeerküste erreichten, servierte die Hostess das Mittagessen: Nudeln mit Tomatensauce, ein halbes Brathähnchen, Gemüse und Vanillepudding. Das Meer lag kobaltblau unter uns. Madame schlief, sie hatte das Essen nicht angerührt. Der Professor nieste und kritzelte unentwegt Notizen auf ein Blatt Papier. Plötzlich entdeckte ich einen schmalen roten Streifen am Horizont, den der Professor im selben Augenblick ebenfalls bemerkte.
»Afrika!«, rief er. »Wir sind gleich da!«
Mit einstündiger Verspätung landeten wir auf Algiers Flugplatz Dar-el-Beida, der früher Maison-blanche hieß. Völlig benommen trat ich in das gleißende Sonnenlicht hinaus. Dunkelblau uniformierte Beamte musterten uns Passagiere misstrauisch.
»In Sachen Formalitäten«, erklärte der Professor, »heißt es hierzulande Geduld haben.«
Algerien war seit 1830 französische Kolonie und wurde 1962 nach langen, blutigen Kriegsjahren unabhängig. Natürlich sollte sofort alles besser werden. Aber wie das so ist:

Politische Machtkämpfe und ideologische Auseinandersetzungen flackern unentwegt auf und bringen nichts Gutes. Die Benachteiligten von gestern wollen die Angesehenen von heute werden, jeder denkt nur an sich selbst. Die Bevölkerung hat das Nachsehen, wird ärmer statt wohlhabender. Und jeder Beamte zieht Nutzen aus der Lage und fühlt sich als kleiner König.

»Die Bürokratie täuscht über das völlige Fehlen von Organisation hinweg!«, zischte Madame, die mit beleidigter Miene zusah, wie zwei Funktionäre Formulare in vierfacher Ausfertigung verteilten. Eine Menge Gepäckträger mit Wollmützen und Nummerntäfelchen auf der Brust warteten hinter der Zollschranke, wo Zöllner ungerührt einen Koffer nach dem andern durchwühlten.

Endlich hatten wir das Theater hinter uns und saßen zusammengepfercht in einem altersschwachen, staubigen Taxi. Der Chauffeur raste mit halsbrecherischer Geschwindigkeit über die Asphaltstraße, die auf beiden Seiten von windzerzausten Eukalyptusbäumen gesäumt war. So weit das Auge reichte, sah man Obstplantagen von einem ungewöhnlich leuchtenden Grün. Auf vereinzelte baufällige Hütten folgten riesige Betonsiedlungen, die planlos über das Land verstreut schienen. Wäsche flatterte im Wind, Kinder mit nackten Beinen rannten nach allen Seiten und mit Körben beladene Frauen hüllten sich enger in ihre Schleier. Plötzlich sah man das Meer, lila und rosa bis hin zum Horizont. Dann den Hafen mit seinen verrosteten Kränen, verrußten Bauten, den alten Fischkuttern, dem wiegenden Wald von Masten und Schwärmen von Möwen in der Luft.

Am Fuße des roten, mit Palmen, Pistazien- und Olivenbäumen bewachsenen Berghanges breitete sich Algier wie ein riesiger Tintenfisch nach allen Richtungen hin aus. Das Taxi drängte sich hupend in das Chaos der verstopften Straßen.

Ich sah Plätze unter schattigen Bäumen, Arkaden, Brunnen aus unechtem Marmor, alte Männer, die wie müde Vögel an den Hausmauern entlang kauerten, eine bläuliche Moschee, umschwirrt von Tauben, Schaufenster mit Hemden und Schuhen, Friseurläden, Bars ... Eine dichte Menschenmenge bevölkerte die Straßen: junge Leute zumeist, nicht anders gekleidet als in Europa, aber auch solche, die eine Art Kapuzenmantel trugen, und weiß verschleierte Frauen.

»Hier, das Hotel Aletti«, sagte der Chauffeur mit einem Blick in den Rückspiegel. Vor uns stand in einem großen Vorgarten ein klotziges Gebäude, eine pompöse Mischung aus französischem Kolonialstil und maurischem Kitsch. Das Auto fuhr durch ein Tor in den Garten und hielt am Fuße einer breiten Freitreppe. Ein Boy kam die Stufen heruntergestürzt und bemächtigte sich unseres Gepäcks. Wir stiegen aus. Feuchte, salzige Luft schlug mir entgegen. Palmen sirrten im Wind. Im Schatten schimmerte Jasmin wie Trauben kleiner Sterne. Schlingpflanzen kletterten an der Hausmauer empor. Hinter dem Boy betraten wir die Halle mit ihrem Holzfiligran, Leuchtern aus Kupfer und buntem Glas, blau-grünen Kacheln und riesigen Ledersesseln.

Die Universität hatte Zimmer für uns bestellt. Meines hatte blassblaue Wände und roch nach Chlor. Auf dem Bett lag nur eine dünne Decke. Es war eiskalt, die Heizung funktionierte nicht. Ich zog mich aus, um unter die Dusche zu gehen, aber das lauwarme Wasser erwärmte mich auch nicht. Schlotternd zog ich einen Rollkragenpullover, eine Flanellhose und Wollsocken an. Und das in Afrika ...

Um sieben Uhr wollten wir mit Armand Villefosse, dem Konservator des ethnografischen Museums in Algier und langjährigen Freund der Baumanns, essen. Man stellte mir einen Herrn mit schütterem Haar, eingefallenen Wangen und ungepflegtem Schnurrbart vor: ein altmodisch-höflicher Typ aus der ehemaligen französischen Kolonialzeit, eine aussterbende Gattung. Villefosse trug einen zerknautschten Anzug zu einem Hemd mit zerschlissenem Kragen und begrüßte uns feierlich. Seine Frau war so rundlich wie er mager, würdevoll und ebenso altmodisch. Da der Wind heftig blies, trug sie ein graues Kostüm mit abgeschabtem Nerzkragen. In der Hand hielt sie krampfhaft ein Paar Handschuhe. Ich tat mein Bestes, um ihnen zu beweisen, dass meine Frau Mama mich gebührend erzogen hatte. Frierend und noch satt bis obenhin von dem, was ich im Flugzeug verzehrt hatte, saß ich schließlich unter den Leuchtern und dem Stuck des großen Speisesaals. Wir befanden uns mitten im Luftzug, an einem Tisch, dessen weißes Tischtuch noch die Eierflecken vom Frühstück zeigte.

»Es ist ein Wunder, dass Sie die Papiere so rasch bekommen haben«, sagte Villefosse. »Seit der Unabhängigkeit benötigt hier alles viel mehr Zeit. Die Bürokratie nimmt überhand.«

Seine Frau seufzte abgrundtief und erklärte, dass sie lieber heute als morgen nach Frankreich zurückkehren würde.

»Aber mein Mann denkt nicht im Traum daran, Algerien zu verlassen. Das Museum ist sein einziges Kind«, setzte sie mit bitterem Humor hinzu. Und ich fing an, sie sympathisch zu finden.

Ein Kellner in weißer Weste servierte eine dünne Hühnersuppe.

Madame rümpfte die Nase. »Früher war das Aletti das erste Haus hier in Algier. Jetzt ist die Küche mittelmäßig, der Garten verwahrlost, die Sauberkeit fragwürdig und die Zimmer werden kaum je vor Mittag gemacht.«

»Alle Hotels wurden verstaatlicht«, erklärte mir Baumann. »Das Personal ist noch jung und ungeschult...«

So ging es weiter und ich fiel zurück in meine apathische

Stimmung, dachte nichts, hörte kaum etwas und fröstelte vor Müdigkeit und Unruhe. Schließlich kündigte Villefosse dem Professor an, dass sein Vortrag auf den morgigen Nachmittag um 16 Uhr angesetzt sei und in der Aula in Anwesenheit des Rektors und des gesamten Lehrkörpers stattfinden werde. »Wir rechnen mit großem Zulauf«, sagte er und lächelte unter seinem Schnurrbart. »Die Universität versucht Demokratie zu lehren, aber die Regierung geht heute andere Wege. Die Algerier wurden von ihrer Vergangenheit getrennt und fühlen sich ständig in die Verteidigung gedrängt. Und früher oder später wird das arabische Nationalgefühl siegen.«

Villefosse wollte uns morgen früh um neun Uhr im Museum erwarten, um dem Professor die Unterlagen zur Verfügung zu stellen. Ich sollte die wichtigsten Passagen abschreiben, anschließend würden Fotokopien davon gemacht. Zu mir gewandt sagte er: »Ich hoffe nur, dass Sie mein Gekritzel lesen können!«

»Oh, Fräulein Graziani hat gute Augen«, warf der Professor ein, »sie kann sogar meine Hieroglyphen entziffern und das will etwas heißen.«

Ich machte ein bescheidenes Gesicht und verwünschte in Gedanken die beiden Sonderlinge. Kurz vor zehn ging ich schlafen. Ich behielt meine Socken an und legte die Jacke übers Bett, um es etwas wärmer zu haben. Doch in der Nacht wachte ich mehrmals auf, weil ich fror. In der Ferne heulte eine Schiffssirene. Kurz vor Tagesanbruch drang der Ruf des Muezzin der nahen Moschee an mein Ohr, er schallte elektrisch verstärkt vom Tonband über die schlafende Stadt: ein fremdartiger Singsang aus der Tiefe des grauenden Morgens. Um halb acht ging der Wecker. Ich zog die Rollladen hoch: Vor mir lag in weißes Licht getaucht eine fremdartige Welt, darüber ein kristallblauer Himmel. Im Garten rauschten Palmen.

Gegen neun Uhr ging ich in die Halle hinunter. Der Professor saß in einem der tiefen Ledersessel mit einem dicken Schal um den Hals. Mit heiserer Stimme sagte er: »Ich habe mich gestern im Flugzeug erkältet.«

»Und wie geht es Madame?«

»Schlecht«, krächzte er. »Sie hat das Essen nicht vertragen.«

Das fängt ja gut an, dachte ich und bestellte ein Taxi. Fünf Minuten später waren wir schon unterwegs. Das Morgenlicht funkelte, in den Straßen roch es nach Salz, nassem Asphalt und Auspuffgasen. Algier vibrierte und summte in der frischen, herben Luft des jungen Tages.

Das Taxi fuhr eine Mauer entlang, deren Krone mit Glasscherben besetzt war – die arabische Sicherung vor Einbrechern – und hielt vor einem geschwungenen Eingangsportal. Ein schmaler Weg führte im Schatten von Johannisbrotbäumen und schuppigen Palmen zu einer gelb und weiß verputzten Villa, von der in großen Flächen der Anstrich abbröckelte. Armand Villefosse musste das Taxi gehört haben; er erwartete uns auf den Treppenstufen.

»Sie haben Glück mit dem Wetter«, sagte er. »Es wird ein wunderbarer Tag. Es riecht schon ein wenig nach Frühling.« Höflich ging er vor mir die Treppe hinauf. »Kommen Sie, ich zeige Ihnen das Museum. Wir haben um diese Zeit kaum Besucher.«

Ich folgte ihm schicksalsergeben, spazierte gelangweilt zwischen Vitrinen, in denen Steinwerkzeuge, Pfeilspitzen, Bronzewaffen und Keramikscherben ausgestellt waren. Die Räume hallten von unseren Schritten wider. Es war ausgesprochen kalt, Baumann schnupfte und nieste. Frierend schlenderte ich an Schädeln und Kinnladen vorbei, bis Villefosse vor einer Vitrine stehen blieb.

»Hier, das wollte ich Ihnen zeigen. Da Sie in den Hoggar gehen, wird es Sie bestimmt interessieren.«

»Ach ja?«, sagte ich höflich.

In der Vitrine lag, auf einem zerschlissenen Leinentuch, ein vollständig erhaltenes Skelett.

»Das ist Tin-Hinan«, verkündete Villefosse feierlich. Ich muss nicht gerade klug dreingeschaut haben, denn er fügte hinzu: »Die erste Königin der Tuareg, die Stammesmutter der Kel Rela...«

Da war er schon wieder, dieser merkwürdige Schauer! Als ob kleine Luftbläschen unter meinen Haarwurzeln prickelten...

»Die Kel Rela?«, wiederholte ich. »Wer sind die Kel Rela?«

Villefosse strich sich über seinen Schnurrbart, offensichtlich erfreut, eine Zuhörerin gefunden zu haben.

»Die Kel Rela sind die Aristokraten unter den Ihaggaren-Tuareg, den Bewohnern des Hoggars. Haben Sie noch nie von den Tuareg gehört?«

Ich nickte unbestimmt. Der Name war mir nicht unbekannt. »Irgendwie schon. Das sind doch Nomaden, oder? Kamelreiter, soviel ich weiß...«

»Richtig!«

Mit dem glühenden Eifer dessen, der keine Unterbrechung befürchtet, hielt Villefosse mir einen Vortrag.

»Noch bis vor kurzem herrschte bei den Tuareg die soziale Ordnung unserer europäischen Ritterzeit. Von jedem der drei großen Adelsstämme hingen Vasallen ab, die ihren Herren Fronarbeit und Abgaben in Form von Getreide und Tieren schuldig waren. Als Gegenleistung wurden sie von den Adligen vor Krieg und Überfällen beschützt oder vor Hungersnot bewahrt. Natürlich hat sich das im Verlauf der Zeit verändert und die Führung des Adels ist heute eher symbolisch als effektiv.«

Ich sagte nichts, hörte zu. Dieses Vorgefühl, das mir immer wieder Schauer über die Haut jagte, war noch ein Traum ohne Gesicht, unfassbar und doch gegenwärtig. Villefosse sprach weiter.

»1932 stießen zwei Franzosen – der Befehlshaber Chapuis und der Archäologe Maurice Reygasse – in der Nähe des Dorfes Abalessa, ungefähr 80 Kilometer nordwestlich von Tamanrasset, auf ein Grabmal aus Lavagestein. Trotz des Widerstands der Kel Rela erbrachen die beiden das Heiligtum. In einer hermetisch verschlossenen Kammer entdeckten sie das Skelett einer Frau. Die Tote ruhte auf einer Bahre aus reich geschnitztem Holz. Es war die hoch verehrte Stammesmutter Tin-Hinan.«

Ich holte gepresst Atem. »Woher kam sie?«

Villefosse schüttelte den Kopf. »Man weiß es nicht. Über den Ursprung der Tuareg weiß man überhaupt nichts Genaues. Im Allgemeinen rechnet man sie zu den Berbern. Aber die Berber sind ja eine Mischung aus verschiedenen Bevölkerungsgruppen. Erstaunlich ist jedoch, dass die Tuareg als ethnische Gruppe völlig für sich geblieben sind. Man vermutet, dass es vor Tin-Hinan andere Königinnen gegeben hat, aber man kennt sie nicht. Die Tuareg leben von alters her im Mutterrecht, was natürlich im krassesten Widerspruch steht zu den patriarchalischen Vorstellungen des Islams. Wie tief verwurzelt es trotz aller Einflüsse sein muss, beweist die Tatsache, dass es sich bis heute von außen unverändert gehalten hat. Wenn Sie einen Kel Rela nach seinem Ursprung fragen, dann wird er sagen: Ich stamme von Tin-Hinan ab. In der Tat war Tin-Hinan die Gründerin der heutigen Herrscherdynastie. Die Adligen, die sich dieser Herkunft rühmen, haben also sicher nicht Unrecht, denn bei ihnen ist jeder mit jedem irgendwie verwandt...«

Baumann wurde nervös und schnupfte lautstark. Villefosse kehrte in die Wirklichkeit zurück und entschuldigte sich umständlich.

»Ich unverbesserlicher Schwätzer rede und rede und lasse Sie in den Luftzügen stehen. Kommen Sie in mein Büro, dort ist es wärmer.«

Ich wollte noch mehr fragen, aber jetzt war es zu spät. Schweigend folgte ich den beiden Männern in einen Raum, der voll gestopft war mit Büchern, Papieren, Mineralien und präparierten Vögeln. Durchs Fenster sah ich einen gekachelten Innenhof mit einem Springbrunnen. Durch meinen Kopf zogen Farben und Formen, geheimnisvolle Bilder, die ich nicht zu enträtseln vermochte…

Villefosses Gekritzel war noch schlimmer als jenes von Baumann. Bis Mittag schrieb ich auf einer Maschine mit abgenutztem Farbband und ich weiß nicht, was ich dabei mehr strapazierte: meine Augen oder meine Geduld! Endlich holte uns ein Taxi ab; wir machten den Umweg übers Aletti, um Frau Baumann abzuholen, und fuhren dann zu den Villefosses zum Essen.

Baumanns Vortrag über die Frühgeschichte der Sahara begann mit fünfundzwanzig Minuten Verspätung. Ich fand mich eingeklemmt zwischen Villefosse und seiner Frau in der vordersten Reihe des Hörsaals, der gut besucht war. Man gab sich im Trend: Jeans, T-Shirts, Jacken aus Leder oder Nylon. Es waren fast nur junge Männer da. Ich ließ meinen Blick über die Gesichter schweifen, begegnete kühn blickenden Augenpaaren, in denen es vor Selbstbewusstsein nur so blitzte. Genau hinter mir entdeckte ich schließlich einige Frauen, die mit runden Rücken und zusammengedrückten Knien beflissen vor sich hin starrten. Zum Teufel mit dieser Männergesellschaft!, dachte ich ärgerlich. Während des Vortrags wurde geflüstert, gescharrt und hin und her gerutscht. Anschließend fand eine Diskussion statt und dann wurde Baumann von Leuten umringt, die auf ihn einredeten, meist alle gleichzeitig. Baumann, sichtlich erschöpft, wischte sich die

Stirn. Mehr als einmal wandte er sich ab, um sich einen desinfizierenden Spray in den Hals zu sprühen. Madame warf ihm besorgte Blicke zu und reichte ihm dann und wann ein frisches Kleenex-Tuch.

Schließlich wurde es Zeit, um ins Aletti zu gehen und sich umzuziehen; abends spendierte der Rektor ein Essen und ich sollte dabei sein. Na schön. Ich ging unter die Dusche, die zu funktionieren geruhte. Dann streifte ich das pflaumenfarbige Kleid über den Kopf, betrachtete mich im Spiegel – und kam mir lächerlich vor. Was war bloß in mich gefahren, für diesen Plunder so viel Geld auszugeben? Wütend zerrte ich das Kleid über meinen Kopf. »Sonia, du spinnst! Was hast du denn erwartet? Die große Erleuchtung? Das große Abenteuer? Komm auf den Erdboden zurück!«

Die schöne weite Welt war voller Auspuffgase, das Mittagessen nicht verdaut, ein Haar des vorherigen Gastes klebte noch am Zahnputzglas. Ich hatte das Gefühl, als hätte mich eine Rakete auf den Mond befördert. Ich sehnte mich zurück nach Genf, zurück zu Patrick.

Es war sieben Uhr. Ich zog Pullover und Hose an und verließ missmutig das Zimmer. Der Cocktail wurde im Maurischen Salon serviert. Die Männer standen in Gruppen herum, die Frauen saßen auf Lederhockern. Sie trugen kurze Kleider aus Brokat oder Kunstseide, die über den breiten Hüften spannten, zu enge Schuhe und altmodische Handtaschen. Schwarze Lidstriche, dick wie Balken, ließen die Augen unnatürlich groß erscheinen und gaben ihren Gesichtern einen Ausdruck, der mich unpassenderweise an weidende Kühe erinnerte. Kellner in weißer Livree boten Fruchtsäfte, Sirup, Coca-Cola und Mineralwasser an, aber keinen Alkohol: Algerien war ein islamisches Land!

»Auf offiziellen Empfängen ist man in dieser Hinsicht streng. Nur unter Freunden geht es lockerer zu«, erklärte mir ein junger Assistent der Uni. Er stellte sich als Mohammed ben sowieso vor, den Nachnamen konnte ich nicht verstehen. Ein hübscher Typ übrigens: schlank, elegant, mit glänzenden dunklen Augen, einem diskreten Afrolook und einem goldenen Kettchen am Handgelenk.

»Arbeiten Sie schon lange am ethnografischen Museum?«, fragte er mich.

Ich sagte ihm, dass ich Baumanns Sekretärin sei und in Genf lebe. »Wir sind erst gestern hier angekommen.«

»Dann haben Sie ja noch nichts von der Stadt gesehen? Wenn Sie wünschen, mache ich gerne den Fremdenführer für Sie. Sind Sie morgen frei? Ich könnte Sie nach dem Mittagessen abholen. Ich fahre Sie dann nach Az Zahira hinauf. Von dort hat man die schönste Aussicht auf die Stadt.« Er schaute sehnsüchtig auf meinen Mund. Um seine Wirkung auf Frauen wusste er sicher. Ich heuchelte Bedauern.

»Es tut mir Leid, aber ich habe Pflichten: Ich muss den Professor begleiten und unser Programm ist ausgefüllt. Übermorgen fliegen wir weiter in Richtung Sahara.«

»Ich beneide Sie«, sagte der schöne Mohammed ben sowieso, dessen Ton immer schwülstiger wurde. »Ich kenne den Süden überhaupt nicht. Es sind – wenn man so sagen kann – unsere unterentwickelten Gebiete, trotz Erdöl und weiteren Bodenschätzen. Doch die Reformpolitik des Staates wie auch auf der unteren Ebene des Wilayas beginnt langsam Früchte zu tragen. Die uralten Gesellschaftsformen widersetzen sich der neuen Zeit, der Industrialisierung, der Urbanisierung und der Hebung des Lebensstandards. Bei den Nomaden ist die Zahl der Analphabeten noch erschreckend hoch, die Vorstellung von Hygiene ist unter aller Kritik und die Stammesstrukturen sind sogar vorsintflutlich.« Er redete wie ein Nachrichtensprecher und ging mir auf die Nerven.

»Die Regierung bemüht sich, diese ethnischen Gruppen

sesshaft zu machen und ihnen jene Disziplin beizubringen, die zur Verwirklichung unserer wirtschaftlichen und sozialen Ziele notwendig ist. Das sind brennende Probleme. Ich könnte Ihnen da reiches Material zur Verfügung stellen. Sie sind doch sicher frei heute Abend? Ich kenne ein ausgezeichnetes Lokal, ganz oben in der Kasbah … Um acht Uhr, geht das?«, setzte er mit schmachtendem Blick hinzu und ich musste an ein klebriges Karamell denken, das zwischen den Zähnen hängt. Wie konnte ich ihn nur loswerden? Zum Glück tauchte Villefosse genau im richtigen Augenblick auf.

»Da sind Sie ja, Fräulein Graziani! Ich möchte Sie Frau Dr. Tanner vorstellen. Sie ist auch Genferin und kommt eben aus dem Hoggar zurück.«

Ich drehte mich um und dachte: Wie groß sie ist! Und dann: Ist die hübsch!, während meine Hand in einer kräftigen, warmen Hand verschwand.

»Mein lieber Villefosse, Sie sind schlecht informiert«, sagte Dr. Tanner heiter. »Ich komme nicht aus dem Hoggar, ich kehre dorthin zurück. Ich muss nur noch meine Sachen ordnen und den Auspufftopf an meinem Landrover ersetzen, dann geht's wieder los.«

»Sie sind unermüdlich«, seufzte Villefosse mit einem Ausdruck von Sehnsucht im Gesicht. »Ich gäbe viel darum, wenn ich Sie begleiten dürfte. Wenn ich nur nicht so an mein Museum gebunden wäre!«

»Nehmen Sie's doch auf den Rücken, wie eine Schnecke ihr Haus!«, sagte Frau Tanner lachend. Villefosse lachte mit ihr, mit einer Mischung aus Belustigung und Verlegenheit, wobei er wie ein Schuljunge errötete.

Sie musste etwa vierzig sein und überragte mich um Haupteslänge. Ihr kurz geschnittenes Haar war silbergrau, ihr Gesicht sonnengebräunt. Sie hatte ein strahlendes Lachen, ungewöhnlich blaue Augen. Über ihrer ganzen Person lag Freundlichkeit und ihr Wesen war erfüllt von einer Energie, die sie wie ein besonderes Kraftfeld umgab. Sie trug eine weiche weiße Hemdbluse, eine braune Leinenhose und einen Regenmantel, den sie lose über die Schultern gehängt hatte. Mir kam die Schauspielerin Katherine Hepburn in den Sinn, die ihre Zwillingsschwester hätte sein können. Sie betrachtete mich prüfend, aber voller Sympathie, und ich fühlte mich wie ein Schulmädchen, das nicht drei Worte herausbringen kann ohne zu stottern.

»Man hat mir gesagt, Sie gingen in den Süden. Wann?«

Ich schluckte. »Morgen um halb neun.«

»Sagen wir also um elf«, erwiderte sie lächelnd. »Es gibt immer Verspätung auf den Inlandlinien. Sie machen Zwischenlandung in Ghardaia und Hassi Messaoud und sind gegen drei Uhr in Tam.«

»In Tam?«, fragte ich einfältig.

»Das ist die übliche Abkürzung für Tamanrasset«, erklärte Villefosse. »Frau Dr. Tanner leitet dort die ärztliche Station. Es gibt im Umkreis von 800 Kilometern keinen anderen Arzt.«

»Von 1200 Kilometern«, korrigierte Karin Tanner ruhig. »Mein Kollege, Dr. Soleimann Barouhni, sitzt in In Salah.« Sie holte aus der Tasche ihres Regenmantels einen Zigarillo, von dem sie sorgfältig die Spitze abschnitt. Prompt zückte Mohammed ben sowieso sein silbernes Feuerzeug. Sie dankte mit einem freundlichen Augenblinzeln.

»Soviel ich weiß, kommen Sie von einer Rundreise aus dem Sahelgebiet zurück«, sagte Villefosse. Sie nickte und ich sah, wie sich ihr Gesicht verdüsterte.

»Ich sollte für eine Woche hingehen, eine ganz gewöhnliche Inspektionstour, und dann ist ein ganzer Monat daraus geworden. Die Lage ist katastrophal. Seit fünf Jahren ist nicht ein Tropfen Regen gefallen. Der Tschadsee ist um mehr als 20

Kilometer zurückgegangen. Im Niger und in Mali fliehen Tiere und Menschen vor der vorrückenden Wüste. Die ohnehin mageren Weiden sind überbelegt, das macht alles noch viel schlimmer. Ich habe ein Flüchtlingslager besucht ...«

»Man hat Sie hereingelassen?«, fragte Mohammed ben sowieso erstaunt.

Sie blies den Rauch durch die Nase. »Ich habe einen Wächter geschmiert. Eine halbe Ziege und zwei Flaschen so genanntes Mineralwasser! Sie wissen vermutlich nicht«, sagte sie an mich gewandt, »dass die Regierungen der betroffenen Länder ausländischen Ärzten den Zutritt zu den Flüchtlingslagern verweigern. Prestigeangelegenheit: Man gibt doch nicht zu, was nicht sein darf! Dabei muss gesagt sein, dass die Dürre, die ja nur im Süden in der Sahelzone auftrat, gar nicht so unwillkommen war, denn sie löst von selbst und ohne äußere Gewalt ein lästiges Minderheitenproblem ...«

Mohammed ben sowieso scharrte nervös mit den Füßen. »Wollen Sie damit sagen, dass Algerien es aus ideologischen Gründen versäumt, den Unglücklichen zu helfen?« Sie hob die Brauen.

»Wer hat Algerien gesagt? Ich nicht! Es sind nicht ideologische Gründe, sondern praktische, die in diesem gottverlassenen Winkel der westlichen Sahelzone eine Rolle spielen. Gehören die dort nomadisierenden Tuareg zu Mali? Zu Niger? Sind es algerische Staatsbürger – oder gar Mauretanier?«, fragte sie mit deutlich hörbarem Spott in der Stimme. »Es sind in erster Linie Menschen. Man leugnet die Not und lässt die Nomaden verdursten.« Sie hielt einen Kellner am Arm zurück.

»Einen Whisky«, sagte sie. »Mit Eis, bitte«.

»Aber Madame ...«, stotterte der Kellner.

»Erzählen Sie mir keine Geschichten!«, erwiderte sie ungerührt. »Schauen Sie in den Vorräten des Direktors nach oder wo immer Sie wollen, eine Flasche wird schon zum Vorschein kommen. Diese Scheinheiligkeit!«, sagte sie zu Villefosse und mir. »Man verbannt den Alkohol von öffentlichen Empfängen und zu Hause lässt man sich voll laufen. Nehmen Sie auch einen?«

»Nein, danke«, sagte ich verwirrt. Villefosse entschuldigte sich. Man rief ihn ans andere Ende des Salons und Mohammed ben sowieso gab sich Mühe, die Unterhaltung in vertraute Bahnen zu lenken.

»Wir alle wissen, dass sich seit der Unabhängigkeit der Graben zwischen dem offiziellen und dem traditionellen System vertieft. Aber ein großes Land wie das unsere kann nicht auf alle ethnischen Gruppierungen Rücksicht nehmen. Die Minderheiten, die sich nicht einordnen wollen, müssen dazu gezwungen werden.«

Karin Tanner nahm den Whisky entgegen, den ihr der Kellner brachte.

»Das ist Theorie! Die Nomaden kümmern sich nicht darum. Ihr Stammessystem ruht in sich und widersetzt sich jeder Neuerung, vor allem ideologischer Art. In Algier weiß man ganz genau, dass ein Aufstand im Süden sehr bald in einen politischen Konflikt, gefolgt von Widerstand und bewaffneter Auseinandersetzung, ausarten kann. Also sieht man sich vor. Für die Nomaden hat sich mit der Unabhängigkeit nichts geändert. Eine Unterdrückung hat die andere abgelöst. Das alles bleibt *kif-kif* (das Gleiche). Der Nomade kennt nur ein Gesetz: das der Wüste. Die Freiheit ist ein zäher Atavismus!«

Mohammed ben sowieso räusperte sich unbehaglich.

»Unsere Sesshaftmachungskampagne, die Verallgemeinerung des Arabischunterrichts in den Schulen, der Ausbau der Trans-Saharastraßen werden, davon bin ich überzeugt, den Prozess der Assimilierung beschleunigen.«

»Davon bin ich auch überzeugt und ich finde es sehr schade«, sagte Karin Tanner.

Ein frostiges Schweigen folgte. Dann murmelte Mohammed ben sowieso etwas von einem Freund, der kommen sollte, und suchte das Weite, nicht ohne mich vorher mit einem seiner schmachtenden Augenaufschläge bedacht zu haben. Karin Tanner nahm einen Schluck Whisky.

»So ein Schwätzer!«, sagte sie. »Dort sind zwei leere Hocker. Kommen Sie, wir setzen uns hin.«

Ich folgte ihr. Sie setzte sich, streckte ihre langen Beine aus und klopfte die Asche ihres Zigarillos am Aschenbecher ab.

»Um genau zu sein, ich bin nicht Genferin. Ich stamme aus einem Weinbauerndorf, das sich Rivaz nennt. Alle zwei, drei Jahre besuche ich meine Eltern. Und ob Sie's glauben oder nicht, ich fühle mich verloren dort, fehl am Platz. Der See, die Gärten, die Häuser mit ihren Geranien kommen mir vor wie eine Theaterdekoration. Wenn ich über die Autobahn Lausanne-Montreux zwischen den Weinbergen hindurchfahre, kommt mir immer dieser Nomadenreflex: ›Die ist verdammt gut, die Piste!‹«

Sie lachte, klopfte sich mit einer jugendlichen Bewegung aufs Knie. Ihr Lachen war rau und sanft zugleich. Ich starrte sie fasziniert an.

»Leben Sie schon lange in der Sahara?«

»Fünfzehn Jahre. Ich wurde vom Roten Kreuz nach Algerien geschickt, kurz nach der Unabhängigkeit, im Rahmen einer medizinischen Hilfsaktion für Länder der Dritten Welt. Zuerst habe ich im Norden gearbeitet. Als man mir die Station von Tamanrasset anbot, da war mein erster Gedanke: Wo zum Teufel liegt das bloß?«

Sie ließ mit nachdenklichem, ironischem Lächeln die Eisstücke in ihrem Glas kreisen.

»Honoré de Balzac hat einmal gesagt: ›Die Wüste ist Gott

ohne die Menschen.‹ Man muss in der Sahara gewesen sein, um das zu begreifen. Sehen Sie, die Wüste ist wie ein Katalysator: Man kann vor sich selbst nicht davonlaufen und manche vertragen das nicht. Sie macht die Starken mutig, die Feigen weinerlich und die Beladenen mystisch. Was mich betrifft –«, sie lächelte, wobei sich ihr Blick in weite Fernen zu verlieren schien, »ich bin ganz einfach krank geworden. Krank aus Liebe zu diesem Land. So ist das! Die Wüste in ihrer Maßlosigkeit löst nur maßlose Gefühle aus: Man liebt sie, oder man hasst sie. Nie mehr könnte ich anderswo leben, schon gar nicht in Europa. Sie werden den Tuareg gefallen«, fügte sie übergangslos hinzu.

»Warum?«, fragte ich überrascht.

»Sie haben etwas Stolzes in Ihrem Blick, in der Wölbung Ihrer Stirn, um Ihren Mund. Die Tuareg lieben stolze Frauen, ganz anders als die Araber mit ihrem stumpfsinnigen Männerkult. Ich kann ein Lied darüber singen. Anfänglich ließen mich die Beduinen nicht einmal an das Wochenbett ihrer Frauen. Erst nachdem ich einen ›Hadj‹ – das ist ein Titel, den nur ein Muslim tragen darf, der in Mekka gewesen ist – gerettet hatte, indem ich ihm vor versammeltem Dorf das brandige Bein amputierte und zugleich die hysterisch gewordene Nachkommenschaft mit Koranversen versorgte, verlieh man mir den ehrenvollen Titel ›Tubiba‹ (Arztgelehrte). Es hieß, Allah habe mir die ›Baraka‹, die göttliche Gunst verliehen, und folglich durfte ich die Frauen endlich behandeln. Die Rücksichtslosigkeit der Männer ist unglaublich: Sie machen ihren Frauen zwölf, fünfzehn Kinder hintereinander. Ich erinnere mich an die Frau eines andern Hadj, der ich fünf Kaiserschnitte hatte machen müssen, jedes Jahr einen. Beim sechsten habe ich sie unterbunden, ohne es ihrem Mann zu sagen. Der hätte mir glatt den Hals umgedreht. Heißt es nicht im Koran ›Geh zu deiner Frau wie der Bauer auf sein Feld‹?«

Mit sarkastischem Blick schaute sie in die Runde; als die Frauengruppe in ihr Blickfeld kam, verweilte sie ein paar Herzschläge und stieß wie eine Dampfpfeife den Rauch ihres Zigarillo aus.

»Bei den Tuareg ist das ganz anders. Die haben gerade deswegen Vertrauen zu mir, weil ich eine Frau bin. Die matriarchalischen Strukturen sind bei ihnen noch tief verwurzelt. Hoffentlich krempeln sie der aufgezwungene Islam und die so genannte Sesshaftmachung – ein scheußliches Wort! – nicht um. Unsere Sorge ist, dass die nächste Generation der Mädchen eingesperrt, verschleiert und strohdumm heranwächst, was für die Kultur der Tuareg nahezu ein Todesurteil wäre. Zum Glück wehren sie sich dagegen. Aber wie lange noch?« Sie trank ihren Whisky aus. »Politik und Religion gehen allzeit Hand in Hand, um die Menschen – und vornehmlich die Frauen – zu knechten. Das System, mehrere tausend Jahre alt, ist perfekt ausgeklügelt und noch heute wirksam.«

Ein kurzes Schweigen entstand, das ich mit den Worten brach: »Villefosse hat mir gesagt, dass die Tuareg eine Art Berber sind. Stimmt das? Entschuldigen Sie, wenn ich dumme Fragen stelle«, setzte ich verlegen hinzu.

»Eine Menge Leute, angefangen bei den Anthropologen, stellen in dieser Hinsicht dumme Fragen«, sagte Karin Tanner. »Die Tuareg sind gewissermaßen lebende Fossilien. Auch wenn ihre Sprache und manche ihrer Bräuche in der Tat auf eine Verwandtschaft mit der Kultur der Berber hindeuten, so übersieht man, dass diese Einflüsse erst sehr spät wirksam wurden.«

»Also doch Atlantis?«

Sie lächelte.

»Über Atlantis gibt es mehr als vierzigtausend Bücher. Sie haben sicher das eine oder andere davon gelesen. Wie dem auch sei«, fuhr sie fort, »man nannte sie die ›Völker aus dem Meer‹. Sie waren groß gewachsen, hatten helle Haut und blondes Haar und ihr Aussehen musste für die übrige afrikanische Bevölkerung sehr befremdend gewesen sein.«

Mohammed ben sowieso strich mit einem Glas Orangensaft in der Hand an uns vorbei. Er sah, dass wir in ein Gespräch vertieft waren, und zog enttäuscht von dannen.

»Er hat die Hoffnung nicht aufgegeben, Sie einzufangen«, bemerkte Karin Tanner spöttisch.

»Der soll zum Teufel gehen.« Ich zog die Schulter hoch. »Er ist nicht mein Typ.«

Sie lachte. »Diese Völker aus dem Meer schlugen sich zuerst mit den Ägyptern, später auf Seiten Hannibals mit den Römern und schließlich immer wieder mit den Arabern. Sie sehen, das waren keine sanften Schäfer! Ein großer Teil von ihnen ließ sich im Hoggar-Massiv oder Ahaggar, wie es in der Sprache der Tuareg heißt, nieder. Dort bildete sich nach und nach die gesellschaftliche Ordnung der Tuareg, wie sie heute noch besteht. Die verschiedenen Sippen standen sich in seltsamer Rivalität und Eintracht gegenüber. Eins ihrer Sprichwörter sagt: ›Wir gehören zusammen wie das Gewebe eines Mantels, bei dem man den Faden aus Ziegenwolle vom Faden aus Kamelwolle nicht mehr unterscheiden kann‹. Gleichwohl waren sie stets dabei, sich zu bekämpfen. Plündern mit der Waffe in der Hand war Vorrecht der Adligen, genau wie für unsere Raubritter in Europa. Das Berauben von Karawanen hatte nichts mit Krieg zu tun. Sagen wir mal, es war Unterhaltung. Dass strenge Vorschriften herrschten, war klar. Wurde eine Karawane mitten in der Wüste überfallen und ausgeplündert, mussten die Sieger den Besiegten so viel Wasser und Nahrung zurücklassen, dass sie den nächsten Brunnen erreichen konnten. Im Verlauf der Kriege, und es hat sehr blutige gegeben, genossen die Frauen ein einzigartiges Vorrecht: Ihre Zelte blieben unberührt, man durfte ihnen auch nicht den Schmuck wegnehmen. Wurde ein Lager überfallen, zogen die Männer sich in die Berge zurück, um zu kämpfen, während die Frauen in ihren Zelten blieben, wo niemand sie zu belästigen wagte. Einer Frau Gewalt anzutun, galt als das schlimmste Verbrechen schlechthin. Welch anderes Volk auf Erden hat das bisher fertig gebracht? Neben den Tuareg sind sogar wir unzivilisierte Barbaren. Trotzdem herrscht zwischen uns eine gefühlsmäßige Übereinstimmung, die sehr verwirrend ist. Ein alter Targi, der kaum Französisch konnte, sagte mir einmal in seiner gebrochenen Sprachweise: ›Du und wir, gleiches Herz, gleichen Weg‹, und ich wusste, es war die absolute Wahrheit.«

Sie ließ ein wenig Asche in die hohle Hand fallen und zerrieb sie über dem Aschenbecher. Ich suchte vergeblich nach einer Frage, die meine Unwissenheit nicht zu sehr verriet. Karin Tanner nickte mir zu.

»Dabei haben es die Tuareg den Franzosen nie leicht gemacht. 1810 wurde Algerien französische Kolonie, aber das Gebiet der Tuareg blieb davon unberührt. Das Bergland Ahaggar, flächenmäßig größer als die Schweiz, war von den Franzosen nie erobert worden. Der endlosen Verhandlungen mit den Tuareg müde, beschloss der französische Kommandant Xavier Flatters, sie durch List zu unterwerfen. Er brach 1879 mit einer Kolonne schwer bewaffneter Scharfschützen auf, als Kameltreiber verkleidet. Doch die Ihaggaren durchschauten das Vorhaben und lockten die Franzosen ihrerseits in eine Falle. Es kam zu einem blutigen Gefecht, bei dem der Kommandant und seine Männer ihr Leben verloren. In Algerien und Frankreich löste das Gemetzel die größte Bestürzung aus. Sehr unangenehm, diese Tuareg, die sich den Luxus erlaubten, Feuerwaffen zu verachten. In ihren Augen galten Gewehre als ›Waffen der Feiglinge, die sich in den Büschen verstecken‹.«

Ich starrte sie an.

»Wie kämpften sie denn?«

»Mit Säbel, Dolch und einem besonderen Langspeer, der mit Widerhaken versehen war und im Körper des Gegners stecken blieb.«

»Eindrucksvoll!«, seufzte ich.

Karin Tanner erzählte weiter.

»Natürlich holten die Franzosen einige Jahre später zum Gegenschlag aus. Und diesmal führten sie Maschinengewehre mit sich. Die Kel Rela und ihre Verbündeten erlitten so schwere Verluste, dass der junge Amenokal Mussa ag Amastane sein Volk den Franzosen unterwerfen musste. Doch die damaligen Kolonialherren merkten bald, dass sie es mit klugen Köpfen zu tun hatten. Und als in den Fünfzigerjahren der Algerienkrieg losbrach und die Franzosen um den Verlust ihrer profitbringenden Ölfelder bangten, boten sie den Tuareg an, unter französischer Schirmherrschaft einen unabhängigen Nationalstaat zu gründen. Aber daraus wurde nichts. Algerien gewann als islamisch-sozialistischer Einparteienstaat die Unabhängigkeit. Heute hat das für die Tuareg schlimme Folgen. Weil sie sich mit den Franzosen einließen, gelten sie als Verräter. Die Regierung kontrolliert die Stämme mittels Angst, Erpressung und Einschüchterung. Klammheimlich geschehen die schlimmsten Dinge. Und was in Zukunft sein wird, weiß keiner.«

Sie drückte den zweiten Zigarillo im Aschenbecher aus. Schlagartig kehrte ich in die Wirklichkeit zurück, nahm das Stimmengewirr und das leise Geklirr der Gläser wahr. Von der Bar dröhnte laut »Sex Machine« von James Brown zu uns herüber. Ein Ohrwurm, den man im damaligen Afrika nicht zu hören erwartete.

»Danke sehr, dass Sie mir das alles erzählt haben!«, sagte ich steif.

Sie verzog leicht das Gesicht.

»Keine Ursache. Die Saga der Ihaggaren hat romantische Seelen stets in Fahrt gebracht, die meine inbegriffen. Warum bleibe ich dort unten? Aus sentimentaler Menschenfreundlichkeit oder aus Egoismus? Wo liegt da der Unterschied? Sagen wir mal so: Die Tuareg verschafften mir die Genugtuung, an das zu glauben, was ich tue. Das ist immerhin etwas...«

»Leben sie immer noch genauso wie früher?«

»Genauso wie früher?« Sie lachte bitter auf. »Man würde sofort mit der Artillerie auf sie losgehen! Die natürlichen Schätze der Wüste – Erdöl, Uranium, Phosphate – wecken Besitzgier. Wenn die Tuareg auch gleichsam wie aus Versehen in unser gefährlich technokratisches und politisch überempfindliches 20. Jahrhundert geraten sind, so sind sie Gott sei Dank schlau genug, sich anzupassen. ›Die Hand, die du nicht abhacken kannst, küsse sie‹, sagt eines ihrer Sprichwörter. Aber sich anpassen heißt auch, auf seine Persönlichkeit, seine Selbstständigkeit verzichten. Die Politik des sozialistischen Algerien den Tuareg gegenüber gleicht derjenigen des imperialistischen Amerika in Bezug auf die Indianer: Man lässt die Alten in ihrer ›Seriba‹ hocken und wartet, bis sie sterben, während man sich bemüht, die Jugend für sich zu gewinnen. Die ideologische Gehirnwäsche im frühen Kindesalter gelingt immer oder doch meistens. Der jetzige Amenokal ist ein gutes Beispiel: Der arme Mann hat seine Autorität für den nobel klingenden Titel eines ›Vizepräsidenten des algerischen Parlaments‹ hergegeben, was ihm das Recht gibt, auf Staatskosten nach Algier zu reisen und dort an Sitzungen teilzunehmen, von denen er kein Wort versteht. In Wirklichkeit ist es Chelifa, seine ältere Schwester, die den Stamm regiert. Sie ist eine verdammt tüchtige Frau, die sich nicht kaufen lässt. Niemand hat sie je den Koran herbeten hören oder sich vor irgendjemandem verbeugen sehen. Doch Chelifa hat Arthritis, ist tuberkulös und dazu störrisch wie ein Maultier. Sie ist ungefähr siebzig Jahre alt und lässt sich nicht behandeln. Ich gebe ihr nicht mehr viel Zeit zu leben. Wenn sie einmal nicht mehr ist...«

Karin Tanner machte eine Handbewegung, als wolle sie eine Fliege verscheuchen. In der Stille, die nun folgte, begegnete mein Blick den schwarzen, umflorten Augen von Mohammed ben sowieso, der an der Bar lehnte und nicht aufhörte, mich anzustarren. Ich schaute rasch weg.

»Der Kerl regt mich auf! Wenn er noch einmal herkommt, dann schick ich ihn zum Teufel!«

Karin Tanner hob ironisch die Brauen.

»Etwas mehr Takt und Feinfühligkeit, mein Kind! Das empfindliche Ehrgefühl der jungen afrikanischen Nationalisten wittert sofort und überall Rassismus!«

»Mit seinem Seelenzustand muss er selber fertig werden«, antwortete ich trocken. »Sympathie hat mit Rassismus nichts zu tun. Ich weiß sofort, ob einer mir gefällt oder nicht, sei er nun weiß, schwarz, gelb oder grün mit rosa Punkten!«

»Liebes Fräulein Graziani«, erwiderte die Ärztin schmunzelnd, »Sie verbergen hinter Ihrem wohlanständigen Äußern eine beachtliche Portion Unabhängigkeit. Fahren Sie nur fort damit, ich habe das sehr gern!«

Die Gäste hatten sich erhoben und steuerten in kleinen Gruppen dem Speisesaal entgegen. Karin Tanner erhob sich ebenfalls. »Gehen wir, es ist Zeit zum Essen. Vermutlich sitzen wir nicht am gleichen Tisch. Schade!«

Ihr Gesicht zeigte ehrliches Bedauern. Ich schluckte und sagte: »Wenn Sie nach Tam kommen, werde ich schon weg sein. Das tut mir Leid.«

Sie betrachtete mich prüfend. Ich hatte das verwirrende, aber keineswegs unangenehme Empfinden, dass ihre klaren blauen Augen in mir lesen konnten wie in einem offenen Buch.

»Es ist eigenartig«, meinte sie, »ich habe das Gefühl, dass wir uns wiedersehen.«

»Wie kommen Sie darauf?«, fragte ich, endgültig dazu verurteilt, nur dumme Fragen zu stellen.

Sie lachte ihr weiches, dunkles Lachen. »Ich kann es nicht sagen, es ist nur so eine Eingebung! Sie passen genau ins Bild«, schloss sie ohne weitere Erklärung, sodass ich verlegen auflachte.

»Sehen Sie in mir ein mögliches Opfer der Wüste?«

Sie zwinkerte mit beiden Augen gleichzeitig. »Als Ärztin hüte ich mich vor Hypothesen. Aber die Sahara ist ein merkwürdiger Ort. Man weiß nie, was in der Wüste draußen alles passieren kann. Also – alles Gute!«

8. Kapitel

Mit einer Stunde Verspätung überflog die Caravelle eine orangerote, von grünen Wäldern gesprenkelte Gebirgslandschaft. Der Himmel hatte den wunderbaren Glanz von hellem Porzellan.

»Wir fliegen jetzt über die Hochebene. Die kleinen blauen Seen sind Schotts, die einen sehr hohen Salzgehalt aufweisen«, sagte Professor Baumann. »Die Hügelkette vor uns sind die Berge der Ouled-Nails; den Namen haben sie von dem dort lebenden Berberstamm. Sie sind Bestandteil des Sahara-Atlas und trennen das Hochland von der Wüste.«

Hinter uns saß eine Gruppe Geologen, beladen mit Instrumenten und Plastiktaschen, aus denen Whiskyflaschen herausschauten, einige in Burnusse gehüllte bärtige Gestalten und eine Delegation schwarzer Geschäftsleute aus einem so genannten armen Land, die maßgeschneiderte Cardin-Anzüge und Seidenhemden mit Monogramm trugen. Zwei englische Touristinnen jenseits mittleren Alters und ein Globetrotterpaar, er bärtig und verträumt, in ausgefransten Jeans und schmutzigem Afghanmantel, sie mit einem milden Madonnenlächeln im Gesicht, saßen im Heck der Maschine.

Mit der Sonne stieg auch die Hitze. Die Belüftungsanlage funktionierte ungenügend. Wir schwitzten. Der Professor redete in einem fort und ging mir auf die Nerven.

»Wir überfliegen die Chebka, das heißt auf Deutsch ›Netz‹, und wenn Sie in die Tiefe blicken, erwecken die vielen kreuz und quer laufenden Täler tatsächlich den Eindruck eines riesigen Netzes. Und nun nähern wir uns dem M'zab, einer Gemeinschaft von fünf Städten, deren größte Ghardaia ist«, setzte der Professor seine Erklärung fort. »Die Pentapolis wurde vor etwa tausend Jahren durch muselmanische Flüchtlinge von der Sekte der Ibadhiten in einem Zeitraum von fünfzig Jahren erbaut. Ihre bemerkenswerte Architektur hat seinerzeit Le Corbusier beeinflusst.«

Ich sagte teilnahmslos »Ach ja?« und dachte ans Schlafen. Le Corbusier war mir gerade völlig egal.

Kurz nach elf setzte die Maschine zur Landung auf dem hoch gelegenen Flugplatz von Ghardaia, unserem ersten Zwischenhalt, an. Die Stirn an die Scheibe gepresst, sah ich in die Windungen eines tief eingeschnittenen Tals hinunter, das teilweise von großen Palmgärten bedeckt war. Aus der Höhe sahen die Städte mit ihren weißen und ockergelben Häusern wie Termitenhügel aus. Ein feines Netz von Gassen lief bei der Moschee zusammen, deren Minarett die Form eines Obelisken hatte.

Aus unerklärlichen Gründen blieb die Maschine eine gute halbe Stunde auf dem sandigen Flugplatz stehen. Der Schweiß lief mir den Rücken hinunter. Madame fächelte sich mit dem Taschentuch Luft zu und schien nah daran, in Ohnmacht zu fallen. Endlich flogen wir weiter. Die Ebene blieb hinter uns zurück, düster und kahl.

Hassi Messaoud: ein Schmelzofen von entsetzlicher Hitze, Sand, verbrannter Boden bis hin zu den Dünen. Verwaltungsgebäude, staubige Palmen zwischen den Blockhäusern der Belegschaft, da und dort noch Bohrtürme. Ein Dutzend riesige Erdgasfackeln brannten rot flammend über dem Ölfeld.

»Kein Freudenfeuer zur Begrüßung«, meinte Baumann. »Wo Erdöl gewonnen wird, kommt automatisch auch Erdgas an die Oberfläche. Leider hat man hier keine Möglichkeit, das Gas zu verwerten, und da man es nicht einfach abblasen kann, wird es verbrannt. Die Fackeln sind im Umkreis von hundert Kilometer sichtbar!«

Ich dachte: Mal wieder was dazu gelernt!, und erstickte ein Gähnen.

Gegen ein Uhr brachte uns der Steward einen Imbiss: kaltes Fleisch, Brot, eine frische Orange und ein Stück Rosinenkuchen. Ich kaute lustlos, während Baumann in bester Laune weitersprach.

»Wir überqueren jetzt eine vierhundert Kilometer breite Sandwüste, das ›Große östliche Erg‹, ein vorkambrisches kristallines Massiv, hervorragend erhalten und nahezu unerforscht.«

»Vorkambrisch?«, murmelte ich. »Ist das nicht ein prähistorisches Zeitalter?«

»Richtig!« Der Professor strahlte mich an.« Das Gebiet ist wunderbar erhalten und nahezu unerforscht.«

Wenig später leuchtete die Signallampe über der Cockpittür auf. Wir schnallten uns an. Das Flugzeug senkte seine Nase einem von Bergen umgebenen Hochplateau entgegen. Ausgetrocknete Flussbetten durchzogen das Gelände wie ein weißliches Adernetz.

»Die Erosion«, sagte der Professor. »In einigen tausend Jahren wird hier nur noch Sand und Wind sein ...« Er sprach weiter, doch ich hörte nicht mehr zu. Das Flugzeug hatte zu einer Kurve angesetzt. Es überlief mich heiß und kalt, ich spürte das Klopfen des Blutes in den Schläfen. Die Caravelle schaukelte und zitterte. Wir schwebten über scharlachrote Türme, Vulkankegel aus Basalt, bronzene Säulen und drohende Zacken. Schräg glitten die Sonnenstrahlen über das

Felsgewirr, das sich wölbte wie die Wogen eines Mondmeeres.

»Ist das nicht von atemberaubender Schönheit?«, seufzte der Professor. »Es gibt auf der ganzen Welt nichts dergleichen.«

Ich saß regungslos da, versunken wie in einem Traum und doch gleichzeitig hellwach. Völlig unlogisch schoss mir der Gedanke durch den Kopf: ... bloß nicht an die Felsen crashen! Ich will nicht sterben, nicht jetzt!

Die Caravelle schlug einen großen Bogen um eine Siedlung, die, in eine weite Talmulde gebettet, einen Augenblick sichtbar wurde.

»Tamanrasset!«, rief Baumann. Ich reckte den Hals: schon vorbei. Der immer größer werdende Schatten des Flugzeugs glitt über Sand und Steine. Das plötzliche Aufheulen der Triebwerke ließ mich zusammenfahren, aber das Pfeifen flachte langsam ab. Die Maschine rollte über die Piste, drehte leicht und stand endlich still. Meine Ohren dröhnten, während ich den Gurt löste, mit weichen Knien aufstand und Madames Gepäck aus dem Netz zog.

Wir stiegen als Letzte aus, hinter den Engländerinnen, die zu meiner Verwunderung Wollsocken und Bergschuhe trugen. Im Schlepptau des Professors betrat ich die heruntergeklappte Hecktreppe: Ein glühender Windhauch schlug mir ins Gesicht. Im Nu war Frau Baumanns Pelz mit einer roten Sandschicht bedeckt. Die Asphaltpiste lief quer durch den Sand, aus dem da und dort Felsklippen ragten. Die Nase des Flugzeugs zeigte auf ein weißes, zweistöckiges Gebäude mit rissigem Mauerwerk, von einer kleinen gläsernen Kuppel gekrönt, aus der sich der Beamte von der Flugsicherung lehnte und interessiert die Passagiere musterte. Oleanderbüsche, die der Wind zauste, umrahmten den Miniflughafen, in dessen schmalem Schatten der altersschwache Kleinbus der Air-Algérie parkte.

Hinter einer Absperrung warteten Leute. Sie trugen die Gewänder der Sahara, deren Zusammensetzung mir Villefosse in den vergangenen Tagen in Algier erklärt hatte: die Gandura, eine Tunika, die an beiden Seiten geschlitzt ist und über die Schulter geworfen wird, darunter der Serruel, eine Art Pluderhose, welche die Fußknöchel bedecken muss, und schließlich der Schesch, ein leichtes, etwa sechs Meter langes Baumwolltuch, das um den Kopf geschlungen wird. Das Ende des Schesch bildet den Schleier, der Tagelmust genannt wird und mit dem die Nomaden ihr Gesicht verhüllen.

Ein hoch gewachsener, blau gekleideter Mann hielt sich etwas abseits. »Ach, das ist ja Sidi Nadir!« rief Madame und winkte.

Gegen den Wind ankämpfend, taumelte der Professor auf ihn zu. Der Algerier breitete die Arme aus und die beiden Männer umarmten sich über die Schranke hinweg mit rührender Unbeholfenheit. Ich folgte außer Atem, schleppte meine Reisetasche und jene von Madame, die, schwankend auf ihren hohen Absätzen, ausnahmsweise ein freundliches Gesicht machte.

»Sidi Nadir! Wie schön, Sie wiederzusehen!«

»Madame«, sagte der Algerier feierlich, »nach so vielen Jahren der Trennung ist meine Zunge unfähig, die Freude auszudrücken, die mein Herz bewegt.«

Ich starrte ihn verwundert an. In seiner türkisfarbenen Gandura und dem an den Knöcheln zusammengehaltenen Serruel erschien er unwahrscheinlich groß und schlank. Sein Gesicht war nicht verschleiert. Der sorgsam gefaltete Schesch umrahmte seine glatte, gewölbte Stirn, die gebogene Nase und dunkelbraune sanfte Augen. Die geschwungenen Lippen bewegten sich in einem tadellos gestutzten Spitzbart. Der Professor stellte mich vor. Der Algerier begrüßte auch mich mit ernster Höflichkeit.

»Seien Sie willkommen im Hoggar. Ist es das erste Mal, dass Sie hier sind?«

Ich bejahte.

»In diesem Falle«, sagte Sidi Nadir galant, »ist es unsere Pflicht, Ihnen den Aufenthalt so angenehm wie möglich zu gestalten.«

Liebenswürdig aber bestimmt streckte er die Hand über die Schranke, nahm uns das Handgepäck ab und machte einem Flugplatzangestellten, der soeben mit einem Gepäckwagen über die Piste kam, ein Zeichen.

»Wir holen jetzt Ihr Gepäck, dann fahre ich Sie ins Hotel. Dort können Sie sich erfrischen und ausruhen. Heute Abend sind Sie meine Gäste. Meine Frau freut sich, Sie zu sehen!«

Sidi Nadirs Landrover stand im Schatten vor dem Flugplatzgebäude. Zwei Schwarze tauchten auf, die unser Gepäck aus dem Wagen geschafft hatten und es jetzt ins Auto verluden. Während die übrigen Reisenden sich in den klapprigen Kleinbus zwängten, stiegen wir in den Landrover des Bürgermeisters. Die Baumanns setzten sich neben Sidi Nadir Brahim, der das Steuer übernahm. Ich verdrückte mich auf den hinteren Sitz. Mit Getöse fuhr der Wagen los und ließ eine Staubwolke hinter sich.

»Der Teerbelag der Straße vom Flugplatz nach Tam ist erst diesen Herbst fertig geworden«, erklärte Sidi Nadir.

»Hat man im Hotel wenigstens Duschen eingerichtet?«, wollte Madame wissen.

»Ja, vor zwei Jahren.« Sidi Nadir lächelte spöttisch. Ich sah sein edles, feines Profil und die Fältchen in den Augenwinkeln. »Wir zivilisieren uns ganz allmählich, wissen Sie. Die Leute hier haben es nicht eilig. Man arbeitet nur ein paar Stunden am Tag, wegen der Hitze. Im Norden geht alles viel schneller.«

Die schwarz glänzende, frisch geteerte Straße zog sich

durch rotes und schwarzes Geröll. Wir überholen einen Jeep und zwei schwer beladene, langsam fahrende Lastwagen, die uns in eine Wolke von widerlichem Gestank aus ihren Auspuffrohren hüllten. Eine Frau wanderte leichtfüßig durch das Geröll, ihr rosafarbener Schleier blähte sich im Wind wie ein riesiges Blütenblatt. Dann stieg die Straße leicht an und wand sich auf eine kleine Anhöhe: Vor uns lag in einer sanften Mulde Tamanrasset – eine Ansammlung rot-brauner Lehmhäuser mit flachen Dächern und schmalen, rechtwinkligen Straßen. Eine lange Felswand, deren Gipfel halbmondförmig gespalten war, zog sich am Horizont hin. »Der Hadriane-Berg!«, rief mir der Professor zu.

»Ja, jetzt sind wir in Tam!«, bestätigte Sidi Nadir fröhlich. Er suchte meinen Blick im Rückspiegel und fügte hinzu: »Die Tuareg erzählen, dass der Riese Amamellan einst mit einem Säbelhieb den Hadriane spaltete, um einen Fluchtweg für eine schöne Hirtin zu schaffen, deren Herde von Räubern bedroht wurde.«

Der Wagen durchfuhr ein spitzbogiges Tor aus rotem Lehm, um die von Geschäften gesäumte Hauptstraße zu erreichen. Es gab keine Schaufensterauslagen: Kleider, Unterwäsche, Pantoffeln, Haushaltsgeräte hingen an einer Schnur über der Tür. Die Händler standen im Freien in kleinen Gruppen und unterhielten sich.

»Alle Händler hier sind Mozabiten«, erklärte der Professor.

»Wenn sie ein kleines Vermögen beisammen haben, überlassen sie den Laden ihren Söhnen und kehren nach dem M'zab zurück, wo ihr Geld dem Gemeinwesen zugute kommt.« Er seufzte glücklich.

»Es hat sich nicht viel verändert.«

»Das kommt, das kommt«, erwiderte Sidi Nadir mit sanftem Lächeln. »Wie Sie feststellen werden, ist die Hauptstraße ebenfalls geteert worden. Einige Häuser sind bereits mit fließendem Wasser ausgestattet und fast jedermann hat elektrisches Licht. Es kommt, aber sehr langsam...«

Tamarisken mit starken, weiß gefleckten Stämmen säumten die Straße. Das zartgrüne Laub raschelte im Wind. Eine Gruppe von Männern schlenderte über die Fahrbahn. Sie trugen indigoblaue und schwarze Ganduras, die an der Taille von einem Ledergürtel zusammengehalten wurden. Mit hoheitsvoller Gelassenheit wichen sie unserem Wagen aus; ihre Augen leuchteten geheimnisvoll aus den Falten ihres Schesch.

»Das sind Tuareg-Iforas«, sagte Sidi Nadir. »Sie kommen, um auf dem hiesigen Markt Tauschhandel zu betreiben.«

Er bremste sanft. Der Landrover hielt vor einem großen Lehmgebäude, das von einer niederen Mauer umgeben war. Über einem Portal mit massiven, weiß getünchten Grundmauern sah ich die Aufschrift »Hotel Tin Hinan«, und wieder erwachte in mir dieses unerklärliche Gefühl der Erwartung, das mich schon damals in Algier überfallen hatte. Sidi Nadir kam um den Wagen herum, um uns die Tür zu öffnen. Schon eilte ein Boy im Serruel herbei und nahm unsere Koffer in Empfang. Sidi Nadir ging uns voran in den Vorgarten, in dem Feigenbäume standen und Oleanderbüsche blühten. Man hatte Tische und Stühle aufgestellt. Aus einem Lautsprecher klang arabische Musik. Einige junge Algerier in Jeans und Sandalen schlürften scheinbar unbeteiligt ihre Limonade und musterten uns.

»Ich habe Ihre Zimmer persönlich reserviert«, sagte Sidi Nadir. »Der Wirt ist ein Freund von mir, er wird Sie verwöhnen. Ich hoffe, die Damen werden ihre Zimmer annehmbar finden. Wir haben leider nur den Komfort der Sahara zu bieten!«

»Sie können hier keine großen Ansprüche stellen, merken

Sie sich das«, sagte Madame zu mir. Ich gab ihr nicht die bissige Antwort, die mir auf der Zunge lag, denn ich musste ihre Tasche schleppen und die war verdammt schwer. Der Angestellte am Empfang, ein junger Schwarzer, verzichtete darauf, Meldezettel ausfüllen zu lassen; die Anwesenheit des Bürgermeisters erfüllte ihn mit eilfertiger Höflichkeit. Sidi Nadir verabschiedete sich und bemerkte nebenbei, sein Sohn werde uns gegen sieben Uhr zum Essen abholen.

»Machen Sie keine Geschichten«, protestierte Baumann. »Ich werde doch wohl allein den Weg zu Ihnen finden!«

»Mein Freund, verzeihe mir, dass ich so geringes Vertrauen in sein Gedächtnis setze«, antwortete Sidi Nadir mit würdevoller Ironie. Er verbeugte sich leicht, die Hand auf dem Herzen, und wanderte hoheitsvoll die Stufen hinunter.

Der Boy führte mich durch einen düsteren Gang in ein grün gestrichenes Zimmer, das mit einem Schrank, einem wackligen Tisch und einem quietschenden Eisenbett notdürftig möbliert war. Ein alter fleckiger Spiegel hing über einem Waschbecken, in dem ein gebrauchtes Stück Seife vertrocknete. Das Fenster ohne Vorhänge war mit einem feinen Drahtnetz gegen Insekten versehen.

»Toiletten und die Dusche befinden sich am Ende des Korridors«, belehrte mich der Boy gesenkten Blickes. »Das Wasser wird von elf bis fünf Uhr abgestellt, ebenfalls von zehn Uhr abends bis sieben Uhr morgens!« Er stellte mein Gepäck in eine Ecke, quetschte sich an mir vorbei und verschwand. Ich rechnete nach: sechs Stunden tagsüber kein Wasser, nachts sogar neun Stunden lang! Das bedeutete verstopfte Toiletten sowie eine verrostete Dusche. Ich nahm mir Madames Worte zu Herzen, drehte vorsichtig den Wasserhahn auf: Nach Rostwasser lief ein klarer, dünner Strahl ins Waschbecken. Nun, Sonia, worüber beklagst du dich denn? Ich wusch mir Gesicht und Hände und kämmte mich. Dann warf ich meine Jacke über die Schultern und ging in den Vorgarten hinaus. Wenn die jungen Algerier mich weiterhin so anstarrten, würden ihnen bald die Augen aus den Höhlen kullern! Ich wandte ihnen den Rücken zu und setzte mich mit einem Seufzer des Wohlbehagens auf einen der Gartenstühle. Es wurde Abend und etwas kühler. Die von rosarotem Licht erfüllte Atmosphäre war kristallklar. Ich hatte Durst. Der Kellner brachte mir eine Cola, die ich in kleinen Schlucken trank. Ich bin hier, dachte ich, erfüllt von einem unerklärlichen Glücksgefühl. Kaum Ahnung von Land und Leuten hatte ich, aber was machte das schon? Ich nahm sie gelassen, diese Unwissenheit, überließ mich auch nicht bestimmten Vorstellungen, weil ich keine hatte. Ja, ich bin hier. Alles andere war ohne Bedeutung. In dem abendlichen Licht vergaß ich, dass ich bald wieder abreisen würde.

Kurz vor sieben erschienen Baumanns. Madame war frisch gepudert und geschminkt und offensichtlich besserer Laune.

»Die Luft hat etwas Magisches, finden Sie nicht? Und diese wunderbare Stille! Eine Erholung für die Nerven, besser als alle Kuren der Welt.« Der Professor trug eine Plastiktüte mit Geschenken für Sidi Nadir und seine Familie. Nescafé, Schokolade und ein Fläschchen Parfum.

»Nicht irgendein Parfum«, betonte Madame. »Ich habe im Dutyfreeshop von Genf über vierzig Franken dafür ausgegeben. Die Leute hier machen sich nicht viel aus Hygiene, aber die Namen Chanel und Dior sind ihnen durchaus ein Begriff.«

Ich war überrascht, in Sidi Nadir einen Mann kennen zu lernen, der von den Arabern der Küste vollkommen verschieden war. Ich sagte das dem Professor.

»Sidi Nadir ist Berber, nicht Araber«, korrigierte er mich. »Die Berber waren schon lange vor den Arabern in Nordafrika. Außerdem ist Sidi Nadir schon mehr als dreißig Jahre im Hoggar: Er hat die Mentalität der Wüstenbewohner angenommen. Überdies ist er mit einer Targia verheiratet. Seine Frau Raima, die Sie gleich kennen lernen werden, ist väterlicherseits eine Kel Rela.«

Ich machte den wenig bescheidenen Versuch, meine neu erworbenen Kenntnisse an den Mann zu bringen: »Dann ist sie also von Adel«.

Mit einem liebenswürdigen Lächeln schüttelte der Professor den Kopf. »So einfach ist das nicht. Der Vater zählt kaum bei den Tuareg. Es ist die Mutter, die den Fortbestand des Adels sichert. Nun gehört aber Raimas Mutter dem Stamm der Iforas an, die berühmt sind für die Schönheit ihrer Frauen. Der Kel Rela, der sie geheiratet hat, muss sehr verliebt gewesen sein, denn er wusste, dass seine Kinder die Zugehörigkeit zum Adel verlieren würden.«

»Und wenn nun Raima eine Kel Rela wäre?«

»Das wäre etwas anderes. Wenn eine Adlige einen Untertanen heiratet, was selbst in der königlichen Familie vorkommt, dann sind die Kinder aus dieser Verbindung wiederum adlig.« Er sah meine Verwirrung und lächelte nachsichtig. »Das wird Ihnen alles überholt und unnötig kompliziert erscheinen, aber die Rangordnung zwischen den einzelnen Stämmen spielt noch heute eine Rolle.«

So! Von jetzt an würde ich mich hüten, die Allwissende zu spielen, und den Mund halten.

»Kommen Sie«, sagte der Professor, »es ist Zeit, zu Sidi Nadir zu gehen.«

Die Sonne ging unter. Die Lehmmauern leuchteten korallenrot. Unter den Tamarisken kauerten Schwarze in der erfrischenden Abendluft. Zwei kleine Jungen mit kahl rasiertem Schädel, die Arme und Beine voll grauen Staubes, stritten sich um ein altes Fahrradgestell. Ein Alter ritt auf einem Esel vorbei, dem er von Zeit zu Zeit seine gelben Pantoffeln in den Bauch stieß.

»Da ist der Markt«, sagte der Professor.

Ein viereckiger Platz, von einem gedeckten Säulengang umgeben, über den die letzten Sonnenstrahlen wie feurige Schwerter glitten, breitete sich vor uns aus. Rundherum kauerten die Händler, verkauften Kräuter, Salate und Orangen. Hühner hingen mit den Köpfen nach unten an den Säulen und schlugen noch schwach mit den Flügeln. Kein schöner Anblick für zartbesaitete Gemüter! Hinter einem offenen Sack Hirse kauerte ein alter Händler und wartete geduldig auf Kundschaft, daneben lag, mit dem Ellbogen auf den Boden gestützt, ein Dattelverkäufer. Die Eier waren akkurat in kleine Pyramiden aufgestapelt, ich wunderte mich, warum nicht alle durcheinander purzelten. Eine verschleierte Frau hatte auf einem Tuch Ketten aus Bernsteinkugeln und altem Silberschmuck ausgebreitet. Hosen, Pullover und Unterwäsche waren an Stangen aufgehängt. Langhaarige Ziegen meckerten unter den Arkaden. Es roch nach Gewürzen und nach warmem Brot. An Haken hingen blutige Fleischstücke, an denen Trauben von Brummfliegen klebten. Zum Glück war mein Magen stabil.

Das Geräusch von gedämpften Schritten ließ mich umsehen. Ein Mehari, ein Reitkamel, weiß wie Milch, kam schaukelnd näher. Es trug einen Sattel aus scharlachrotem Leder mit einem kreuzförmigen Handgriff. Ein Targi führte es. Das ledergeflochtene Leitseil, das durch die Nüstern des Tieres gezogen war, schlang sich um seinen Arm. Sein blauvioletter Schesch und seine Gandura schimmerten metallisch.

»Das ist ein Adliger«, erklärte der Professor. »Sehen Sie sich diese Körperhaltung an. Schön, nicht wahr?«

Ich schaute dem Targi nach, der gleichmütig und hoheitsvoll seines Weges ging. Ich hatte das Gefühl, auf der Schwelle einer unbekannten, ungewöhnlichen Welt zu stehen, in die ich Schritt um Schritt eindrang, voller Angst, sie könnte sich plötzlich in Rauch auflösen.

Der rosafarbene Sand verschluckte das Geräusch unserer Schritte. Sidi Nadir wohnte im »besseren Viertel« am nördlichen Stadtrand. Hinter den Mauern vermutete ich Gärten mit Bäumen, Sträuchern und Vögeln. Die kurze Dämmerung der Wüste hüllte die Siedlung in malvenfarbenes Licht. Der Wind war jetzt nur noch ein sanftes Streicheln.

»Sehen Sie, ich habe den Weg nicht vergessen«, sagte der Professor stolz. An einem hölzernen Portal hob er den bronzenen Türklopfer. Mit dumpfem Ton fiel der Hammer auf die Metallplatte. Kurz darauf öffnete sich die Tür, vor uns stand ein etwa zehnjähriger Junge in Jeans und sauberem T-Shirt. Er hatte wirre Locken und schüchterne, kaffeebraune Augen. Mit einer anmutigen Bewegung führte er die Hand an die Stirn und ans Herz und trat dann zur Seite, um uns einzulassen.

»Wie heißt du?«, fragte der Professor.

»Bay«, antwortete der Junge scheu. Er führte uns in einen weiß getünchten Raum mit dunklen Deckenbalken, der von einer kleinen Lampe spärlich erhellt wurde. Auf dem Boden lagen bunte Teppiche. Ein Kohlenbecken, ein Kupferkessel und ein Krug Wasser standen in einer Ecke.

»Wir müssen die Schuhe ausziehen«, murmelte der Professor. Ich nahm die drei Paar Schuhe und stellte sie vor die Tür. Als ich aufschaute, stand Sidi Nadir vor mir, der lautlos aus dem dämmrigen Garten gekommen war.

»Willkommen in meinem Haus!«, begrüßte er uns mit seiner schönen, ernsten Stimme. »Hatten Sie Zeit, sich ein wenig auszuruhen? Sind Sie mit Ihrem Zimmer zufrieden?«

Er sagte ein paar Worte zur Tür hin. Eine Minute später kam Bay mit rot- und türkisfarben bestickten Lederkissen zurück, die er im Halbkreis auf dem Boden verteilte.

»Nehmen Sie doch bitte Platz«, sagte Sidi Nadir. »Meine Frau kommt gleich.« Er ließ sich leicht und anmutig auf den Teppich nieder. Baumann plumpste mehr, als dass er sich setzte, während Madame ihren Hintern würdevoll auf einem der Kissen platzierte.

Während sie sich mit Sidi Nadir unterhielten, beobachtete ich Bay, der ruhig und geschickt das mit glühenden Kohlen gefüllte Becken herbeitrug, dann eine Dose Tee, den Wasserkessel und ein großes ziseliertes Kupfertablett brachte, auf dem fünf mit einem Handtuch bedeckte Gläser standen. Er mischte die Teeblätter und zerschlug den Stockzucker mit einem Kupferhämmerchen in kleine Stücke. Hin und wieder warf er mir verstohlen einen neugierigen Blick zu. Das Weiße seiner Augen hatte einen bläulichen Schimmer.

Plötzlich das Rauschen von Stoff auf der Türschwelle: Eine Frau trat ein. Ihr langes, weißes Gewand ließ sie sehr groß erscheinen. Ein schön gearbeiteter Schlüssel aus Kupfer hing als Gegengewicht am Zipfel ihres zurückgeschlagenen schwarzen Schleiers, der sich über einem blassen Gesicht von welker, aber noch eindrucksvoller Schönheit öffnete: eine feine, gerade Nase, ein geschwungener Mund und weiche, dunkle Wimpern. Alle standen auf, um sie zu begrüßen. Sie lächelte heiter und unbefangen, reichte uns eine kühle Hand, blieb stehen, um uns zu betrachten, würdevoll, zurückhaltend und wunderschön.

»Meine Frau bittet Sie, sie zu entschuldigen«, sagte Sidi Nadir, »sie spricht kein Französisch.«

Sie fügte noch etwas hinzu und deutete mit einer Handbewegung voller Anmut auf die Kissen. Sie ließ sich ihrerseits zu Boden gleiten. Reglos, die Hände gefaltet, schaute sie uns aus ihren ruhigen, schwarz geschminkten Augen an. Sie folgte aufmerksam jeder unserer Gesten und den Bewegungen unserer Lippen.

Während Baumanns den Gastgebern die Geschenke überreichten, wartete Bay, bis das Wasser im Kohlebecken dampfte. Dann hob er die Kanne in Brusthöhe und ließ den grünen Minzentee in die Gläser sprudeln. Mit gesenktem Blick reichte er das Tablett: zuerst den Gästen, dann den Eltern.

Ich führte vorsichtig das heiße Glas an die Lippen. Der Tee war schaumig und wunderbar süß.

»In der Sahara ist die Teezeremonie das Symbol der Gastfreundschaft«, erklärte mir Baumann. »Die Höflichkeit verlangt, drei Gläser zu trinken. Dass die Eltern ihren Sohn den Tee bereiten ließen, ist eine große Ehre für ihn.«

Bays rot gewordene Wangen verrieten, dass er verstanden hatte. Sidi Nadir klopfte ihm liebevoll auf die Schultern. »Er ist ein guter Junge! Ein bisschen ungehorsam, nicht wahr, Bay?«

Der Junge zog den Kopf ein und lachte verlegen.

»Das muss in dem Alter so sein«, meinte der Professor heiter.

Die Nacht war hereingebrochen. Durch die offene Tür sah ich Sterne am Himmel. An die Kissen gelehnt spürte ich, wie ich nach der Aufregung der letzten Tage langsam Ruhe fand. Der heiße, erfrischende Tee, der Geruch der Holzkohle und des Leders, die hellen Stimmen irgendwelcher Frauen, die in der Küche das Essen bereiteten, wurden Bestandteile eines Einklanges, der in mir ein seltsames Gefühl des Friedens und des Glücks auslöste.

Plötzlich erwachte ich aus meiner Träumerei: Der Professor war auf die präislamischen Grabstätten, das Ziel unserer Reise, zu sprechen gekommen. Sidi Nadir nickte.

»Ich kenne diese Ruinen. Wir nennen sie Debni. Die Frauen suchen sie auf, um Nachricht von ihrem fern weilenden Gemahl zu bekommen.«

»Wie denn?«, fragte Madame verwundert.

»Sie ziehen sich festlich an, wenn es Nacht wird, schminken sich Augen und Mund und legen sich so auf die Debni. Sie rufen die Seele des Toten an, der hier in einem tiefen Schlaf dahindämmert. Kurz vor Tagesanbruch erscheint der Tote ihnen im Traum und überbringt Nachricht von dem Gatten sowie das Datum seiner Rückkehr.«

»Aber Sidi, Sie wollen doch nicht sagen, dass Sie an so etwas glauben!«, rief Madame schockiert. Ich biss mir auf die Lippen, um nicht aufzulachen. Bay reichte das zweite Glas Tee, Raimas Armreifen klirrten.

Der Professor räusperte sich. »Ich fürchte, es gibt Bereiche, denen wir mit unserm europäischen Rationalismus hilflos gegenüberstehen. Schon vor 2000 Jahren berichtete Herodot von einem nordafrikanischen Volk, das die Zukunft vorhersagen konnte, indem es die Gräber der Vorfahren befragte. Könnte sich ein bloßer Aberglaube ohne jede Grundlage über Jahrtausende erhalten? Die Wissenschaft hat bis heute noch nicht die Rätsel der Gedankenübertragung ergründet. Die Vernunft ist wichtig und gut, aber gewisse Dinge vermag nur der Instinkt zu erleben und zu erfassen...«

Ich hörte fasziniert zu. Der Mann war durchaus nicht der verschrobene Kauz, für den ich ihn anfänglich gehalten hatte. Meine Hochachtung vor ihm wuchs.

»Sie sehen durchaus klar, mein Freund«, sagte Sidi Nadir ernst.

Doch Madame, deren Beine allmählich einschliefen, wandte sich ungeduldig an ihn.

»Das ist ja alles sehr interessant, aber wie gelangen wir an diesen Ort? Mein Mann hat sehr empfindliche Bronchien und ist keinesfalls in der Lage, tausende von Kilometern zurückzulegen, ganz zu schweigen davon, dass wir nächsten Dienstag zurückfliegen müssen – das ist in sechs Tagen!«

»Seien Sie unbesorgt«, antwortete Sidi Nadir, »die Debni sind unweit von hier.«

Madame hob argwöhnisch die sorgfältig gezupften Brauen. »Was heißt für Sie unweit von hier? Ihrem Sinn für Entfernungen können wir nicht unbedenklich trauen.«

Sidi Nadir lachte in seinen Bart. »Da gebe ich Ihnen Recht, aber ich kann Sie beruhigen. Der Ort, der sich Amded nennt, ist ungefähr 150 Kilometer entfernt. Wir würden sagen, gleich nebenan. Es ist ein Weidegebiet mit zahlreichen Brunnen; leider ist der Wasserspiegel in den letzten zwei Jahren stark gesunken.«

Höflich nahm er Madame das leere Glas ab und stellte es auf das Tablett.

»Mein Landrover steht Ihnen selbstverständlich zur Verfügung, aber Sie brauchen einen Fahrer. Ich werde meinen Freund Barka ag Hamid benachrichtigen. Seine Herden weiden seit Ende des Winters in Amded. Er wird Ihnen gewiss helfen. Außer seiner Muttersprache, dem Tamahaq, spricht Barka ag Hamid auch Arabisch und Französisch.«

»Ist er nicht einer der Schwager des Amenokal?«, fragte Baumann.

Sidi Nadir nickte.

»In der Tat. Er hat dessen Schwester Chelifa geheiratet. Doch das Paar lebt schon lange getrennt. Barka ag Hamid kaufte sich in Tam ein Haus, während Chelifa das Lager nur selten verlässt. Sie ist sehr eigensinnig und weigert sich, zwischen vier Wänden zu leben. Wenn sie nach Tam kommt, zwei – oder dreimal im Jahr, dann stellt sie ihr Zelt im Garten ihres Mannes auf. Die Leute in Tam reden über sie, aber das kümmert sie wenig.«

»Zweifellos eine Frau mit Charakter!«, bemerkte Madame.

»Frau Dr. Tanner hat mir in Algier von Chelifa erzählt«, sagte ich.

»Ach«, sagte Sidi Nadir, »Sie kennen die Tubiba? Die Leute verehren sie. Sie sagen, sie habe die ›baraka‹, den göttlichen Segen.«

»Ich weiß«, sagte ich lächelnd.

Gelassen folgte Raima der Unterhaltung, von der sie kein Wort verstand. Ihr schönes Profil hob sich von dem dunklen Gewebe des Schleiers ab. Als sie spürte, dass ich sie beobachtete, wandte sie mir ihre leuchtenden Augen zu, lächelte und ergriff meine Hand. Ihre schmalen Finger streichelten meine Handfläche. Es war eine erstaunlich intime Geste. Dabei sprach sie einige Worte. Ich schaute zu Bay hinüber.

»Was hat deine Mutter gesagt?«

Er antwortete mit scheuem Lächeln: »Sie sagt, dass Sie sehr hübsch sind.«

9. Kapitel

Meinen ersten Morgen in der Sahara werde ich nie vergessen. Es war – wie konnte ich das ahnen – der Tag meiner zweiten Geburt, der Anfang eines neuen Lebens. Da war zuerst das Erwachen im Morgengrauen. Mit dem Handtuch unter dem Arm trat ich im Schlafanzug auf den stillen Flur hinaus, um eine Dusche zu nehmen. Als ich mit nassen Haaren zurückkam, begegnete ich einem der Kellner, der mich freundlich begrüßte. Ich nahm die Gelegenheit wahr und bat ihn, mein Frühstück aufs Zimmer zu bringen. Er erschien kurz darauf, brachte mir Milchkaffee, frisches Brot, eine klebrige Ananasmarmelade, aber keine Butter.

Sidi Nadir wollte uns heute gegen sieben Uhr abholen und zu Barka ag Hamid führen. Die Bewohner der Sahara seien Frühaufsteher, hatte er erklärt. Sie nutzten die kühlen Morgenstunden, um die wichtigsten Dinge des Tages zu erledigen.

Ich stellte fest: Die Saharabewohner waren nicht nur Frühaufsteher, sie waren auch pünktlich. Ich hatte kaum meinen Kaffee ausgetrunken, als der Hotelboy an die Türe klopfte: Sidi Nadir war schon da.

Ich fand ihn draußen im Garten sitzend. Über seiner Gandura trug er einen Burnus aus weißer Wolle. Er begrüßte mich in seiner höflichen Art, wollte wissen, ob ich gut geschlafen hätte. Wenig später erschien der Professor, blinzelte in der Morgensonne und war noch leicht beduselt. Er trug eine Schirmmütze, die ihm den Ausdruck einer freundlichen Schildkröte gab.

»Ich habe einen Boten geschickt«, sagte Sidi Nadir. »Barka ag Hamid erwartet uns. Sein Haus liegt am Kamelmarkt, nur ein paar Schritte von hier.«

Die Sonne ging auf in rosarotem Dunst. Wunderbar blaufarbige Schatten lagen in den Gassen. Irgendwo krähten Hähne, die Seilrolle eines Ziehbrunnens quietschte. Vor dem Stadtrand breitete sich eine Ebene mit weißem Sand aus. Sie erstreckte sich hin bis zu den seltsam geformten glockenblumenblauen Bergen am Horizont.

»Der Kamelmarkt!«, sagte Sidi Nadir.

»Eigentlich sind es Dromedare«, bemerkte der Professor, der zusehends redselig wurde. »Aber hier in der Sahara nennt sie jedermann Kamel, beziehungsweise Mehara.«

Ein Geier mit weißen Schwungfedern kreiste am kristallklaren Himmel. Die gefesselten Mehara lagen mit geschlossenen Augen im Sand. Nomaden in indigoblauen Gewändern drängten sich um einen Haufen Stoffballen, Decken und bestickten Ledersätteln. Plötzlich schrie ein Mehari laut auf und hob sich mit einem Ruck auf die Knie. Speichel tropfte aus dem rosafarbenen Maul, der reptilienartige Hals wiegte sich hin und her. Erschrocken wich ich einen Schritt zurück. Doch schon war ein Targi aufgesprungen, er zog an der Leine, streichelte das Tier, sprach ihm leise zu. Die wohl klingenden Laute schienen das Tier zu beruhigen. Es ließ sich folgsam wieder auf die Knie nieder und legte sich mit einem fast menschlich tönenden Seufzer hin. Der Targi bückte sich und zog den Strick straffer, mit dem die Vorderbeine des Mehari gefesselt waren.

Ich verzog das Gesicht. »Beißen Kamele eigentlich?«

Sidi Nadir lachte. »Nur wenn sie schlecht gelaunt sind! Die Tuareg leiten sie mit der Stimme, notfalls mit einer leichten Reitpeitsche, doch nie mit einem Stock. Ach, da ist ja Barka ag Hamid!«

Ich folgte seinem Blick. Eine Reihe niedriger Häuser hinter den üblichen Lehmmauern säumte die eine Längsseite des Platzes. Vor einem dieser Häuser saß reglos ein Mann. Seine Umrisse verschwammen in der flimmernden Luft; seine Gestalt schien zwischen Sand und Himmel zu schweben. Er trug zwei Ganduras, eine weiße und eine lavendelfarbige, übereinander. Er ließ uns näher kommen, ohne sich zu rühren; seine Hände ruhten locker auf den Knien. Als wir nur noch einige Schritte von ihm entfernt waren, richtete er sich mit einer einzigen schwungvoll leichten Bewegung auf. Sein schneeweißer Schesch leuchtete wie ein Helm. Unmöglich, sein Alter zu bestimmen! Der sorgfältig geschlungene Schleier ließ nichts als eine hohe Stirn, über die sich ein feines Netz von Fältchen zog, und klare Augen unter dunkelbraunen Lidern erkennen. Die Hand, die die meine streifte, war sehr gepflegt, schmal und trotzdem kräftig: Die Tuareg kennen den Händedruck zur Begrüßung nicht, sie streifen nur ganz leicht die Innenfläche.

Nach einem kurzen Wortwechsel in Tamahaq kehrte Sidi Nadir zum Französischen zurück, um uns vorzustellen. Der Targi neigte den Kopf ein wenig zur Seite und ich sah zwischen den Falten des Scheschs eine Strähne leicht ergrauter Haare.

»Womit kann ich Ihnen dienen?«

Seine Stimme war tief, so wie ein ganz tiefer Glockenton. Während Sidi Nadir und der Professor ihm den Grund ihres Besuches auseinander setzten, ließ Barka ag Hamid keinen Blick von uns. Er hielt die Hände in der typischen Stellung der Nomaden auf dem Rücken, um die Falten der Gandura zusammenzuhalten.

»Ich stelle dem Professor gerne meinen Wagen zur Verfügung«, sagte Sidi Nadir, »aber er braucht einen Chauffeur und einen Führer, der sich in jener Gegend gut auskennt.«

»Sie haben Glück«, antwortete Barka ag Hamid mit seiner wohl klingenden Stimme. »Mein Sohn Tarek befindet sich in Amded mit unseren Herden. Er besuchte die Nomadenschule und spricht Französisch. Es wird ihm ein Vergnügen sein, Sie zu führen. Und was den Fahrer betrifft... lassen Sie sehen, wann wollten Sie aufbrechen?«

»So bald wie möglich«, sagte Baumann.

»Heute noch?«

»Das wäre am allerbesten. Aber finden Sie in so kurzer Zeit einen Fahrer?«

Barka ag Hamid hob mit einer behutsamen Handbewegung die Manschette seines Hemdes, das er unter seiner Gandura trug. Eine verchromte Uhr kam zum Vorschein. Er schaute nachdenklich aufs Zifferblatt, dann hob er den Kopf und sagte: »Seien Sie um zehn Uhr im Hotel. Der Fahrer wird Sie abholen.«

Baumann blieb vor Staunen buchstäblich der Mund offen. Gemessen an der landesüblichen Unsitte, alles zu vertrödeln, grenzte diese rasche Entscheidung an ein Wunder.

»Großartig! Das habe ich gar nicht zu hoffen gewagt. Sie tun mir einen großen Gefallen und ich danke Ihnen sehr.«

Die dunklen Lider zogen sich zu einem Lächeln zusammen. »Das ist doch selbstverständlich. Ich schicke Ihnen einen gewissenhaften Mann, der sich auch in der Mechanik auskennt. Was die Entlohnung betrifft, werden Sie sich mit ihm verständigen.«

»Sie haben gerade noch Zeit, Proviant einzukaufen und zu packen«, sagte Sidi Nadir gut gelaunt. Er wandte sich an mich: »Die Fahrt wird anstrengend sein. Möchten sich die Damen nicht lieber im Hotel ausruhen?«

»Meine Frau fühlt sich nicht ganz wohl und bleibt hier«, erklärte Baumann, »aber Fräulein Graziani wird mich begleiten.«

»Sie werden zwei Nächte im Freien verbringen müssen«, sagte Sidi Nadir. »Macht Ihnen das nichts aus?«

»Ich weiß nicht, ob ich schlafen werde«, meinte ich lachend, »aber ich kann's immerhin versuchen.«

Barka ag Hamids klarer Blick ruhte unverwandt auf mir. »Nehmen Sie warme Sachen mit. Die Nächte sind kalt.«

»Oh«, erwiderte ich ein wenig beunruhigt, »ich habe nur eine Jacke mit. Ob die wohl ausreicht?«

Barka ag Hamid sagte etwas auf Tamahaq. Er machte kehrt und ging langsam auf sein Haus zu, wo er in der Tür verschwand.

»Er sagte, er will Ihnen etwas geben«, übersetzte Sidi Nadir.

»Eine eindrucksvolle Erscheinung!«, bemerkte der Professor. »Ich hatte schon von ihm gehört, ihn aber noch nie gesehen. Wie alt ist er?«

»Längst über sechzig. Er hat drei erwachsene Söhne.«

Schon kam der Targi zurück. Seine Schritte waren auf dem Sand kaum zu hören. Er trug ein langes, weites Kleidungsstück aus brauner Wolle über dem Arm, das er mir mit einem Lächeln in den Augen überreichte. »Ich gebe Ihnen meine Gaschabia. Sie wird Sie warm halten in der Nacht.«

Das Kleidungsstück war eine Art Burnus mit Kapuze, es schien mir sehr schwer zu sein. Ich hielt es vor mich hin: Es reichte mir bis zu den Füßen. Ich würde bestimmt darin versinken.

»Das ist Kamelwolle bester Qualität«, erklärte Sidi Nadir. »Sie wird Sie gegen jeden Wind schützen.«

Ich bedankte mich, erfreut und verlegen. Barka ag Hamid machte mich befangen. Dieser nicht mehr junge Mann hatte den lebhaftesten, verführerischsten Blick, den man sich vorstellen konnte! Ich fragte mich, ob das mit dem Schleier zusammenhing. Schließlich konnte man sonst von ihm nichts sehen: nur diesen Blick, die stolze Haltung des Kopfes, die Harmonie der Bewegungen, diese ernste, männliche Anmut...

Wir verabschiedeten uns. Barka ag Hamid wünschte uns eine gute Reise. Seine Hand streifte die meine. Dann schaute er uns nach, hoch aufgerichtet in der Sonne stehend, von Licht umgeben.

Während der Professor mit Sidi Nadir zur Tankstelle ging, raffte ich schnell ein paar Sachen zusammen. Die Jeans behielt ich an, dazu packte ich zwei T-Shirts ein zum Wechseln, einen dicken Pullover und schlang mein indisches Seidentuch wie einen Turban um den Kopf.

Auf dem Flur erwartete mich Madame mit einem Fläschchen irgendwelcher Tabletten. Sie ermahnte mich, dem Professor nach jeder Mahlzeit zwei davon zu geben. »Wenn er auf Reisen ist, vergisst er alles, auch das Wesentliche!«

Der Professor und Sidi Nadir kamen zurück, nachdem sie Öl gewechselt, Benzin getankt und auch die Reservekanister aufgefüllt hatten. Sidi Nadir hieß einen Diener zwei weitere Kanister mit Trinkwasser füllen. Sie hatten auch Proviant mitgebracht: Brot, Schachtelkäse, Ölsardinen, Teigwaren, Limonade, ein paar Orangen, ferner Tee und zwei in Zeitungspapier gewickelte Zuckerstöcke, als Geschenk für die Hirten. Da wir keine Decken hatten, ließ er einige bei sich zu Hause holen.

Barka ag Hamid hielt Wort: Kurz vor zehn Uhr kam der Fahrer, ein stämmiger Schwarzer, klein gewachsen, aber kräftig, der nach Art der Tuareg Serruel und Gandura trug. Ein gelber Schesch saß schief auf dem kahl rasierten Schädel. Er schüttelte mir die Hand, dass ich am liebsten aufgeheult hätte, und stellte sich auf Französisch in einer Art Comicstripsprache vor: »Ich Habussi ben Jussef, ich komme Auto fahren. Ich gut Mechaniker, nie Panne. Du kommst auch nach Amded, Mademoiselle?«

Nach kurzer Unterredung mit dem Fahrer hob Sidi Nadir zufrieden den Kopf: »Barka ag Hamid hat seine Sache gut gemacht. Habussi ist ein sehr vertrauenswürdiger Chauffeur. Er hat früher große Laster quer durch die Sahara bis in den Senegal gefahren.«

Nun war der Moment des Aufbruches gekommen. Sämtliche Kinder von Tam – so schien es mir – umstanden barfuß und kichernd unseren Landrover. Habussi bahnte sich einen Weg, indem er sie mit Zischlauten verscheuchte.

Der Wagen war breit genug, sodass der Professor und ich neben dem Fahrer sitzen konnten. Habussi ließ den Motor laufen. Er lachte von einem Ohr zum andern. »Sie bereit? Gehen wir?«

Der Landrover startete, wobei er eine weiße Staubwolke hinter sich ließ. Als ich mich umwandte, sah ich, wie die Kinder nach allen Seiten auseinander stoben, Madame heftig winkte und Sidi Nadir lächelte, die Arme auf dem Rücken verschränkt. Bald verschwand Tamanrasset hinter dunklen Felsen. Im Hintergrund stand der »Hadriane« in violettem Dunst wie eine unwirkliche Kulisse. Dann machte die Piste einen Bogen und der Berg entschwand meinem Blick. Die Sonne schien voll in die staubige Windschutzscheibe, doch das schien Habussi nicht zu stören. Er fuhr schnell, um die Schläge der von unzähligen Querwellen durchzogenen Piste aufzufangen. Das Auto sprang stöhnend von einer Wellenkuppe zur anderen. Die schlagenden Räder trommelten auf die steinharten Rippen, die wie Wellblech die Piste bedeckten. Mehr als eine Stunde fuhren wir danach über eine kieselübersäte Hochebene, die mal grau, mal gelb in der Hitze flimmerte. Das Blech des Wagens glühte. Der Professor war unter seiner Schirmmütze blass, fast grünlich geworden. Schweißtropfen glänzten um seinen Mund.

Die Piste schlängelte sich zwischen Geröllfeldern und Felsklippen westwärts. Habussi fuhr im dritten Gang, sehr geschickt, aber wir wurden trotzdem entsetzlich durchgeschüttelt.

»Das nicht gut für Stoßdämpfer!« meinte er verdrossen. »Und auch nicht für unsere Knochen«, beendete ich in Gedanken seinen Satz.

Die Ebene dehnte sich bis zu dem von niederen Bergen gesäumten Horizont. Sandzungen lagen eingebettet in dem von schimmernden Sandkörnern bedeckten kargen Boden. Da und dort standen vereinzelte Krüppelbüsche, Rinnen markierend, denen Habussi sorgfältig auswich. Plötzlich streckte er die Hand aus: »Lager von Nomaden!« In einer flachen Mulde drängten sich einige Seribas um ein Wasserloch, das von ein paar Sträuchern umstanden war. Wir sahen nur ein gefesseltes Mehari und einige Ziegen, die über das Geröll kletterten.

Die Sonne stieg höher. Der glühende Boden zitterte in der heißen Luft. Einige Male glaubte ich, weit vorne die Umrisse einer Menschengestalt zu sehen, die aber beim Näherkommen immer kleiner wurde und sich schließlich als vereinzelter Stein auf der Piste entpuppte. Die Weite der Wüste und die grausame Helligkeit hoben den Sinn für Entfernungen gänzlich auf. Jegliche Vergleichsmöglichkeit fehlte: Das Auge fand nichts, woran es sich halten konnte. Am Horizont, der in klarem blauem Wasser zu ertrinken schien, zitterten verschwommen seltsame Gebüschformationen. »Fata Morgana«, rief Habussi gut gelaunt.

Um Mittag machten wir im Schatten eines hohen Felsbrockens halt. Habussi legte Decken auf den Boden, packte den Proviant aus. In der Nähe fand er Reste einer dürren Baumwurzel und entfachte damit ein kleines Feuer. Dann bereitete er den Tee.

»Wann etwa werden wir in Amded sein?«, fragte der Professor.

Der Schwarze zuckte die Achseln und machte eine unbestimmte Handbewegung. »Heute Abend. Nicht genau wissen den Ort.«

»Was?«, rief Baumann entgeistert. »Man hat uns versichert, dass du den Weg kennst!«

»Ich kenne. Aber Herden nicht immer an derselben Stelle sein. Finden Essen, dort bleiben. Nichts mehr finden, sie weitergehen...«

»Aber was machen wir dann?«

Habussi hob seine breiten Schultern. »Kein Problem! Ich Leute fragen.«

»Was für Leute? Da ist doch niemand.«

Habussi lachte schallend. »Aber doch, aber doch, Professor! In der Sahara immer viele Leute. Du glaubst, hier niemand. Ich dir finden Leute sofort.«

»Ich nehme an, er sagt die Wahrheit«, seufzte der Professor, »die Wüstenbewohner haben sich Fähigkeiten erhalten, die wir Europäer schon längst verloren haben. Auf jeden Fall haben wir keine andere Wahl.« Er nahm die Brille ab und trocknete sich die Stirn. »Geht's?«, fragte er mich. »Nicht zu müde?«

»Ich weiß nicht.« Ich hatte keine Zeit, an Müdigkeit zu denken, oder an Durst oder Gefahr. Ich war viel zu sehr damit beschäftigt, die vielfältigen Eindrücke aufzunehmen: den Wind, das Prasseln des Feuers, das lautlose Rieseln des Sandes. Die Sonne schoss glühende Pfeile zwischen meine Wimpern. Ich barg das Gesicht in die verschränkten Arme. Ich hatte keine Ahnung, wo ich mich befand und wo ich heute

Abend sein würde. Es war auch unwichtig. Irgendwo, dachte ich. Irgendwo unter den Sternen.

Am Nachmittag verließ der Landrover die kaum mehr erkennbare Piste und folgte mehrere Stunden dem vertrockneten, von dornigen Pflanzenpolstern bewachsenen Bett eines Wadi. Die Sonne hing wie ein orangeroter Ball am Himmel. An einer bestimmten Stelle, die nur Habussi erkannte, verließ der Wagen das Wadi und klomm im Zickzack den sandigen Hang hinauf. Die Schatten wurden länger. Die goldroten Dünen färbten sich lila. Die Sonne wurde purpurrot. Ein fast schwarzer Horizont schien die flimmernde, wogende Sphäre aufzusaugen. Unmittelbar danach wurde die Wüste aschfahl, die Nacht brach herein. Habussi fuhr nun langsam und vorsichtig. Die Scheinwerfer zitterten und hüpften. Der Boden wurde zusehends schlechter. Dann türmten sich plötzlich größere Steinbrocken vor den Rädern auf.

Habussi schnalzte mit der Zunge. »Du fahren, Mademoiselle, wir Platz machen da vorne!«

Ich rückte auf seinen Sitz. Es war sinnlos, ihm zu sagen, dass ich erst seit drei Monaten im Besitz eines Führerscheins war! Während der Professor und Habussi sich abquälten, die Brocken beiseite zu räumen, rückte ich Meter um Meter vorsichtig vor. Endlich wurde der Boden flacher. Habussi machte dem Professor ein Zeichen einzusteigen und ich überließ ihm gerne wieder das Lenkrad.

»Was soll das alles?«, fragte Baumann außer Atem. »Warum hast du die Piste verlassen?«

»Ich Abkürzung nehmen, Zeit gewinnen«, antwortete Habussi heiter.

»Ich kann nur hoffen, dass du weißt, was du tust!«, antwortete Baumann erschöpft.

Habussi nickte würdevoll. »Ich mich nie täuschen. Ich

kennen Hoggar wie meine Hosentasche. Wir gleich sehen Licht von Lager.«

Der Wagen rollte nun mühelos über freies Gelände. Im Licht der Scheinwerfer sah ich, dass die Landschaft sich verändert hatte: Die Vegetation wurde üppiger. Sträucher streiften die Seitenfenster. Plötzlich rief Habussi: »Da, das Lager!«

»Wo?«, fragte ich.

»Du nicht gute Augen, Mademoiselle«, lachte der Schwarze. »Du schauen nach links.«

Eine Zeit lang starrte ich vergebens in die Finsternis. Dann sah ich einen winzigen roten Punkt.

»Da, das ist Zelt!«, sagte Habussi. »Wir fragen Weg zu Lager von Tarek ag Barka.«

Der Landrover hielt vor einem Zelt, das sich als rotschwarzer Fleck vom Nachthimmel abhob. Habussi öffnete die Autotür und schrie etwas. Die verschleierte Gestalt eines Mannes kam langsam näher, gab Antwort auf Habussis Fragen und zeigte dabei mit der Hand irgendwo in die dunkle Nacht hinaus.

»Das scheint ja noch eine Weile zu dauern, bis wir am Ziel sind«, bemerkte Baumann ergeben. Ich nickte, ohne zu antworten. Ein kleiner Junge tauchte aus der Nacht auf. Er trug vorsichtig eine Kalebasse mit Wasser vor sich her.

»Trink, Mademoiselle«, sagte Habussi.

Ich gehorchte. Das lauwarme, fade Wasser machte nicht den saubersten Eindruck, aber ich spürte, dass eine Ablehnung die Menschen beleidigt hätte.

»Weiter, weiter!«, rief Habussi.

Wir stiegen wieder ein und fuhren mit einem Ruck los. Feuer und Zelt versanken in der Finsternis.

»Nicht weit, wir gleich dort«, erklärte Habussi.

»Das wäre mir angenehm«, brummte Baumann. »Ich spüre bereits meine Knochen!«

Pechschwarz war die Nacht. Hin und wieder kletterten wir über Dünenhänge; wenn sich der Vorderwagen anhob, erschien in der Windschutzscheibe ein Ausschnitt des dicht übersäten Sternenhimmels. Dann und wann schlug Gebüsch an die Wagenfenster und erzeugte ein klagendes, schleifendes Geräusch. Plötzlich tauchte ein rötliches Feuer auf, dann noch eins. Habussis Zähne leuchteten in der Dunkelheit.

»Du siehst, Professor, ich nie verirren in der Wüste!«

»Ich muss zugeben, du besitzt einen bemerkenswerten Orientierungssinn«, antwortete Baumann. Er knöpfte seine Jacke mit einem Seufzer der Erleichterung zu. »Ich bin ganz schön froh, dass wir da sind! Sie nicht auch? Sehen wir uns diesen Tarek ag Barka mal an.«

Mit zitternden Knien stieg ich aus dem Wagen. Männer saßen im Kreis um die Glut. Ihre Silhouetten hoben sich wie Schattenrisse von den Flammen ab. Einige von ihnen waren aufgestanden und kamen uns entgegen. Sie streckten die Hand aus und ich streifte ihre schwielige Haut. Die meisten von ihnen waren Schwarze.

»Das Hirten«, sagte Habussi. »Sie sagen, Herr überwacht Kamele, nicht weit von hier. Er sicher kommen morgen Abend.«

Baumann fiel aus allen Wolken.

»Morgen Abend? Ich kann unmöglich so lange warten. Unsere Maschine fliegt in wenigen Tagen!«

Habussi machte ein Zeichen, dass er verstanden hatte, und stürzte sich in einen nicht enden wollenden Redeschwall. Schließlich ergriff einer der Männer das Wort. Habussi übersetzte: »Er sagt, ihm Boten schicken. Wenn Herr weiß, dann kommen gleich. Sie warten, essen und ausruhen.«

Der Mann, der gesprochen hatte, ein langer, dünner Schwarzer mit einem gewaltigen blauen Schesch, schrie etwas in Richtung Feuer. Eine der sitzenden Gestalten sprang auf und kam herbei. Es war ein Junge mit struppigem Haar und bronzefarbenem Gesicht. Er trug einen Serruel und ein zerlumptes T-Shirt. Er hörte zu, was ihm der Schwarze sagte, machte ein Zeichen der Zustimmung und rannte zu den Kamelen. Kurz danach sah ich ihn auf dem schwankenden Sattel eines Mehari, das er mit nackten Füßen und einem Schnalzen der Zunge lenkte. Mit weichen Schritten verschwanden Tier und Reiter in der Dunkelheit.

»Sie kommen jetzt, trinken Tee«, sagte Habussi.

Die Luft war eiskalt, zähneklappernd ging ich zum Wagen und zog mir Barka ag Hamids Gaschabia über den Kopf. Ich versank darin, aber sie wärmte mich wundervoll. Die Kapuze warf ich nach hinten und kämmte mir das vom Wind zerzauste Haar. Dann raffte ich die Gaschabia zusammen und setzte mich ans Feuer. Ein Schwarzer bereitete den Tee nach dem üblichen Ritual. Über die Glut hinweg reichte er mir das erste Glas. Ich hielt es zwischen meinen erstarrten Fingern und trank so hastig, dass ich mir die Zunge verbrannte. Mit der Wärme des heißen Getränks stiegen neue Kräfte in mir auf und ich stieß einen Seufzer des Wohlbehagens aus.

»Sie – essen?«, fragte Habussi.

Ich sah den Professor an, der unter seiner Decke vor Kälte schlotterte. Er nickte zustimmend. Ich kehrte plötzlich in die Wirklichkeit zurück und kramte in meiner Tasche herum. Er sollte bloß seine Pillen nicht vergessen!

»Martha, die gute, sie denkt auch an alles!«, sagte Baumann gerührt.

Ein riesiger Schwarzer tauchte aus der Dunkelheit auf und kauerte sich neben uns ans Feuer. Er hielt etwas im Arm, das ich auf den ersten Blick für ein in Tücher gewickeltes Paket hielt. Als er sich vorbeugte, um der Wärme der Glut näher zu kommen, sah ich, dass er ein schlafendes Kind in den Armen hielt. Ich betrachtete das kleine, herzförmige Gesichtchen. Manchmal bewegte ein Zucken die geschlossenen Lider.

»Das Tochter von Herr«, sagte Habussi auf meinen fragenden Blick. Der Mann mit dem Kind sagte etwas, was ich nicht verstand. Habussi schlürfte geräuschvoll an seinem Tee. »Er sagen, es heißen Mariama.«

»Ist ihre Mutter nicht hier?«, fragte ich.

Habussi wiegte traurig den Kopf.

»Mutter krank, dann tot.«

Ich schaute den Professor an, der nickte.

»Die Tuareg haben zwar umfassende Kenntnisse von Pflanzen, Wurzeln, Blättern und Körnern, aber ernsthaften Krankheiten gegenüber sind sie machtlos. Gott sei Dank verhindern die Trockenheit des Klimas, die Höhe und die desinfizierende Kraft der Sonne das Wachstum der Bazillen. Man kann sagen, dass die meisten der Tuareg gegen Krankheiten immun sind. Woran ist denn die Mutter der Kleinen gestorben«, fragte er Habussi, der sich wieder an den Schwarzen wandte.

Dieser antwortete mit kehliger Stimme: »Er sagen, Kind geboren, dann böses Fieber und sterben.«

»Dann hat sie wohl das Kindbettfieber gehabt«, sagte Baumann. »Warum hat sie denn ihr Mann nicht auf die medizinische Station nach Tam gebracht?«

Der Schwarze, der dem Sinn nach verstanden haben musste, sagte etwas zu Habussi und dieser übersetzte: »Im Frühling vor zwei Jahren großer Sandsturm, eine Woche lang. Nicht möglich reisen mit kranke Frau.«

Ich beugte mich über das Kind, erschüttert von der Tragik, die in diesen paar unbeholfenen Sätzen gelegen hatte. Als wenn es meine Nähe gespürt hätte, öffnete es die Lider. Mit zärtlichem Lächeln richtete der Schwarze es auf und setzte es sich auf die Knie. Das Kind gähnte und rieb sich mit den

Fäustchen die Augen. Trotz der Kälte trug es nur ein geblümtes Baumwollkleid und nichts darunter. Lederne Amulette hingen ihm um den Hals. Ich lächelte ihm zu. Es blickte mich aufmerksam, doch ohne Furcht an. Unter ungewöhnlich dichten, geschwungenen Wimpern hatte es mandelförmige Augen, in denen sich der Schein der Flammen spiegelte.

Einer der Hirten teilte Löffel aus und stellte ein Gefäß mit einem wenig appetitlichen braunen Brei vor uns hin. Ich schnupperte vorsichtig. Es roch salzig und ein wenig ranzig.

»Was ist das?«

»Aufgeweichtes Hirsebrot«, antwortete der Professor. »Das Hirsemehl wird zunächst mit Wasser und Salz zu einem Teig geknetet. Dann legt man diese Masse in eine kleine Erdgrube, bedeckt alles mit einer dünnen Schicht Sand und legt Reisig darüber, das man anzündet. Das Holz verbrennt. Durch die Hitze, die der Sand überträgt, wird der Teig gar; man hat hernach nur Asche und Sand wegzukratzen. Dann muss man den Fladen in Brocken schneiden und Butter und Kamelmilch dazugeben.«

Es war nicht der Zeitpunkt, zimperlich zu sein. Ich kostete vorsichtig. »Schmeckt gut!«, rief ich erstaunt.

»Bemerkenswert erfinderisch, nicht wahr?«, meinte Bauman. Nach dem Essen brühten die Hirten abermals Tee auf und Baumann schluckte seine Tabletten. Die kleine Mariama war wieder eingeschlafen. Vorsichtig richtete sich der große Schwarze auf und brachte sie unter ein Schutzdach aus Ziegenhäuten. Gerührt schaute der Professor zu, wie er das Kind sorgfältig in Decken wickelte.

»Ein vollendetes Kindermädchen, dieser Mordskerl!«

»Woher kommen all diese Schwarzen?«, fragte ich.

»Es sind Iklan, Nachkommen früherer Leibeigener. Viele von ihnen wollen die Familie, zu der sie sich zugehörig fühlen, nicht verlassen. Die Tuareg teilen mit ihnen die Mahlzeiten, ihre Kinder werden gemeinsam groß. Man würde nie die Schande auf sich nehmen, kranke oder betagte Dienstboten zu entlassen. Bis zu ihrem Tod ist für ihren Lebensunterhalt gesorgt. Es gab sogar Leibeigene, deren Ratschlag in wichtigen Stammesangelegenheiten geschätzt und befolgt wurde...«

Baumann zog die Decke enger über die Schultern und ließ sich auf den Sandboden nieder.

»Ich will nur hoffen, dass der Junge rechtzeitig mit diesem Tarek ag Barka zurückkommt! Er ist der Einzige hier, der Französisch spricht.«

Eingewickelt in meine Gaschabia schaute ich ins Feuer. Meine Finger vergruben sich im weichen, warmen Sand. Müdigkeit überfiel mich. Und doch hätte ich keinen Schlaf gefunden. Eine unerklärliche Spannung hatte sich meiner bemächtigt. Ich wartete... worauf?

»Schauen Sie die Sterne«, murmelte neben mir die verschlafene Stimme des Professors. »Wie die Schifffahrer der Antike lassen die Tuareg sich von ihnen leiten. Sie sind geborene Astronomen...«

Ich schwieg und auch er sagte nichts mehr. Ich sah das Feuer, die Nacht, die unzähligen funkelnden Sterne, Herzen aus Diamant. Seit ich Genf verlassen hatte, war so viel geschehen – so viel, von dem ich vorher keine Ahnung gehabt hatte, war auf einmal voller Bedeutung geworden. Ich benötigte Ruhe, um es zu verarbeiten. Ich dachte an das, was Karin Tanner mir in Algier gesagt hatte, und ich merkte voller Freude, dass ich anfing zu begreifen...

Plötzlich hob ich den Kopf. Gedämpftes Schleifen, Klingeln von Glöckchen: Zwei Mehara, weiß wie der Mond, tauchten aus der Finsternis auf. Schnaufend ließen sie sich auf die Knie nieder. Die beiden Reiter glitten mit einer weichen Bewegung aus ihren Sätteln. Ich erkannte den Jungen im Serruel, der zurückblieb, um die Tiere zu fesseln. Sein Begleiter, der ganz in Weiß gekleidet war, kam langsam auf uns zu.

»Da kommt der Chef«, sagte der Professor. Er erhob sich und klopfte den Sand aus seiner Jacke. Ich stand ebenfalls auf. Im flackernden Licht des Feuers tauchte eine hohe, weiß behelmte Gestalt auf. Ein silberbeschlagener Ledergürtel unterstrich die Schlankheit seiner Taille. Unter den Falten des Schesch leuchteten die Augen, mit leichten, ruhigen Schritten kam Tarek ag Barka um die Feuerstelle herum und reichte dem Professor die Hand. »Ich bitte Sie, meine Verspätung zu entschuldigen«, sagte er mit weicher, etwas gedämpfter Stimme. »Der Bote hatte Mühe, mich zu finden.«

»Das macht nichts, jetzt, wo Sie da sind«, antwortete Baumann herzlich.

Der Targi wandte sich mir zu. Ich berührte eine glatte, warme Handfläche.

»Guten Abend, Madame, seien Sie willkommen im Lager«, sagte die sanfte Stimme.

»Guten Abend«, erwiderte ich, und: »Vielen Dank.« Mehr wollte mir nicht einfallen. Ich stand da wie vor den Kopf geschlagen. Auf einmal war es mir, als stehe die Zeit still. Alles Getue, der Kleinkram, der bis jetzt mein Leben ausgefüllt hatte, entschwand meinem Bewusstsein und machte dem Gefühl einer quälenden, fast unerträglichen Süße Platz. Meine Wangen glühten, mein Mund war ausgetrocknet, alles tat mir weh.

Mit einer höflichen Handbewegung bedeutete uns Tarek, Platz zu nehmen. Er ließ sich ebenfalls nieder. Der Widerschein der Flammen tanzte auf seinen weißen Gewändern. Meine Augen, die hin und her irrten wie Nachtfalter, kehrten immer wieder zu seinem friedlichen, leuchtenden Blick zurück. Er fragte: »War die Reise nicht zu beschwerlich?«

»Habussi hat uns ein wenig durchgeschüttelt«, sagte der

Professor, »aber wie Sie sehen, sind wir wohlbehalten angekommen.«

»Habussi kennt sämtliche Pisten«, bestätigte Tarek. Er war immer noch nicht beruhigt: »Hat man Sie auch gut empfangen? Fehlt Ihnen nichts?«

»Die Leute haben sich große Mühe gegeben«, antwortete Baumann. »Alles war vorzüglich.«

Schweigen. Ich fühlte auf mir den Blick, dem ich auszuweichen suchte. Ich war betäubt, kraftlos wie jemand, der einen Schlag in den Magen bekommen hat. Dann fragte die klare, ernste Stimme: »Hat mein Vater Sie geschickt?«

Der Professor nickte und erklärte kurz den Grund unserer Anwesenheit. »Ihr Vater versicherte uns, dass Sie sich hier sehr gut auskennen und uns zu den Ruinen führen können.«

Tarek machte ein Zeichen der Zustimmung. »Die Debni sind nicht weit von hier. Wir werden morgen früh hinfahren.« Er schaute mich über das Feuer hinweg an. Mir war, als löste ich mich auf.

»Aber der Weg ist sehr schlecht«, fuhr er nach kurzem Zögern fort. »Wir müssen ein großes Stück zu Fuß gehen. Vielleicht möchte Ihre Gattin lieber hier im Lager bleiben?«

»Sie irren sich, junger Mann«, erwiderte der Professor und verbiss sich ein Lächeln. »Das ist meine Sekretärin, Fräulein Graziani. Entschuldigen Sie, dass ich Sie vorzustellen vergaß. Meine Frau ist in Tam zurückgeblieben.«

Tarek nickte leicht. Im Dunkeln konnte ich nur den weißen Schleier, den Schimmer seiner Augen erkennen. Ich lächelte ihm verkrampft zu und stotterte: »Ich gehe gerne zu Fuß, das macht mir gar nichts aus!«

»Gut«, antwortete Tarek. Er erhob sich mit einer leichten, federnden Bewegung. »Wir brechen bei Sonnenaufgang auf. Aber jetzt ist es spät, Sie müssen schlafen. Sonst ist Mademoiselle morgen früh noch müde...«

Wieder traf mich ein Blick seiner leuchtenden Augen. Meine Kehle schien zugeschnürt. Ich zitterte. Müdigkeit verspürte ich überhaupt nicht mehr!

Natürlich hatte er Recht, ich musste versuchen zu ruhen. Auf ein Zeichen Tareks brachte Habussi die Decken herbei und breitete sie nahe dem wärmenden Feuer aus.

»Werden Sie nicht frieren?«, fragte der Professor besorgt.

»Nein, ich glaube nicht«, gab ich zur Antwort, die weiten Falten der Gaschabia enger um mich ziehend.

»Gute Nacht«, sagte der Targi. Er entfernte sich lautlos im rötlichen Feuerschein. Seine hohe Gestalt wurde von der Dunkelheit verschluckt.

»Großartig!«, sagte Baumann. »Wir hätten es nicht besser treffen können! Der Junge spricht ausgezeichnet Französisch. Und diese Liebenswürdigkeit! Aber das, was die Tuareg an guten Lebensformen pflegen, dient niemals der Verweichlichung; in der Wüste können nur starke Menschen überleben.«

Ohne zu antworten fischte ich meinen Waschbeutel aus der Reisetasche, gab ein wenig Reinigungsmilch auf einen Wattebausch und betupfte meine glühenden Wangen. Die Milch war angenehm kühl und duftete nach Mandeln. Dann kuschelte ich mich in die Decken. Der Sand gab unter meinem Körper nach und bildete eine weiche, bequeme Mulde. Der funkelnde Strom der Sterne zog sich hin bis zum Horizont. Die Finsternis war voller Geräusche von Menschen und Tieren: Seufzer, Knurren und zartes Gebimmel von Glöckchen. Dazu das leise Knistern der sterbenden Glut. Jeder Atemzug, jedes Geräusch war ein Teil des großen Schweigens der Nacht. Ich lag ganz still; mein Herz schlug langsam und schwer. Ich dachte an morgen, während ein Schauer über meinen Rücken rieselte, der ganz sicher nicht von der Kälte kam. Die Augen fielen mir zu. Ganz plötzlich schlief ich ein.

10. Kapitel

Ich erwachte: Über mir war der Himmel grau und rosa, mein Gesicht feucht vor Kälte. Ich warf meine Decken zurück und richtete mich auf. Sträucher hoben sich wie Scherenschnitte vor dem durchscheinenden Himmel ab. Vögel sangen in den Dünen. Am Horizont schwamm die Sonne, einer riesigen, silberschimmernden Perle gleich.

Taumelnd stand ich auf, machte einige Bewegungen, um meine erstarrten Muskeln zu lockern. Der rote Schein eines Feuers leuchtete in der Dämmerung. Der Rauch stieg senkrecht hoch. Die Hirten kauerten um die Glut und bereiteten den Tee.

Ich setzte mich mit meinem Waschbeutel etwas abseits, reinigte mein Gesicht vom Sandstaub, putzte die Zähne und kämmte mich. Der junge Wüstenmorgen erfüllte mich. Ich atmete in vollen Zügen, spürte das Blut erwachen und in meinen Fingerspitzen prickeln, als ich im gleißenden Strom des Lichtes badete.

Auch Baumann begann sich zu regen. Er setzte die Brille auf die Nase und schaute verstört um sich. Lächelnd wies ich nach Osten: »Die Sonne geht auf!«

»Schön, dass Sie so gut in Form sind«, brummte er. »Als ich so jung war wie Sie, da konnte ich nach einer Nacht unter freiem Himmel auch noch frisch und erholt aufwachen!«

Ich setzte mich zu den Männern ans Feuer, wo Habussi uns eine Matte zurechtgelegt hatte. Befangen starrte ich in die züngelnden Flammen. Ich fühlte mich beobachtet, hob langsam die Lider und sah voll in Tareks Augen. Er hatte den Schleier zurückgeschlagen, zum ersten Mal sah ich sein Gesicht. Anmutig war es, leicht gebräunt, mit schmalen Wangen, einer feinen geraden Nase und einem vollen, etwas kindlichen Mund.

»Haben Sie gut geschlafen? War es nicht zu unbequem?«

»Gar nicht!«, bluffte ich. »Es gefiel mir, im Sand zu schlafen!« Ich wusste nicht, wohin mit den Händen, noch weniger aber, wohin mit meinem Blick, und wahrscheinlich war ich rot geworden. Aus reiner Verlegenheit zog ich meinen Taschenspiegel heraus und strich das Haar zurecht.

Tarek gab ein Zeichen. Ein Schwarzer reichte mir einen Becher Tee und ein Stück Brot. Ich fühlte in mir die Kälte der Nacht, die Wärme des Tees, den Glanz des ersten Tages der Schöpfung – und die ernste und zugleich heitere Ruhe dieses Blickes, der mich mit einer wundersamen Verwirrung erfüllte.

Ein Schatten fiel auf den Sand: Der Schwarze mit dem Kind im Arm kauerte sich an der Feuerstelle nieder. Die Kleine gähnte schlaftrunken, richtete sich auf und plapperte. Tarek streckte lächelnd die Arme aus und nahm das Kind auf die Knie.

»Guten Morgen, Mariama«, sagte ich.

Tarek blickte lächelnd auf.

»Ach, ihr habt euch schon kennen gelernt?« Er wies auf den Schwarzen, der seinen Tagelmust zurückgeschlagen hatte, um Tee zu trinken. »Matali kümmert sich um Mariama seit ihrer Geburt. Er versteht etwas Französisch, spricht es aber nicht.«

Matali bestätigte mit kräftigem Kopfnicken. Ein unbefangenes Lachen entblößte seine schlechten Zähne. Seine breiten

Hände mit den gelben, gespaltenen Nägeln schienen eher geschaffen, Lasten zu tragen, den Boden zu hacken oder ein störrisches Kamel zu bändigen, als ein kleines Kind zu pflegen. Fasziniert sah ich zu, wie er mit seiner riesigen Pranke den Arm des Kindes ergriff, so zart, wie dies sonst nur eine Mutter tun konnte. Die zarte Handfläche des Kindes, die es Tarek zeigte, war blutig.

Ich beugte mich vor.

»Was ist passiert?«

»Sie hat sich beim Spielen verletzt«, antwortete Tarek, »an einem Dorn vermutlich. Nichts Schlimmes.« Er führte das Händchen an seine Lippen und leckte sanft die Wunde, um sie zu desinfizieren. Wieder verspürte ich in der Magengrube dieses seltsame Gefühl von Schwäche.

Die Empfindungen, die mein Innerstes aufwühlten, machten mich benommen. Was mit mir war, verstand ich nicht ganz. Eines aber wusste ich mit Bestimmtheit: Ich wollte ihn und sonst nichts auf der Welt. Ich wollte Tareks Hände auf meinem Körper fühlen, diesen zärtlichen, liebkosenden Mund. Und wenn ich ihn nicht bekam, was sollte dann aus mir werden?

Man brachte eine Kalebasse mit einem weißlichen Brei. Tarek tauchte den Löffel ein und gab Mariama zu essen. Das Mädchen betrachtete mich neugierig. Die mandelförmigen grünen Augen glänzten in der Sonne. Es hatte weiche, samtene Haut wie eine Frucht und winzig kleine Ohren. Ich bemerkte, dass die zu Zöpfchen geflochtenen Haare am Scheitel goldbraun schimmerten, und sagte erstaunt: »Ihr Haar ist ja nicht schwarz!«

Tarek blinzelte amüsiert. »Das ist hier nicht ungewöhnlich.«

Ich starrte ihn an. »Dann gibt es also blonde Tuareg?«

»Oh ja, ziemlich oft sogar.«

»Wie kommt das?«

Er wiegte nachdenklich den Kopf. »Das gehört zu den Fragen, die auch mich beschäftigen. Vielleicht, weil wir ursprünglich aus Europa stammen?«

Schritte knirschten im Sand. Der Professor trat gut gelaunt zu uns. Er hatte sich über einem Eimer das Gesicht gewaschen und sich rasiert.

»Guten Morgen! Die Luft ist recht kühl, finden Sie nicht auch?«

»Immer um diese Jahreszeit«, sagte Tarek.

Er reichte das Kind dem Schwarzen. Mit einer langsamen, geschickten Bewegung zog er den Schleier über das Gesicht. Ich sah nur noch die gewölbte Stirn, die dunkel glänzenden Augenlider.

Baumann schlürfte seinen Tee und fragte: »Können wir bald aufbrechen?«

»Wann Sie wollen«, antwortete Tarek.

Er beugte sich zu Mariama hinüber, streichelte sie und wischte ihr über die Wangen, die mit Brei verschmiert waren. Der Schwarze sagte grinsend ein paar Worte, die Tarek ebenfalls zum Lachen brachten.

»Matali sagt«, übersetzte er mir, »dass Mariama aus lauter Staunen über Sie das Essen vergisst!«

Der Professor holte die Tasche, die seinen Fotoapparat, sein Stativ und sonstige Instrumente enthielt. Tarek hatte Habussi auf den Hintersitz des Wagens verwiesen und selbst das Steuer ergriffen. Höflich wie immer, ließ mich Baumann zuerst einsteigen und so kam ich neben Tarek zu sitzen, völlig benommen von seiner Gegenwart.

Der Motor sprang an: Mit einem Ruck riss sich der Wagen aus dem Sand. Er rollte direkt auf die Herde zu. Tarek fuhr sehr langsam, um den Tieren Zeit zu geben, auszuweichen. Die Mehara weideten friedlich im strohigen Gras des Wadi, rissen mit ihren dicken Lefzen Blätter von den Büschen. Jungtiere tranken am Euter der Mutter.

Verstohlen beobachtete ich Tareks Hände auf dem Lenkrad. Die schmalen, glatten Hände, deren Knöchel unter der Haut spielten, strahlten seltsame Beherrschung und Kraft aus. Die Gelenke waren zart und locker wie die eines Mädchens. Flüchtig streifte mein Blick sein verschleiertes Profil, die glatte Stirn, die sich zu den Schläfen hinziehenden Augen. Er musste gespürt haben, dass ich ihn beobachtete; er wandte schnell den Kopf, das Gelände außer Acht lassend. Unsere Blicke trafen sich – und wieder spürte ich dieses lähmende Schwindelgefühl.

Mir war klar, was los war. Das hatte gerade noch gefehlt! Nimm dich zusammen, sei vernünftig – du wirst einen Tag mit diesem Menschen verbringen und siehst ihn nachher nie wieder. Er lebt in der Sahara. Hast du gesehen, wo das liegt auf der Karte? Und außerdem: Was weißt du von diesen Leuten? Die denken und fühlen doch ganz anders! Finger weg, Mädchen! Kehre in die Wirklichkeit zurück! Um wieder zu Verstand zu kommen, stellte ich ihm die erstbeste Frage, die mir in den Sinn kam.

»Wo haben Sie so gut Französisch gelernt?«

»Ich besuchte die Nomadenschule im Lager, anschließend war ich in Tam. Wir hatten einen Französischlehrer aus Lyon. Er lehrte fünf Jahre im Hoggar.«

»Sie haben wirklich eine sehr gute Aussprache«, sagte Baumann anerkennend.

Tarek lächelte.

»Ich spreche sehr gern Französisch, leider habe ich nicht mehr viel Gelegenheit dazu.«

Gut, er sprach Französisch, was aber wusste er sonst noch? Worüber könnte man mit ihm reden? Über Politik? Über Kunst und Kultur? Bloß über Kamele?

Tarek fuhr schnell und doch vorsichtig, er kurvte um Klippen, deren Fuß mit Geröll bedeckt war – Zeichen der Erosion. Wie zielsicher er fuhr, zeigte sich, wenn dann und wann an windgeschützten Stellen plötzlich schwache Radspuren sichtbar wurden: Anzeichen der Piste, die uns Neulingen verborgen blieb. Es wurde allmählich heiß. Habussi stimmte einen endlosen, kehligen Singsang an und trommelte mit den Fingern den Takt dazu.

Wir fuhren annähernd drei Stunden lang. Die Fahrspur überquerte in weißen, sandgefüllten Windungen eine steinige Hochebene, die unter dem gleißenden Sonnenlicht wie Silex glitzerte. Wir zogen eine riesige Staubschleppe mit, die noch lange Zeit in der dunstigen Luft sichtbar blieb. Im Sand schaukelte der Landrover, gelegentlich wurde ich gegen Tarek geschleudert, der aufmerksam und doch gelöst fuhr. Ich streifte seine Kleider, von denen ein angenehmer Geruch nach Sand, Leder und Holzrauch ausging: der Geruch der Wüste. Ab und zu drehte er ein wenig den Kopf und lächelte mir zu. Ich lächelte zurück, scheinbar unbefangen, aber innerlich schmolz ich dabei, war halb am Ersticken. Mein Magen drehte sich um, wie auf einem schwankenden Schiff.

Die Hochebene endete an den zerrissenen Ausläufern der Tahala-Hügelkette. Am Rande einer Schlucht türmten sich gewaltige Felsbrocken, die auf der Leeseite durch haushohe Dünenkämme ihre Fortsetzung fanden. Tarek steuerte den Wagen in den Felsschatten. Nachdenklich schaute er erst mich, dann den Professor an.

»Von hier aus geht es zu Fuß weiter!«

Wir stiegen aus, taumelten in der Gluthitze, stapften mit steifen Beinen durch den mehlfeinen Sand. Zwischen meinen Zähnen knirschten Sandkörner; in den Hautfalten der Fingergelenke stachen scharfkantige Sandteilchen wie tausend Nadeln, Haare und Augenbrauen waren weiß überpudert.

Durch die Sandalen spürte ich die Hitze des Bodens. Während Habussi den Proviant zu einem Bündel packte, sich eine Guerba mit Wasser und den kupfernen Teekessel auflud, entledigte ich mich der Gaschabia und legte sie ins Auto.

»Ist das die Gaschabia meines Vaters?«, fragte Tarek.

»Ja, er hat sie mir geliehen. Sie hält in der Nacht wunderbar warm.«

»Dieses Klima bringt den ganzen Organismus durcheinander«, stöhnte Baumann. »Die Temperatur sank heute Nacht gegen null, jetzt haben wir schon mindestens dreißig Grad und die Sonne steht noch nicht im Zenit.« Er atmete mühsam. Seine Ohren waren rot, Schweißtropfen glänzten auf der Oberlippe. Ich betrachtete ihn beunruhigt. Wenn er nur durchhielt! Als ob er meine Gedanken erraten hätte, ging Tarek auf ihn zu und bot ihm an, die Tasche mit den Instrumenten zu tragen, was Baumann dankbar annahm.

Tarek ging voran, ich folgte ihm, hinter mir kam der Professor. Habussi bildete schwer beladen den Schluss.

»Diese Schlucht ist das Bett des Wadi Amded«, erklärte Tarek. »Es ist weit über hundert Kilometer lang.«

Zu beiden Seiten erhoben sich Steinzacken und umfangreiche Geröllhalden. Der Fels flimmerte in der Hitze, die dunkelblauen Schatten zeichneten sich messerscharf vom gelbroten Boden ab.

Als die Sandstellen im Wadi so weich wurden, dass wir kaum mehr hindurchkonnten, wählte Tarek den Weg durchs Geröll. Die Luft über den Steinen war derart heiß, dass auch Habussi oft stehen bleiben musste und mit vorgeneigtem Oberkörper nach Atem rang.

Tarek warf mir einen besorgten Blick zu. »Ist es nicht zu anstrengend für Sie?«

Ich schüttelte den Kopf. Er ging weiter mit federndem, leichtem Schritt. Er trug Sandalen aus türkisfarbenem gesticktem Leder, die durch eine Schlaufe am großen Zeh festgehalten wurden. Die schlanken Fesseln waren braun, der ewige Staub der Wüste haftete daran, es schien, als wären sie mit Zimt überpudert. Das Geröll bestand aus abgeschliffenen Steinen, vom Wind poliert; es hatte die Farbe von gebranntem Ton. Eine Felsrippe lag quer zum Hang, Tarek schwang sich hinauf und blieb auf dem Grat stehen. Ich sah seine Hand direkt über mir, ergriff sie ohne zu zögern. Die schmalen kräftigen Finger umschlossen die meinen. Ich fühlte mich aus unbestimmter Tiefe hochgezogen, fasste schwankend Fuß auf dem Gestein und zog meine Hand hastig zurück. Mein Herz klopfte so stark, dass ich mich kaum auf den Beinen halten konnte.

»Sehr galant, unser Freund«, rief Baumann von unten her. »Sie können unter den Arabern lange suchen, bis Sie einen finden, der einer Frau über ein Hindernis hinweghilft.«

Tarek wandte den Kopf, schaute ihn über die Schulter an und sagte leichthin: »Ich bin ja auch kein Araber...!«

»Oh, Entschuldigung«, lächelte der Professor. »Ich weiß, dass die Tuareg die Frauen sehr verehren!«

Tarek nickte. »Sie haben ein Recht darauf. Ohne die Frau vertrocknet das Herz des Mannes wie ein Baum ohne Wurzeln.«

»Hübsch gesagt!«, bemerkte Baumann und zwinkerte mir zu. »Ich habe das Gefühl, Fräulein Graziani, Sie haben eine Eroberung gemacht...«

Ich wollte widersprechen, brachte aber keinen Ton heraus. Da stand ich nun, hilflos, wütend, und spürte, wie ich bis unter die Haarwurzeln errötete. In meiner Aufregung stolperte ich, es hätte nicht viel gefehlt und ich wäre gestürzt.

Wir hatten die Geröllhalde erklommen. Vor uns breitete sich ein Tal aus, dessen Farbe ins Graue spielte, als wäre es mit Asche bestreut. Tarek wies auf halbkreisförmige, aus

Gesteinsbrocken geformte Gebilde hin, wohl ein Dutzend an der Zahl, die zu Füßen einer Felswand sich aus dem Sand erhoben.

»Da sind die Debni!«

»Großartig!«, keuchte Baumann. »Lassen Sie mich von hier oben aus eine Aufnahme machen, bevor wir uns das näher ansehen.«

Er holte den Fotoapparat aus der Tasche und stellte das Stativ auf. Tarek lehnte schweigend an einem Felsen. Der warme Wind bewegte die Falten seiner Gandura. Ich setzte mich in seine Nähe, den Rücken ihm zugewandt – ich wollte nicht reden und an nichts denken, nur einfach dasitzen, seine Gegenwart spüren, das leise Flattern seines Gewandes hören, das sich dann und wann blähte. Die Steine waren heiß. Der Schweiß auf meinen Lippen schmeckte salzig... Selbst, wenn ich ihn nicht anblickte, fühlte ich den Funkenstrom, der zwischen uns hin- und herging. Mein Herz klopfte so stark, dass es schmerzte, und das lag nicht nur an der Anstrengung. Die Hitze, die unter die Haut drang, die wie mit Dornen stach, weckte in mir ein Gefühl des Schwebens. Und ich träumte von einer Umarmung, die heiß war wie der Wüstenwind und doch sanft wie der Sand. Von einer Umarmung, die mich immer weiter trug, immer höher in jene wunderbaren Gefilde, wo der Lärm in Stille umschlug, der Schmerz in Seligkeit.

»Ich ertrage es nicht«, sagte ich zu mir selbst. »Ich kann es nicht ertragen...« Doch in diesem Augenblick hatte Baumann seine Aufnahmen gemacht und klappte das Stativ zusammen. Das Geräusch rief mich in die Gegenwart zurück. Ich fuhr zusammen. Meine tastenden Hände fanden Steine, auf die ich mich stützen konnte. Mühsam richtete ich mich auf. Nun begann der Abstieg.

Ein schmaler Pfad, den Kamelkarawanen im Laufe der Zeit getreten hatten, schlängelte sich zwischen den Steinen hindurch. Der Wind stöhnte und ächzte und trieb Sandschleier vor sich her. Unter dem glanzlosen Himmel flimmerte blau das Wasser der Fata Morgana in den Falten des Geländes.

»Da – schaut!«

Der Ruf des Professors riss mich aus meiner Betäubung. Er hatte eines der Gräber erreicht. Die Tumuli, die sich aus der Nähe als kleine Hügel entpuppten, hatten nicht alle dieselbe Form; je nach Umfang und Höhe waren die Steinhaufen verschieden geschichtet.

Tarek war bis zur Felswand weitergegangen. Vorsichtig und ehrfurchtsvoll strich seine Hand über das Gestein. Er gab uns ein Zeichen. Ich folgte dem Professor. Ein Ruf des Erstaunens entfuhr uns: Die Nischen unter den Felsvorsprüngen waren über und über mit Malereien bedeckt. Ich sah ockergelbe und rote Giraffen, Elefanten, Strauße und tänzelnde Pferde. Anmutig kauernde Frauen in glockenförmigen, scharlachroten Röcken erhoben ihre zarten Hände, um Opfergaben darzubringen, vielleicht auch zur Begrüßung. Krieger mit langen, federgeschmückten Haaren lenkten ihre Streitwagen im wilden Galopp.

»Es ist kaum zu glauben!«, keuchte Baumann. »Diese Felsmalereien sind noch völlig unbekannt. Sie müssen etwa aus dem siebenten Jahrhundert vor Christi stammen...«

»Es gibt noch mehr, aber im Gebirge«, sagte Tarek. »Sie sind sehr schwer zu erreichen.«

»Gott sei Dank«, erwiderte Baumann, »wissen Sie, was sich in Djanet abspielt, wo man im Tassili die schönsten Malereien Afrikas gefunden hat? Der ›Club Méditerranée‹ organisiert Ausflüge mit Landrovern zu den Stätten. Und während die Touristen die Malereien mit einem nassen Schwamm netzen oder darauf spucken, damit die Farben auf dem Film besser zum Vorschein kommen, posieren die Führer in

Tuaregaufmachung. Sie brechen Felsstücke ab, um sie zur Erinnerung mitzunehmen, oder ritzen mit dem Messer ihren Namen, ihre Initialen und das Datum in den Stein. Es ist eine Schande und ein Skandal! Die Verwaltung der historischen Denkmäler unternimmt kaum etwas, um diesem Vandalismus Einhalt zu gebieten. Für den Islam ist eben jede bildliche Darstellung des Menschen eine Gotteslästerung. Folglich ist diesen Herren alles egal...«

»Hierher kommen keine Touristen«, sagte Tarek. »Das Gebiet gehört den Kel Rela.«

Baumann fotografierte die Malereien und die Tumuli. Dann nahm er mit dem Rollmeter Messungen vor. Er diktierte mir Aufzeichnungen, die ich in ein Notizbuch schrieb. Der Kugelschreiber schmierte, meine klebrigen Finger zitterten, ich konnte mich kaum mehr aufrecht halten. Die Hitze im Tal war höllisch, die Felswand strahlte zusätzlich Wärme ab, doch der Professor war zu sehr in seine Arbeit vertieft, um noch etwas anderes zu bemerken oder zu empfinden. Habussi suchte nach Wurzelholz, um Feuer zu machen. Tarek saß abseits im Schatten auf einem Felsblock, eine reglose, weiße Gestalt.

»Ich glaube, wir machen eine kleine Pause«, sagte endlich der Professor. »Sie sind ganz blass, Fräulein Graziani. Habe ich Sie zu sehr beansprucht?«

Ich schüttelte den Kopf. »Nein, es ist die Hitze.«

Habussi hatte an einer schattigen Stelle Decken ausgebreitet. Ein Feuer knisterte, der Teekessel dampfte, friedliche Stille lag über dem Totental. Ich ließ mich auf die Decke sinken, strich die Haare aus dem schweißnassen Gesicht. Mein Blick begegnete den Augen Tareks und diesmal wich ich ihm nicht aus.

»Müde?«, fragte er sanft.

Ich nickte lächelnd. Ich leistete keinen Widerstand mehr

und schaute ihn fest an. Er blinzelte kaum in der Helligkeit. Das Weiß seiner Augen schimmerte bläulich. Die goldbraune Iris war wie Samt.

Habussi hob die Teekanne und füllte die Gläser. Zum Trinken hatte Tarek den Schleier zurückgeschlagen. Verstohlen betrachtete ich das edel geschnittene Gesicht, die hohe Stirn, die leicht aufgeworfenen Lippen.

Wir aßen Brot, Käse und eine Hand voll Datteln. Dann streckte ich mich aus, um Tareks Schatten auf dem Gesicht zu haben. Er merkte es, denn er rührte sich kaum. Völlig entspannt lag ich da. Mir kam in den Sinn, dass wir morgen um diese Zeit schon auf der Heimfahrt nach Tam sein würden, doch ich verscheuchte sofort diesen Gedanken. Ich hörte Baumann Tarek fragen: »Leben Sie hier ganz allein?«

»Mein Vater schickt abwechselnd einen seiner Söhne hierher, um nach den Herden zu sehen«, antwortete der junge Targi. »Die Hirten werden nachlässig, wenn man sie nicht überwacht.«

»Diese Sorgen kennen wir in unserer Heimat auch.« Baumann lachte.

»Wie lange haben Sie Dienst?«

»Vier Monate.«

»Wird Ihnen die Zeit nicht lang? Es gibt doch hier kaum Abwechslung für einen jungen Mann in Ihrem Alter.«

Tarek lächelte ruhig. »Wir haben immer viel zu tun. Die Mehara brauchen viel Pflege, vor allem im Frühling, wenn sie Junge bekommen.«

»Gehören die Mehara Ihnen?«, fragte ich.

»Meiner Familie.«

Der starke Minzetee hatte uns wieder zu Kräften gebracht. Stur wie ältere Leute sein können, bestand Baumann darauf, nach einer kurzen Ruhepause weiterzuarbeiten, obgleich Tarek ihn auf die Gluthitze aufmerksam machte.

»Die Debni laufen ihm doch nicht davon!«, entfuhr es mir. Baumann hörte es nicht, aber ich sah, wie Tarek belustigt die Lider zusammenkniff. Wir wechselten einen resignierten Blick und folgten dem Professor in den Schmelzofen hinaus. Gegen vier Uhr wurde es endlich etwas kühler. Der kobaltblaue Himmel glänzte über dem Sand- und Geröllmeer, im Tal breiteten sich langsam rauchfarbene Schatten aus. In der klaren Luft schienen die Fresken zu neuem Leben zu erwachen: Die Farben – glutrot und golden – leuchteten so frisch wie am ersten Tag ihrer Entstehung. Ich verfiel ins Träumen. In seiner stolzen Erscheinung wurde Tarek für mich Symbol und zugleich Verkörperung einer Vergangenheit, in der sich die verborgene Wahrheit der Mythen mit dem Bewusstsein eines Adels, der älter war als die Geschichte selbst, auf geheimnisvolle Weise vereinten. Tarek ag Barka – ich sprach seinen Namen halblaut vor mich hin. Ein Mensch aus einer anderen Zeit, aus einer anderen Welt. Ich wusste nichts über ihn, als dass er verheiratet gewesen war und eine kleine Tochter hatte, aber ich fühlte seine Anwesenheit in mir, in meinem Blut, in der Luft, die ich atmete.

Endlich gab sich der Professor zufrieden und packte seine Sachen zusammen. Er nahm seine Brille ab, trocknete sich erschöpft das feuchte Gesicht. Seine Lider waren von Wind und Staub gerötet. Auf ein Zeichen Tareks entfachte Habussi wieder ein Feuer, um frischen Tee zu bereiten. Dann traten wir den Rückweg an. Ich ging mit gesenktem Kopf, im Bewusstsein, dass jeder Schritt mich weiter von diesem Ort, mit dem Tarek irgendwie verwurzelt war, entfernte. Die Sonne glühte wie ein blutroter Spiegel. Bald würde der Abend hereinbrechen und dann die Nacht. Die Zeit ist nicht aufzuhalten, sie rinnt durch die Finger wie Wasser oder Sand. Ich fühlte mich elend. Ich hatte Lust zu heulen wie ein Baby, mich in den Sand zu werfen und dort liegen zu bleiben, trunken vor Erschöpfung und überwältigt von meinen Gefühlen...

Ich schleppte mich weiter, Schritt für Schritt. Ich war zu müde zum Denken, zu müde zum Gehen, zu müde zum Klettern – ich ging und kletterte trotzdem, automatisch, wie eine Maschine. Mit der Abendkühle kamen Fliegen. Sie summten um meine Haare, setzten sich an die Mundwinkel. Ich verscheuchte sie mit unsicheren Handbewegungen – und schließlich verscheuchte ich sie nicht mehr... Tarek ging vor mir und trug Baumanns Tasche. Die weiten Überschläge seiner Gandura blähten sich wie Flügel im Wind. Von Zeit zu Zeit blieb er stehen und wartete. Er blickte mich an, aber ich schaute zu Boden. Hinter mir keuchte und hustete Baumann. Die Fliegen summten.

Knapp vor Sonnenuntergang kam der Wagen in Sicht. Erschöpft stolperten wir dem Landrover entgegen. Die flimmernde Sonnenscheibe versank am Horizont, als stürze sie in den schwarzen Schacht eines Brunnens. Ich ließ mich todmüde auf den Wagensitz fallen. Baumann streckte seine steifen Beine aus und stöhnte: »Mein Gott, war das eine Strapaze!«

Tarek ergriff das Steuerrad und wendete den Landrover in die entgegengesetzte Richtung. Er folgte den Radspuren des Vormittags. Habussi sang wieder und markierte den Takt mit Fingerschnippen.

Es wurde Nacht. Undeutlich zeichneten sich die Markierungen der Spur im Scheinwerferlicht ab. Bald fiel der Kopf des Professors vornüber, seine blinzelnden Augen schlossen sich.

Stumpfsinnig überließ ich mich den Stößen des schwankenden Wagens. Plötzlich schien mir, Tareks Schulter hätte meinen Arm gestreift. Ich fuhr zusammen. Mein Mund war trocken, ich spürte die hämmernden Schläge meines Herzens. Tarek führte das Steuer mit einer Hand. Die andere ruhte auf dem Sitz, neben der meinen, so nah, dass es nur einer geringen Bewegung zur Berührung bedurft hätte. War er es – oder war ich es, die diese Bewegung machte? Ich werde es nie erfahren: Plötzlich schlangen sich unsere Finger ineinander. Die Berührung der weichen, warmen Hand verbreitete sich in mir mit dem Pulsieren des Blutes, durchfuhr meine Nerven und brandete bis ins Herz. Ich saß regungslos, mit geschlossenen Augen, ich spürte nichts anderes mehr als diese Wärme, diese Zärtlichkeit...

Ein Krachen, ein harter Schlag: Der Wagen schleuderte. Baumann wurde nach vorn geworfen und erwachte jäh. Tarek hatte meine Hand losgelassen und riss das Steuer herum.

»Was... was ist los?«, stammelte Baumann.

Tareks Stimme klang beherrscht und ein wenig spöttisch. »Es tut mir Leid, ich habe ein Hindernis übersehen. Alles in Ordnung.« Ich presste die Finger, die Tarek gedrückt hatte, an meine Wange, fuhr mit der Zungenspitze über die Handfläche: Meine Haut schmeckte leicht salzig, nach Schweiß und Sand. Ich sank zurück ins Träumen. Mir war, als sei ein Teil meiner selbst von mir abgelöst und schwebe hinweg, in immer weitere Ferne.

Ich musste wohl eingeschlummert sein, denn plötzlich schreckte ich hoch. Habussi hatte aufgehört zu singen. Vor uns in der Dunkelheit entfalteten sich die feurigen Kreise des Lagers wie große, rote Blüten.

Die Nacht war eiskalt. Die Dünen schimmerten salzweiß im Sternenlicht. Hier und da sprühte der Wind Funkengarben in die Dunkelheit. Einer der Schwarzen brachte eine zerbeulte Zinnschüssel mit Teigwaren, die in einer roten Sauce schwammen. Der Professor begann lustlos zu essen. Ich rührte meinen Löffel nicht an, saß einfach da, den Kopf auf den

Knien, und fühlte einen Kälteschauer nach dem andern über den Rücken rieseln.

Tarek war irgendwo in der Dunkelheit verschwunden. Ich spähte in die schwarze Nacht, seine Abwesenheit war mir fast unerträglich. Ich zitterte. Ich sagte mir: Sonia, sei vernünftig. Du glühst und du frierst: Nimm doch eine Aspirin. Es ist nichts Weiteres als ein Reiseabenteuer – das gehört dazu, wenn man nach Afrika fährt. Zehn Tage Sahara – alles inbegriffen! Wie küssen wohl diese Männer? Christine würde sich totlachen. Und Patrick? Nein, ich will jetzt nicht an Patrick denken.

Und dann trat wie eine Erscheinung die hohe, weiße Gestalt langsam aus dem Dunkel heraus. Die durch den Kopf wirbelnden Gedanken brachen schlagartig ab. Alles wurde einfach und klar.

Ich sah ihm zu, wie er sich zu den Männern ans Feuer setzte und das Mahl mit ihnen teilte, denn aus Höflichkeit hatte er nicht mit uns gegessen. Danach spielte er eine Weile mit seinem Töchterchen, das Matali gebracht hatte. Als es der Schwarze schlafen legte, blieb er mit gekreuzten Beinen am Feuer sitzen und warf von Zeit zu Zeit Holzstücke in die Glut. Über die Flammen hinweg fühlte ich seinen Blick auf mir ruhen.

Ich stand auf, verließ die Feuerstelle und ging in die Nacht hinaus. Ich ging aufs Geratewohl, die Arme auf der Brust verschränkt, schlotternd und mit heißen Wangen. Einsam stand ein Baum in der Dunkelheit. Ich teilte vorsichtig die Zweige auseinander und lehnte mich an den schuppigen Stamm. Unweit lagerten gefesselte Kamele, ein Windhauch trug ihr Schnauben und den bitteren Geruch ihrer Ausdünstung zu mir herüber. Durch das Astwerk funkelten die Sterne unwahrscheinlich klar und weit.

Da – leichte Schritte im Sand. Mein Atem stockte. Ich

wusste, er war mir gefolgt. Fast lautlos trat er zu mir hin. Die Zweige, die er auseinander bog, knackten kaum. Schweigend standen wir uns gegenüber. In der Dunkelheit schimmerte seine Gandura wie Perlmutt. Ich sah das Leuchten seiner Augen, spürte diesen leisen Geruch nach Sand und Leder, der von ihm ausging. Meine Zweifel waren gewichen, zurück blieb nur eine tiefe, alles umfassende Süße. Ich hob die Arme, legte sie ihm um den Hals. Er presste mich so fest an sich, dass ich aufstöhnte. Dieses wilde Hämmern: War es mein Herz oder seines? Die Sterne am Himmel begannen zu kreisen, ein glühender Wirbel stürzte dem Horizont entgegen...

Schwindelnd, bebend, atemlos hielt ich ihn fest, überließ mich seiner Umarmung. Wir standen ganz still, Stirn an Stirn, und er sog meinen Atem tief ein. Es war eine ganz unbekannte, aufwühlende Liebkosung. Da ertönte in unbestimmter Ferne eine Stimme, durchdrang das Rauschen in mir, das wilde Klopfen.

»Fräulein Graziani! Wo sind Sie?« Ich richtete mich auf, benommen und außer Atem, und strich meine sandigen Haare aus dem Gesicht.

»Fräulein Graziani, antworten Sie doch!« rief Baumann. Seine Stimme klang besorgt und gereizt obendrein. Ich schnappte wütend nach Luft.

»Ich – ich komme gleich«, rief ich stotternd.

»Nein!«, hauchte Tarek mir ins Ohr. Er ließ mich nicht los. Ich stöhnte: »Ich muss gehen!«

»Warte!« Seine Stimme hatte ihre Ruhe verloren, war nur noch ein heiseres Flüstern. Mit zitternden Fingern liebkoste ich sein Gesicht, tastete wie eine Blinde über seine Stirn, die Augen, die Wangen.

»Dein Flugzeug? Wann geht es?«

Ich schloss die Augen, biss mir auf die Lippen, um nachzudenken. Mein Gott, nicht einmal das wusste ich mehr. Ich hatte jegliches Zeitgefühl verloren.

»Montag, glaube ich... nein, Dienstag!«

»Also«, sagte er, »warte auf mich. In zwei Tagen komme ich.«

»Nach Tam?«, fragte ich ungläubig.

»Ja, in zwei Tagen, abends. Ich werde dich abholen.«

Ich presste mein Gesicht an seines. Mein ganzer Körper schien von den Schlägen meines Herzens zu dröhnen, Freudentränen traten mir in die Augen. Ich flüsterte: »Ich erwarte dich im Hotel.«

Er fasste mich um die Taille und zog mich an sich, dann hob er mich mit einer einzigen Armbewegung hoch, ich hatte das Gefühl, nicht schwerer als eine Puppe zu sein. »Wie heißt du?«

»Sonia.«

»Sonia«, wiederholte er. Er nahm meine Hand und legte sie auf seinen Mund, auf seine Augen, ich spürte das Zucken seiner Augenlider. »Geh jetzt. Auf bald.«

Mechanisch schüttelte ich den Sand aus meinen Kleidern und bewegte mich auf das Lagerfeuer zu. Der Professor mühte sich mit seinen Decken ab. Vorwurfsvoll blickte er mich aus geschwollenen Augenlidern an. »Wo zum Teufel sind Sie denn gewesen? Ich suchte meine Medikamente, die Sie auch heute Mittag vergessen hatten!«

Ich stammelte eine Entschuldigung und bat Habussi um etwas Wasser. Dann wünschte ich ihm Gute Nacht, breitete auf dem Sandboden meine Decken aus und verkroch mich darunter. Ohne Waschen und ohne Zähneputzen. Ich hatte nur noch das Verlangen, allein mit meinen Gefühlen zu sein, abgeschlossen von der Außenwelt. Die Erinnerung war noch ganz nahe: Ich fand den Geruch wieder auf meiner Haut, auf meinen vom Wind aufgesprungenen Lippen, ich kostete ihn aus, wieder und wieder...

Das Lager verlassen: ja – aber abreisen noch nicht; wohl würde die endgültige Trennung kommen, aber nicht schon morgen. Er wird nach Tam kommen, in zwei Tagen, er hat es versprochen. Ich wusste: Er wird Wort halten. Die Zukunft? Das war weit weg. Damit würde ich mich später befassen.

Der Nachtwind spielte in meinen Haaren. Die Dunkelheit umgab mich wie ein schützender schwarzer Mantel. Tarek war da, ganz nahe, ich spürte seine Gegenwart und fühlte die Gewissheit in mir, dass er über mich wachte. Ich sah die Sterne in unendlicher Menge, den rötlichen Widerschein des Feuers. Ich drehte mich um und schlief ein.

11. Kapitel

Ich saß im Hof des Tin Hinan, das Frottiertuch um die nassen Haare geschlungen, kaute an meinem Kugelschreiber und versuchte, meiner Mutter etwas Vernünftiges zu schreiben. Wenn ich meiner momentanen Verfassung gefolgt wäre, hätte der Brief etwa so gelautet:

»Liebe Mama, stell dir vor, ich habe mitten in der Wüste einen Targi kennen gelernt, einen dieser verschleierten Typen mit Lanze, die du in schreienden Farben auf dieser Postkarte abgebildet siehst. Meiner heißt Tarek ag Barka. Ein Typ, der im Zelt geboren und aufgewachsen, vor kurzem Witwer geworden ist und eine kleine Tochter hat. Vermutlich sah er noch nie eine Wohnung mit Parkettfußboden, er hat auch kein Konto bei der Bankgesellschaft: Er besitzt nicht einmal Schuhe (dafür allerdings wunderschön gestickte Sandalen!). Wir treffen uns heute Abend: Ich bin schrecklich aufgeregt, seit gestern esse ich kaum noch und kann auch nicht schlafen. Du erkennst unschwer, liebste Mutter, ich bin verliebt!«

Ich versuchte mir das Gesicht meiner Mutter vorzustellen, wie sie die Zeilen entsetzt zur Kenntnis nahm. War ich verrückt geworden? Ja, verrückt war schon der richtige Ausdruck. Und von Verrückten erwartet man nicht, dass sie ein vernünftiges Benehmen an den Tag legen. Ich trank einen Schluck Limonade, lehnte mich in den Stuhl zurück und lachte leise vor mich hin. Auf einmal dachte ich an Patrick, der in Genf saß und auf mich wartete, und lachte noch mehr. Dass ich blind und taub und bis über die Ohren verliebt war, konnte er sich natürlich nicht vorstellen. Was war Liebe eigentlich? Musste ich ausgerechnet in die Sahara reisen, um eine Ahnung davon zu bekommen? Ach, zum Teufel mit den Wenn und Aber! Ich hatte mich Tarek ag Barka nicht in die Arme geworfen, ohne mir vorher seine Lebensweise und Umgebung angeschaut zu haben. Aber das war vorläufig nicht das Problem; ich hatte ein gewichtigeres zu bewältigen: Wie sollte ich es ertragen, demnächst eine 4000 Kilometer lange Heimreise anzutreten? Allein der Gedanke daran machte mich krank. Es hatte keinen Sinn, Patrick oder meine Mutter mit hintergründigen Bemerkungen aus der Fassung zu bringen. Also schrieb ich das übliche abgedroschene Zeug:

»Liebe Mama, mir geht es gut. Ich erlebe viele interessante Dinge. Die Leute, mit denen wir zu tun haben, sind sehr freundlich und helfen uns, wo sie können. Das Essen ist schlecht, aber das macht nichts.«

Und Punkt. Patrick, jetzt. Welche Postkarte sollte ich ihm schicken? Kein Kamel, nein. Ein Kamel wäre gemein. Diese da vielleicht? Drei Palmen im Sonnenuntergang? Harmloser ging es nicht. Ich bat Patrick, mich nicht am Flughafen abzuholen. Es war reine Feigheit, aber ich fühlte mich außer Stande, ihm in diesem Gemütszustand zu begegnen. Ich hatte auch schon eine Entschuldigung bereit: Ich müsste Madame helfen und zugleich auch noch dem Professor beistehen, der sich nicht wohl fühlte. Es war nicht mal gelogen. Sein Arbeitseifer im »Tal der Toten« hatte sich gerächt: Seit gestern lag er mit Fieber im Bett.

Ich rief den Boy, gab ihm die Karten und das Geld für das Porto. Über mir wölbte sich ein kobaltblauer Himmel, ein paar dünne Wolkenschleier färbten sich schon rosa. In den verstaubten Bäumen kündete erstes Vogelgezwitscher die nahe Dämmerung an. Ein Trupp Ziegen trippelte hinter einem zerlumpten Hirten über die Straße. Vom Markt her drang der Schrei eines Mehari. Ich grub die Fingernägel in die Handflächen. Erst in Stunden würde er da sein! Seit dem Abschied hatte mich sein Bild nicht mehr verlassen: seine zarten, dunklen Augenlider, sein sanftes Lächeln, seine ruhigen Bewegungen...

Gitarrenklänge ließen mich aufhorchen. Die »Blumenkinder«, die mit dem gleichen Flugzeug gekommen waren, saßen auf den Treppenstufen. Der Junge rauchte eine selbst Gedrehte. Das Mädchen stimmte ihr Instrument und sang »El Condor pasa«. Ihre Stimme war zart, glockenklar. Sie hatte die Augen halb geschlossen, auf ihrem Gesicht lag ein Ausdruck von Friede und Glück.

Ich begab mich auf mein Zimmer, schüttelte die noch feuchten Haare, entwirrte sie mit den Fingern und kämmte mich. Daraufhin suchte ich im Schrank in meinen Sachen. Das pflaumenblaue Kleid vom »Brazilia« hing verkehrt am Bügel. Ich schlüpfte aus T-Shirt und Jeans und zog das Kleid über den Kopf. Mal sehen, wie das hier wirkte. Skeptisch betrachtete ich mich im Spiegel über dem Waschbecken. Die Beleuchtung war miserabel, aber ich freute mich über das, was ich im Spiegel sah, ich freute mich wirklich sehr. Das Kleid war den Gewändern der Tuareg ähnlich, alles in allem hier angebracht und machte mich schlicht – wunderschön! Ich konnte nicht sagen, woran es lag. Vielleicht nur deswegen, weil ich mir schön vorkommen wollte?

Unter anderen Umständen hätte ich mich verwirrt gefühlt, doch nein, ich war aufgeregt und heiter und voller Freude. Es wurde rasch dunkel. Schatten huschten an meinem Fenster vorbei. Weiche, kehlige Stimmen waren aus der Nacht zu hören, sie tönten gedämpft, als kämen sie aus der

Tiefe eines Brunnens. Ich ging wieder ins Freie. Unter den Bäumen saßen wieder die jungen Algerier, Angestellte der hiesigen Radiostation. Sie trugen grellfarbene T-Shirts, rauchten die hiesigen starken Zigaretten und gähnten. Als ich erschien, wechselten sie viel sagende Blicke. Einer stand auf, kam auf mich zu und wandte sich zögernden Tones an mich. »Pardon, Mademoiselle, möchten Sie nicht etwas mit uns trinken?«

Ich schüttelte abweisend den Kopf und ließ mich auf den Treppenstufen nieder, wo vorher die Hippies gesessen hatten. Die jungen Männer schauten mich an. Ich dachte: Gleich werden sie es nochmals versuchen! Ich sog in tiefen Zügen die Gerüche des Abends ein: Rauch, Talg, die Abstrahlung heißer Lehmmauern, den Duft von Minzetee. Am Himmel schimmerten die ersten Sterne, ein leiser Abendwind raschelte in den Blättern. Bei jedem Atemzug war mir, als ob mein Herz sich ausdehnte und weit würde, weit wie die Wüste... Glühbirnen flammten auf und verbreiteten ein schwaches, rötliches Licht im Garten. Ein Transistorradio begann zu plärren, ich spürte, wie die Hände feucht wurden. Wenn er sein Versprechen nicht hielt? Wenn er nur mit mir gespielt hatte? Amded und das Lager waren weit. Wie wollte er überhaupt den Weg hierhin zurücklegen?

Während ich noch von Zweifeln geplagt auf den getünchten Torbogen starrte und entgegen allen Gewohnheiten an den Fingernägeln kaute, trat aus der Dunkelheit eine hohe, weiß gekleidete Gestalt. Ruhig und gelassen kam sie näher. Es durchfuhr mich siedend heiß: Ich wusste, dass mein Herz und mein Instinkt mich nicht getäuscht hatten. Ich erhob mich mit steifen Gliedern. Auf die Stelle gebannt, unfähig eines Schrittes, schaute ich bewegungslos zu, wie er durch den Garten auf mich zukam, vertraut und doch unendlich fremd. Er reichte mir die Hand. Unsere Finger streiften sich.

»Es tut mir Leid«, sagte die leise, wohlklingende Stimme. »Ich habe mich verspätet. Hast du dir Sorgen gemacht?«

»Nein«, sagte ich, »ich habe dich erwartet.«

Er schaute mich an. Im Licht der nackten Glühbirnen schimmerten die üppigen Falten seines Schesch schneeweiß. Über seinen beiden Ganduras, einer weißen und einer blauen, trug er ein schwarzes Tuch, das ihm wie eine Toga über die Brust fiel. Leise fragte er: »Kommst du?«

»Ja«.

»Macht es dir nichts aus, auf einem Kamel zu reiten?«

»Ich habe es noch nie versucht. Aber es wird schon gehen!«

»Du musst keine Angst haben. Ich führe dich.«

Und langsam, sehr ernst: »Du bist schön.«

Meine Wangen wurden heiß. Das hatten mir schon andere gesagt. Aber niemals so wie er. Nein, niemals! Ich trat einen Schritt zurück.

»Ich... ich muss noch meine Sachen holen.«

Ich lief in mein Zimmer, zog die Gaschabia über und krempelte die Ärmel hoch. Dann nahm ich meine Reisetasche und ging wieder in den Garten hinaus. Er stand noch immer an derselben Stelle. Die jungen Radioleute rauchten schweigend und warfen sich bedeutsame Blicke zu. Er schenkte ihnen keine Beachtung, kam mir ein paar Schritte entgegen und nahm mir die Tasche ab. Nebeneinander traten wir durch das Tor auf die Straße. Ein Gefühl der Unwirklichkeit erfüllte mich, es war wie ein Traum und trotzdem war mir alles klar und bewusst. Mühelos passten sich meine Schritte dem ruhigen Rhythmus der seinigen an.

Durch dunkle Gassen führte er mich zu einem von Mauern umfassten Platz. Aus der Werkstatt eines Schmiedes drang roter Feuerschein. Der Schmied, ein alter Mann, kauerte vor seiner Esse. Mit einem Blasebalg hielt er die weiße Glut. Funkengarben sprühten, flackernder Feuerschein schimmerte rotgolden auf dem weißen Fell zweier Mehara, die, von einem kleinen Jungen bewacht, neben der Mauer im Sand knieten. Eines der Kamele trug hinter dem kunstvoll bestickten und mit Kupfer beschlagenen Sattel eine Art Korb mit stoffbespanntem Verdeck. Tarek machte mir ein Zeichen näher zu treten. Vorsichtig ging ich an das Mehari heran und schaute in den Korb: Auf Kissen gebettet, vom Feuerschein rosig erhellt, lag Daumen lutschend das kleine Mädchen.

»Oh!«, entfuhr es mir, »Mariama...!«

Tareks Augen strahlten.

»Ja. Sie begleitet mich immer.«

»Bist du mit den Kamelen von Amded gekommen?«, fragte ich ungläubig. Mein Erstaunen schien ihn zu belustigen.

»Natürlich, das sind Rennkamele. Die schaffen bis zu hundertfünfzig Kilometer am Tag. Aber ich wollte sie nicht allzu sehr treiben, schon Mariamas wegen nicht.«

Der Junge hatte die Tiere von ihren Fesseln befreit; mit hoch erhobenen Köpfen schienen sie auf die vertrauten Laute ihres Herrn zu horchen. Tarek ging um das Mehari mit Mariamas Wiege herum und wies auf das andere, dessen Sattel mit scharlachrotem Leder bezogen war und einen kreuzförmigen Handgriff am Sattelknauf hatte.

»Dieses hier heißt Iuinaran, weil es blaue Augen hat. Es ist eine gut dressierte, sehr sanfte Kamelstute. Ich habe sie für dich ausgewählt. Komm!« Seine Hände umfassten meine Taille, er hob mich mühelos hoch und setzte mich sanft in den Sattel. Ich hielt mich krampfhaft am Kreuzgriff fest und suchte für die Beine einen Halt.

»Du musst die Sandalen ausziehen, Kamele ertragen nur den Druck nackter Fußsohlen auf ihrem empfindlichen Hals.« Er bückte sich und löste die Riemchen meiner Sandalen, die er zusammenband und in den Sattelkorb steckte.

»Stütze die Füße auf den Hals des Tieres, die Sohle flach aufgesetzt. Ein Druck genügt, um es in Bewegung zu setzen. Hier ist der Zügel, die Arsema: Sie führt zu einem Ring, der durch die Nüstern des Tieres geht. Zieh möglichst nicht daran, es macht das Mehari nervös.«

Er gab dem Tier einen leichten Klaps auf die Flanke. Es knurrte und spielte mit den Ohren. Tarek pfiff leise durch die Zähne, das Mehari streckte die Beine: Ein Stoß warf mich nach vorn, ein zweiter nach hinten – das Mehari stand, ich schwebte plötzlich in labilem Gleichgewicht wohl an die zwei Meter über dem Boden.

»Geht es?«, fragte Tarek.

»Halb, halb!«, antwortete ich etwas kläglich. Doch dann musste ich plötzlich lachen: Da saß ich hoch oben auf dem Kamelrücken wie auf einem Korb Eier, überzeugt, bei der nächsten unbeherrschten Bewegung kopfüber im Sand zu landen!

»Wir reiten ganz langsam«, sagte Tarek tröstend. »Du wirst dich rasch daran gewöhnen!«

Er gab dem Jungen ein Geldstück und entließ ihn. Dann band er sich den Zügel ums Handgelenk und schwang sich in den Sattel. Das Mehari warf seinen Kopf nach hinten, dann den langen Hals nach vorn und schon stand es auf den Beinen. Wie hatte Tarek das nur gemacht? Er lenkte sein Reittier an meine Seite, ergriff die Arsema und schnalzte mit der Zunge. Die Mehara verfielen in schrittgleichen Gang. Wir ritten durch das scheinbar menschenleere Tamanrasset. Ein leichtes Schaukeln bewegte den Sattel, der ganz bequem war. Nach und nach löste sich meine Verkrampfung.

Tarek schwieg. Sein Oberkörper wiegte sich leicht im Rhythmus der Schritte. Die Zügel beider Tiere waren um den Kreuzgriff seines Sattels geschlungen. Und während die roten Lehmhäuser von Tam, die schwarzen Radiomasten hinter uns zurückblieben und die Mehara ihren Gang beschleunigten, breitete sich der Friede des weiten Himmels in mir aus. Ich fragte nicht: Wohin gehen wir? Das war unwichtig. Wo er auch immer hingehen würde, ich wollte ihm folgen. Dieser Weg kannte kein Ziel, diese Nacht kein Ende. Ewig würde ich unter dem Glitzern der Sterne dahinreiten, den Geruch des Sandes einatmen, dem Wind zuhören und den Klängen der Glöckchen, die Wärme des Tieres spüren, das mich auf seinem Rücken trug. Ewig würde eine sanfte, starke Hand da sein, die mich geleitet auf die geheimen Pfade der Träume...

Ich weiß nicht, wie lange wir ritten, bis die Mehara endlich stehen blieben. Zu Füßen milchiger Dünen, über denen noch die Hitze des Tages lag, entdeckte ich im Halbdunkel ein großes, sternartig ausgebreitetes Gebilde.

»Wir sind da«, sagte Tarek.

»Was ist das?«

Er schaute mich an und ich sah, dass er lächelte. »Ich habe ein Zelt aufgestellt. Deswegen bin ich zu spät gekommen.« Er stützte sich leicht auf den Hals des Kamels und schwang sich zu Boden. Er trat neben mein Tier, zog ein paar Mal kurz am Zügel. Das Mehari ließ sich schwerfällig in den Sand fallen. Tarek half mir absteigen. Wieder staunte ich über die spielerische Leichtigkeit seiner Kraft. Dann brachte er auch sein Reittier zum Liegen. Vorsichtig nahm er das kleine Mädchen aus seiner Wiege und reichte es mir. »Sie schläft noch immer.«

Wegen all der Tücher, in die sie eingewickelt war, schien sie schwerer, als ich geglaubt hatte. Ich presste den kleinen warmen Körper an mich. Mariama stieß einen leisen Seufzer aus. Sie öffnete die Augen und schaute mich an. Eine kleine Grimasse huschte über ihr Gesichtchen. Ich lächelte ihr zu und wiegte sie, um sie zu beruhigen.

Tarek hatte die Tiere gefesselt. Er löste zwei Taschen mit roten und türkisfarbenen Fransen und eine wassergefüllte

Guerba vom Sattel. »Deine Sandalen«, sagte er. »Es gibt Dornen hier.«

Während ich das Kind in den Armen hielt, kniete er nieder und zog mir behutsam die Sandalen an. Dann lud er sich die Taschen auf die Schulter und berührte meinen Arm. »Komm!«

Vor dem Zelt hieß er mich warten. Er glitt unter das Dach aus roten Ziegenhäuten, um die Taschen an einem der hölzernen Pflöcke, die es stützten, zu befestigen. Die herabhängenden Zeltbahnen waren am Boden mit Steinen beschwert.

Tarek legte ein bereits vorbereitetes Reisigbündel zwischen drei Steine und zündete es mit einem Streichholz an. Eine kleine Flamme schoss empor und huschte über die zinnoberroten Häute. Durch die Fransen des Zeltdaches sah ich das Innere, das mit bunten Teppichen belegt war. »Hast du das Zelt ganz allein aufgestellt?«

»Aber sicher. Ist es das erste, das du siehst?«

»Ja.«

»Man braucht sie nicht mehr so viel wie früher«, sagte Tarek. »Die Leute bevorzugen die Seriba. Gefällt es dir?«

»Es ist wundervoll!«, sagte ich. Mein Hals war wie zugeschnürt.

Mariama zog an meiner Gaschabia, um sich aufzurichten. Tarek erhob sich, ergriff das Kind und presste das Gesichtchen an sich, als wollte er den Geruch der Haut in sich aufnehmen.

Er bettete die Kleine auf die aufgeschichteten Teppiche und deckte sie sorgsam zu.

»Der Ritt hat sie müde gemacht. Sie wird gleich wieder einschlafen.« Er kauerte sich an die Feuerstelle.

»Ist dir kalt?«, fragte er.

»Nein.«

»Möchtest du Tee?«

Ich schüttelte den Kopf. Ich saß, mit dem Rücken an einen Zeltpflock gelehnt, auf einem Teppichballen und schaute ihm zu, während er eine große Schilfmatte entrollte und sie als Schutzwand vor den Zelteingang stellte.

»Das ist der Assabar. Tagsüber schützt er vor der Sonne, in der Nacht vor der Kälte, und verhindert außerdem das Eindringen von Tieren.« Er entfernte den Gesichtsschleier, schaute mich lachend an und löste den Schesch. Dichte schwarze Locken fielen ihm auf die Schultern. Ich staunte.

»Ich wusste gar nicht, dass du so langes Haar hast...«

»Das ist so Brauch bei uns. Die Araber hassen es. Im Militärdienst in Oran mussten wir uns den Kopf kahl rasieren!«

»Du hast Militärdienst geleistet?«, fragte ich verblüfft.

»Ich musste, wohl oder übel, wenn ich nicht zwölf Monate in den Knast wollte. Schließlich gelte ich als algerischer Staatsangehöriger!«

Er streckte sich geschmeidig am Boden aus und legte den Kopf an meine Schulter. Wir blieben eine Zeit lang so sitzen. Nur das Knistern der Zweige im Feuer unterbrach die Stille. Ich starrte in die Glut, bis mir die Augen brannten, und schloss halb die Lider. Das Zelt verschwamm im rosa Dunst wie das Innere einer Muschel. Endlich bewegte sich Tarek ein wenig, umfasste meine Finger mit seiner zarten, warmen Hand. Leise flüsterte er: »Als der Bote kam, um mich zu holen, sagte er: ›Komm schnell! Eine hübsche junge Ausländerin ist ins Lager gekommen.‹ Ich hab ihm erst nicht geglaubt und ihn deshalb auf dem Ritt ins Lager verspottet. Und dann, dann hab ich dich im Widerschein des Feuers gesehen. Dein Haar glänzte wie Kupfer...«

»Was hast du da gedacht?«

Er schüttelte den Kopf. »Nichts. Ich habe an gar nichts mehr gedacht.« Er hob meine Hand und schrieb mit dem Zeigefinger ein Zeichen auf die Innenfläche. »Wenn bei uns ein Mann eine Frau liebt, dann spricht er so mit ihr. Und sie versteht ihn.«

»Was bedeutet das Zeichen?«

»Ich liebe dich sehr.«

»Und was muss die Frau antworten?«

»Wenn sie das Gleiche denkt, dann fasst sie die Hand des Mannes so.« Er schloss die Finger behutsam um mein Handgelenk. »Wir nennen das – ›ein Armband machen‹.«

Ich ahmte seine Gebärde nach und wunderte mich wieder über die Zartheit seines Gelenkes, das meine Finger mühelos umfassten.

Wir lagen auf dem Teppich und hielten uns in den Armen. Er war schön und stark wie ein Mann, aber zart wie ein Kind. Ich hielt ihn fest wie einen lange und vergeblich gesuchten Schatz, ich hielt ihn, als ob ich alle Zärtlichkeit der Welt in meinen Armen hielte. Alles, was wir taten, geschah aus uralter Vertrautheit, als hätten wir uns schon immer geliebt, lange bevor wir geboren wurden. Und als er in seine Muttersprache verfiel und mir raue, süße Worte zuflüsterte, da übersetzte ich sie in meinem Herzen und es wurden meine Worte, unsere Worte. Sein Körper lag über mir wie eine warme Decke; seine Lippen, die sich öffneten, waren kühl, aber der Mund innen war heiß und schmeckte nach Minze. Ich hörte den eigenen Atem beim Luftholen, verlor mich in seinen Liebkosungen. Und so versanken wir tiefer und tiefer, gingen in einem unendlichen Strom unter; so musste es sein, so vollkommen und wunderbar. Wir liebten uns und träumten gemeinsam von unserer Liebe, und die Zeit wehte über uns hinweg und verlosch.

12. Kapitel

Ich öffnete langsam die Augen. Meine Hände tasteten über die raue Wolle des Teppichs. Die purpurroten Fransen des Zeltdaches bewegten sich im Wind. Ich war allein. Schlaftrunken kroch ich zum Ausgang, erhob mich benommen und blinzelte überwältigt in das grelle Tageslicht. Das Zelt befand sich in einem Talkessel, in den goldgelbe Dünen ihre Sandzungen hineinstreckten. Dürres Gras zitterte im Wind, und einige Thala, Dornbüsche, wuchsen zwischen Geröll. Trotz der großen Nadeln rissen die Kamele geschickt die zarten Blätter von den Zweigen.

Ich saß vor dem Eingang und kämmte mein Haar, als Tarek zurückkam. Über dem Serruel klebte die noch feuchte Gandura auf seiner Haut. Die nassen Haare hingen ihm auf die Schultern. Er trug das halb nackte Kind auf dem Arm.

»Warum hast du mich nicht geweckt?«

Er blinzelte mir schelmisch zu. »Du schliefst mit einem Lächeln auf dem Gesicht. Ich habe nicht gewagt, dich zu stören.«

Mariama rieb ihr Köpfchen an der Schulter des Vaters. Eine Fliege setzte sich auf ihren Mundwinkel. Tarek blies sie weg. Im Licht der Sonne schimmerte die Haut des Kindes aprikosenfarbig. Ich betrachtete die gewölbte Stirn, die gegen die Schläfen hinausschwingenden Brauen, die seltsam grünen Augen, deren Weiß leuchtete wie feines Porzellan. Tarek hatte ihr das Haar gelöst, das jetzt in weichen Wellen über die zierlichen Schultern fiel.

»Sie wird einmal sehr hübsch werden«, sagte ich.

Er stimmte mit einem Kopfnicken zu. »Ja, sie gleicht ihrer Mutter.«

Ein Schatten verdunkelte sein Gesicht. Er legte die Hand um meinen Nacken und zog mich an sich. Ich drückte mein Gesicht an seinen Hals, genau dahin, wo unter der glatten Haut das Blut pulsierte.

Als ich die Augen hob, lächelte er wieder, und ich lächelte zurück. Er zeigte auf die Felsen: »Hinter dem Grat liegt eine Guelta, ein Wasserloch. Du kannst darin baden, wenn du möchtest.«

Ich holte meine Tasche und erklomm den Hang. Von dort aus sah ich in eine Mulde, die von einer steilen Felswand abgeschlossen wurde. Ein dünnes Rinnsal glitt über verschliffenes Gestein und floss in ein von gelbem Schilf umwachsenes Becken. Im Laufe der Jahrhunderte hatte das Wasser die Wände so geglättet, dass sie wie Keramik schimmerten. Ich tauchte meine Hand in das klare Wasser: Es war eiskalt. Fröstelnd zog ich meine Tunika aus und ließ mich langsam in das Becken gleiten. Die Kälte schmerzte auf der Haut und drang mir bis ins Mark. Es tat gut. Ein schwarz-weißer Vogel, einer Schwalbe ähnlich, irrte aufgescheucht über dem Schilf hin und her. In der Morgenfrühe lag die Felswand noch im Schatten, während in der Ebene die Dünen schon in der Sonne leuchteten. Wie diese Landschaft zu Tarek passte! Ich dachte an Mariama, an ihre ungewöhnliche Anmut. Sie gleicht ihrer Mutter, hatte Tarek gesagt, und ich erinnerte mich an seinen Blick...

Ich stieg aus dem Wasser, trocknete mich ab und verteilte Sonnenschutzmilch übers Gesicht. Die nassen Haare band ich zu einem Knoten und steckte einen Kamm hinein, der sie zusammenhielt.

In ihrem geblümten Baumwollkleidchen saß Mariama im Schatten des Assabar und kaute an einem Keks.

»Setz dich«, sagte Tarek. »Ich bereite den Tee.«

Er kratzte die Asche auf, entfachte die Glut und brachte Wasser zum Kochen. Aus einer der Taschen, die er mitgebracht hatte, zog er einen kupfernen Teekessel, eine Teedose, Zucker und Brot, das er in Scheiben schnitt.

»Es ist nicht mehr besonders frisch«, sagte er mit einem Lächeln der Entschuldigung.

Ich beobachtete seine ruhigen und geschickten Bewegungen. Bald war der Tee fertig. Mit einem Seufzer des Wohlbehagens nahm ich einen Schluck von dem heißen, starken Getränk. »Er ist gut, dein Tee!«

»Ich habe viel Zucker hineingetan, das gibt dir Kraft.«

Aus einem Lederschlauch goss er etwas Milch in ein kleines Holzgefäß, das mit einem Ausguss versehen war, und gab Mariama zu trinken.

»Das ist eine Amula, eine Saugflasche«, sagte er, als er meinen erstaunten Blick sah. »Bei uns sind es die Frauen, die sie schnitzen. Die hier hat meine Mutter gemacht.«

»Mir scheint, ihr seid gut eingerichtet in der Wüste!«

»Das ist auch nötig«, erwiderte er lächelnd.

Ich drückte den warmen Becher an meine Wange und schaute ihm zu. Tareks Anmut, so wurde mir bewusst, ging nicht nur von seinem unerschrockenen, strahlenden Blick aus, von der Wärme seines Lächelns. Ich bewunderte die ruhige Ausgeglichenheit aller seiner Bewegungen. Die gleiche selbstverständliche Leichtigkeit, mit der er sich bewegte und mit den Dingen umging, prägte in kaum veränderter Form seine Beziehungen zu den Menschen.

Als ich den Tee getrunken hatte, nahm Tarek den Becher

zurück und spülte ihn. Ich schaukelte Mariama auf meinen Knien und sie lachte vor Vergnügen. Tarek ließ mich nicht aus den Augen.

Ich wurde rot und befangen unter dem Blick, der in meinen Gedanken zu lesen schien.

»Sie hieß Samira«, beantwortete er die in mir brennende Frage, die ich nicht zu stellen gewagt hatte. »Ich kannte sie von Kindheit an.«

Ich ließ das kleine Mädchen auf den Teppich gleiten.

»Du musst sehr jung geheiratet haben. Wie alt bist du jetzt?«

»Zweiundzwanzig.« Er lächelte. »Wir waren wirklich sehr jung, denn bei uns heiratet man spät. Samira war nur achtzehn.«

»Wie ich…«

Er blickte mit eigenartigem Gesichtsausdruck ins Leere.

»Sie war eine Kel Rela. Wir sind zusammen aufgewachsen. Ihre Mutter war eine meiner Kusinen, aber diese Verwandtschaft hinderte uns nicht, zu heiraten. Samira war für mich … wie ein zweites Ich! Eines unserer Sprichworte sagt: ›Mann und Frau sind Freund und Freundin für das Herz, den Geist und die Augen‹. Und doch lag zwischen uns ein wesentlicher Unterschied: Meine Gedanken und Gefühle vermag ich schlecht in Worte zu fassen. Samira jedoch hatte diese Gabe, die wir über alle anderen stellen: Sie war Dichterin und Musikerin.«

Er streckte sich am Boden aus. In seinen starren, weit geöffneten Augen spiegelte sich das orangefarbene Licht des Zeltes. Ich las eine solche Trauer auf seinem Gesicht, dass mein Herz sich verkrampfte.

»Fühle dich nicht verpflichtet, darüber zu sprechen. Ich habe dich nicht danach gefragt.«

»Doch«, sagte er, »ich habe schon zu lange geschwiegen.«

Ich legte mich neben ihn, den Kopf an seine Brust gelehnt. Seine Stimme war leise und verhalten. »Bei uns ist die Poesie nicht nur ein Zeitvertreib; sie ist eine Tradition, mehr noch: ein Bedürfnis. Wir besingen die Natur: den Himmel, die Berge, das goldene Licht in den Dünen; oder auch den Wanderer, der im Schimmer der Fata Morgana das Antlitz seiner Geliebten zu entdecken glaubt. Wir besingen die Freuden der Heimkehr, die bedrückende Lust des Wartens, die Trauer der Einsamkeit. Zahlreiche Motive stammen noch aus vergangenen Zeiten: Sie erzählen von Kriegern und Helden, vom Klirren der Säbel und vom Funkeln der Speere im Sonnenlicht. Sie erzählen von der Liebe zu einer schönen Frau, die auf dem Imzad die alten Weisen spielt, so wie Samira abends beim Feuerschein...«

»Der Imzad? Was ist das?«

»Es ist unsere Geige. Sie besteht aus einer ausgehöhlten, trockenen Kürbisschale, über die eine Gazellenhaut gespannt wurde. Die einzige Saite des Instruments ist aus geflochtenen Pferdehaaren. Der Bogen hat die Form einer Mondsichel. Mit dem Spiel auf dem Imzad beherrscht die Frau das Herz und die Gedanken des Mannes. Samiras Kunst war einzigartig, als ob die Feuer- und Nachtgeister ihre Hände führten, um die Sprache ihrer Seele in Töne zu verwandeln. Manchmal höre ich sie noch im Traum...«

Seine Stimme brach plötzlich ab. Ich spürte das heftige Schlagen seines Herzens. Ich legte ihm die Hand auf den Mund. »Ich bitte dich, hör auf!«

»Nein, ich will, dass du es weißt.« Er schob meine Hand sanft beiseite. »Als wir heirateten, war ein gutes Jahr für die Herden. Es gab genügend Wasser. Mein Vater hatte mich beauftragt, die Herden zu unseren Weiden in der Gegend von Tamesna zu geleiten. Tamesna liegt südlich des Hoggars, bereits auf dem Boden des Staates Niger, wo das Grasland beginnt. Ich bestand darauf, dass Samira mich begleitete. Es wurde die glücklichste Zeit meines Lebens.«

Er entspannte sich, sein Atem ging ruhiger. Langsam sprach er weiter.

»Als Samira unser erstes Kind erwartete, wünschte sie zu ihren Eltern zurückzukehren. Ich überließ meinem Bruder Achmed die Sorge um die Herden und ritt mit ihr zurück in den Hoggar. Das Lager der Kel Rela befand sich da, wo es auch heute noch ist: in der Gegend von Abalessa, ungefähr eine halbe Tagesreise von Tam entfernt. Wir hatten keinen Grund, uns Sorgen zu machen. Samira war fröhlich und gesund und wir freuten uns sehr auf unser Baby. Mariama kam Ende des Winters auf die Welt, zur Zeit der Sandstürme. Umsorgt von den Hebammen ruhte Samira in einem besonders für sie aufgestellten Zelt. Nach alter Sitte der Tuareg durfte ich meine Frau und das Kind erst acht Tage nach der Geburt zum ersten Mal sehen. Ich fügte mich nur ungern und ich wusste, dass auch Samira darunter litt, jedoch bestand meine Mutter darauf, dass wir diesen Brauch einhielten. So konnte ich nichts anderes tun, als Samira Geschenke zu schicken und eine Ziege für sie schlachten zu lassen, damit sie bald wieder zu Kräften komme.

Der Sandsturm, der sich zwei Tage später erhob, drohte einer der stärksten zu werden, den wir je erlebt hatten. Ich war damit beschäftigt, das Dach meiner Seriba zu sichern, als eine der Hebammen mir mitteilte, dass es Samira nicht gut ging. Sie blutete seit der Geburt und kein Heilmittel brachte das Fieber zum Sinken. Ich ging sogleich zu ihr und fand sie halb bewusstlos, die Augen tief eingefallen, die Haut wachsbleich. Ich nahm sie in die Arme, doch sie erkannte mich kaum. Ein Arzt musste her, sofort! Aber wie? Der Sturm wurde immer heftiger und Samira war nicht transportfähig. In meiner Verzweiflung sah ich nur einen einzigen Ausweg: Ich musste versuchen, Tam zu erreichen und die europäische Ärztin holen, die dort die Krankenstation betreut.«

Ich wollte ihm sagen, dass ich Karin Tanner in Algier kennen gelernt hatte, aber mir fehlte der Mut, ihn zu unterbrechen.

»Ich fuhr mit dem Landrover meines Schwagers Rahim los. Kurz nach dem Verlassen des Lagers brach der Sturm in voller Stärke aus. Der Flugsand nahm mir jede Sicht, die Piste verschwand im fahlen Licht, alle Konturen erloschen, nur dichter, horizontal fliegender Sand umgab mich. Im Wagen herrschte eine fürchterliche Hitze, der Sand drang durch alle Ritzen. Die Scheinwerfer vermochten nichts zu erhellen, ihr Licht erstickte im gelb-roten Sand. Es kam, was kaum zu vermeiden war: Ich blieb stecken, selbst der Geländegang vermochte mich nicht zu befreien, ein übers andere Mal setzte der Motor aus, ich musste um die Kupplung bangen. Dem Sturm preisgegeben, musste ich zusehen, wie sich auf der Leeseite der Sand anhäufte und das Auto zum Kern einer Düne wurde. Noch konnte ich aussteigen, und ich versuchte das Wahnsinnige: Ich verließ das Fahrzeug, nur mit einer Flasche Trinkwasser. Gegen den Sturm ankämpfend, wankte ich ostwärts, in Richtung Tam, hoffend, die Hoggarpiste zu erreichen und Hilfe zu finden. Doch so weit kam ich nicht: Die Kräfte verließen mich. Ich fand eine Höhle in der Felswand. Dort verbrachte ich drei Tage und drei Nächte, gequält von Kummer und Sorge. Samiras eingefallenes Gesicht war mir ständig vor Augen. Aber der Sturm blies unablässig Unmengen von Sand gegen die Hügel und vereitelte jeden Versuch, den Unterschlupf zu verlassen.

Sandstürme dauern zumeist drei, sechs oder neun Tage. Am dritten Tag ließ der Sturmwind nach, doch ich wusste, dass das Abflauen nur von kurzer Dauer sein würde. Mir blieb kaum noch Wasser. Ich bahnte mir einen Weg durch die

Sandmassen und versuchte die Piste zu erreichen. Ich befand mich an der Ostflanke des Tidjhal, knapp drei Wegstunden von der Straße In Salah-Tamanrasset entfernt. Ich war jedoch so erschöpft, dass ich die Straße erst knapp vor Einbruch der Dunkelheit fand. Etwa eine Stunde später hörte ich Motorengeräusch: Ein Lastwagen kam des Weges, der mich bis Tam mitnahm. Noch am selben Abend brach der Sturm erneut los. Unmöglich, Tamanrasset zu verlassen, noch unmöglicher, über die verwehten Pisten Abalessa zu erreichen. Ich war fast wahnsinnig vor Sorge. Karin Tanner nahm mich bei sich auf und zwang mich, ein Schlafmittel zu nehmen. Ich hatte seit drei Tagen kein Auge mehr zugetan.

Zwei Tage später verlor der Sandsturm seine Wucht; noch blies ein heftiger Wind, aber er war zu schwach, um Sand mitzuführen. Wir fuhren mit dem Landrover der Ärztin los. Seit ich das Lager verlassen hatte, waren sechs Tage vergangen. Als wir erschöpft eintrafen, war Samira tot...«

Lastendes Schweigen. Er holte tief Atem und sprach weiter: »Ich bat meine Angehörigen, mir den Ort zu zeigen, wo man Samira begraben hatte. Mein Vater führte mich hin. Über der Grabstätte zu Füßen eines mächtigen, gelb blühenden Thala waren Steine zum Schutze gegen Wüstenfüchse und streunende Hunde geschichtet. Mein Vater ließ mich allein. Ich dachte an jede Stunde, die ich mit Samira verbracht hatte, und auf welche seltsame Weise sie aus meinem Leben gegangen war. Ich hatte sie nicht sterben sehen, ich war nicht in ihrer Nähe, hielt ihr nicht die Hand: Ich hatte ihr nicht beistehen können. Ich musste mich damit begnügen, sie unter diesem Steinhaufen zu wissen... Ich setzte mich an das Grab und versuchte mir vorzustellen, Samira säße neben mir. Ich blieb den Nachmittag dort, den Abend und die ganze Nacht. Bei Sonnenaufgang kam Karin Tanner.«

Tareks Atem ging ruhig und regelmäßig, seine Finger spielten mit meinem Haar.

»Sie setzte sich zu mir und begann zu sprechen. Ich hatte nicht den Eindruck, ihre Worte richteten sich an mich, eher war es so, dass sie laut dachte. Sie sprach von dem unwandelbaren Ablauf, der das Schicksal der Menschen bestimmt. ›Wenn der Tod gleichsam ein Ende ist‹, sagte sie, ›dann ist er auch der Beginn von etwas Neuem: die Rückkehr des Menschen in den Schoß der Erde, in den ewigen Kreislauf aller Dinge.‹ Dann sprach sie von Mariama, sagte mir, dass sie hübsch und gesund sei und dass sie eine Amme gefunden habe. Ich erinnere mich, sie legte mir die Hand auf die Schulter. ›Mariama ist nicht nur ein Teil von dir, sondern auch von Samira. Ihr beide lebt weiter in ihr, ganz so wie die lange Reihe eurer Vorfahren in jedem von euch weiterlebt, solange die Ihaggaren bestehen…‹ Dies sagte sie mir und noch vieles mehr und hielt mich damit von einer Verzweiflungstat ab, denn wenn auch mein Körper noch lebte, so irrte meine Seele im Bereiche der Finsternis und der Angst.«

»Ich kenne Karin Tanner«, fiel ich mit schwacher Stimme ein. »Ich traf sie in Algier. Sie hat mir von den Kel Rela erzählt.«

Tarek sagte schlicht: »Ich hatte den Mut zu sterben. Ihr verdanke ich den Mut zu leben.«

Eine friedliche Zuversicht prägte seine Züge.

»Seit Samiras Tod habe ich mit niemandem darüber gesprochen, aus Angst, den Schmerz in mir zu wecken. Ich sehe, dass meine Befürchtungen unbegründet waren. Karin Tanner sagte die Wahrheit: Samira ließ mir in meinem Töchterchen einen Teil ihrer selbst zurück. Stets werde ich sie in Mariamas Augen, in ihrem Lächeln wieder finden. Es gibt keinen Abschluss, kein Ende: Selbst wenn der Tod hier die Lebensflamme löschte, wird dieses Leben im Glanze seines Feuers anderswo wieder geboren…«

Ich starrte ihn an, fassungslos. »Aber Tarek, woher weißt du das alles? Du bist doch kaum zur Schule gegangen! Ich meine...«

Es war nicht gerade taktvoll. Ich kam ins Stottern und wurde rot bis über die Ohren. Meine Verlegenheit belustigte ihn. Seine Augen blitzten schalkhaft.

»Du meinst, woher ich das alles weiß, ohne Studium?«

»Ja, aber denke jetzt bitte nicht, dass...«

Er sah, dass ich mich hoffnungslos verhaspelte, und lachte nachsichtig. Dann wurde sein Gesicht wieder ernst. Er stützte die Hand flach in den Sand.

»Meine Schule ist die Wüste. Das Wenige, das ich lernte, lehrte mich die Natur. In der Weite des Raumes und der Zeit haben unsere Handlungen ungefähr den gleichen Wert wie die Geschäftigkeit einer Ameise. Der Mensch mag stolz sein auf sein Wissen, auf das, was ihn Augen und Ohren gelehrt haben, aber er darf nicht vergessen, dass seine Kraft, seine Weisheit geringer sind als die eines einzigen kleinen Steins in der Wüste.«

»Ich werd verrückt!«, entfuhr es mir. Ich schwamm im schönsten Durcheinander. Meine Welt geriet aus den Fugen, ich ahnte, dass es eine andere an ihrer Stelle geben könnte, aber die Helligkeit brannte in meinen Augen, in meinem Gehirn, überall. Noch ein Wort, und der Mensch machte mich fertig wie eine Fliege.

»Was ist denn?«, fragte er lächelnd.

»Ich... ich war nicht auf so etwas gefasst!« Meine Stimme gehorchte mir kaum. »Ich dachte... es sei alles ganz anders!«

Er fragte nicht: »Wie«, sondern nickte.

»Ja, ich verstehe.«

Er verstand... er! Ich nicht! In mir ging alles drunter und drüber. Ich musste verwirrt ausgesehen haben, denn er streckte die Hand aus, um mich besänftigend zu streicheln.

»Nein, bitte, fass mich nicht an! Sonst verliere ich auch noch den letzten Rest Verstand. Hast du dir vorgestellt, dass es so sein könnte – ich meine: dass zwischen dir und mir...?«

»Ich habe es gewusst! Schon am ersten Abend.«

»Aber wie konntest du es wissen? Es ist doch alles so...« Ich wollte unlogisch sagen, biss mir aber im letzten Moment auf die Lippen. Er antwortete schlicht: »Ich habe es in meinem Herzen gefühlt und auch in deinem Blick gelesen.«

»Ist dir klar«, ich schrie beinahe und ich fühlte die Tränen hochsteigen, »dass ich in ein paar Stunden aufbreche? Dass das Flugzeug morgen zurückfliegt? Ich muss zurück nach Algier, zurück in die Schweiz! Ist dir bewusst, dass wir uns trennen müssen?«

»Ich weiß«, gab er mir ruhig zur Antwort. Sein Gesicht war völlig ausdruckslos. Mir war übel. Wortlos ergriff Tarek den Wasserschlauch und füllte einen Becher.

»Trink, das tut dir gut.« Er hielt den Becher, während ich trank. Ich umklammerte seine Hände wie eine Ertrinkende, verschluckte mich und verschüttete das Wasser.

»Noch einen Becher, bitte!«

Ich wischte mir mit dem Handrücken die Lippen und sank erschöpft auf den Teppich zurück. Meine Gedanken jagten sich: Wo lag die Lösung meines Problems? Ich wusste, es gab nur eine einzige, gegen die sich meine Vernunft noch auflehnte. – Zeit gewinnen!, dachte ich, bei Verstand bleiben, anders geht es nicht. Ich fing an zu zählen, um einen klaren Kopf zu bekommen. Eins, zwei, drei, vier... Ich würde bis fünfzig gehen. Dann würde ich eine Entscheidung treffen.

Aus einer seiner Taschen holte Tarek eine Anzahl Holzfiguren, die mit indigoblauen Baumwollresten nach dem Vorbild der Erwachsenen gekleidet waren. Ein grob geschnitztes Mehari mit einem roten Lederfetzen als Sattel war auch dabei, Mariama nahm es und begann daran zu kauen.

»Es ist Matali, der ihr diese Spielsachen angefertigt hat«, erklärte Tarek. Er lachte nachsichtig,

»Sie knabbert an dem Holz, ich weiß nicht, wie ich es ihr abgewöhnen kann!«

»Das machen alle Kinder«, sagte ich.

... fünfundvierzig, sechsundvierzig ... Ich betrachtete lächelnd das Kind. – Ich war im Begriff, ruhig zu werden.

»Hast du Mariama immer bei dir?«

»Ja. Hin und wieder lasse ich sie auch im Lager bei meiner Mutter und meinen Kusinen. Aber nie lange.«

»Warum?«

Er neigte den Kopf und folgte mit dem Finger dem Muster des Teppichs.

»Du wirst es verstehen. Zur Zeit des Algerienkrieges schlugen die Ihaggaren sich auf die Seite des FLN. Ich war noch jung damals, aber mein Vater kämpfte mit den Aufständischen in der Gegend von In Salah. 1962 erhielt Algerien die Unabhängigkeit. Mein Vater und viele andere sahen der Zukunft voller Hoffnung entgegen. Der Titel eines Vizepräsidenten des Parlaments, den die Regierung dem Amenokal zugestanden hatte, schien uns die volle Anerkennung unserer Rechte zu sichern. Doch es zeigte sich sehr schnell, dass dieses Amt rein symbolisch war und keinen andern Zweck hatte, als uns der Kontrolle des neuen Staates zu unterwerfen.«

»In Algier«, sagte ich, »hat mir so ein arabischer Intellektueller einen Vortrag gehalten über den Sinn ihrer Politik den ethnischen Minderheiten gegenüber. Karin Tanner hat ihm das Maul gestopft.«

Er nickte. »Karin Tanner war immer auf unserer Seite. Sie weiß, dass die wirklichen oder eingebildeten Interessen des arabischen Nationalismus jede Ungerechtigkeit entschuldigen. Wir wurden unseres Landes enteignet. Unsere Ortswechsel werden streng überwacht. Schikanen der Verwaltung versperren uns die alten Wanderpfade zu den Weiden. Unsere Wirtschaft ist in Gefahr, denn wir besitzen nichts als unsere Herden.

Die französische Kolonialmacht hatte es immerhin verstanden, unser kulturelles Erbe zu bewahren. Damals wurden unsere Dichtung und unsere Legenden noch in den Schulen gelehrt. Weißt du, dass der ›Kleine Prinz‹ von Saint-Exupéry, nebst ein paar anderen Büchern, in unsere Sprache, das Tamahaq, übersetzt worden ist? Heute ist mein Schwager Rahim, der Lehrer ist, gezwungen, den Unterricht in Arabisch zu halten. Die islamische Ideologie vernichtet bewusst unsere Sprache und unsere Kultur. Willst du noch andere Beispiele? Der Amenokal, der wie jeder fromme Muselmane seine Pilgerfahrt nach Mekka gemacht hat und den Titel eines Hadj trägt, kann weder sein Lager verlassen noch eine Djemaa, eine Ratsversammlung abhalten, ohne El Hadj Lachmi ben Hassan, seinen Ratgeber, auf den Fersen zu haben. Dieser so genannte heilige Mann, der ihn angeblich in der Religion unterweisen soll, ist in Wahrheit ein bezahlter Agent der Regierung. Das Einwirken der Marabuts, die Missionare des Islams, macht sich immer stärker bemerkbar. Sie zwingen die Frauen, sich zu verschleiern und vor ihren Gästen zu verbergen. Meine Mutter gehört zu den ganz wenigen, die ihrem Einfluss noch nicht unterlegen sind. Wenn ein Marabut zu ihr von Allah und von den Pflichten einer Gläubigen schwatzt, dann setzt sie ihn an die Luft. Aber sie leidet sehr unter ihrer Krankheit und niemand weiß, wie lange sie noch die Kraft haben wird, sich zu widersetzen. Mariama ist noch ein kleines Mädchen. Sie wird größer werden. Der Islam verlangt, dass wir sie im Alter von zwölf Jahren verschleiern, aus dem öffentlichen Leben verbannen und sie verheiraten, ohne sie nach ihren Wünschen zu fragen. Ich wehre mich dagegen! Eine Kultur, die ihre Frauen unterdrückt, verschließt sich selbst dem Fortbestand und jeder Entwicklung. Sie ist auf die Dauer nicht lebensfähig. Nie werde ich Mariama irgendeinem wohlhabenden Muselmanen aus der Stadt zur Frau geben, der sie verschleiert und einsperrt! Die Marabuts fördern diese Ehen. Sie wissen, dass die Verbindung zwischen einem Araber und einer arabisierten Targia das beste Mittel ist, die Wurzeln unserer Tradition zu zerstören. Bevor der Islam kam, war die Targia dem Mann gleichgestellt. Ich will, dass Mariama frei und stolz bleibt, wie es unsere Frauen stets waren und wie es auch Samira gewesen ist. Das ist der Grund, weshalb ich mich nie von ihr trenne. Ich werde sie in der Tradition meines Volkes unterweisen und selbst über ihre Erziehung wachen.«

Seine Augen funkelten spöttisch. »Rahim hat mich bereits gewarnt: Meine Weigerung, sie in die Koranschule zu schicken, wird mir ernsthafte Schererein bereiten!«

»Was willst du tun?«

Er hob lächelnd die Schultern. »Das wird sich zeigen. Die Sahara ist groß.« Sein Lächeln erlosch. Er schaute mich an, aber ohne mich zu sehen, als ob er in der Ferne unsichtbare Dinge betrachtete.

»Viele Leute verstehen das nicht. Für meine eigene Familie bin ich ein Störenfried, ein Querulant. Nur wenige wollen die Tatsachen wahrhaben. Unsere Geschichte, seit ihrem Ursprung langsam geformt, bekam im Verlauf der Jahrhunderte den Wert einer Legende. Heute ist der Faden gerissen. Die Kel Rela dämmern dahin in der Mutlosigkeit eines besiegten Volkes. Obgleich ich alles tun werde, um meinem Kind das Schicksal einer Zukunft ohne Hoffnung und ohne Seele zu ersparen, so weiß ich schon heute, dass mein Widerstand nicht größere Bedeutung haben wird als ein Sandkorn in der Wüste...« In seinem abwesenden Ausdruck lag unendliche Traurigkeit. Der Wind hatte sich erhoben und peitschte die Zeltwände.

Behutsam fragte ich: »Hast du eine Freundin?«

»Nein. Seit Samiras Tod habe ich niemanden mehr. Und du, gibt es jemanden, den du liebst?«

»Ja, dich.«

»Ich meine: in deinem Land?«

Patrick kam mir in den Sinn. Ich schüttelte den Kopf. »Ich hatte einen Freund. Aber jetzt habe ich nur noch dich.«

»Wie kannst du so etwas sagen?«, fragte er vorwurfsvoll. »Du wirst fortgehen.« Seine Worte trafen mich hart. Ich schloss einen Moment die Augen, als ob mir schwindlig wäre.

»Du... du willst mich nicht?«

»Ich?« Er schaute mich an. Ich sah, wie sein Gesicht sich verdüsterte, fast verkrampft war vor Schmerz. »Ich?«, sagte er noch einmal. Eine Sekunde später lag ich in seinen Armen. Er presste mich so heftig an sich, dass er mir wehtat. Das Gesicht hatte er in meinen Haaren vergraben.

»Sag das nicht«, flüsterte er mit seiner dunklen, verhaltenen Stimme, »ich liebe dich so, ich liebe dich so...«

Ich löste mich sanft von ihm, schob die Zeltplanen, die den Eingang abdeckten, zur Seite. Ein Schwall heißer Luft schlug mir entgegen. Langsam richtete ich mich auf. Ich hatte einen Entschluss zu fassen und dazu musste ich allein sein. In der Stille, die mich umfing, schwankte ich, und meine Seele öffnete sich der totalen Leere, der Erhabenheit des Nichts. Ich bin krank aus Liebe zu diesem Land, hatte Karin Tanner gesagt, und ich rief ihr in Gedanken zu: Jetzt endlich habe ich begriffen! Eine unsichtbare Schwelle nach der andern hatte ich überschritten und mit leeren Händen ein Reich der Weite und der Unendlichkeit erobert. Ich wollte Tarek, denn Tarek war die Wüste, der Himmel, der Schatten und das Feuer – er war die Glut des Tages, die Milde des Abends, die Klarheit der Sterne. Das alles wollte ich besitzen, jetzt gleich und für immer! Ich kehrte in den Schatten des

Zelts zurück. Tarek saß regungslos mit gekreuzten Beinen auf dem Teppich, die Hände umfassten die Knie. Er hatte seinen Schesch wieder umgelegt. Unter dem wie eine Krone geschlungenen Gewebe leuchteten seine Augen im Halbdunkel. Mariama beschäftigte sich still versunken mit ihren Spielsachen.

»Tarek«, sagte ich in die lastende Stille hinein, »Tarek, ich werde zurückkommen…!«

Er rührte sich nicht. Wir starrten uns an. Zitternd hielt ich seinem klaren, ruhigen Blick stand; endlich sagte er: »Spiel nicht mit mir, Sonia.« Seine Stimme klang ein wenig traurig. »Du gehst zurück in dein Land. Du wirst mich vergessen.«

»Du weißt genau, dass das unmöglich ist!«

Er schwieg. Sein Blick durchbohrte mich. Ich versuchte mit einem Scherz meine Erschütterung loszuwerden und die Spannung zu überspielen: »Seien wir doch ehrlich. Wenn ich mit Liebeskummer in viertausend Kilometer Entfernung in Genf sitze, werde ich dir als überspannte Touristin im Gedächtnis bleiben. Du wirst sagen: ›Schwamm darüber!‹, und dich deinen Kamelen widmen.«

Statt einer Antwort schloss er die Augen, so langsam, dass diese einfache Bewegung einem Schwur gleichkam. Ich senkte beschämt den Kopf. Leise sagte ich: »Ich will bei dir bleiben und bei Mariama.«

Halblaut fragte er: »Wünschst du das auch wirklich? Hast du dir das genau überlegt?«

Ich nickte.

»Aber deine Familie? Deine Freunde?«

»Lass das nur mein Problem sein! Ich bin ebenso ein Querkopf wie du, musst du wissen…«

Wir lächelten gemeinsam und wurden im gleichen Atemzug wieder ernst.

»Ich komme zurück«, sagte ich mit fester Stimme.

Ich sah, wie er leicht erschauerte. »Wann?«

Ich überlegte kurz: Nach Genf zurückkehren, meine Mutter vor die vollendete Tatsache stellen, Patrick den Laufpass geben. Ja, und dann noch die Stelle bei Baumann kündigen. Die Universität? Kein Problem – die war mir sowieso egal.

»In ungefähr einem Monat. Ist das nicht zu lange?«, fragte ich besorgt. Er schlug die Augen nieder und antwortete leise: »Das ist fast, als ob du schon wieder zurück wärst...«

»Hast du eine Adresse, an die ich dir schreiben kann? Es wird nötig sein, dass ich dich auf dem Laufenden halte.«

»Meine Familie hat ein Postfach in Tam. Du kannst mir dahin schreiben. Wenn ich dir antworte, wirst du in meinem Brief eine Menge Rechtschreibfehler entdecken: Du weißt ja, ich war nicht lange in der Schule!«

Er sprach mit leisem Spott, ohne jegliche Demut. Ich musste lachen. »Denkst du, ich mache keine?«

»Dienstags und donnerstags«, fuhr er fort, »bringt das Flugzeug aus Algier die Post. Ich werde hinreiten, um nachzusehen, ob ein Brief von dir gekommen ist.«

Ich versprach ein Telegramm zu schicken, eine Woche vor meiner Abreise.

Er nickte. »Ich werde dich am Flugplatz abholen«, sagte er und fuhr glücklich lächelnd fort: »und dich zu uns ins Lager bringen. Ich möchte, dass du meine Familie kennen lernst.«

Es blieb mir noch eine Nacht vor Abflug unserer Maschine. Ich stellte mir das grün getünchte Zimmer im Tin Hinan vor, das schmutzige Waschbecken. Die Baumanns würden sich fragen, wo zum Teufel ich steckte. Mir kam mit etwas schlechtem Gewissen in den Sinn, dass ich ihnen hätte eine Nachricht hinterlassen können. Nun denn! Das ganze Hotel hatte mich mit Tarek weggehen sehen. Irgendjemand würde es ihnen schon sagen. Mein Entschluss fiel blitzschnell. Ich strahlte Tarek an.

»Ich bleibe noch bei dir... den ganzen Tag und die ganze Nacht!«

Seine Augen leuchteten auf. »Geht das?«

»Ja. Es genügt, wenn ich kurz vor dem Abflug in Tam bin.«

Mit einer einzigen Bewegung zog ich Mann und Kind an mich. Ich dachte glücklich: »Meine Familie!« Es war, als hätte ich nie Zweifel oder Unsicherheit gekannt. Grenzen und Entfernungen verschwanden. Es würde nun immer Tarek geben, seine Zärtlichkeit, sein leises Lachen. Tarek und seine Gelassenheit, die mich vor Feigheit, Widersprüchen und Vorurteilen bewahrte. Er hatte zu mir gesagt: Ich liebe dich, ich werde auf dich warten. In der Schlichtheit dieser Worte lag das Pfand seines Vertrauens. Ich jedoch spürte, dass auch er trotz seiner Kraft und Ruhe verletzlich war, dass er Schutz brauchte und Hilfe. Es war eine vollkommen neue Erfahrung für mich, diese einleuchtende Erkenntnis. Jeder Mensch hatte das Bedürfnis, Schutz zu gewähren wie auch Schutz zu empfangen. Früher hatte ich das nicht gewusst, hatte nur immer an mich selbst gedacht. Tareks Selbstbehauptung war anders, war geistiger Art. Erst jetzt begann das, was er mir gegeben hatte, in mir zu wirken. Etwas, das ich nicht in Worte fassen konnte, aber ewig bewahren würde...

13. Kapitel

Genf, acht Uhr abends. Dichter Nebel über dem Flughafen. Die Swissair war soeben gelandet. Die Höhendifferenz hatte mich halb taub gemacht, mir war, als rauschten Wasserfälle in den Ohren. Benommen wartete ich mit den Baumanns am Fließband auf unser Gepäck. Madame kehrte mir ostentativ den Rücken zu. Seit Tamanrasset behandelte sie mich wie Luft... Ich war eine Stunde vor der Abflugzeit ins Tin Hinan zurückgekommen. Die Passagiere, die mit derselben Maschine fliegen wollten, warteten bereits im Garten auf den Autobus. Barfuß rannte ich die Eingangstreppe hoch, als ich fast mit Sidi Nadir zusammenprallte. Er hatte die Kapuze seines Burnus auf die Schultern zurückgeschlagen und schmunzelte in seinen Bart.

»Guten Abend, Mademoiselle Graziani.«

»Es tut mir Leid«, stammelte ich. »Ich... ich bin etwas in Verspätung.«

In den sanften braunen Augen tanzte ein schelmischer Funke. »Der Professor und Madame haben sich große Sorgen gemacht. Ich habe sie beruhigt, so gut ich konnte. Ich bin hier, um Sie auf den Flugplatz zu bringen. Ist Ihr Gepäck bereit?«

Offenbar wusste er bestens Bescheid und amüsierte sich. Ich starrte ihn an und schluckte. »Ja, natürlich. Nur einen Augenblick, bitte!«

Mit den Sandalen in der Hand lief ich durch den Korridor – Madame geradewegs in die Arme. Hochnäsig wurde ich gemustert, von unten bis oben: die nackten Füße, das sandverklebte Kleid, die zerzausten Haare. »Wo, zum Kuckuck, kommen Sie denn her?«

»Ich war ... bei Freunden, ganz in der Nähe ...«

Madame rümpfte die Nase. Aus ihrem gepuderten Gesicht wich die Aufregung und machte einem angewiderten Ausdruck Platz.

»Man hat Sie mit einem dieser verschleierten Männer weggehen sehen!«

Ich holte tief Luft und blieb höflich.

»Es tut mir Leid, Madame, nach Arbeitsschluss steht mir doch wohl ein Privatleben zu. Schließlich habe ich einen Teil Reisekosten selbst getragen.« Das tönte recht selbstbewusst, machte aber keinen Eindruck.

In diesem Augenblick trat der Professor aus dem Zimmer, hinter ihm ein Boy mit den Koffern.

»So, da sind Sie endlich!«, rief er, als er mich sah, Erleichterung in der Stimme. »Wir dachten schon, dass wir die Abreise verschieben müssten ...«

»Es tut mir Leid«, wiederholte ich, zum dritten und – hoffentlich – zum letzten Mal, wobei meine Stimme ehrlich klang. Dass der Professor sich um mich geängstigt hatte, missfiel mir. Inzwischen betrachtete mich Madame, als wäre ich eine Spinne, eine Küchenschabe oder sonst was Abstoßendes.

»Charles, sag ihr, sie soll sich umziehen und sich kämmen. In diesem Aufzug kann sie kein Flugzeug besteigen. Nicht mit uns!«

Hoheitsvoller Abgang von Madame, hochnäsig, sehr beleidigt: Ende des Aktes, Vorhang zu. Oder etwa nicht? Der Professor stand unschlüssig da, zupfte verlegen an seinem Kragen.

»Fräulein Graziani, verstehen Sie bitte: Meine Frau ist im Moment ein wenig nervös. Wissen Sie, wir haben uns Sorgen gemacht. Warum haben Sie mir nichts gesagt? Ich hätte Ihnen doch freigegeben!«

Ich hatte ein schlechtes Gewissen.

»Ja, ich weiß. Aber Sie fühlten sich nicht wohl. Ich wollte Sie nicht mit dieser Sache belästigen. Und außerdem... es ging alles so schnell.«

Madame war außer Hörweite. Er blinzelte mir zu und murmelte verständnisvoll: »Es ist der junge Tarek ag Barka, nicht wahr? Ich habe gesehen, dass Sie auf ihn Eindruck machten.«

Er ließ mich stehen, rot bis unter die Haarwurzeln, und steuerte mit dem Boy dem Ausgang entgegen. Seine nachsichtige Stimme klang mir jetzt noch im Ohr, als ich im Genfer Flughafen neben dem Fließband stand. Ich fror, war todmüde. Meine Finger spielten mit dem schweren silbernen Armband, das Tarek mir zum Abschied geschenkt hatte. Das Abheg, wie er es in der Sprache der Tuareg nannte, umschloss eng mein Handgelenk. Es drückte ein wenig, sodass ich bereits blaue Flecken hatte. Seit Tarek es mir über die Hand gestreift hatte – genau zwei Tage war es her –, hatte ich das Armband nicht mehr abgelegt.

Damit du immer an mich denkst, hatte er gesagt. Seine Worte hallten in meinem Gedächtnis wider und ich fühlte, wie sich mein Herz verkrampfte. Wir hatten vor dem Torbogen des Tin Hinan Abschied genommen. Die Mehara kauerten im goldroten Sand. Kinder waren herbeigelaufen und bildeten in einigem Abstand einen neugierigen Kreis. Wie ein Ritter aus vergangenen Zeiten hatte er mich aus dem Sattel gehoben, mich sanft an sich gedrückt und mir in die Augen gesehen. Erhaben in seinem weißen Gewand, den Schesch wie das Visier eines Helmes über die Brauen herabgezogen, hatte er mich unverwandt angeschaut, während ich Mariama küsste und dann, mit zusammengepressten Lippen, ohne einen Blick zurück durchs Tor ging. Ich glaube, ich hätte es nicht ertragen, ihn in den Sattel steigen und zwischen den roten Lehmhäusern wegreiten zu sehen, dem blauen, unendlich weiten Horizont entgegen...

Mit einem Ruck setzte sich das Fließband in Bewegung. Die Koffer erschienen. Baumanns angelten sich ihr ganzes Zeug und stapelten es auf einen Gepäckwagen. Ich schleppte meine Tasche und folgte ihnen wortlos. Die Glastüren öffneten sich.

»Sonia!« Eine Gestalt im Dufflecoat, einen langen Schal dreimal um den Hals gewickelt, stürzte uns entgegen. »Seit zehn Minuten mache ich dir Zeichen, aber du stehst da wie ein Klotz und hebst nicht mal den Kopf!«

Ich blickte Patrick an, als hätte ich ihn noch nie zuvor gesehen. Er begrüßte seine Tante und seinen Onkel, wandte sich dann freudestrahlend an mich.

»Was machst du für ein Gesicht? Freust du dich nicht, mich zu sehen? Wir hatten doch abgemacht, dass ich zum Flugplatz kommen würde?«

Ich fuhr mit der Zunge über die Lippen. »Ich habe dir doch geschrieben...«

Er starrte mich an. »Wann war das?«

»Vor vier... nein, vor fünf Tagen.«

»Wenn Ihr Brief bis Monatsende hier ist, können Sie von Glück sagen«, bemerkte der Professor. »Die Saharapost vollbringt keine Wunder!«

Madame presste die Lippen zu einem schmalen Strich und sah weg, Baumann ließ ein verlegenes Hüsteln folgen, Patrick sah fragend von einem zum andern.

»Hat alles geklappt, ist alles gut gegangen?«

»Doch, doch: Der Aufenthalt im Süden war etwas anstrengend, aber ungeheuer interessant«, überspielte Baumann das Schweigen. Ich verdrückte mich bescheiden in den Hintergrund. Wenn es mir doch endlich gelänge, nicht überall Zweideutigkeiten herauszuhören, schließlich wollte er mir nur aus der Klemme helfen!

Patrick kramte den Autoschlüssel aus der Tasche. »Mein Wagen ist nicht groß, aber wenn wir alle zusammenrücken ...«

Madame straffte die Schultern, ihre Nasenflügel bebten. »Kommt überhaupt nicht in Frage!«, schnaubte sie. »Du fährst Fräulein Graziani nach Hause, wir nehmen uns ein Taxi.«

»Aber ...«, begann Patrick, der sie verdattert anstarrte.

Versöhnlich fiel ihm der Professor ins Wort: »Tante Martha hat Recht. Das erspart dir einen Umweg. Und im Übrigen haben wir zu viel Gepäck.«

»Wie ihr wollt«, erwiderte Patrick entgeistert. Die Ratlosigkeit stand ihm ins Gesicht geschrieben.

Wir verließen das Flughafengebäude. Draußen am Taxistand half Patrick beim Verstauen der Koffer. Ich trat an den Professor heran und sagte leise: »Ich möchte Sie gerne sprechen.«

Er nickte. »Ich werde mich ein paar Tage ausruhen. Rufen Sie mich nächste Woche an!« Mit einem raschen Blick vergewisserte er sich, dass Madame uns den Rücken zuwandte, und raunte mir augenzwinkernd zu: »Machen Sie sich keine Sorgen, es renkt sich alles wieder ein!«

Das Taxi fuhr ab. Patrick legte den Arm um meine Schultern und sah mir verständnislos ins Gesicht. »Sag mal, was soll das alles? Hast du dich mit Baumanns verkracht?«

»Lass das«, sagte ich müde, »es ist völlig unwichtig.«

»So? Hast du das Pflichtbewusstsein im Saharasand verloren?« Er grinste. »Hör mal, du siehst erledigt aus. Klimawechsel, was? Komm, ich lade dich zu einem Kaffee ein und du erzählst mir ein wenig. Dann fahr ich dich heim.«

»Bitte«, sagte ich, »ich möchte jetzt gleich nach Hause.«

Er kniff befremdet die Augen zusammen und nickte. »Gut, wie du willst. Ich hole das Auto.«

Ich stand neben meiner Tasche. Im Nebel schien das Neonlicht milchig. Der nasse Asphalt glänzte wie Gummi, als Patrick mit den Scheinwerfern blinkte. Er half mir, meine Tasche auf den Hintersitz zu verstauen; sie kam mir entsetzlich schwer vor. Schlotternd saß ich da und rührte mich nicht. Patrick setzte den Wagen in Bewegung. Ich sah die großen blauen Schilder aus der Nacht auftauchen: Lausanne, Thonon, Annecy. Eine andere Welt...

Patrick räusperte sich. »Dein Brief«, begann er in beiläufigem Ton, »war der wichtig?«

»Nicht besonders. Du solltest mich nicht abholen, weiter nichts.«

»Warum nicht?«

Ich schwieg. Patrick suchte im Dunkeln meine Hand, aber ich hatte die Finger um das Armband gepresst und ließ es nicht los. Er seufzte.

»Du hast mir gefehlt, weißt du. Ich sagte mir: Keine Nachricht, gute Nachricht. Aber trotzdem: Zwölf Tage ohne dich sind eine lange Zeit.«

Ich gab weiterhin keine Antwort.

Eine rote Ampel stoppte unsere Fahrt. Aufs Lenkrad gestützt, drehte sich Patrick zu mir und betrachtete mich eingehend. Ich starrte vor mich hin.

»Du bist nicht wie sonst. Irgendwas ist passiert.«

Ich nickte stumm und steif.

»Also doch. Hab's ja geahnt.«

Er trommelte nervös auf das Lenkrad. Das Licht stand auf Grün, aber er sah es nicht. Der Wagen hinter uns hupte.

Patrick fuhr hoch und brauste davon. Er fragte: »Erzählst du es mir?«

»Nicht jetzt. Ich... ich bin viel zu müde.«

Die Rue du Cloître lag im dichten Nebel. Patrick beharrte darauf, meine Tasche nach oben zu tragen, aber ich wollte nicht. Ich hatte das Bedürfnis, so schnell wie möglich allein zu sein.

Während ich nach dem Schlüssel suchte, küsste er mich. Ich ließ es geschehen. Ich empfand nichts dabei.

Meine Mutter musste das Auto gehört haben. Sie beugte sich im Morgenrock über das Geländer, die Zigarette in der Hand. »Bist du's, Sonia?«

Ich hob das Gesicht. Sie erstickte einen Aufschrei. »Um Himmels willen!«

Ich sah sie gereizt an. »Was ist los?«

»Du siehst ja erbärmlich aus – zehn Jahre älter! Ich lasse dir sofort ein Bad einlaufen.«

»Ja, ein Bad wäre nicht schlecht.«

Ich besah mich im Spiegel: Abgesehen von den Schatten unter den Augen, war mein Gesicht nicht anders als sonst. Dazu war ich etwas braun geworden. Als ich mich auszog, bemerkte Mama das Armband.

»Das ist hübsch. Hast du es da unten gekauft?«

»Nein, ich habe es geschenkt bekommen.«

Das heiße Bad tat mir wohl. Ich entspannte mich, das Schlottern hörte auf. Ich zog einen Pyjama an, trocknete mit dem Fön meine feuchten Haare. Meine Mutter brachte mir ein Glas warme Milch ans Bett. Sie hielt die Zigarette zwischen den Fingern; ich atmete den Rauch ein, während ich trank. Dann sank ich in die Kissen und nahm kaum wahr, wie sie das Licht löschte und aus dem Zimmer ging.

Das Schrillen des Telefons riss mich aus dem Schlaf. Es

war helllichter Tag: bereits elf Uhr. Fünf Minuten später kam ich in sauberen Jeans und T-Shirt in die Küche.

»Gott sei Dank«, sagte Mutter, »jetzt gefällst du mir besser.«

»Ist Kaffee da?«

»Ich habe ihn warm gestellt.«

»Wer hat angerufen?«

»Patrick. Er wird es in einer halben Stunde nochmals versuchen. Er kam mir nervös vor. Ist etwas nicht in Ordnung?«

Sie goss mir Kaffee ein. Ich strich Butter und Marmelade aufs Brot. Erstens hatte ich einen riesigen Hunger und zweitens wollte ich Zeit gewinnen.

Meine Mutter setzte sich mir gegenüber.

»Nun, wie war's denn in der Sahara?«

Ich erzählte irgendwas von Felsmalereien und Kamelen. Sie griff nach einer Zigarette. Natürlich merkte sie, dass ich ihr etwas verheimlichte, platzte vor Neugierde, gab sich aber diskret. Ich hatte das Frühstück noch nicht beendet, als das Telefon abermals läutete. Mit dem Butterbrot in der Hand nahm ich im Wohnzimmer den Hörer ab. »Ja?«

»Sonia! Endlich! Habe ich dich geweckt?«

»Es scheint so«, sagte ich mit vollem Mund.

»Es tut mir Leid, aber ich habe heute Nacht kein Auge zugetan. Sehen wir uns gleich?«

Ich wollte es hinter mir haben und sagte: »Einverstanden...«

Aus seiner Stimme war Erleichterung zu hören. »Also, bleib, wo du bist. Ich hole dich in einer halben Stunde ab. Wir gehen etwas essen und anschließend zu mir.«

»Nein«, sagte ich feige, »weder – noch. Ich erwarte dich im Parkcafé, am Quai du Mont-Blanc. Um zwei, geht das?«

Ich war mir nicht im Klaren darüber, ob ich zu einem

diplomatisch formulierten Rückzieher genügend Talent besaß – ich, die immer mit dem Kopf durch die Wand wollte. Ich wusste auch nicht, wie er reagieren würde. Ich erinnerte mich, ihm einmal gesagt zu haben: Eines Tages werde ich eine total verrückte Geschichte erleben, die mein ganzes Leben durcheinander bringt. Da hatte ich sie, meine verrückte Geschichte – nur kam sie mir völlig logisch und normal vor! Na ja, gut! Aber um ihm das alles zu erklären und eine saubere Trennung durchführen zu können, brauchte ich erstens einen klaren Kopf – und zweitens Menschen in meiner Nähe, um eine Szene zu verhindern.

Patrick ließ sich seine Enttäuschung nicht anmerken. »Gut, wie du meinst. Also, bis nachher!«

Ich legte den Hörer auf, ging in die Küche und goss mir frischen Kaffee ein.

Kurz vor zwei machte ich mich auf den Weg. Ich ging mit schnellen Schritten, die Hände in den Taschen. Die Sonne funkelte, aber die eisige Brise peitschte Schaumkronen über den dunkelblauen See. Möwen kreisten schreiend. Ich trank in vollen Zügen die nach Schnee riechende Luft. Ich strahlte, ich war überschwänglich glücklich, ich fühlte mich so lebendig. Ich ging über die Brücke, der Wind tobte in meinen Haaren, mein Herz schlug wie wild in der Erinnerung an ein Wort, einen Blick, einen Traum, der mir den Atem nahm. Patrick? Ich schämte mich, ihm wehtun zu müssen – aber wie sollte ich, Tarek, dein Lächeln, deine zärtlichen Hände, deine Finger, die sich wie ein lebendes Armband im rötlichen Halbdunkel des Zeltes um mein Gelenk schlossen, wie sollte ich das alles vergessen?

Ich stieß die Tür zum Café auf. Es war wie immer überfüllt. Patrick war schon da und saß ganz hinten, an einem Fenster: Als ich durch die Tür kam, richtete er sich halb auf und winkte: »Sonia!«

Ich nahm meinen Schal ab, schüttelte atemlos mein Haar. Patrick starrte mich an.

»Ich verstehe nichts mehr. Gestern Abend hast du ausgesehen wie eine nasse Katze und heute bist du wunderbar!«

Ich stopfte den Schal in meine Tasche und setzte mich.

»Ich möchte ein Eis mit heißer Schokolade und viel Sahne.«

Er wirkte entspannt, saß da, die Ellbogen auf dem Tisch und sah zu, wie ich mein Eis verschlang. Ich beschrieb ihm lang und breit meinen Aufenthalt in Algier, erzählte von Karin Tanner, vom Museum, aber von der Sahara sprach ich kein Wort, umging beflissen das Thema. Aber ich hatte ihn unterschätzt, er kannte mich besser, als ich dachte. Als eine kleine Pause eintrat, während der ich krampfhaft ein neues Thema suchte, ging er zum Angriff über: »Du scheinst Hilfe nötig zu haben«, sagte er mit einem sarkastischen Unterton in der Stimme. »Also los, raus mit der Sprache. Du hast dich verliebt...«

»Ja.«

»Und nicht in irgendwen, scheint mir.«

»Nein, nicht in irgendwen.«

»Hast du einen Scheich mit vier Frauen, einer Erdölquelle, zwei Nachtlokalen und einem Chalet in St. Moritz kennen gelernt?«

»Nein. Einen Targi.«

»Einen... was?«

»Einen Targi«, sagte ich müde. »Einzahl von Tuareg. Und er hat weder vier Frauen noch ein Chalet in St. Moritz. Sein Zelt stellt er eigenhändig auf.«

Patricks Augenbrauen bildeten einen dunklen Strich auf seiner Stirn. Er brach in lautes, falsches Gelächter aus.

»Ach du meine Güte, jetzt fällt's mir ein: Das sind diese blau verschleierten Typen, die sich nie waschen...«

Ich fühlte, wie sich mein Inneres verschloss und sich mein Herz verkrampfte. Wenn er diesen Ton anschlug, dann lag er total falsch. Aber warum eigentlich nicht? So würde es mich weniger kosten, ihm die Wahrheit zu servieren. Er musste es gemerkt haben, denn er bremste sich: »Gut, es gibt immerhin Ausnahmen. Da hast du also ein Abenteuer mit einem Targi gehabt. Sind die Baumanns deshalb so beleidigt?«

»Ich denke ja. Es war auch mein Fehler. Ich bin mit Tarek weggegangen, ohne ihnen ein Wort zu sagen.«

»Mit wem?«

»Mit Tarek. Er heißt so. Tarek ag Barka.«

»Schau an! Er heißt nicht Mustapha?«

Je mehr er mich provozierte, desto sicherer wurde ich. Seine Taktik war falsch, aber er war viel zu sehr durcheinander, um klar zu sehen. In unglücklichem Ton sagte er: »Hast du denn nicht an mich gedacht ... von Zeit zu Zeit?«

»Doch«, sagte ich und sah weg.

»Also?«

Ich strich mein Haar zurück und schaute ihn an. »Patrick, weißt du noch, in Villars? Da hast du mich gefragt, ob ich bei dir wohnen wollte. Und was habe ich dir gesagt?«

Er runzelte die Brauen.

»Warte, gleich fällt es mir ein ... Ach so, ja: dass du dich nicht entscheiden könntest, weil du auf etwas wartetest.«

»Genau. Und jetzt habe ich es gefunden.«

»Diesen Targi?«

Nun war's heraus: Er musste sehen, wie er damit fertig wurde. Er starrte einen Augenblick düster vor sich hin, rührte in seiner Tasse herum, in der kein Kaffee mehr war.

Inzwischen dachte ich an Tarek. Es war so eigenartig: Er war weit fort. Gab es ihn wirklich? Meine Finger glitten über das schwere, silberne Armband. Nein, es war kein Traum!

Patricks Stimme riss mich in die Gegenwart zurück.

»Sonia, was ist los? Du schwebst in den Wolken! Sag mal, hörst du mich?« Er hatte meine Hand ergriffen und quetschte mir die Finger. Sein Blick fiel auf das Armband.

»So!«, zischte er. »Schmuck schenkt er dir auch schon!«

Ich zog meine Hand zurück, er tat mir weh. Er sprach in fiebrigem Ton weiter: »Versuchen wir doch die Dinge zu ordnen. Du bist nach Algerien gegangen und du hast dort mit einem Targi geschlafen, unter den Sternen oder unter einem Zelt, was weiß ich. Das kommt vor. Was mich betrifft, Schwamm drüber, vergessen wir die Geschichte, ich bin bereit, dich wieder zu nehmen, als wenn nichts anderes gewesen wäre. Was ich mir wünsche, wäre, dass du wieder wirst wie vorher, dass du wieder du selbst bist und nicht so eine Art schlafwandelnder Roboter!«

Er hatte sich über den Tisch gebeugt und meinen Arm gepackt, er schüttelte mich, als wollte er mich wachrütteln. Die Leute an den Nachbartischen wandten den Kopf zu uns. Patrick murmelte »Scheiße!« und ließ mich los.

Ich gab mir Mühe, ruhig zu bleiben, und sagte mit sanfter Stimme: »Warum hast du gesagt ›mich wieder zu nehmen‹? Ich bin nicht dein Besitz.«

»Mensch, Sonia, sei doch nicht so empfindlich. Das ist doch so eine Redensart.«

»Nein, das ist sehr klar.«

Er seufzte erschöpft. »Wenn ich dir sage: Ich möchte, dass wir von vorne anfangen, du und ich. Gefällt dir das denn besser?«

Mit den Fingerspitzen zeichnete ich Kreise auf die Tischplatte. »Du hast mich nicht verstanden. Ich kehre zurück.«

»Was?«

»Ich werde bei Baumann kündigen. Ich kehre nach Algerien zurück. In die Sahara.«

Er schluckte. »Sag mal, bist du übergeschnappt?«

Ich schüttelte den Kopf. »Ich muss zu ihm zurück. Siehst du, er ist nicht allein. Er hat eine kleine Tochter, und...«

Patrick explodierte. »Jetzt reicht's mir aber! Hör endlich auf, von dem Kerl in diesem verklärten Ton zu reden! Nach Algerien zurück, in die Sahara gehen, du spinnst ja total!«

Der große Krach, dachte ich. Es geht also nicht anders.

Ich wandte den Kopf von ihm ab, blickte stumm aus dem Fenster, auf den See und die Berge am andern Ufer. Ich hörte, wie Patrick gepresst Luft holte. »Was hat der Typ bloß mit dir angestellt?«

Ich wollte antworten: Er hat mir seine Zärtlichkeit gegeben, sein Vertrauen, ja: Er hat mich verwandelt – aber auf seine ureigenste Art. Ich könnte nie mehr so sein wie früher – ich möchte es auch nicht, denn dann hätte ich etwas verloren! Aber Patrick war nicht in der Lage, solche Worte zu hören. Ich zeichnete mit dem Finger Kringel auf die Tischplatte.

»Ich liebe ihn – verstehst du?«

»Und mich – hast du mich nie geliebt?«, fragte er müde. Seine Arroganz war verschwunden. Jetzt tat er mir Leid. Es fiel mir schwer, seinem traurigen Blick zu begegnen.

»Patrick, sei mir nicht böse. Ich weiß, ich habe einiges falsch gemacht. Ich... ich war etwas durcheinander. Ich habe mich an dich geklammert, ein wenig feige, das ist mir schon klar. Aber jetzt bin ich aus dem Tunnel raus. Ich bin frei! Vollkommen, restlos, wunderbar frei!«

Er wölbte spöttisch die Brauen. »Nur weil dieser Targi dir Eindruck gemacht hat, glaubst du...«

»Es ist nicht das, was du meinst, es geht nicht um Sex. Es – ist Leidenschaft, ich will es nicht leugnen. Das trifft direkt ins Herz. Alles geht durcheinander: Du fühlst dich als Nichts, als Staubkorn, aber zugleich sicher und stark. Der Schmerz macht dich kaputt – die Freude schleudert dich zu den Sternen. Es ist ein Wunder, ein Zauber, eine Mischung aus Tränen und Glück...«

Er saß da wie vor den Kopf geschlagen. Ich betrachtete ihn gelassen, nur ein ganz wenig traurig, und dachte, dass es noch wunderbarer ist, zu lieben, als nur geliebt zu werden. Patrick wäre immer für mich da gewesen. Nicht ganz selbstlos, aber ich hätte ihm vertrauen können. Das war jetzt vorbei. Konnten wir Freunde bleiben? Ich glaubte es nicht. Die Entfremdung würde von selbst kommen. Sie war sozusagen unvermeidlich.

Ich holte tief Luft. »Ich ... ich muss jetzt gehen.«

Er nickte. »Ja, ich auch.«

Ich wollte mein Eis bezahlen, aber er ließ es nicht zu. Seine Finger zitterten, als er das Geld zusammensuchte. Wortlos verließen wir hintereinander das Café. Er zog den Autoschlüssel aus der Tasche und wies auf seinen Wagen. Ich schüttelte den Kopf. »Ich gehe zu Fuß.«

Ein paar Atemzüge lang standen wir da, wussten uns nichts mehr zu sagen. Dann schloss Patrick die Wagentür auf. Ich nickte ihm zu. »Also, mach's gut!«

»Du auch«, erwiderte er.

Und mit diesen Worten trennten wir uns.

Als ich am Donnerstag bei Baumanns anrief, nahm der Professor selber ab. Er schien ausgeruht und vergnügt, allerdings verriet die spürbare Zurückhaltung in seiner Stimme, dass offenbar Madame in Hörweite war. Ich fragte, ob ich ihn bei Gelegenheit sprechen könne, und er bestellte mich auf den folgenden Tag um zwei Uhr.

Zur verabredeten Zeit traf ich bei Baumanns ein. Auf mein Läuten öffnete mir nicht Madame, sondern eine verstört blickende Putzfrau. Die Wohnung war schlecht geheizt – wie immer. Fröstelnd zog ich meinen Lodenmantel aus und ließ mich von der Putzfrau ins Arbeitszimmer führen.

Kurz darauf erschien der Professor in Strickweste und Pantoffeln.

»Guten Tag, Fräulein Graziani! Welch eisiges Wetter, nicht wahr? Wenn man aus der Sahara kommt, ist der Winter doppelt unerträglich.« Er setzte sich, hüstelte und rückte ein paar Bücher hin und her.

»Meine Dias sind schon angekommen, sie sind alle ausgezeichnet.«

»Oh, das freut mich aber!«

»Übermorgen fahre ich nach Neuenburg, treffe mich mit Professor Tardi vom Völkerkundemuseum. Er ist ein großer Spezialist saharischer Frühgeschichte, haben Sie das gewusst?«

Ich lächelte höflich. Er rieb sich die Hände mit kratzendem Geräusch, bevor er verlegen weitersprach: »Ich habe die Abwesenheit meiner Frau benutzt, um Sie hierher zu bitten. Sie ist... nun ja, ein wenig über Sie verärgert.«

Ich schwieg. Er zog ein Taschentuch hervor, putzte seine Brille, setzte sie wieder auf die Nase.

»Ich bedaure die Verstimmung, die da seit dieser unglücklichen Episode in Tam zwischen uns aufgekommen ist. Sie sind stets eine tadellose Mitarbeiterin gewesen, die ich nur loben kann.«

Ich senkte bescheiden die Augen, wie es sich gehört. Der Professor seufzte.

»Verstehen Sie mich bitte richtig: Meine Frau ist Französin. Ihr Vater war Kolonialoffizier, ihr Bruder ebenfalls. In ihren Augen gibt es gewisse Grenzen, die ein... äh, anständiges Mädchen nicht überschreiten darf...«

Ich verbiss das Lachen und versuchte ein bekümmertes Gesicht zu machen. Wahrscheinlich geriet das daneben, denn Baumann blickte unsicher über den Brillenrand und wusste nicht weiter. Er begann zu hüsteln und zu schnupfen. Als ich stumm blieb wie ein Fisch, ergriff er zögernd wieder das Wort: »Zum Glück handelt es sich um einen Targi und außerdem um den Sohn einer höchst angesehenen Familie, was Ihre Situation etwas weniger… hmm, kompromittierend macht. Selbst in Zeiten des schlimmsten kolonialistischen Eifers haben die Franzosen die Tuareg stets mit Respekt behandelt. Ich habe das meiner Frau schließlich klarmachen können. Außerdem habe ich ihr zu bedenken gegeben, dass unser Abstecher in die Wüste mit Strapazen verbunden war, die Sie mutig und anpassungsfähig durchgestanden haben. Sie hat das eingesehen. Folglich können Sie Ihre Arbeit am Montag wieder aufnehmen. Um Missverständnisse auszuräumen, war mir jedoch daran gelegen, Ihnen diese Dinge vorher auseinander zu setzen«, schloss er, offensichtlich erleichtert, und wartete auf meine Zustimmung, die ausblieb.

Stattdessen sagte ich, dass ich kündigen wollte.

Er hob den Kopf mit einem Ruck, betrachtete mich verständnislos und bekümmert. »Aber warum denn? Ich habe Ihnen doch gesagt, Sie sollen sich nichts daraus machen. Ich kenne meine Frau. Sie…«

Ich schüttelte den Kopf. »Es geht nicht darum. Ich… will zurück in die Sahara, das ist alles!«

Baumann starrte mich an. »Sie wollen – nach Tam zurück?«

»Ja!«

Er seufzte bekümmert auf. »Bleiben Sie nicht da stehen! Setzen Sie sich endlich!«

Ich tat ihm den Gefallen. Baumann fuhr fort: »Ich nehme an, Sie wissen, was Sie tun. Schön! Erlauben Sie mir dennoch ein paar Bemerkungen. In Ihrem Alter kommt man rasch ins Schwärmen. Sie haben nun von den Verhältnissen im Hoggar eine Ahnung, Sie haben gesehen, wie die Tuareg dort leben. Sie kommen aus einer Stadt, die Ihnen alles bietet. In Tamanrasset müssen Sie unter Umständen sogar das Wasser aus dem Brunnenloch heraufziehen. Glauben Sie das alles auf die Dauer durchzuhalten?«

»Karin Tanner lebt schon länger als fünfzehn Jahre in der Sahara – und pfeift auf Europa! Sie ist glücklich und meistert ihre Probleme – warum sollte ich mit meinen nicht fertig werden?«

»Frau Tanner ist Ärztin. Das ist etwas anderes.«

»Nicht so sehr…« Ich erzählte ihm von Tarek und von den Gesprächen, die wir geführt hatten.

»Er ging kaum zur Schule und drückt sich aus wie ein Dichter oder wie ein Mensch einer versunkenen Welt, der mit vollem Bewusstsein die heutige Zeit erlebt…«

Er schenkte mir seine volle Aufmerksamkeit. »Ja, ja«, nickte er schließlich. »Das überrascht mich eigentlich nicht. Man findet bei den Ihaggaren etwas, was mehr ist als Intelligenz: eine Art geheimnisvolle Weisheit, deren tiefgründiger Ursprung weder im Studium noch in Büchern zu finden ist, sondern einzig und allein in der Verbindung mit der Natur. Es ist, wenn Sie so wollen, eine Kultur, die neben der unseren herläuft, ihr ebenbürtig und in mancher Hinsicht sogar überlegen ist, auch dann, wenn technische Begriffe ihnen fremd sind. Es gibt ja kaum ein Volk, das mit dem Nimbus einer sagenumwobenen Vergangenheit mehr umgeben wurde als die Tuareg.«

»Atlantis…«, flüsterte ich.

»Wir stellten es bereits fest«, schmunzelte er. »Sie geraten schnell ins Schwärmen. Im Allgemeinen sind Wissenschaftler solchen Vermutungen gegenüber äußerst zurückhaltend. Wie dem auch sei, der angeborene Adel der Ihaggaren lässt sie praktisch jede Lebenslage meistern. Menschen wie dieser Tarek ag Barka sind ohne Weiteres im Stande, von ihrem Wüstenbiwak aus zu irgendeinem versnobten Empfang in

Algier oder sonstwo hinüberzuwechseln, ohne auch nur das Geringste ihrer unerschütterlichen Gelassenheit und Selbstsicherheit einzubüßen.«

Das konnte ich mir lebhaft vorstellen! Ich musste lachen, aber Baumann machte ein finsteres Gesicht. »Ganz ehrlich gesagt: Ich bedaure sehr, Sie zu verlieren.«

»Sie werden jemand andren finden.«

Baumann machte »ts, ts, ts«, wiegte sinnend den Kopf. Einige Sekunden vergingen.

»Ich mache Ihnen einen Vorschlag«, brach Baumann schließlich das Schweigen. »Ich gebe Ihnen acht Wochen Zeit, um sich diesen... Stachel aus dem Herzen zu ziehen! Wenn Sie danach zurückkehren und sich selbst einen Dummkopf schelten, dann sollten Sie daran denken, dass Ihre Stelle hier noch frei ist. Natürlich wird sich bis dahin einiges angesammelt haben, aber das ist dann Ihre Sache.«

Ich fühlte, wie die hartnäckige Schale schmolz, mit der ich meine Empfindsamkeit seit meiner Rückkehr umgeben hatte. Sein Angebot kam aus gütigem, verständnisvollem Herzen und ich musste es annehmen.

»Ich danke Ihnen«, sagte ich mit belegter Stimme. »Sie sind... sehr lieb!«

Er winkte mit knapper Geste ab, wahrscheinlich, um seine Rührung zu verbergen. »Aufgepasst, junge Dame! Meine Geduld kennt selbstverständlich Grenzen. Falls sich Ihre Abwesenheit hinauszieht, werde ich mich gezwungen sehen, für Ersatz zu sorgen. Aber eines habe auch ich gelernt und diesen Fehler werde ich nicht wieder begehen.«

Ich verstand nicht recht und schaute ihn entgeistert an. Er warf mir über den Brillenrand hinweg einen sarkastischen Blick zu. »Meine Sekretärin zu den Tuareg mitzunehmen, zum Donnerwetter!«

Ich verabschiedete mich von Baumann, der mir Grüße an

Sidi Nadir mitgab, und verdrückte mich in ein Café, um Tarek mitzuteilen, dass ich meine Stelle gekündigt hatte. Ich schrieb drei Seiten zerfahrenes Zeug und verschlang dabei eine riesige Portion Apfelkuchen mit Sahne. In der letzten Zeit entwickelte ich einen erschreckenden Appetit. Mama freute sich darüber: »Die Reise scheint dir doch gut bekommen zu sein, du siehst besser aus als vergangenen Herbst.«

Dass ich meinen Job bei Baumanns nicht mehr ausübte, hatte ich mit einer dicken Lüge begründet: Der Professor habe sich durch den Klimawechsel eine Grippe geholt und läge voll gestopft mit Antibiotika im Bett. Mama stellte mit schweigender Befriedigung fest, dass ich regelmäßig meine Vorlesungen besuchte, mich in keiner Diskothek mehr herumtrieb und abends zu Hause Platten hörte oder brav vor dem Fernseher saß. Als Erklärung diente mir, Patrick sei augenblicklich sehr beschäftigt. Sie merkte allmählich, dass da etwas nicht stimmte, und wurde nervös. Ihre Unruhe übertrug sich auch auf mich. Ich zerbrach mir den Kopf, wie ich ihr die Dinge beibringen sollte. Die Begegnung mit Tarek hatte etwas in mir ausgelöst, das mich daran hinderte, andere Menschen so wie vorher vor den Kopf zu stoßen. War ich einsichtiger geworden oder verständnisvoller? Ich wusste es nicht. Jedenfalls wollte ich meine Mutter nicht verletzen. Ich musste ihr den dicken Brocken schonend verabreichen, sozusagen häppchenweise. Aber wann und wie?

Es dauerte nicht lange, da löste sich mein Problem ganz von selbst. Eines Mittags, als ich von einer Vorlesung kam, sagte meine Mutter, gespielt gleichgültig: »Es ist Post für dich da. Aus Algerien.«

Mir stockte der Atem. Ich fühlte, wie mir das Herz gegen die Rippen schlug. Der zerknitterte Luftpostumschlag lag sichtbar auf einer kleinen Kommode mit Intarsien. Die Adresse war mit einer runden, etwas kindlichen Schrift geschrieben. Es stand kein Absender drauf, aber der Poststempel lautete auf Ghardaia, tausendvierhundert Kilometer von Tamanrasset entfernt. Ich schüttelte leicht den Kopf. Ich kannte keinen Menschen in Ghardaia.

»Wer ist es?«, fragte meine Mutter beiläufig.

Ich gab keine Antwort, ging in mein Zimmer und öffnete den Brief.

»Meine liebe Sonia,« schrieb Tarek. »Ich komme aus Amded und habe eben deinen Brief gelesen. Ich antworte dir in Eile, denn ein Freund von mir fährt heute noch nach Ghardaia. Ich gebe ihm diesen Brief mit, den du dadurch einige Tage früher erhalten wirst. Zuerst muss ich dir danken. Vom ersten Augenblick an, da wir uns im Lager begegneten, hoffte ich, dass du mir deine Liebe schenken würdest. Aber ich habe den Eindruck, dass ich dich nicht genügend fühlen ließ, wie glücklich du mich gemacht hast. Ich weiß heute, wie einem Vogel zu Mute ist, der zum ersten Mal ins Licht hineinfliegt! Es ist wunderschön, überwältigend.

Seit deiner Abreise wurde mir zum ersten Mal meine Einsamkeit bewusst. Ich fühle mich wie ein Gefangener, der zwischen den Gitterstäben seines Gefängnisses blühende Wiesen sieht, die er nicht erreichen kann. Dieses Gefühl ist neu für mich. Bevor ich dich kennen lernte, füllten die täglichen Pflichten und die Gegenwart Mariamas mein Leben vollständig aus. Seit die Liebe den Frieden aus meinem Herzen verdrängt hat, ziehen sich die Tage für mich wie in einem Wachtraum dahin. Besorgnis mischt sich in meine Freude, wenn ich der ungeheuren Entfernung gedenke, die du zurücklegen musst, um den Hoggar zu erreichen. Ich könnte natürlich mit Rahims Landrover zur Küste fahren und dich in Algier abholen, aber ich möchte dir eine anstrengende Reise mit dem Auto ersparen. Wie du siehst, bleibt mir nichts anderes übrig, als auf dich zu warten.

Wisse, dass ich nur noch in der Hoffnung lebe, dich in die Arme zu schließen, um mit dir zu teilen, was mein Herz bewegt...«

Das war zu viel! Tränen liefen mir über die Wangen. Freude und Schmerz erstickten mich, es war kaum zu ertragen! Eine kleine Weile heulte ich, dann trocknete ich mir das Gesicht und putzte die Nase. Ich steckte Tareks Brief in den kleinen Lederbeutel, den ich an einer Schnur um den Hals trug, und verließ mein Zimmer. Ich musste mit meiner Mutter sprechen, jetzt sofort!

Sie saß im Wohnzimmer am Fenster und hatte ihr Gesicht hinter der Zeitung versteckt. Ich setzte mich ihr gegenüber. Sie nahm die Zeitung vom Gesicht.

»Du hast ja ganz rote Augen. Was ist los? Schlechte Nachrichten?«

Ich knetete mein Taschentuch. »Mama, hör mir bitte zu. Ich – also, ich habe in der Sahara einen Mann kennen gelernt...«

»Das hab ich mir beinahe gedacht«, seufzte sie. »Einen Araber natürlich?«

»Nein, einen Targi.«

»Einen – was?«

Das schlug nie fehl. Ich wappnete mich mit Geduld.

»Targi, Mama, ist die Einzahl von Tuareg. Das sind die Leute, die in der Sahara leben.«

»Ach du lieber Himmel! Hast du den Verstand verloren?«, rief sie außer sich.

Ich holte gepresst Atem. Es würde keine leichte Sache sein.

»Mama, damit du klar siehst und weißt, was geschehen ist: Erstens, Professor Baumann geht's ausgezeichnet und zweitens habe ich gekündigt. Ich fahre in die Sahara zurück...«

In die plötzliche Stille begannen die Glocken der nahen Kathedrale Saint-Pierre zwölf zu schlagen. Eine Taube setzte sich aufs Fenstersims und gurrte.

»Gib mir eine Zigarette«, sagte meine Mutter mit schwacher Stimme. Ich tat ihr den Gefallen. Das harte Tageslicht fiel auf ihre dünne, verblichene Haut, die sich über die zarten Knöchel spannte. Ihr Haar war glanzlos und stumpf. Ein Glück, dass ich nicht rauche, dachte ich, da wird man früh alt. Ich redete jetzt mit doppelter Geschwindigkeit, kam mir roh und gemein vor, aber ahnte gleichzeitig, dass sie genau das bezweckte. Sie hörte mir zu oder auch nicht und rauchte ununterbrochen.

Ihre Verzweiflung war echt, aber was konnte ich damit anfangen? Wir gehörten zwei verschiedenen Generationen an, zwei unterschiedlichen Welten. Dieser Graben würde sich nie schließen und alle ihre Anstrengungen, mich zu verstehen, scheiterten an ihrer Voreingenommenheit. Immerhin bemühte sie sich, nicht hysterisch zu werden. Mit scheinbar wohlbedachten, nachsichtigen Worten warf sie mir Egoismus und Unverschämtheit vor.

»Du bist so unüberlegt, so spontan! Du triffst Entscheidungen, ohne vorher jemanden um Rat zu fragen. Überlege dir doch einmal die Folgen, die so eine romantische Schwärmerei für einen ungebildeten Kameltreiber haben können...!«

Ich dachte: Lass dich nicht unterkriegen! Denk daran, was Tarek sagte und was er in seinem Brief schrieb.

»Die Folgen kann ich mir ausmalen, Mama. Im Übrigen ist mein ›Kameltreiber‹, wie du ihn liebenswürdigerweise bezeichnest, gar nicht so ungebildet, wie du offenbar annimmst. Außer seiner Muttersprache kann er auch noch Arabisch und Französisch.«

»Aber, um Himmels willen, wo willst du denn leben? In einer Hütte, in einem Zelt?«

»Auf die Dauer sicher nicht. Tarek hat gesagt, wir würden nach meiner Rückkehr in Tam ein Haus mieten.«

Meine Mutter zündete sich eine neue Zigarette an der vorhergehenden an. In eigenartigem Tonfall sagte sie: »Dein Vater war ein bemerkenswerter und hochintelligenter Mann. Er bezauberte alle mit seiner unbeschwerten Fröhlichkeit, seiner starken persönlichen Ausstrahlung.«

So, dachte ich, wieder einmal das alte Lied! Ich schwieg und ließ sie reden.

»Und doch«, fuhr sie fort, »hat er das Geld verschleudert, Schulden gemacht und sich eine Geliebte genommen. Mir blieben Demütigung und Scham.« Sie schaute mich starr an. Ihre Hand zitterte, die Asche fiel von der Zigarette, die sie achtlos zwischen den Fingern hielt.

»Weißt du, dass du ihm sehr stark gleichst? Du warst ein entzückendes kleines Mädchen, voller Begabung. Wir ließen dir eine ausgezeichnete Erziehung zuteil werden, wir haben dich in die besten Schulen geschickt. Du hast ein Studium begonnen, fandest eine interessante Arbeit, nette Freunde... und das schmeißt du einfach hin, um dich einem... einem, na ja, einem halbwegs ungebildeten Afrikaner an den Hals zu werfen. Du zerstörst mein Leben genauso, wie es dein Vater tat.«

Sie traf mich tief und sie wusste es. Ich fühlte mich elend. Aber ich war entschlossen, jetzt und für alle Zeit die Sache bis zum Ende durchzuboxen.

»Was habe ich mit deinem Leben zu tun? Du zerstörst es dir selbst, indem du dich damit begnügst, immer von andern abhängig zu sein. Erst von meinem Vater, dann von Onkel Gilbert. Und jetzt bin ich es, die dir eine Stütze sein sollte. Warum bist du so zaghaft und ängstlich? Du bist ein erwachsener Mensch, verdammt noch mal, muss ich dir das sagen?«

Sie starrte mich an, mit flackernden Augen. »Ich – ich hätte nie geglaubt, dass du je so zu mir reden würdest...«

»Ach, Mama, es tut mir ja Leid! Aber das sind Dinge, die mal gesagt werden mussten.«

Impulsiv schlang ich die Arme um ihren Hals und schmiegte den Kopf an ihre Schulter. Ich roch ihren Tabakatem und die leicht säuerliche Ausdünstung ihrer Haut. Mir war, als umarmte ich ein altes Kind, erschreckt und hilflos. Auf einmal wurde mir bewusst, was ich früher nicht wahrhaben wollte: dass sie schwach war und ich stark und dass ich behutsam mit ihr umgehen musste. Aber das änderte nichts. Mein Entschluss war gefasst.

Am nächsten Tag hob ich mein Guthaben vom Sparbuch ab und bestellte das Flugticket. Das Wenige, das ich von Baumanns Gehalt erspart hatte, reichte gerade aus, es zu bezahlen. Es blieb mir noch etwas Bargeld, für das ich Travellerschecks kaufte, nicht viel, gerade genügend, um im Notfall ein oder zwei Monate damit auszukommen. Dann gab ich an Tarek ein Telegramm auf; ich teilte ihm mit, dass ich nächste Woche abreisen würde...

Nachdem Patrick sich eine Zeit lang in Schweigen gehüllt hatte, rief er plötzlich mehrmals an und wollte mich sehen. Ich lehnte ab. Wozu auch? Zwischen uns war alles gesagt worden. Ich hatte Angst vor überflüssigen Erklärungen, vor unnötigem Aufdecken großer Gefühle, vor Szenen, die in Verbitterung oder Feindseligkeit ausarten konnten.

Zu Hause war es kaum auszuhalten. Meine Mutter ließ sich restlos gehen. Sie schleppte sich den ganzen Tag unfrisiert im Morgenrock umher, jammerte über alle möglichen Schmerzen und trieb ihre Weinerlichkeit auf die Spitze. Onkel Gilbert bestellte mich in sein Büro, quälte mich mit einer endlosen Predigt. Er warf mir Selbstsucht, Leichtsinn und Verantwortungslosigkeit gegenüber meiner Mutter vor.

Nachdem ich ihm zehn Minuten zugehört hatte, begann es in meinen Fingern zu kribbeln. Es war klar, dass wir nicht in der gleichen Sprache redeten. Was er anstößig fand, nannte ich natürlich, was er als unvorsichtig hielt, fand ich begründet.

»Du solltest dich schämen! Eine Favre, die sich mit einem Farbigen einlässt! Was sollen denn die Leute sagen?«

»Die Tuareg sind keine Farbigen, aber das spielt ja auch überhaupt keine Rolle. Und außerdem, falls du es vergessen haben solltest: Meine Mutter hat damals auch ihren kleinen Skandal gehabt, als sie einen Ausländer in die Familie brachte.«

Es folgte ein peinliches Schweigen, das Onkel Gilbert mit einem Räuspern brach, bevor er es auf die sentimentale Tour versuchte: »Das kannst du nicht tun. Du bist ihre einzige Tochter. Hast du überhaupt kein schlechtes Gewissen?«

»Das ändert nichts an der Sache.«

»Du armes Kind«, seufzte Onkel Gilbert, »du wirst einmal dafür geradestehen müssen. Sie hat niemand mehr außer dich.«

Lass dich nicht unterkriegen, dachte ich und erwiderte kaltschnäuzig: »Doch, sie hat dich.«

Tareks Brief, den ich in meinem Ledertäschchen bei mir trug, war mein Pfand, mein Schatz, die magische Kraft, die mich gegen Vorhaltungen, Anklagen und Kleinlichkeit schützte.

Am Abend, als ich meinen Koffer packte, kam Christine. Sie trug einen jener grob gestrickten peruanischen Umhänge, die damals in Mode waren, eine dazu passende Mütze, und wirkte verstört.

»Sonia, ich muss mit dir reden. Ist deine Mutter ...?«

Ich wies in Richtung Wohnzimmer, wo meine Mutter mit Zeitung, Zigaretten und einer Flasche Cognac saß. Christine zerrte ihre Mütze vom Kopf.

»Wann gehst du?«

»Übermorgen.« Ich bückte mich, um eine alte Platte der Moody Blues, »Nights in white satin«, die ich in letzter Zeit häufig hörte, aufzulegen. »Ich frage mich bloß, wie ich in Algier mit meinem Plattenspieler durch den Zoll komme. Ich hätte gerne einen Kassettenrekorder gekauft, die sind praktischer, aber ich bin pleite. Die Bücher habe ich schon vorausgeschickt.«

Christine nagte an ihrer Oberlippe. »Ich ... komme wegen Patrick.«

Ich nickte, da ich so etwas vermutet hatte.

»Dein Scheich da unten in der Sahara, wie heißt er eigentlich?«

»Tarek. Und er ist kein Scheich.«

»Ist es ernst zwischen euch?«

»Was glaubst du?«

Sie hob die Schultern. »Patrick ist ziemlich durcheinander. Er ist schließlich fünfundzwanzig und kein kleiner Junge mehr.«

»Ja und?«

»Was: ja und?«, äffte sie mich nach. »Du gehst durch die Wand wie ein Bulldozer und trampelst alle Welt nieder!«

»Ich kann nichts dafür, wenn Patrick sich Illusionen gemacht hat.«

»Er mag dich trotzdem noch.«

»Das ist sein Problem.«

Sie schluckte. »Gut, hör zu. Wenn er dich schon nicht zurückhalten kann, so lässt er dir sagen, dass er auf dich warten wird. Du kannst zu ihm zurückkommen, wann du willst.«

»Baumann hat dasselbe gesagt.«

»Das ist doch nicht das Gleiche!«, empörte sie sich.

Ich musste lachen. »Alle glauben, dass ich eine entsetzliche Dummheit mache und reumütig und zerknirscht zurückkehren werde.«

»Dein Dickkopf kann einem wirklich auf den Wecker gehen!«, sagte sie gereizt. »Patrick ist verrückt nach dir und du lässt ihn laufen, um dich bei den Beduinen zu verkriechen.«

»Nicht bei den Beduinen. Bei den Tuareg.«

»Das ist dasselbe. Hast du wirklich die Absicht, den Rest deines Lebens mit diesem Wüstensohn zu verbringen?«

»Ich kann es kaum abwarten«, sagte ich.

Ein kurzes Schweigen folgte. Christine lief nervös auf und ab. »Man kann eine Sache so machen oder auch anders. Ich hoffe nur, dass du es nicht falsch machst.«

»Das ist mir gleich«, sagte ich.

Sie schüttelte verärgert den Kopf. »Versuch doch einmal, dich in seine Lage zu versetzen!«

Ich rollte ein Paar Jeans zusammen und stopfte sie in eine Ecke des Koffers.

»Ich lasse mich nicht gerne bevormunden. Patrick hat diesen albernen Zug. Er meint es ja gut, aber will mich anders machen, als ich bin. Das würde Tarek nicht einmal in den Sinn kommen. Er weiß, dass ich Freiraum brauche.«

Sie verzog skeptisch den Mund. »Ich habe immer gehört, die Moslems sperren ihre Frauen ein. Hast du keine Angst, in einem Harem zu landen?«

Ich lächelte geduldig. »Er ist kein Moslem.«

Ich hörte ihr gar nicht richtig zu. Ich lauschte den Moody Blues und das Bild der Wüste in rotgoldener Dämmerung breitete sich vor meinem inneren Auge aus. Die leisen Klänge der Musik durchtränkten die schimmernde Klarheit. In meinem Herzen erwachten Sehnsucht, Zärtlichkeit und Glück. Ich war schon so weit weg…

Die Platte war zu Ende. Christines übertriebener Seufzer unterbrach die Stille.

»Ich frage mich, ob Patrick nicht doch Recht hat, wenn er glaubt, dass du spinnst.«

Ich schüttelte den Kopf und lachte leise vor mich hin. »Soll er doch glauben, was er will, eigentlich ist das völlig unwichtig, aber es wundert mich, dass er mich so schlecht kennt...«

14. Kapitel

Die Swissair ging montags um elf Uhr. Das zwang mich, eine Nacht in Algier zu verbringen und am andern Morgen mit der Caravelle der Air-Inter weiterzufliegen.

Meine Mutter hatte darauf bestanden, mich zum Flughafen zu begleiten. Sie saß zusammengekauert im Taxi, eingehüllt in ihren Mantel. Verstohlen betrachtete ich ihr bleiches Gesicht und ihr ungepflegtes Haar. Das Taxi fuhr über die Straße von Meyrin, es war kalt, grau, unfreundlich. Ich dachte an die gleißende Sonne der Sahara, an die goldene Weite der Dünen ...

Ich versprach meiner Mutter, ihr gleich nach meiner Ankunft in Tam Nachricht zu geben. Sie spreizte wortlos die Finger. Ihr verbissenes Schweigen war nichts als Ohnmacht und Vorwurf.

Das Taxi fuhr auf die Autobahn. Ohne mich anzusehen, fragte sie: »Wann kommst du zurück?«

»Im Sommer, vielleicht. Meine Flugkarte ist ein Jahr gültig. Tarek sagte, im Juli wird es sehr heiß, weil dann eine Dunstglocke über dem Hoggar liegt. Ich habe keine Ahnung, ob ich das ertragen werde.«

»Und wenn dir etwas zustößt? Wenn du krank wirst?«

Ich seufzte. Seit vierundzwanzig Stunden öffnete sie den Mund nur, um Katastrophen in Erwägung zu ziehen.

»Mama, ich sagte es schon hundertmal: Wir haben eine Schweizer Ärztin in Tam, ihr untersteht die Krankenstation. Sie ist bestimmt in der Lage, mir den Blinddarm herauszunehmen oder die Mandeln zu schneiden, falls es nötig werden sollte...«

»Hör bitte auf, so leichtfertig zu reden!« Meine Mutter schauderte. Dann, nach einer Minute tragischen Schweigens: »Dass eine Schweizerin dir beistehen kann, wenn du in Not sein solltest, ist mein einziger Trost.«

Sie wurde wieder einmal so richtig melodramatisch, nahezu bühnenreif. Ich musste fast lachen.

Immerhin war ich froh, als endlich die Flughafengebäude aus dem Nebel auftauchten. Die Abfertigung ging rasch vonstatten; trotz Plattenspieler, einem Stoß Platten und den Spielsachen für Mariama überschritt mein Koffer die Gewichtsgrenze nicht. Ich hatte für mich nur ein Minimum eingepackt: Jeans, Pullover, T-Shirts, zwei Kleider aus indischer Baumwolle und das bestickte Gewand, das Tarek so gefiel.

Wir setzten uns in die Wartehalle. Meine Mutter starrte vor sich hin. Plötzlich meinte sie gedankenverloren: »Findet man in der Wüste nicht Erdöl? Und den Leuten gehört doch das Land... vielleicht könnte er eines Tages reich sein –?«

Es dauerte einige Augenblicke, bis ich kapierte, dass sie von Tarek sprach. Und ich sah genau, worauf sie hinauswollte.

»Es gibt auch Uran,« sagte ich. »Und Kupfer, Blei, Phosphate, Erdgas und sogar Diamanten.«

»Diamanten?«

Ihr Interesse war geweckt. Ich musste fast lachen. »Tut mir Leid, die Tuareg haben nichts davon. Es ist der algerische Staat, der zusammen mit internationalen Großkonzernen die Bodenschätze ausbeutet. Die Tuareg leben in Armut. Wenn sie Arbeit finden, meldet sich sofort das Steueramt. Die

Nomaden sind vielen Leuten ein Dorn im Auge. Man vergiftet ihre Brunnen, deportiert sie in Müllcontainer.«

»Wovon leben sie denn?«

Meine Mutter hatte tatsächlich bis zur letzten halben Stunde gewartet, um ein paar vernünftige Fragen zu stellen.

»Sie leben von den Erträgen der Vieh- und Kamelzucht, des Salzhandels und vom Tausch.«

»Hat er wenigstens einen Beruf?«

»Mama«, seufzte ich, »– wann hörst du endlich auf, die Menschen nach deinen engen Maßstäben zu beurteilen? Stell dir vor: Er arbeitet! Er sitzt nicht da und trinkt Tee oder schreibt Gedichte im Mondschein. Er war Übersetzer bei der Unterpräfektur. Letztes Jahr, als die große Dürre die Sahelzone heimsuchte, hat er Karin Tanner geholfen, die Flüchtlinge zu betreuen, die illegal über die Grenze kamen. Als ihm sein Vater diesen Winter die Aufsicht über die Herde übertrug, musste er seine Arbeit als Übersetzer aufgeben, denn für die Tuareg ist die Viehzucht die Grundlage ihrer Wirtschaft. Die Sahara trocknet aus, der Sand dringt vor und überdeckt die Weidegebiete im Süden. Es wird immer schwieriger, Grasland zu finden.«

»Dann ist er also etwas Ähnliches wie ein zivilisierter Hirte«, meinte sie.

Mir stieg das Blut zu Kopf und ich stammelte voller Wut: »Tarek ist der Neffe des Amenokals, des Königs der Tuareg. Er besitzt den doppelten Tobol.«

»Tobol?«

»Ja, so heißt die große Trommel, die früher nur in Kriegszeiten geschlagen wurde. Sie ist das Symbol königlicher Abstammung. Den doppelten Tobol zu besitzen heißt, einen adligen Vater als auch eine adlige Mutter zu haben. Im Hoggar ist Tarek ein Prinz.«

»Und trotzdem hat er kein Geld.« Meine Mutter blies unbeeindruckt den Rauch aus der Nase. »Ich habe immer gehofft, du würdest einen Mann heiraten, der dir eine gesicherte Zukunft bieten kann.«

Sie bewegte sich in materieller Sphäre, das war ihr A und O. Ich war so beleidigt, dass es mir die Kehle zuschnürte. Am liebsten wäre ich aufgesprungen und dem Flugzeug zu Fuß entgegengelaufen ...

Endlich fand ich meine Sprache wieder.

»Das hätte dir gepasst«, fauchte ich, »wenn ich mir einen Arzt, einen Rechtsanwalt oder womöglich jemanden aus dem Immobilienhandel geangelt hätte! Mir persönlich ist aber mein ›Kameltreiber‹ lieber, mein ›Analphabet‹, oder wie du Tarek zu bezeichnen beliebst. Und überhaupt, was heißt heute ›gesicherte Zukunft‹? Tarek und ich werden für eine erträgliche Gegenwart kämpfen. Das ist schon mehr als genug.«

Ich schwieg, außer mir vor Zorn. Sie drückte ihre Zigarette aus, verschränkte die Hände in die Ärmel ihres Mantels und seufzte: »Wie kannst du nur diesem Mann vertrauen?«

Ich zog die Schultern hoch. »Überleg's dir mal umgekehrt: Wie kann er mir vertrauen?«

Sie starrte wie erschlagen vor sich hin, als der Flug aufgerufen wurde. Ich stand auf, nahm meine Tasche. Meine Mutter brach in Tränen aus. Das hatte gerade noch gefehlt!

»Du verschwindest nach Afrika und lässt mich ganz allein. Ist dir klar, was du mir antust?«, schluchzte sie.

»Allein sein ist eine Sache der Gewohnheit«, hörte ich mich sagen. Ich hatte den Satz ausgesprochen, ohne zu überlegen. Später sollte ich noch oft an diese Worte zurückdenken. Ich umarmte sie und begab mich zu den Passagieren, die vor der Passkontrolle warteten. Als ich mich nochmals umdrehte, stand sie hinter der Glastür, steckte gerade das Taschentuch in den Mantelärmel und zündete sich eine neue Zigarette an.

Von Dar-el-Beida ließ ich mich ins Aletti fahren, obgleich der Zimmerpreis jetzt eigentlich über meine Verhältnisse ging. Aber ich kannte die Stadt zu wenig und ich getraute mich auch nicht, dem Taxichauffeur einfach zu sagen: »Fahren Sie mich in ein sauberes, billiges Hotel« – etwas, das in Afrika ohnehin unvereinbar ist.

Der Angestellte am Empfang erkannte mich sofort und lächelte freundlich. Ich füllte den Meldezettel aus und gab den Pass ab, der Boy ergriff den Koffer und führte mich in mein Zimmer.

Am späteren Nachmittag schlenderte ich durch Algier. Ein lauer Wind wehte von der See her. Der Abendhimmel schimmerte klar wie Keramik, das Meer war türkisblau. Ich streifte furchtlos durch die verwinkelten Gassen der Kasbah. Frauen, das Gesicht versteckt hinter ihrem Schleier, schauten mir neugierig nach, und sämtliche Männer starrten mich unverfroren an. Dieser ekelhafte Knacks ließ sich vermutlich nicht vor dem dritten Millenium kurieren. Oben in Bab-el-Oued bestellte ich einen Minzetee in einem kleinen halbdunklen Café. Vermummte Gestalten diskutierten mit leiser Stimme. Hier glitten die Blicke nur verhalten über mich hinweg. Sie erinnerten mich an die Wüste, ich fühlte mich heimisch. Später bummelte ich unter den Arkaden, Zuflucht der Bettler und der zwielichtigen Halbwüchsigen. Vom Boulevard Zirout Youcef aus, wo der Blick frei wird auf das weite Meer, sah ich die Mondscheibe über den schwarzen Wellen glitzern. Meine Gedanken wanderten zurück zu den Dünen von Amded, zu jener ersten Nacht, als Tarek mich küsste...

Das Rauschen eines Platzregens hatte mich geweckt. Um sieben Uhr fuhr ich mit dem Taxi nach Darl-el-Beida hinaus. Es hatte aufgehört zu regnen. Die Straßen waren nass und leer. In der Wartehalle hing ein Geruch von kaltem Rauch und Schweiß. Familien lagerten in Gruppen auf den Bänken, eine verschleierte Frau gab ihrem Baby die Brust, ein weißbärtiger Alter schnarchte mit offenem Mund, verschlafene Männer taumelten aus den Toiletten. Ich setzte mich abseits, neben eine Gruppe Schweden, offenbar Geschäftsleute, die sich mit wiehernden Kehllauten unterhielten. Ein schwitzender, schon in dieser Frühe betrunkener Franzose starrte mich unverfroren an und zwei hellhäutige Mozabiten mit fleckigem Bart, Weihnachtsmännern in Burnussen ähnlich, standen an den Fenstern und schauten gelassen dem Treiben auf dem Flugplatz zu.

Natürlich startete die Caravelle mit Verspätung. Ich hatte einen Fensterplatz erwischt. Auf den Sitz geschnallt, sah ich die Piste, auf der der Regen große Pfützen zurückgelassen hatte, immer schneller unter mir davoneilen. Meine Ohren dröhnten, als das Flugzeug abhob. Die Maschine kurvte auf das Meer hinaus. Ich sah die wogende, schäumende Brandung, auch den schimmernden Streifen am Rande des wolkenverhangenen Himmels, an dem sich jetzt der gleißend feurige Sonnenball über die Horizontlinie schwang.

Die Augen fielen mir zu. Eigentlich war ich nicht müde, nur so ruhig und so entspannt, dass sich der Schlaf von selbst einstellte. Ich wachte auf, um gerade noch das Grün der Landschaft in Ocker, dann in Grau, und kurz vor dem Überfliegen des Djebel Amour in Gelb übergehen zu sehen. Die Sahara...

Nach Ghardaia setzte sich der nach Whisky stinkende Franzose neben mich und schwatzte mir die Ohren voll. Ich antwortete einsilbig und schaute ihn so bissig an, dass er sich bald verdrückte. Er verließ die Maschine mit den Schweden in Hassi-Messaoud. Ich döste wieder, bis die Caravelle zur Landung in Tam ansetzte und das Hoggargebirge sich wie die Landschaft eines versunkenen Sterns im gleißenden Licht ausbreitete. In wenigen Augenblicken...

Ein leichter Stoß zeigte das Aufsetzen an. Meine Ohren dröhnten. Die Maschine drehte leicht beim Ausrollen und blieb stehen. Ich spürte meine feuchten Handflächen, während ich im heißen, sandigen Wind die Hecktreppe hinuntertaumelte. Ich hatte die Sonnenbrille aufgesetzt, weniger, um mich vor dem grellen Licht zu schützen, als vielmehr meine Erregung zu verdecken. Meine Absätze gruben sich in den rötlichen Sand. Als ich den Kopf hob, sah ich ihn.

Er wartete hinter der Schranke neben dem Überwachungsturm, zwischen zwei Soldaten und einem Schwarzen, der sich an sein Fahrrad lehnte. Tarek hielt sich sehr gerade, die Hände ruhten entspannt auf der Abschrankung. Seine weiße Gandura warf bläuliche Schatten. Der Schesch leuchtete zugleich hoheitsvoll wie ein Diadem und geschmeidig weich wie eine Liane. Ich ging ihm entgegen, erneut erfüllt von diesem faszinierenden Gefühl der Unwirklichkeit. Ich stellte mir vor, wie er mich sehen musste: schlank, ein wenig unsicher, in einem durchgeknöpften Jeansrock, einer dazu passenden Weste und Westernstiefeln. Das Haar fiel mir in weichen Wellen über die Schultern. Ich trug eine Leinentasche und eine blaue Sonnenbrille. Diese nahm ich ab, als ich vor ihm stand, um meine Augen dem klaren, lächelnden Blick preiszugeben, der mich bis in meine Träume hinein verfolgt hatte. Er reichte mir die Hand, seine Finger streiften meine Handfläche, und ich spürte, wie meine Knie unter mir nachgaben...

Er sagte leise: »Hast du eine gute Reise gehabt? Bist du nicht zu müde?«

»N... nein«, stotterte ich. »Überhaupt nicht...«

Er bückte sich und ergriff meine Tasche. Wir gingen, zwischen uns die Abschrankung, auf das Verwaltungsgebäude zu, das ich zu passieren hatte. Ich hatte das Gefühl, alle Leute starrten uns an, und setzte rasch die Sonnenbrille wieder auf.

»Hast du Gepäck?«, fragte Tarek.

Er hatte so leise gesprochen, dass ich den Kopf neigen musste, um ihn zu verstehen. So merkte ich, dass er genauso erschüttert war wie ich.

Ich nickte. Tarek winkte einem der Schwarzen und gab ihm den Auftrag, sich um meinen Koffer zu kümmern. Ich klammerte mich an die Abschrankung, meine Hand neben der seinen, und stotterte: »Wie... willst du den Koffer aufs Mehari binden?«

Fältchen zeigten sich in seinen Augenwinkeln. Ich erriet sein warmes, schelmisches Lächeln unter dem Gesichtsschleier. »Ich habe vermutet, dass du Gepäck hast. Deshalb bin ich nicht mit den Mehara gekommen. Rahim hat mir den Wagen geliehen.«

Er wartete draußen, während ich die Formalitäten erledigte. Der Pass entfiel meinen Händen. Als ich mich danach bückte, tat dies auch der Polizeibeamte, sodass unsere Köpfe zusammenknallten. Ich stammelte eine Entschuldigung, ich war völlig aufgelöst.

Der Landrover stand im Schatten der Hausmauer. Der Schwarze, der meinen Koffer gebracht hatte, verstaute ihn zwischen zwei Benzinkanistern. Tarek breitete eine Decke darüber, um ihn vor Sand zu schützen. Er hielt die Tür, während ich mich auf den Sitz zwängte. Dann ging er um den Wagen herum und setzte sich ans Steuer. Ich war stumm, völlig versunken in der Wahrnehmung seiner Gegenwart, und getraute mich kaum, ihn anzusehen. Ich blickte auf die feingliedrigen, braun gebrannten Hände, die auf dem Lenkrad lagen. Meine Kehle war trocken, die Wangen brannten. Wir verließen den Flugplatz. Als der Landrover die Straße erreichte, legte er den Arm um mich. Ich lehnte mich seufzend an seine Schulter, mir war, als verschmolz ich mit ihm, zitternd und mit einem Kloß im Hals. Ich spürte seinen Atem auf meinem Haar und dann hörte ich seine Stimme, voll glücklichen Staunens: »Sonia, du bist wiedergekommen... für mich!«

»Ich hab es dir doch versprochen«, flüsterte ich. »Ich konnte nicht mehr leben ohne dich, verstehst du?«

»Und ich nicht ohne dich. Als dein Brief kam, dachte ich, die Freude müsste mich verrückt machen.«

Er warf einen Blick in den Rückspiegel, fuhr an den Straßenrand und bremste ab. Und dann lag ich in seinen Armen. Wir hielten uns schweigend umschlungen, mit fast verzweifelter Innigkeit, so, als könnte uns im nächsten Augenblick etwas für immer auseinander reißen. Plötzlicher Motorenlärm brachte uns wieder zur Besinnung: Ein staubiger Jeep knatterte an uns vorüber, ich sah in verdutzte Augen über flatternden Gesichtsschleiern. Wir schauten uns an und brachen in Gelächter aus.

»Was werden die Leute sagen?«, japste ich.

»Sie werden sagen: Tarek ag Barka hat den Kopf verloren! Und sie haben sogar Recht!«

Ich erstickte fast vor Lachen. »Du meine Güte! Ist es im Hoggar sehr anstößig, ein Mädchen in der Öffentlichkeit zu küssen?«

»Weißt du, wie man bei uns sagt? ›Das Ansehen ist wie ein Ei: Es zerbricht nur einmal.‹ Du kannst sicher sein, das meine ist bereits in die Brüche gegangen! Lass deinen Kopf bitte auf meiner Schulter, ich habe zu lange auf diesen Augenblick gewartet. Die Leute in Tam wissen auf alle Fälle Bescheid.«

»Wieso?«, fragte ich erstaunt.

Er setzte den Wagen wieder in Gang.

»Am Morgen deiner Abreise, als ich dich bis ins Tin Hinan begleitete, da hatte ich die Mehara vor dem Hotel angebunden, weithin sichtbar und in voller Absicht. Als Neffe des Amenokal wird mein Tun und Handeln ständig beobachtet.

Man weiß aber auch, dass ich mich wenig um die Meinung anderer Leute kümmere. An jenem Morgen jedoch wollte ich allen Bewohnern Tams zeigen, wie hoch ich dich achte, und ihnen ein für alle Mal klarmachen, dass sie dich mit jener Rücksicht zu behandeln hätten, die dir zukommt.«

»Tarek«, sagte ich, »entschuldige bitte, wenn ich im Umgang mit deinen Leuten Fehler mache oder mich falsch verhalte. Ich kenne die Bräuche der Sahara noch nicht. Du wirst sie mir erklären müssen.«

Er schüttelte den Kopf. »Nein, du sollst dir keine Schranken auferlegen. Die Unterschiede der Sprache und der Formen sind unwichtig und betreffen nur die Oberfläche. Du wirst dich immer so verhalten, wie es dir und deinem Herzen richtig erscheint.«

Seine Worte beglückten mich. Ich begriff, dass er nicht nur in meinen Gedanken, sondern auch in der Tiefe meines Gefühls die Ablehnung jeglicher Form von Zwang, den Hunger nach totaler Freiheit, die ich zum Leben brauchte, gelesen hatte. Es war seltsam und wunderbar, dass das Wesen, das die Stimmung meiner Seele am besten erraten und erfasst hatte, ein Mensch eines andern Kontinents, aus einer andern Welt, einer versunkenen Zeit war ...

Das schwarz geteerte Straßenstück, das den Flugplatz mit Tam verbindet, schlängelte sich zwischen Geröllfeldern hindurch. Die Basaltzacken des Issekram schimmerten in durchsichtigem Rot am lavendelblauen Horizont. Eine ballenbeladene Karawane zog langsam wie ein lebendiges Fries an uns vorbei.

»Wo ist Mariama?«, fragte ich.

»Du wirst sie gleich sehen.«

»Gehen wir ins Lager?«

»Heute nicht. Du sollst dich erst von der Reise ausruhen.«

Die Straße schwang sich in leichtem Bogen über eine Kuppe und plötzlich stand die violette Felswand des Hadriane quer vor uns und begrenzte die Hochebene. Über dem gezackten Grat schwamm der perlmuttweiße Mond, die lehmroten Mauern erglühten. Ein geahntes Glücksgefühl schnürte mir die Kehle zu: Mir schien, als öffnete sich das Herz des Hoggars in all seiner Pracht, seiner Strenge, seiner erhabenen und geheimnisvollen Schönheit.

Der Landrover durchfuhr die Hauptstraße von Tam und ließ die Arkaden des Marktes hinter sich, vor denen Kamele, beladen mit Ballen, Steinsalz in gegossenen Blöcken, Hirse und Zucker, kauerten. Es waren noch immer dieselben Mozabiten mit ihrem weißen Mousselin-Schesch, die vor den Türen ihrer Läden saßen. Das Auto fuhr am Tin Hinan vorbei, wo soeben der Flughafenbus eingetroffen war.

Ich schaute Tarek fragend an: »Wohin gehen wir?«

Er blinzelte mir geheimnisvoll zu. »Das wirst du sehen. Warte noch ein paar Augenblicke.«

Ich erkannte, dass wir in das Außenquartier fuhren, in dem Sidi Nadir wohnte. Der Landrover bog in einen sandigen Weg ein, der von hohen Tamarisken beschattet und von Tonziegelmauern gesäumt war, und hielt inmitten einer Staubwolke vor einem Tor. Tarek betrachtete lächelnd mein verblüfftes Gesicht.

»Ich habe ein Haus gemietet. Ich wollte dich überraschen.«

Mir blieb vor Staunen die Sprache weg. Er lachte, ging ums Auto herum und reichte mir die Hand zum Aussteigen. Hinter dem aus Lehmziegeln gebauten Tor mit durchbrochenem Bogen befand sich ein Vorhof, bewachsen mit Zitrusbäumen, einem Feigenbaum und einigen Asphodelossträuchern. An der Hausmauer rankte eine Rebe. Tarek stieß die Holztüre auf. Das Schleifen nackter Füße wurde hörbar: Die hohe, dürre Gestalt Matalis tauchte im dunklen Vorraum auf. In seiner schwarzen Gandura und dem ebenfalls schwarzen Schesch wirkte er so groß, dass er fast die Decke zu berühren schien. Zwischen dem dichten Geflecht seiner Runzeln leuchteten freudig die gelblich braunen Augen. Ich begrüßte ihn mit jener Formel, die Tarek mir beigebracht hatte: »Ma-t-ulid?«

Seine große, schwielige Hand streifte respektvoll die meine. »Elrer-ras«, antwortete er.

Auf seinen Ruf erschienen, verlegen kichernd, zwei dünne schwarze Knaben mit glatt rasierten Köpfen. Der ältere, eingewickelt in einen viel zu kurzen Serruel, hielt Mariama an der Hand. Sie trug ein gelbes, mit Silbermünzen besticktes Kleid. Sie war etwas gewachsen. Mit ihren weichen Wangen, den ungewöhnlichen grünen Augen erschien sie mir noch hübscher, als ich sie in Erinnerung hatte. Ich nahm sie in die Arme. Ihr geflochtenes Haar duftete nach Jasmin. Sie lächelte ihr reizendes Lächeln, legte ihre mit Henna gefärbten Fingerchen auf meinen Mund und sagte mit singendem Tonfall etwas auf Tamahaq. Ich blickte Tarek fragend an.

»Sie sagt, sie sei froh, dass die Tadhant wieder da ist.«

»Die – was?«

»Die Tadhant. Die ›sehr hübsche Dame‹.« Er wies auf die beiden schüchternen Jungen, die sich mit gesenkten Augen abseits hielten.

»Das sind Omar und Ismain, die Söhne von Matali.« Er gab ihnen den Auftrag, das Gepäck zu holen.

»Komm«, sagte Tarek zu mir. Er nahm Mariama auf den Arm, streifte die Sandalen ab, auch ich zog meine Stiefel aus, um ins Haus zu gehen. Der Boden des Vorraums war mit zerriebenem Gips bedeckt, der einen faden Geruch verbreitete. Ihm öffneten sich drei große Zimmer mit weiß getünchten Wänden und Balken an der Decke. Die bunten Glaslampen mit ihren Kupferverzierungen stammten offensichtlich von der Küste. Die Einrichtung im Wohnzimmer war einfach: einige mit Schaffellen und bunten Decken belegte Divane, zwei Korbsessel und ein kleiner Tisch, auf dem ein großes, wundervoll ziseliertes Kupfertablett lag. In einer Ecke befanden sich das übliche Kohlenbecken für den Tee, eine Kupferschüssel und ein Wasserkrug. Große Taschen aus weichem, purpur und türkis gefärbtem Leder, mit langen Fransen verziert und mit einem kupfernen Schloss versehen, hingen an den Wänden. Ich erkannte die Taschen wieder, die Tarek bei sich im Zelt gehabt hatte. Wie überall in der Sahara, hatten sie die Funktion eines Schrankes zu erfüllen, denn Kleiderschränke gibt es in der holzarmen Zone nicht. Ich suchte Tareks Blick. Er hatte sich lächelnd auf einen Divan gesetzt und meine Freude beobachtet.

»Wie hast du dieses Haus entdeckt?«

»Ein Glücksfall. Es ist eines der Häuser, die der Unterpräfektur gehören und möbliert an ausländische Techniker vermietet werden. Der frühere Bewohner, ein französischer Ingenieur, ist kürzlich nach Algier zurückgerufen worden. Ich habe Sidi Nadir gesagt, dass ich ein Haus suche; er hat sich für mich eingesetzt und zugleich einen vernünftigen Preis ausgehandelt. Komm mal hierher!«

Er führte mich in die Küche, die auf einen Innenhof hinausging. Es waren ein Butangaskocher und ein vorsintflutlicher Eisschrank vorhanden. An der Wand stand ein Tisch, auf dem sich geflochtene Körbe stapelten: die Vorratskammer; daneben das Spülbecken, dessen Abfluss nach draußen ging, ein messingglänzender Wasserhahn, die Rohre waren an der Wand sichtbar. An der gegenüberliegenden Seite des Flurs befand sich das Badezimmer, fast doppelt so groß wie die Küche. An der Wand war ein gemauertes Waschbecken. Es gab eine Dusche und, oh Wunder, ein WC!

»Leider ist das Wasser...«, begann Tarek.

»…halbtags abgestellt«, beendete ich düster seinen Satz und wir lachten beide aus vollem Hals.

»Hinter der Küche liegt das Zimmer für Matali und seine Söhne«, fuhr Tarek fort. »Er lebt allein mit ihnen, seine Frau ist schon lange tot. Die Kinder gehen in Tam zur Schule und Matali besorgt das Haus, die Küche, die Wäsche und alles andere. Wundere dich nicht: Das ist bei uns so üblich. Matali betrachtet sich als Mitglied der Familie und es wäre eine Beleidigung für ihn, wollten wir seine Dienste nicht annehmen.«

Die beiden Jungen hatten den Koffer gebracht. Ich öffnete ihn und packte die Geschenke aus: Schokolade für alle, ein Kleid und ein Bilderbuch für Mariama, ferner drei bunt bemalte Marionetten aus Holz und Glanzpapier, die ich vor einigen Jahren selbst gebastelt und dann auf dem Dachboden verstaut hatte. Sie stellten die Helden von der Tafelrunde König Artus' dar: Königin Ginover mit einem Diadem aus blauen Perlen, Lanzelot in silberner Rüstung und natürlich König Artus selbst, der einen purpurnen Mantel trug und ein Zepter in der Hand hielt. Ich schlang die Fäden um die Finger und ließ die Puppen tanzen. Omar und Ismain kicherten begeistert, in Mariamas Augen trat freudiges Staunen.

»Hast du die wirklich selbst gemacht?«, fragte Tarek.

»Aber ja. Ich bin ziemlich geschickt im Basteln! Neulich, als ich Mariamas Spielsachen sah, fielen mir diese Marionetten wieder ein. Aber ich werde Tamahaq lernen müssen, um Mariama Geschichten zu erzählen.«

»Das lernst du schnell«, sagte Tarek, »und Mariama soll Französisch lernen. Ich möchte, dass sie beide Sprachen spricht.«

Später, als Mariama in die Betrachtung des Bilderbuches versunken war, legte ich mich auf den Divan, den Kopf auf

Tareks Knien. Seine Hand glitt in mein Haar und liebkoste es. Ich fühlte mich eingehüllt in das Licht, das von den bunten Lichtern an der Decke kam. Mein bisheriges Leben versank in undurchdringliche Ferne. Ich schwebte außerhalb von Zeit und Raum.

Omar und Ismain stellten das Kupferbecken vor mich hin. Ich seifte mir die Hände ein und sie gossen mir Wasser darüber, um sie zu spülen. Dann brachte Matali eine große Schüssel Couscous, ein Gericht aus gedämpfter Hirse, vermischt mit verschiedenem Gemüse, und eine Schüssel Ziegenfleisch.

»Iss«, mahnte mich Tarek, »das tut dir gut nach der langen Reise.« Er sah mir besorgt zu, wie ich zögernd den Löffel zum Mund führte. Mein Magen krampfte sich zusammen, ich legte den Löffel wieder zurück.

»Ich habe keinen Appetit. Es ist... die Freude, verstehst du?«

»Ja«, sagte er ernst, »ich verstehe.« Seine Augen schimmerten wie dunkle Opale. »Du sagtest beim Abschied, in einem Monat wärest du wieder bei mir. Ich bin glücklich: Es waren nur 26 Tage.«

»Hast du sie gezählt?«

»Ja. Jeden Morgen habe ich eine Kerbe in das Leder meines Gürtels geschnitzt. Schau!« Er hakte ihn auf. »Nachdem ich deinen Brief bekommen hatte, bat ich meinen Bruder Joji, mich in Amded zu vertreten; ich bin in Tam geblieben, um auf dein Telegramm zu warten und ein Haus zu suchen.«

»Und das alles hast du für mich getan?«

Er lachte.

»Aber das ist doch nichts! Ich möchte ganz andere Dinge für dich tun...«

Er beugte sich vor, um mir ein Glas Milch einzuschenken.

»Trink ein wenig, bitte. Du bist sehr blass...«

Er legte den Arm um meine Schulter, ließ mich trinken

wie ein Kind. Dann hob er mein Gesicht mit beiden Händen und küsste mich.

»Hast du nie an meiner Rückkehr gezweifelt?«, flüsterte ich, als er mich freigab. Ich lag in seinen Armen, barg den Kopf an seiner Schulter und spürte sein ruhiges, regelmäßiges Atmen.

»Nie«, antwortete er. »Nicht einen Augenblick.«

Matali, rücksichtsvoll in seinem weitherzigen Verständnis, hatte das Zimmer verlassen. Alles war so friedlich, so ruhig. Tarek umfasste mich, wie er sonst Mariama umfasste. «Bist du hier?», flüsterte ich. «Bist du wirklich hier?» Er nickte lächelnd. Ich streichelte sein Gesicht. Ich hatte die Freiheit, zu lieben und ihn anzusehen. Von der Welt, wie sie vorher war, wollte ich nichts mehr wissen. Eine andere Welt bewegte sich auf mich zu; eine neue, phantastische Märchenwelt. Ein Paradies für uns beide, verzaubert und lichterfüllt, in dem es hundert Wege gab.

Ich wachte plötzlich auf. Es war noch dunkel. Bläuliches Mondlicht fiel durch die Spalten der Fensterläden. Irgendetwas hatte mich aus dem Schlaf gerissen; ich war schweißgebadet. Ich begriff, dass ich geträumt hatte. Die Erinnerung, die noch in meinem Gedächtnis verblieben war, schleppte mich zurück in eine trostlos leere Steinwüste, ein Felschaos unter hartem, gespenstisch blauem Himmel. Dem Getöse, dessen Widerhall in meinen Ohren dröhnte, folgte lastende Stille. Ein schreckliches Gewicht drückte mich zu Boden. Vergeblich versuchte ich der Gefahr zu entrinnen, aber mein Körper war wie gelähmt. Ich verspürte keine Schmerzen, nur diese Schwäche, diese tödliche Kälte, die mir bis ins Mark drang. Es war nur ein Traum. Warum war ich so erschüttert? Ich streckte den Arm aus: Das Bett nebenan war leer. Mein Herz begann heftig zu klopfen. Ich stöhnte: »Tarek!«

»Ich bin da«, antwortete seine ruhige, weiche Stimme. Im

Dunkeln sah ich ihn sitzen, mit dem Rücken gegen die Wand gelehnt, das Gesicht mir zugewandt. Das Weiß seiner Gandura bildete einen hellen Fleck. Er stand auf und legte sich zu mir. Seine Arme umfingen mich.

Ich stammelte: »Schläfst du denn nicht?«

»Nein. Ich bin so glücklich, deinen Schlaf bewachen zu können und zu wissen, dass du bei mir bist. Ich möchte so den Tag erwarten.«

Er streichelte besorgt meine Stirn. »Was hast du? Du schwitzt und zitterst ... ist dir nicht gut?«

»Ich ... ich hatte einen scheußlichen Traum. Etwas erdrückte mich. Ich war wie gelähmt, rang verzweifelt nach Atem und fühlte, dass ich sterben musste ...«

»Beruhige dich. Habe keine Angst. Solange ich bei dir bin, kann dir nicht einmal im Traum etwas geschehen ...«

Er schmiegte sein Gesicht an das meine. Mit den Fingerspitzen strich er über meine Schläfen. Die Spannung in mir ließ plötzlich nach: Ich brach in Schluchzen aus. Ich weinte so heftig, wie ich wahrscheinlich noch nie im Leben geweint hatte, nicht einmal beim Tod meines Vaters. Tarek trocknete sanft mein Gesicht und küsste die Tränen weg, die mir über die Wangen liefen. Seine Hände waren zart und kühl. Ich überließ mich ihm mit der Schwäche einer Kranken und sehnte mich nach der Süße seiner Umarmung wie nach der Frische von Quellwasser.

»Denk nicht mehr daran, denk nicht mehr daran«, flüsterte er mit zärtlicher Stimme. »Du sollst nicht weinen. Du sollst lachen, glücklich sein und frei wie ein Vogel. Hab keine Angst: Wir bleiben immer beisammen ...«

Er wiegte mich in seinen Armen und flüsterte mir Worte in seiner Sprache zu. Der Klang der weichen, kehligen Laute hüllte mich ein wie eine Liebkosung. Nach und nach wich der Eindruck des Traumes. Mein Geist hob sich in jene dunklen, wunderbaren Gefilde, in denen alles möglich ist, selbst der Glaube an die Ewigkeit. Als er sah, dass ich mich beruhigt hatte, küsste er mich sanft.

»Du weißt es nicht«, sagte er, »aber auch ich habe geweint.«

»Wann?«

»Am Tag deines Abflugs. Du entferntest dich allein, so allein, und du schwanktest ein wenig. Ich kämpfte gegen das Verlangen, dich einzuholen, dich in meine Arme zu schließen. Dann habe ich mein Mehari bestiegen, um nach Amded zurückzukehren. Ich war schon weit weg von der Stadt, als ich das Flugzeug, das dich wegführte, über die Berge entschwinden sah. Ich folgte ihm mit den Augen, solange es zu sehen war. Danach war mir, als schließe sich die Sahara um mich wie eine Falle. Und ich weinte...«

Seine Stimme war so nahe, dass sie sich mit dem Rauschen meines Blutes vermischte.

»Man sagt bei uns, dass Tränen die Liebe besiegeln. Als ich dich im Lager zum ersten Mal küsste, da schlug mein Herz so heftig, als wolle es mir die Brust sprengen.«

»Warst du glücklich?«

»Ja, aber ich fürchtete mich vor diesem Glück. Als dich der Professor ins Lager zurückrief, bin ich anschließend in die Dünen hinausgewandert, um zur Besinnung zu kommen. Wir hatten abgemacht, uns wiederzusehen, aber ich wusste, dass du mit dem nächsten Flugzeug den Hoggar verlassen wirst. Wohin führten mich meine Gefühle? Später dann, als du mir sagtest, du würdest zurückkommen, war es mir, als hättest du in meinem Herzen gelesen, dass mein Leben ohne dich nicht mehr lebenswert war. Diese 26 Tage des Wartens waren Tage des Nachdenkens. Glaube nicht, ich sei blind für das Opfer, das du mir bringst. Du hast deine Familie und dein Land verlassen, um mit mir zu leben. Ich möchte alles für dich sein: nicht nur dein Geliebter, sondern auch dein Bruder, dein Freund, dein Vater, deine Mutter. Ich habe das Gefühl, als könne ich dir nur so vergelten, was du auf dich genommen hast. Schau, es gibt noch vieles von dir, was ich nicht weiß, und auch du kennst mich noch nicht durch und durch. Aber eines Tages werden wir nur noch ein Blut, ein Geist und eine Seele sein. Dieser Tag wird kommen, ich fühle es...«

Ich war verwirrt über die Schwermut in seiner Stimme. »Was willst du damit sagen?«

»Ich kann es nicht besser ausdrücken«, antwortete er unglücklich. »Ich weiß nur, dass ich dir eines Tages noch näher sein werde, als ich es heute bin, und das kommt mir sonderbar vor.«

Er schwieg und ich merkte, dass er über seine Worte nachdachte. Ich lag matt und schwer in seinen Armen, rührte mich nicht und presste meine Stirn an seine Brust. Der Mond hüllte uns in sein mildes Licht. »Halte mich in deinen Armen, bedecke mich mit deinem Schatten, schütze mich vor Kälte, Schwäche, den schrecklichen Gespenstern der Angst! Ich liebe dich so!«

»Verlass mich nicht, bleib bei mir, ich bitte dich!«

Seine sanften, zarten Finger streichelten mich lange. Und dann flüsterte er an meinem Ohr: »Wovor hast du Angst? Nie werde ich dich verlassen, das weißt du doch...!«

15. Kapitel

Vom Fenster aus sah ich auf die Sandebene, die sich bis zur Felswand des Hadrians hindehnte. Die Farben des Gesteins veränderten sich im wechselnden Spiel des Lichtes: Sie schimmerten goldrosa in der Kühle des Morgens, hüllten sich in gelblichen Dunst während der heißen Mittagsstunden und erglühten mohnrot in der verlöschenden Sonne. In Nächten, in denen der Mond sein flüssiges Silber verströmte, stand die Felsmasse als schwarz glänzendes Schattenbild gegen den Himmel.

Tagsüber, wenn die Fliegen auf der Flucht vor der prallen Hitze im Schatten summten, zog Matali die Läden dicht. Nur das Krähen der Hähne und das Kreischen der Seilwinde eines Ziehbrunnens unterbrachen die Stille. Durch die dicken Mauern war das Innere des Hauses von der Hitze hermetisch abgeschlossen. Im Geruch von warmem Gips, Leder, Jasmin und Kräutern fühlte ich mich wie auf dem Deck eines Schiffes auf dem Weg in die Unendlichkeit.

Erst gegen Abend, wenn es kühler wurde, verließen wir das Haus. Tarek hatte mir Nails geschenkt, Sandalen aus purpurrotem Antilopenleder, wie er selbst sie trug. Die Sohlen waren so dünn, dass ich unter den Füßen die weiche, geschmeidige Masse des Sandes spürte. Wir schlenderten Hand in Hand langsam dahin. Wir hatten beide keine Lust, uns unter die Leute zu mischen: All die feinen, verwirrten Fäden, die uns mit den Menschen verbanden, schienen plötzlich zerrissen. Hier und da blieb jemand stehen, begrüßte uns würdevoll. Über dem Gesichtsschleier drückten die Augen Höflichkeit und verhaltene Neugier aus. Tarek blieb manchmal stehen, um mit jemandem kurz ein paar Worte zu wechseln. Er ließ meine Hand nie los.

Die Zeit der Dämmerung ist im Hoggar sehr kurz, schon schlug der Mond seine silberne Bahn ein und der Wind trug den Geruch von Holzkohlenfeuern herüber. Tarek legte seinen Arm um mich, trug mich beinahe, um mich eilends zurück nach Hause zu bringen, in unsere Zuflucht, in unser Reich, in dem die Lampen rubinrot leuchteten. Wir hörten uns die Lieder von Cat Stevens, Dusty Springfield und Maxime Le Forestier an. Wenn ich für Mariama die Marionetten in ihrem glitzernden Putz tanzen ließ, dann verwandelte das Spiel von Licht und Schatten das Zimmer in einen magischen Raum und zauberte an die von Kalk überzogenen Wände Vorhänge aus edlem Stoff. Die Deckenbalken schienen aus geschnitztem Ebenholz, aus dem Kupfer wurde Gold, das Glas funkelte wie Kristall. Omar und Ismain kauerten auf dem Teppich. Das Weiße ihrer Augen schimmerte im Halbdunkel. Sie sprachen nicht viel, kicherten leise, während Matali in der Küche nach Art der Tuareg Korn zwischen zwei flachen Steinen zermahlte.

Das Warten war zu Ende; die Zeit schien aufgehoben. Ich hatte mein Leben in Tareks Hände gelegt, ich gab mich ganz, weil ich alles wollte. Unsere Gedanken gingen Seite an Seite, einer im andern sich spiegelnd, Widerschein eines Widerscheins, Gleichklang und vollkommenes Echo. Sich sehen, miteinander reden, aber vor allem beisammen sein, Tag und Nacht, das war die Erfüllung, die Harmonie, der Friede, der sich wie eine heimliche Blüte, sorgsam behütet, in uns ausbreitete. Doch diese verborgene, empfindliche Veränderung meiner Seele zehrte an meinen Kräften: Ich war erschöpft und schlief im Stehen ein. Tarek spürte es mit der Feinfühligkeit, die nur er besaß. Die schützende beruhigende Zärtlichkeit, die er seiner kleinen Tochter zukommen ließ, übertrug er in unermüdlicher Wachsamkeit auch auf mich. Behutsam und geduldig geleitete er mich bei der Entdeckung meines neuen Ichs. Und bald schon hatte ich das Gefühl, als gäbe es nichts mehr außer dieser Übereinstimmung, dieser halb unbewussten und doch sehr klaren Begegnung unserer beiden Seelen.

Oft werden unsere Gefühle durch einen Instinkt, der Nachdenken überflüssig macht, geleitet. Ich merkte, wie wenig ich im Grunde Tarek gekannt hatte, als ich, im blinden Vertrauen zu ihm, die Rückreise nach Tam antrat. Ich hatte ihn als zurückhaltend, gemessen und ein wenig schwermütig in Erinnerung. Nun sah ich erst, wie wandelbar er war. Sein Gesicht, das unbeweglich ernst sein konnte, so ernst wie das eines Kindes, strahlte plötzlich voller Übermut; er konnte unbefangen arglos sein, sodass ich Tränen lachte und mich im nächsten Augenblick durch seine tiefe, geheimnisvolle Weisheit in Erstaunen setzen ließ.

An manchen Tagen ließen Kameltreiber ihre beladenen Mehara vor unserem Tor in den Sand knien. Sie kamen ins Haus, nachdem sie ihre Sandalen auf der Schwelle ausgezogen hatten. Es handelte sich, so hatte mir Tarek erklärt, um Tuareg vom Vasallenstamm der Dag Rali, die im Gebiet des Assekrem als Halbnomaden lebten. Sie fragten ihn um Rat in Bezug auf Abgaben von Vieh und Getreide, Streitigkeiten oder Verhandlungen. Manche baten ihn, für sie Gesuche um Steuererleichterung an die Verwaltung zu schreiben. An solchen Tagen erschien mir Tarek, wie er mir bei meinem ersten Besuch im Lager begegnet war: hoheitsvoll, faszinierend, das verschleierte Gesicht gekrönt von der stolzen Last seines Schesch. Ich bewunderte den leisen, höflichen Klang seiner Stimme, die ruhige Gemessenheit seiner Bewegungen. Die Dag Rali, untersetzte, dunkelhäutige Bergbewohner, schlürften geräuschvoll ihren Tee. Sie hoben den Rand ihres Schleiers mit zwei Fingern an, wobei der Mund nach Tuaregsitte bedeckt blieb. Sie verbreiteten einen starken Geruch nach Sand, Kamelschweiß und ranzigem Leder. Im Feuer ihrer dunklen Augen glühte die uralte Ehrerbietung, die den aus königlichem Geblüt stammenden Kel Rela seit Menschengedenken zuteil wurde.

Eines Morgens blieb mir vor Staunen der Mund offen, als Tarek, an Stelle der üblichen Gandura, in weißem Hemd und Jeans mit Ledergürtel erschien. Ich starrte ihn an: die goldbraune Haut, die feinen Gelenke, die schwarzen Locken, die ihm auf die breiten Schultern fielen. Einen Augenblick lang verlor ich den Kontakt zur Gegenwart, vergaß die Kaffeetasse, die ich in der Hand hielt. Ich stellte mir Tarek in den Straßen von Paris, Rom oder Genf vor, mit seinem ungezwungenen Auftreten, dem weichen, selbstsicheren Gang, dem ruhigen Blick. Ich dachte: Mensch, die Mädchen würden ihm nachrennen!, während er sich seelenruhig auf den Divan setzte und Mariama in die Arme nahm. Er küsste sie nach Art der Tuareg, indem er sie mit seinem Atem liebkoste.

»Was ist denn?«, sagte er lächelnd, als er mein verblüfftes Gesicht bemerkte.

Ich stammelte verwirrt: »Kommt es oft vor, dass du dich so anziehst?«

»Nein, nicht sehr oft. Nur, wenn wir nach Algier oder Oran gehen.«

Er erzählte mir, dass er zwei- bis dreimal im Jahr mit seinen Brüdern Achmed und Joji und seinem Schwager Rahim in den Norden reiste.

»Als wir das erste Mal nach Algier gingen, trugen wir die Kleidung der Saharabewohner. Die Leute auf der Straße starrten uns an, als ob wir seltene Tiere seien, und die Polizei hielt uns mehr als einmal an, um unsere Ausweise zu kontrollieren. Um in Ruhe gelassen zu werden, haben wir uns umgezogen und uns angewöhnt, in der Öffentlichkeit nur noch Arabisch miteinander zu sprechen. Wir gingen ins Kino und in die Bars. Meine Brüder waren der Meinung, dass ich mich zerstreuen müsste, um über Samiras Tod hinwegzukommen. Ich hab's dann auch eine Weile versucht, bis ich merkte, dass das zu nichts führte. Ich mag den Lärm und das Gewühl nicht, wenn alle Leute durcheinander reden und die Musik so laut dröhnt, dass man sein eigenes Wort nicht versteht. Ich ließ meine Brüder sich amüsieren und zog alleine los. Bei Bab-el-Oued befindet sich eine Mole an einem kleinen Kieselstrand. Dort habe ich öfter gesessen und die Fischerboote betrachtet. Am Strand hatte ich meine Ruhe. Wenigstens beinahe...« Er verzog das Gesicht zu einem Lächeln. »Letztes Jahr war in Algier ein Kongress afrikanischer Staaten und die Stadt wimmelte nur so von Polizeibeamten in Zivil. Einer tauchte plötzlich neben mir auf, verlangte meinen Ausweis zu sehen und beschimpfte mich wegen meiner langen Haare. Schämst du dich nicht, den afrikanischen Abgeordneten so ein verlottertes Bild der algerischen Jugend zu bieten? Verschwinde und lass dir deine Mähne scheren! Du siehst aus wie ein...!«

Er unterbrach sich und suchte nach dem Wort.

»Hippie?«, sagte ich zögernd.

Er lachte. »Ja, genau! Ich hatte keine Ahnung, was das heißen sollte. Ein junger Araber, der die Szene verfolgt hatte, erklärte es mir dann hinterher.«

Ich prustete in meinen Kaffee. Das war wirklich zu komisch!

Tarek fuhr fort: »Da der Araber einen freundlichen Eindruck machte, sagte ich ihm, dass ich ein Targi sei und dass bei uns die langen Haare als Vorrecht des freien Mannes gelten. Er antwortete daraufhin, die Minderheiten sollten auf ihre alten Bräuche verzichten und sich den Strukturen eines modernen Staates anpassen. Er hat mich wie einen Unwissenden zu belehren versucht. Statt mich mit ihm zu streiten, bin ich aufgestanden und weggegangen.«

»Hier in Tam«, fragte ich, »trägst du immer die Kleidung der Tuareg?«

»Immer«, sagte er ernst. »Das ist meine Art zu zeigen, dass ich ein Kel Rela bin, selbst auf die Gefahr hin, dass meine Weigerung mich anzupassen bedeutet, als Fremdling im eigenen Land zu leben.«

Ich schüttelte ungläubig den Kopf. »Wenn ich dich so reden höre, komme ich aus dem Staunen nicht mehr heraus. Du bist wie hundert Männer auf einmal!«

Er antwortete mit einem breiten Lachen: »Das gefällt mir, wenn ich für dich hundert Männer auf einmal bin. So wirst du meiner nicht so schnell überdrüssig!«

»Wie meinst du das?«

Er kniff belustigt die Lider zusammen und ich merkte, dass er mich neckt. »Wenn du nicht zu müde bist«, sagte er, »könnten wir morgen ins Lager nach Abalessa fahren. Ich möchte, dass du meine Mutter und meine Brüder kennen lernst. Der ältere, Joji, verlässt selten das Lager. Mein jüngster Bruder, Achmed, ist Techniker an der Radiostation in Tam. Im nächsten Monat wird er die Herden nach Tamesna begleiten müssen.« Er lachte. »Jetzt ist es an ihm, ›Frondienst‹ zu leisten!«

»Tamesna, ist das weit?«

»Ja, sehr weit, im Staate Niger. Die Weiden gehören uns von alters her, aber wir müssen Steuern zahlen, damit wir unsere Tiere über die Grenze bringen dürfen. Mein Vater wird sich um den Papierkram am Zollposten kümmern. Dann wird er nach Tam zurückkehren und es Achmed überlassen, die Bellahs, die Nomadenhirten, die die Herden bewachen, anzustellen und zu überwachen.«

»Ich habe gehört, dass deine Eltern getrennt leben«, sagte ich.

Er schien nicht überrascht, dass ich das wusste.

»Ja, seit bald zehn Jahren. Nach dem Unabhängigkeitskrieg hat mein Vater es vorgezogen, sich der muselmanischen Gesellschaft anzupassen. Er hat sich in Tam niedergelassen und geht täglich in die Moschee. Meine Mutter nicht. Sie hat sich geweigert, das Lager zu verlassen, und ist entschlossen, für den Fortbestand unserer Traditionen zu kämpfen. El Hadj Lachmi ben Hassan, der arabische ›Ratgeber‹ des Amenokals, fürchtet sie als politische Macht: Der ältesten Schwester des Königs steht das Recht zu, Einfluss auf die Djemaa, den Rat der Stammesältesten, auszuüben, da sie ihr Veto einlegen kann.«

Ich hatte meinen Kaffee ausgetrunken. Ich lag auf dem Divan, die Arme unter den Kopf verschränkt. Tarek neigte sich über mich und stützte sich auf einen Ellenbogen. Sein Haar streifte mein Gesicht, ich bewegte leicht den Kopf hin und her, um sein Streicheln auf Augen und Mund zu spüren.

»Um ehrlich zu sein«, sagte ich, »ich habe Angst, deiner Mutter zu begegnen!«

»Sei unbesorgt«, erwiderte er lächelnd. »Chelifa wird in deinem Herzen lesen. Sie irrt sich nie.«

Er zog Mariama an sich und sprach leise mit ihr. Das kleine Mädchen senkte die Wimpern und hörte ihm mit ernstem Gesichtchen zu. Dann sagte sie etwas, Tarek musste lachen.

»Ich habe ihr gesagt, dass sie während unserer Abwesenheit bei Matali bleiben muss, und sie wollte wissen, ob sie dann mit den Marionetten spielen darf. Ich habe ihr vorgeschlagen, damit bis zu deiner Rückkehr zu warten.«

»Warum willst du sie nicht mit ins Lager nehmen?«

»Wegen El Hadj Lachmi. Er wird daran Anstoß nehmen, dass Mariama die Worte des Gebets ›La illaha ill Allah, Mohammadan Rasoul Allah‹ noch nicht auswendig kann. Das bedeutet: ›Es gibt keinen andern Gott außer Allah, und Mohammed ist sein Prophet.‹ El Hadj Lachmi wird losschimpfen und mich des Kufr, der Weigerung, Allahs Wort zu hören, beschuldigen. Das ist eine Todsünde, die mit Höllenqualen bestraft wird.«

»Entsetzlich!«, seufzte ich, worauf wir beide in Lachen ausbrachen.

»Tarek«, fuhr ich nach kurzer Überlegung fort, »hast du noch nie daran gedacht, den Hoggar zu verlassen? Woanders hinzugehen?«

»Und wohin?«, fragte er. »In den Norden? Erstens habe ich keinen Schulabschluss, und selbst wenn ich das Geld zusammenbringen würde, um in Algier an Fortbildungskursen teilzunehmen, habe ich kaum Chancen, eine Stelle zu finden: In allen Großstädten gelten die Saharabewohner als niedrige Arbeitskräfte. Dass ich königlicher Abstammung bin, ändert nicht das Geringste, im Gegenteil: In einem sozialistischen Land ist das eher hinderlich!«

Er lachte, aber ohne Fröhlichkeit.

»Außerdem: Ich verrichte nicht meine täglichen fünf Gebete, gehe nicht in die Moschee, ich bin ein Ungläubiger, möglicherweise ein Reaktionär, also immer verdächtig, immer unter Beobachtung.«

»Und Europa? Du sprichst so gut Französisch!«

»Ich habe schon daran gedacht, nach Samiras Tod, als mir alles gleichgültig geworden war. Sidi Nadir hatte sich sogar angeboten, mir eine Ausreisebewilligung zu verschaffen. Ich weiß, dass ich dort leben könnte. Du bist Europäerin, ich bin ein Targi. Zwischen uns besteht nicht die geringste geistige Schranke, wir sind wie die Wurzeln ein und desselben Baumes. Die Hindernisse sind nur praktischer Art: keine Ausbildung, kein Beruf. Und dann ist da Mariama und noch etwas anderes...«

Er schüttelte traurig den Kopf.

»Nein, Sonia. Selbst wenn ich wollte und könnte, ich würde nie weggehen. Es wäre feige und egoistisch. Ich bin im Hoggar geboren. Hier lebt mein Volk. Das Privileg meiner Geburt legt mir auch Pflichten auf. Hast du die Augen der Nomaden gesehen, die mich um Hilfe bitten? Sie haben den Ausdruck von Menschen, die betrogen werden und nicht wissen, warum. Man hat ihnen jede Freiheit genommen, die ihnen so wichtig ist wie die Luft zum Atmen, und was hat man ihnen dafür gegeben? Vorschriften, Steuern, ein Stück Straße, die sie teeren müssen, Lastwagen, um zu den Bohrtürmen zu fahren. Niedergang, Elend...«

Seine Züge waren verkrampft, die Augen verdunkelt. Er sprach mit unterdrücktem Schmerz in der Stimme.

»Viele von ihnen wissen nicht, dass das der Anfang vom Ende ist. Sie leben weiter in ihrem eigenen, gewohnten Rhythmus. Vom Sinn des neuen Werdegangs verstehen sie nicht viel; sie spüren nur unbewusst, dass ihr Dasein in Gefahr ist. Diese Leute brauchen mich. Ich muss ihnen über den schwierigen Übergang hinweghelfen... der ins Nichts führt. Es ist leicht, im Kampf zu sterben: Eine Kugel schmerzt nicht, wenn sie die Brust durchdringt. Langsam sterben in Hunger, Not und Verzweiflung ist hingegen ein hartes, trauriges Schicksal...«

Seine Stimme war nur noch ein dumpfes, leidenschaftliches Flüstern. »Eines Tages vielleicht wird man von uns sagen: ›Sie waren geschaffen, um die Unendlichkeit zu durchschreiten, den Lichtspiegelungen entgegenzuwandern und in den Sternen zu lesen. Sie sind gestorben, wie sie gelebt haben, unerschrocken und frei.‹ An diesem Tag werden wir endgültig gesiegt haben, denn wir werden weiterleben in der Erinnerung, in der Legende, im Traum...«

Er senkte den Kopf. Ich blieb stumm, war niedergeschlagen und erschüttert. Warum, fragte ich mich, will eine Gesellschaft einen Menschen wie ihn in äußerliche religiöse Formen zwingen, wo er doch in seinem Herzen die Achtung, die Liebe zu den Geschöpfen trägt, und zu allem Sein, das den Inbegriff Gottes ausmacht?

Ich hob die Hände, streichelte sein von Bitterkeit gezeichnetes Gesicht, bis seine Züge sich entspannten und ich fühlte, dass er sich mir überließ. Die Worte, die ich sprach, ich hätte nie gedacht, dass ich sie empfinden, geschweige denn aussprechen könnte: »Ich liebe dich, du bist zärtlich und stark wie der Himmel. Wenn du lächelst, dann ist es, als ob du leuchtest. Du bist mein Freund, meine Liebe. Behalte mich bei dir, ich will dich nicht verlassen, nicht einen Tag, nicht einen Augenblick. Ich will mein Leben mit dir verbringen...«

Er schlang seine Finger um die meinen und presste sie an seine Wangen. »Du weißt, Sonia: Ich bin adlig, aber arm. Alles, was ich besitze, gebe ich dir. Ich habe ein bisschen Geld, den Rest meines Solds aus dem Militärdienst und was ich bei der Unterpräfektur verdient habe. Ich brauche es, um die Miete für dieses Haus und unseren Lebensunterhalt zu bezahlen. Ich könnte im Herbst meine Arbeit wieder aufnehmen, aber bis dahin muss ich etwas anderes finden. Sidi Nadir hat versprochen, mir zu helfen. Als Bürgermeister ist er stets auf dem Laufenden und kennt viele Leute.«

»Tarek«, sagte ich, »ich will auch arbeiten. Ich könnte Französischunterricht geben. Ich kann auch nähen, stricken, basteln, Säuglingspflege, ein Haufen nützlicher Dinge...«

»Zuerst«, sagte er liebevoll, »musst du Tamahaq lernen und auch Arabisch, das ist unerlässlich. Ich werde dir die Schrift beibringen. Dann werden wir weitersehen. Es könnte eines Tages nötig sein. Schau, Sidi Nadir bleibt nicht ewig Bürgermeister. Wird er abgesetzt und an seine Stelle irgendein Fanatiker geschoben, so werde ich bald der konterrevolutionären Umtriebe, der Subversion, des Kufr und was weiß ich noch alles beschuldigt werden. Wenn die Unterdrückung im Namen der Freiheit kommt, dann sind alle Mittel recht, um sich unbequemer Leute zu entledigen.«

Ich fuhr entsetzt hoch. »Wird man dich festnehmen?«

Er beruhigte mich mit einem Lächeln und drückte meine Finger. »Ja, wenn man mich mit einem Gewehr in der Hand antrifft, aber so dumm bin ich nicht! Ich lehne mich auf, indem ich meinen Leuten ein Beispiel der Treue gegenüber unserer Sprache, unseren Traditionen, unserer Kultur gebe. Wenn die Araber das durchschaut haben, bin ich geliefert. Sicher, meine Familie ist noch zu mächtig im Hoggar, als dass die Behörden es riskieren könnten, mich ohne ersichtlichen Grund zu verhaften. Es gibt subtilere Mittel: zum Beispiel mich mit so hohen Steuern zu belegen, dass mir jede Existenzmöglichkeit genommen wird. Es wäre mir egal, wenn ich allein wäre. Ich würde in der Wüste leben, mit einem Mehari und ein paar Ziegen. Aber ich habe dich und Mariama. Ich sah schon zu oft, wohin die Verzweiflung einen rechtschaffenen Mann führen kann, wenn Elend, Hunger und Krankheit ihn dazu zwingen, Anstand und Ehre aufzugeben...« Er lehnte ermüdet seinen Kopf an meine Schulter. »Sonia, ich gebe dir mein Leben und meine Liebe, aber ich werde dir nie Sicherheit und Wohlstand geben können.«

»Meine Sicherheit«, sagte ich, »bist du. Mein Wohlstand, das bist auch du, ich bin die reichste Frau der Welt. Selbst wenn wir dieses Haus verlassen, in die Wüste fliehen und in einem Zelt leben müssten, würde ich dir folgen. Wir werden zusammen kämpfen, und wenn wir leiden müssen, gut, dann werden wir eben leiden.«

Sein Kopf wurde schwer auf meiner Schulter. Ich spürte seine Wimpern auf meiner Haut. Mit glücklicher Stimme sagte er: »Lange bevor ich dir begegnete, sehnte ich mich nach dir. Ohne dich zu kennen, habe ich dich mir vorzustellen versucht. Ein Traum und eine Vision. Jetzt bist du bei mir. Wir werden nie mehr Unruhe oder Zweifel kennen, denn wenn der eine fragt, so wird der andere antworten...«

16. Kapitel

Wir brachen vor Morgengrauen auf. Matali hatte uns stark gesüßten Kaffee gekocht und den noch halb verschlafenen Ismain zum Bäcker geschickt, um frisches Brot zu holen. Mariama schmollte, als sie uns weggehen sah. Tarek küsste sie, strich mit beiden Daumen über die noch vom Schlaf verschwollenen Lider, flüsterte ihr mit geheimnisvoller Miene etwas zu, bis er sie schließlich zum Lachen brachte.

Es war schrecklich kalt. Ich hatte eine Dusche genommen, um mich etwas aufzuwärmen. Ich trug Jeans und einen peruanischen Poncho. Um die Haare vor dem Sand zu schützen, hatte ich sie geflochten und um den Kopf gelegt.

Der Himmel glitzerte eisig blau wie Jade. Auf den Bergkuppen schimmerte schon ein schmaler Saum von Licht. Angeführt von einem zerlumpten Hirten, überquerte ein Trupp magerer Ziegen die Hauptstraße von Tam. Der Staub ihrer Hufe hing in der Luft wie goldener Rauch. Das Brummen unseres Landrovers zerschnitt die Stille.

Straßenarbeiter in Serruels, den schmutzigen Schesch um den Kopf gewickelt, häuften Steine aufeinander. Ein riesiger, rostiger Transsahara-Lastwagen fuhr krachend und stinkend an uns vorbei. Und plötzlich schossen am blassrosa Horizont die Strahlen der Sonne wie glühende Pfeile empor und tauchten Himmel und Berge in feuriges Licht.

»Hier ist die Piste«, sagte Tarek. Wir hatten die Straße verlassen. Eine weiße Sandebene erstreckte sich zwischen rostroten Geröllhaufen. Radspuren liefen in Bändern auseinander, umgingen Unebenheiten und Gestrüpp.

Zwei Mehara mit braunem, struppigem Fell lagen mitten auf der Spur. Sie streckten ihre gefesselten Beine, um sich schwerfällig zu erheben. Tarek verlangsamte die Fahrt und lachte. »Du wirst gleich sehen, wie dumm sie sind!«

Ich wartete darauf, dass sie auswichen, aber nichts dergleichen geschah. Verblüfft sah ich, wie sie in hinkendem Trab stur vor dem Wagen liefen, stets in Gefahr, sich in den Stricken zu verfangen und auf die Nase zu fallen! Endlich konnte Tarek die Sandbänke umfahren und die Mehara überholen, die erschrocken und starrsinnig weiter geradeaus trabten. Ich erstickte fast vor Lachen.

»Das sind Azelraf, Lastkamele«, sagte Tarek. »Tagsüber sind sie fast blind.«

»Als du mich mit den Mehara abholtest, am ersten Abend«, gestand ich, »da bin ich beinahe gestorben vor Angst.«

Er warf mir einen schelmischen Blick zu. »Das hast du aber gut versteckt. Mir ist nichts aufgefallen.«

»Wem sagst du das? Im Übrigen bin ich entschlossen, mich an diese Tiere zu gewöhnen. Gib mir ein Mehari, ein braves, nicht allzu nervöses, und du wirst sehen…«

»Es ist leicht«, lächelte er. »Ich habe meine Mehara im Lager gelassen. Wir können jeden Tag reiten, wenn du willst.«

Die Piste lief zwischen schwarz glänzenden Basaltkuppen und schilfartiger Vegetation hindurch. Man konnte ziemlich schnell fahren; die Reifen sanken kaum ein auf dem hart gebrannten, flachen Sand.

»Schau!«, sagte Tarek.

Eine Gazellenherde stob aufgeschreckt davon. Fast schienen sie in der Luft zu schweben; sie berührten den Boden nur, um sich mit einem federnden Sprung sofort wieder zu lösen. Sie verloren sich in der Ferne, im flüssigen Blau der Luftspiegelungen.

Am späten Morgen stoppte Tarek den Wagen im Schatten einer Felswand. Wir holten den Proviant hervor. Ich faltete eine Decke auseinander, um sie auf den Boden zu legen.

»Pass auf die Skorpione auf«, sagte Tarek. Er untersuchte rasch den Boden und machte dann ein Zeichen, dass alles in Ordnung sei. Während ich die Decke ausbreitete und das Essen auspackte, sammelte er rasch ein paar Zweige, machte Feuer und setzte in einem kleinen Topf Wasser auf.

»Heute mache ich den Tee«, sagte ich.

Er lächelte belustigt. »Versuch's nur.«

Er beobachtete mich, während ich mir große Mühe gab, die Minze abzumessen, wie ich es hundertmal bei Matali gesehen hatte, und Brocken mit dem kleinen Kupferhammer vom Zuckerstock abzuschlagen. Er schaute zu, lächelte, half mir ab und zu mit einem Wort, einer Bewegung.

»Nun?«, fragte er, als das Gebräu fertig war.

Ich reichte ihm das Glas. Er schob den Schleier beiseite, um in die grüne Flüssigkeit zu blasen. Er kostete und sagte mit einem ironischen Leuchten in den Augen: »Er ist sehr gut.«

»Findest du?«, erwiderte ich skeptisch. Ich probierte meinerseits, würgte und hätte beinahe gespuckt. »Das ist... das ist ja grauenhaft!«

Er warf den Kopf zurück und lachte wie ein kleiner Junge, während ich ihm zerknirscht grinsend zuschaute.

»Entsetzlich! Es tut mir wirklich Leid! Es ist besser, wir schütten ihn weg, meinst du nicht?«

»Nein«, sagte er, plötzlich wieder ernst, »in der Sahara darf kein Tropfen Wasser verschüttet werden. Und außerdem wäre es respektlos, wenn ich den Tee, den du bereitet hast, ablehnen würde.«

Mit gespieltem Ernst tranken wir das scheußliche Getränk.

Ich meinte, Tarek jetzt zu kennen, und doch offenbarte er mir bei jeder Gelegenheit eine neue Seite seines Wesens. Er war bald nachdenklich, bald lustig, bald beherrscht, bald impulsiv, völlig frei von Egoismus, vertrauensvoll wie ein Kind und zugleich von unerschrockener Kraft und Ruhe. Seine Ausdrucksweise war wirklichkeitsbezogen und doch voller Nuancen und Symbole. Ich begriff, dass er seine Sicherheit, seine Ausgewogenheit der ihn umgebenden Natur verdankte, dass er von ihr abhing wie ein Blatt von einem Zweig. So wie die Wüste in trügerisch sanfter Schönheit heitere Morgendämmerungen, perlmuttschimmernde Abende, felsumsäumte Becken voll spiegelklaren Wassers, Täler mit blühenden Akazien offenbart, so vermag sie jederzeit treffsicher und hart jedes Wesen aus Fleisch und Blut anzugreifen, wenn diesem die Kräfte versagen. Eine derartige Natur bezwingt man nur mit ständiger Wachsamkeit und beharrlichem Willen zum Überleben. Nur weil Tarek im täglichen Daseinskampf eine harte Willenskraft entwickelte, konnte er heiter sein, frei von Komplexen, von Verwirrungen oder innerem Zwiespalt.

Nachdem wir etwas geruht hatten, prüfte Tarek den Motor und füllte Wasser im Kühler nach. Dann legte er sich wieder zu mir. Ich schmiegte mein Gesicht an seinen Hals und streichelte mit den Lippen seine weiche, glatte Haut.

»Tarek«, sagte ich, »könnten wir nicht heiraten?«

Er antwortete ruhig: »Für mich bist du schon jetzt meine Frau. Aber du musst wissen, wenn du mich heiratest, verlierst du einen Teil deiner Freiheit.«

»Warum?«

»Ob ich will oder nicht, ich bin Algerier. Ich müsste dich nach muselmanischem Brauch heiraten. Das algerische Gesetz benachteiligt die verheiratete Frau. Du kannst nicht mehr kommen und gehen, wie du willst. Ich möchte dich nicht einer Gesetzgebung ausliefern, die dir solche Fesseln auferlegt. Deshalb bitte ich dich, überlege es dir gut. Natürlich werde ich dich heiraten, wenn du möchtest.«

»Pass auf: Ich bin frech, eigensinnig und unerträglich.«

»Ich auch«, parierte er. »Hast du das noch nicht bemerkt?«

Eine Weile schauten wir einigen dünnen Wolken nach, die wie weiße Federn dahinglitten. Ich stieß einen Seufzer aus. »Eines Tages«, sagte ich träumerisch, »möchte ich, dass du mit mir nach Europa kommst.«

Er nickte. »Ich würde dein Land gerne kennen lernen. Weißt du, dass Karin Tanner es mir schon mehrmals vorgeschlagen hat?« Sein Gesicht wurde wieder ernst. »Aber wenn ich die Ausreisegenehmigung nicht bekomme, dann kehrst du allein in die Schweiz zurück, um deine Familie und deine Freunde wiederzusehen. Ich werde hier bleiben und auf dich warten.«

Wir erreichten das Lager in der Mitte des Nachmittags. Die Schatten wurden schon länger, der Himmel war noch ein einziges blaues Funkeln. Der Wagen folgte dem ausgetrockneten Bett des Wadi Tit, als sich plötzlich der rechte Uferhang auf eine sandige, von Büschen bewachsene Ebene hin öffnete, in der große Schilfseriba über eine weite Fläche verstreut lagen.

Tarek schaute mich lächelnd an. »Wir sind da.«

Wir rollten geradewegs auf die Hütten zu. Wie aus dem Nichts tauchte plötzlich ein Rudel Hunde auf und rannte uns bellend entgegen. Der kläffende Lärm zerriss die Stille. Eine Gestalt nach der anderen trat hinter den Asabars, den großen Grasmatten hervor, die als eine Art Vorhof die Eingänge der Seriba abschirmten. Die Männer trugen weiße, schwarze und leuchtend blaue Gewänder. Frauen sah ich keine. Ein Haufen schwarzer, zerlumpter Kinder lief auf das Auto zu, das Tarek unter einem Baum zum Stehen gebracht hatte. Er lächelte und berührte meine Hand. »Komm.«

Ich stieg aus dem Landrover. Ich war müde und ein wenig verlegen. Die Kinder schauten mich mit offenem Mund verschüchtert an. Ein großer, schwarzer Schäferhund stürzte sich japsend auf Tarek, leckte ihm die Hände und überschüttete ihn mit Zärtlichkeit. Tarek fasste den Hund, der außer sich war vor Freude, am Halsband und führte ihn zu mir. »Er heißt Driss.«

»Gehört er dir?«

»Ja, aber ich nehme ihn nie mit in die Stadt, weil die Leute ihn mit Steinen bewerfen würden.«

Driss beschnupperte mich. Ich mochte Hunde und ich streichelte ihn ohne Furcht. Er wedelte und rieb den Kopf an meinem Knie.

Eine in einen indigoblauen Schleier gehüllte Frau kam uns entgegen. Von hoher Gestalt, bewegte sie sich hoheitsvoll mit wiegendem, gemessenem Schritt. Ihr Gesicht hatte die Farbe dunklen Goldes. Das Alter hatte auf ihren Zügen nur geringe Spuren hinterlassen; ihre Mundwinkel waren leicht nach unten gezogen. Unter den blau geschminkten Lidern lächelten ihre samtbraunen Augen.

»Das ist Belata«, sagte Tarek. »Sie ist die jüngere Schwester meines Vaters. Ihr Mann befindet sich gegenwärtig mit einer Karawane im Niger.«

Belata raffte die Falten ihres Schleiers zusammen und reichte mir ihre schön geformte Hand, um deren Gelenk ein Armband aus schwarzem Horn lag. Ihre Fingernägel waren bis zum Nagelmond mit Henna rot gefärbt.

»Willkommen nach der langen Reise«, sagte sie mit gedämpfter, singender Stimme. Der Satz endete in einem Kichern. Sie hielt sich einen Zipfel ihres Schleiers vor den Mund und warf Tarek ein paar rasche Worte auf Tamahaq zu.

»Belata bittet dich um Entschuldigung«, sagte er zu mir, »sie schämt sich, weil sie so schlecht Französisch spricht.«

»Oh, das macht doch nichts.« Ich schüttelte befangen den Kopf.

Belata lachte. Die Fröhlichkeit eines jungen Mädchens leuchtete aus ihren Augen. Sie fügte noch etwas hinzu und Tarek übersetzte: »Belata meint, dass du sicher müde bist. Du möchtest dich bei ihr ausruhen und Tee trinken. Ich werde mich inzwischen um das Auto kümmern und meine Mutter benachrichtigen, dass wir da sind.«

Ich lächelte Belata zu. Sie nahm mich bei der Hand und führte mich mit sich. Ihre warmen, weichen Finger umschlossen sanft die meinen. Sie ging gelassen zwischen den schwarzen Kindern hindurch, die respektvoll zurückwichen. Durch Zeichen fragte sie mich, ob ich hungrig sei. Ich verneinte. Ohne meine Hand loszulassen, führte sie mich zu einer Seriba. Wir durchschritten den Vorhof. Die Küche befand sich im Freien, unter einem einfachen, durch Pfähle abgestützten Vordach. Ein alter Schwarzer, die Gandura zusammengerollt auf den knochigen Schultern, den Schesch tief über die Brauen gezogen, zerstieß Hirse in einem hölzernen Mörser. Ein kleines Mädchen in buntem Kleid blies in die Herdglut. Ich sah ein paar Töpfe, Holzteller und Holzplatten, Schüsseln verschiedener Größe, ein Mehlsieb aus Grasfasern, ein Teeservice auf einem großen Kupfertablett. An der Wand hingen Lederschläuche für die tagsüber hergestellte Butter, für frisches Wasser oder Buttermilch.

Ich zog meine Stiefel aus und betrat die Seriba. Es gab zwei Eingänge, die für erfrischenden Durchzug sorgten. Die Hütte, die von dicken Balken gestützt wurde, kam mir größer vor, als es von außen den Anschein hatte. Der Boden war mit Teppichen und Schaffellen bedeckt, auf denen bunte Lederkissen lagen. Nachdem sich meine Augen an das Halbdunkel gewöhnt hatten, erblickte ich an der Wand dieselben wunderschön gearbeiteten, mit Fransen verzierten Ledertaschen, die auch Tarek besaß und die das Wesentlichste des Mobiliars zu sein schienen.

Belata war draußen geblieben, um den schwarzen Dienern Anweisungen zu geben. Kurz darauf kam das kleine Mädchen herein und brachte Holz und ein gefülltes Kohlenbecken. Am Boden kauernd, warf sie mir einen scheuen Blick zu und entfachte die Glut. Der Diener erschien mit einem Stoß Decken beladen. Er bückte sich, um mir ein weiches Lederkissen hinter die Schultern zu schieben. Ich sagte nichts, ließ mich verwöhnen, in dumpfes Staunen gehüllt.

Das Mädchen brachte zwei kupferne Teekannen und ein Tablett mit frisch gespülten Gläsern. Dann zeichnete sich vor dem hellen Hütteneingang Belatas hohe Gestalt ab. Sie schlug das Ende ihres Schleiers zurück, an dem als Gegengewicht ein schöner kupferner Schlüssel hing, und setzte sich, um die Zubereitung des Tees zu überwachen. Ich beobachtete die Anmut ihrer Bewegungen, die Geschmeidigkeit ihres Rückens, ihrer Hüften. Von Zeit zu Zeit warf sie mir ein Lächeln, einen freundschaftlichen, fast schalkhaften Blick zu.

Ein Gleiten nackter Füße: Ein Mädchen, etwa zwölf oder dreizehn Jahre alt, trat ein. Unter ihrem türkisblauen Schleier, der sie wie ein Blütenblatt umschloss, trug sie ein weißes Kleid, um den Kopf hatte sie ein buntes Tuch geschlungen. Ein wunderschönes, rautenförmiges Silbergeschmeide schimmerte auf ihrer Brust.

»Meine Tochter Lila«, sagte Belata.

Feierlich reichte Lila mir ihre kleine mit Ringen geschmückte Hand. Sie setzte sich mit gekreuzten Beinen etwas abseits. Der rasche Atem hob und senkte ihren Schmuck, der im Halbdunkel glitzerte. Als ich sie anlächelte, senkte sie die langen Wimpern und biss sich verlegen auf die Lippen.

Ich wunderte mich kaum mehr. Jede Überraschung wurde bedeutungslos im Vergleich zu dem Glücksgefühl, das mich erfüllte. Die Augen schließen, sich diesem strengen, wunderbaren Frieden hingeben, dieser Höflichkeit, die aus der Tiefe der Zeiten zu kommen schien! Ich fühlte mich wie die Saite einer Gitarre, die bei der geringsten Berührung zu schwingen beginnt. Das Verlangen, Tarek zu sehen, jetzt gleich, meine Lippen auf seinen Hals zu legen... Ich drückte das Kissen an mich und vergrub mein Gesicht darin, aus Angst, man könnte meine Erschütterung bemerken. Ich atmete den vertrauten Geruch von Leder, Talg, Minze und Sand ein. Alles verwandelte sich: Die Wirklichkeit wurde zum Traum, der Traum drang in mich ein, erleuchtete mich wie die Sonne...

Der Klang einer Stimme, das leise Geräusch von Sandalen, die ausgezogen werden. Zwei junge Leute erschienen im Gegenlicht, bückten sich, um die Seriba zu betreten. Barfuß stellten sie sich neben das Kohlenbecken, um mich zu begrüßen. Der Erstere trug das Gewand der Tuareg: die geschlitzte Gandura, den schwarzen Serruel. Er war unwahrscheinlich groß und schlank, ein Riese, zugleich geschmeidig wie ein Schilfrohr. Unter der hohen Krone seines Scheschs sah ich nur seine glatte Stirn, den feuchten Glanz seiner Augen. Die Hand, die er mir reichte, war dunkler als die von Tarek, lang und außergewöhnlich fein.

»Das ist Joji«, sagte Belata. »Er kann kein Französisch.«

»Guten Abend«, sagte ich lachend und der Riese antwortete mit einem Schließen der Augen.

»Und das«, sagte Belata, »ist Achmed.«

Er verschwand völlig hinter seinem Bruder: Ich neigte mich zur Seite, um ihn zu sehen. Im gleichen Augenblick machte Joji ebenfalls einen Schritt zur Seite und befand sich wieder direkt vor meiner Nase. Wir mussten alle lachen.

»Mein Bruder braucht immer zu viel Platz«, sagte eine

lachende, ein wenig atemlose Stimme und meine Hand streifte diejenige Achmeds.

»Oh, Sie sprechen ja Französisch!«, rief ich erfreut aus.

Er lachte. »Ich gebe mir Mühe.«

Er trug Jeans und ein Hemd mit hochgekrempelten Ärmeln. Mit seinen breiten Schultern und den schmalen Hüften bewegte er sich anmutig, lässig und doch beherrscht. Er setzte sich neben mich, kreuzte seine langen Beine, sein Gesicht erschien voll im Licht. Er hatte Tareks Augen: dieselben zarten, braun glänzenden Lider, dieselbe goldene Iris, gesäumt von schwarzen Wimpern. Von hier ging das Lächeln aus, das sich dann über das Gesicht ausbreitete. Doch die Züge waren anders: ausgeprägter, knochiger und trotzdem noch kindlich.

»Tarek hat mir gesagt, dass Sie in der Radiostation von Tam arbeiten.«

»Ja, aber ich muss den Job nächsten Monat aufgeben, um mit den Herden nach Tamesna zu gehen.«

»Ich weiß, Tarek hat es mir erzählt.«

Er brach in ein ungestümes Lachen aus und wiegte sich dabei leicht über seinen gekreuzten Beinen hin und her. »Dann wissen Sie ja alles!«

»Fast«, sagte ich lächelnd.

Er blinzelte mir zu. Seine Unbefangenheit gefiel mir. Joji, der ältere Bruder, sagte kein Wort, beobachtete mich nur aus seinen sanften Augen. Ich hörte ihn atmen.

»Freuen Sie sich darauf, nach Tamesna zu gehen?«, fragte ich Achmed.

Sein ausdrucksvolles Gesicht verdüsterte sich.

»Nicht besonders. Wissen Sie, das ist kompliziert bei uns. Die städtischen Zentren sind übervölkert. Man prügelt sich um eine Stelle. Wenn mein Vater mich mit den Kamelen auf die Weide schickt, laufe ich Gefahr, bei meiner Rückkehr arbeitslos zu sein. Die Algerier schenken uns nichts. Auf der andern Seite muss man den Eltern gehorchen. Wenn wir die Pacht nicht bezahlen, sind wir verloren und können krepieren von Hunger. Ich habe Typen gesehen, die nichts mehr hatten, die den Schmuck ihrer Frauen, ihre kupfernen Schlösser und ihre Ledertaschen verkaufen mussten. Wenn sie gar nichts mehr besitzen, gehen sie betteln und stehlen. Und die Dürre im Süden macht die Sache nicht besser...«

»Ja«, sagte ich, gerührt von der Bitterkeit in seiner Stimme, »Tarek hat mir das alles erklärt... Er hat mir auch von eurer Vergangenheit erzählt...«

»Was wissen Sie von unserer Vergangenheit?«, sagte auf der Schwelle eine spöttische Stimme.

Eine schlanke Gestalt erschien im lichthellen Rechteck des Eingangs. Der Junge, der mit leichten, federnden Schritten näher kam, trug Cordhosen, ein Hemd aus rosa Krepp und ein Tuch um den Hals. In seinem blassen, regelmäßigen Gesicht mit der leicht gebogenen Nase und den schön geschwungenen Lippen leuchteten Augen, schwarz wie Kohle. Sein an den Schläfen gelocktes Haar ließ den Hals frei. Er sah aus wie einer dieser italienischen Sänger, die sich im Getöse ihrer elektrischen Gitarren winden, und nicht wie ein Targi. Ich biss mir auf die Lippen und es gelang mir, nicht zu lachen.

»Guten Abend. Sie müssen Rahim sein, der Lehrer. Tarek hat mir von Ihnen erzählt.«

»Ach, wirklich?«, sagte er spöttisch. Er streifte nicht meine Hand, wie die Tuareg es tun, sondern schüttelte sie nach Art der Europäer. Er setzte sich und forderte Joji mit einer Handbewegung auf, ihm eine Zigarette zu geben. Er schob sie zwischen die Lippen und zündete sie an einem Feuerzeug an. Seine Augen schimmerten wie lebendige, kalte Steine. Schillernde Blicke trafen mich. Unter seiner Unverschämtheit spürte ich seine Verwirrung: Es gelang ihm nicht, mich einzuschätzen. Nachdem ich mich von meinem Staunen erholt hatte, begann ich mich zu amüsieren. Ich kannte diesen Typ: Es gab eine Menge davon in den Gängen der Uni. Dieser hier hatte in Frankreich studiert, man merkte es. Ich würde schon mit ihm fertig werden, aber wehe, wenn er sich an Tarek heranmachte! Der bloße Gedanke, dass man ihn verletzen oder ihm Schaden zufügen konnte, machte mich finster, mitleidlos, aggressiv.

Er stieß den Rauch durch die Nase.

»Ist es das erste Mal, dass Sie ein Tuareg-Lager betreten?«

»Ja.«

Sein Blick traf mich. »Ziemlich aufregend, was? Bringt eine gewisse Abwechslung zu Komfort und Spannteppichen...«

Ich wusste, der Kampf hatte begonnen. Ich gab mich uninteressiert. »Eine Abwechslung, ja«, sagte ich kühl.

Belata goss den Tee aus hoch erhobener Kanne sprudelnd in die Gläser. Sie drehte sich anmutig über ihren gekreuzten Beinen und reichte mir das erste der drei rituellen Gläser. Ich wollte es nehmen. Doch Rahim kam mir zuvor, nahm es Belata aus der Hand und reichte es mir.

»Der Willkommenstee«, sagte er feierlich.

Wie zufällig streifte seine Hand die meine. Ich zog sie etwas zu rasch zurück. Ein paar Teetropfen fielen auf den Teppich.

»Zu heiß?«, bemerkte er ironisch.

»Ich mag das«, sagte ich ungerührt.

Schweigend trank ich meinen Tee. Alle Blicke ruhten auf mir: die klaren Augen Belatas, die schüchternen ihrer Tochter. Und auch die freundlichen Augen von Joji, die leidenschaftlichen, unbefangenen von Achmed. Rahims hochmütiger Blick schien zu sagen: »Ich weiß nicht, wer du bist, aber ich werde es herausfinden!« Und ich antwortete durch den bloßen Ausdruck meines verschlossenen Gesichts: »Provoziere mich nicht, sonst verbrennst du dir die Finger!«

Und dann fiel ein Schatten auf den Sand vor dem Eingang zur Hütte. Tarek erschien, ruhig, heiter, ganz in Weiß gekleidet, und sogleich hatte ich das Gefühl, als sei ich allein mit ihm in der Seriba, allein mit ihm auf der Welt, als sei ich immer schon allein mit ihm gewesen. Er zog seine türkisbestickten Sandalen aus, begrüßte jedermann freundlich und setzte sich dann neben mich. Mit einer umfassenden Gebärde und einem Lächeln in den Augen sagte er: »Meine Familie.«

Ich lächelte zurück.

»Wir haben uns schon kennen gelernt.« Rahim zündete sich eine neue Zigarette an. Jede seiner Bewegungen war von verhaltenem Ungestüm beherrscht. Und doch hatte er sich verändert. Sein Lächeln war ohne Arroganz, ein fast schüchternes Leuchten lag in seinen Augen.

»Ich habe meine Mutter besucht«, sagte Tarek zu mir.

»Wie geht es ihr?«

»Besser. Sie möchte dich morgen früh sehen. Der Amenokal ist nicht da. Er ist in Silet, etwa 50 Kilometer von hier, und wird erst in ein paar Tagen zurückkommen.«

»Du hast den Augenblick ja gut gewählt«, bemerkte Rahim in beiläufigem Ton. Er hatte Französisch gesprochen.

Tarek schüttelte ruhig den Kopf. »Ich war nicht unterrichtet.«

Kurz vor Einbruch der Dunkelheit ließ der schwarze Diener ein Becken und einen kupfernen Wasserkrug herumgehen, damit wir uns die Hände waschen und den Mund spülen konnten. Dann brachte er in einer großen Holzschüssel mit Korbdeckel dampfendes Couscous mit Gemüse, gekochten Eiern und einer roten Sauce. Es gab auch Salat, ein Luxus auf der Speisekarte in der Sahara. Jeder Gast bekam einen Löffel, denn die Tuareg essen, im Unterschied zu den anderen Wüstenvölkern, nie mit den Händen. Der Schwarze stellte vor die Gastgeberin eine Schale mit Ziegenfleisch, das sie verteilte, wobei sie darauf achtete, dass ich die schönsten und saftigsten Stücke bekam.

Ich hatte großen Hunger: Ich liebte das Brennen des Pfeffers auf Zunge und Gaumen, das sich mit der kühlen, säuerlichen Buttermilch löschen ließ. Meine Müdigkeit war verflogen, ich fühlte mich in Hochform. Wir lachten und scherzten. Rahim hatte lange genug in Europa gelebt, um von Umwelt und Sprache geprägt zu sein. Seine Wortspiele und Andeutungen, die mich zum Lachen brachten, waren Tarek fremd. Es lag nicht in seiner Art, zu theoretisieren, dafür war er viel zu unabhängig und ausgeglichen. Es schien mir, Rahims Gerede war nichts als ein Abschätzen der Kräfte. Ich zerbrach mir den Kopf, um zu wissen, was er damit erreichen wollte. Nur Geduld, Mädchen!, dachte ich. Du wirst es schon herausbekommen!

Es war Nacht, als Tarek mich mit der Taschenlampe zu einer Seriba am Rande des Wadi führte. Er reichte mir das Licht, während er einen Schlüssel aus der Brusttasche seiner Gandura holte, um das kupferne Schloss an der Kette vor der Tür zu öffnen.

»Wem gehört diese Seriba?«

»Mir. Ich habe viele Teppiche hineinlegen lassen. Du wirst gut schlafen heute Nacht.«

Ich trat mit bloßen Füßen ein. Es war angenehm warm. Der Wind, der durch das Strohgeflecht drang, rief ein leises Geräusch hervor, wie Schwirren von Insektenflügeln. Im Schein der Taschenlampe sah ich in einer Ecke einen Kamelsattel aus leichtem Holz stehen. Die Außenseite des Handgriffs und die mit rotem Leder überzogene Rückenstütze waren mit Kupferbeschlägen und buntem Stickereiteil verziert.

Ich strich bewundernd mit der Hand darüber und Tarek sagte: »Es gibt mehrere Arten von Sätteln. Diesen hier nennt man Tamsak. Ich habe ihn bei einem Schmied in den Akr-Bergen machen lassen. Wenn er dir gefällt, kannst du ihn morgen beim Reiten benutzen.«

Er umschloss mit beiden Händen meine Taille, hob mich mit einer Armbewegung hoch. Dann kauerte er sich mühelos mit mir nieder und legte mich auf den Boden. Langsam begann er eine Haarnadel nach der anderen aus meinen Haaren zu lösen. Ich bewegte leicht den Kopf hin und her.

Ich fragte leichthin: »Was denkt deine Familie eigentlich von mir?«

Er lächelte. »Sie finden dich sehr hübsch«, lächelte er.

Ich runzelte die Brauen. »Rahim traut mir nicht.«

Ich spürte, wie sein Atem kurz stockte, während er langsam und geschickt meine Zöpfe auflöste und die Finger durch das weiche, noch warme Haar gleiten ließ. »Warum meinst du das?«, fragte er zärtlich. »Belästigt er dich?«

»Nein. Er ist herausfordernd, weiter nichts.«

»Soll ich mit ihm sprechen?«

»Warte ...!« Ich lachte leise. »Wir verstehen uns bestens. Lass mich das auf meine Art erledigen.«

»Rahim hat ein seltsames Leben geführt«, meinte Tarek. »Ich habe dir von dem französischen Lehrer erzählt, der fünf Jahre bei uns gelehrt hat. Er hatte Rahim gern. Er hat für ihn eine Ausreisegenehmigung erwirkt und ihn mit nach Lyon zu seiner eigenen Familie genommen. Er ermöglichte ihm, die Oberschule zu besuchen. Rahim hat sich sehr schnell angepasst.«

»Allerdings!«

Tarek fuhr fort: »Wir dachten alle, er würde in Frankreich bleiben. Doch eines Tages kam er zurück. Niemand hat je erfahren, warum. Er nahm in Algier an Kursen in arabischer

Sprache teil, um Lehrer zu werden. Die Unterpräfektur von Tam hat ihn dann vor zwei Jahren angestellt. Seit seiner Rückkehr gibt er sich alle Mühe, sich der islamischen Lebensweise anzupassen, seine Gebete zu verrichten und in die Moschee zu gehen. Und doch …«

Er zögerte. Ich spürte, wie er nach den passenden Worten suchte. »Schau, seine Seele ist gespalten, sie besteht aus zwei Schichten. Zuunterst befinden sich die tiefen Gefühle, die Liebe zu seiner Familie und zu seinem Volk. Darüber liegen die Ideen Europas und der nur verstandesmäßig erfasste Einfluss des Islams. Seine Freundschaften und Zuneigungen spielen sich innerhalb dieser Zwiespältigkeit ab. Er lebt in Unruhe, im ständigen Gegensatz zwischen Denken, Vernunft und Instinkt.«

Er sann einen Augenblick vor sich hin und seufzte schließlich: »Er ist sehr unglücklich, weißt du …«

Ich griff mit beiden Händen in meine Haare und schüttelte sie, damit sie über die Schultern fielen. Dann neigte ich den Kopf und lehnte meine Stirn an Tareks Knie.

»Wie klug du bist, dass du das alles verstehst.«

»Warum sollte ich es nicht verstehen?«, erwiderte Tarek sanft. »Er ist von meinem Blut.«

Und dann küsste er mich, und es kam die süße, sengende Lust, die wir nicht aufhalten konnten. Noch nie war unsere Liebe so rückhaltlos gewesen, und ich konnte mich später, zwischen Schlaf und Wachen, dem Gedanken hingeben, dass alles, was uns als Hindernis erschien, nur eine flüchtige Verdunklung war, ein Nebel, der bei Tagesanbruch verschwand.

17. Kapitel

Der Vorhof der Seriba war sehr geräumig. Die Sonne brannte bereits, aber es war noch kühl im Schatten der Schilfwände. Chelifa saß auf einem Gazellenfell, den Stock, der sie beim Gehen stützen sollte, in Reichweite. Sie hielt das Ende ihres schwarzen Schleiers vor den Mund und beobachtete mich mit eindringlichen, funkelnden Augen. Verschüchtert schaute ich zu Boden. Eine Fliege summte vor meinem Gesicht. Tarek stand schweigend neben mir. Ich musste völlig verstört ausgesehen haben, denn seine Hand streifte plötzlich die meine; die flüchtige Berührung gab mir Mut. Ich strahlte Chelifa an, dann wurde ich schrecklich rot und starrte wieder auf meine Füße.

Chelifa gab einen kurzen Befehl. Schritte knirschten im Sand. Ein Schwarzer, so groß und breit wie Matali, tauchte hinter dem Asabar, auf. Er kniete neben Chelifa, die ihm den Arm um die Schultern legte. Sanft und respektvoll hob er sie hoch und trug sie in die Seriba. Tarek berührte mich am Arm. »Komm.«

Ich zog meine Stiefel aus und trat ein. Im Gegensatz zu der blendenden Helligkeit draußen war es in der Hütte sehr dunkel. Chelifa saß trotz ihres Leidens aufrecht auf dem Teppich, ordnete ihre Gandura und strich die Falten ihres Schleiers glatt. Der Schwarze, der hinausgegangen war, kam wieder und brachte ihr den Stock. Chelifa stieß ihn mit einer ungeduldigen Gebärde zurück. Ihr Gesicht, von der Seite her gesehen, ließ nur ein leuchtendes Auge erkennen, schimmernd wie eine Gemme aus Porzellan.

»Setz dich«, sagte Tarek leise.

Ich gehorchte. Trotz der Kühle im Raum fühlte ich, wie mir der Schweiß über den Rücken lief und meine Bluse feucht wurde. Im Vorhof blies der Schwarze die Glut an und setzte Wasser auf. Ich freute mich auf den Tee. Meine Kehle war so trocken, dass sie brannte.

Chelifa begann zu sprechen. Ihre Stimme war tief, kehlig und ein wenig atemlos. Tarek übersetzte: »Meine Mutter heißt dich willkommen. Sie ist glücklich, dich kennen zu lernen. Sie glaubt, dass alle unsere Handlungen irgendwo vorgezeichnet sind, noch ehe wir sie vollbringen. Unsere Begegnung ist vom Schicksal gewollt und wir müssen sie annehmen.«

Chelifa ließ mich nicht aus den Augen. Ihr bläulich schimmernder Blick war seltsam fern und eindringlich zugleich. Sie schien auf eine Antwort zu warten. Ich biss mir auf die Lippen und schaute Tarek hilflos an. Er nickte mir beruhigend zu. »Hab keine Angst. Sprich! Ich werde übersetzen.«

»Gut…«, stotterte ich. »Ich… ich möchte ihr sagen, was in mir vorgeht, was ich empfinde hier bei euch… Sag ihr, ich hätte das Gefühl, schon lange mit den Ihaggaren verbunden zu sein, sie seit Ewigkeit zu kennen, als wären sie mir schon in einem früheren Leben begegnet. Jeder Mensch findet früher oder später die Heimat seiner Seele. Die Ereignisse meines Lebens haben sich Stein auf Stein aneinander gefügt, um mich schließlich in den Hoggar zu führen. Kehrte ich jetzt nach Europa zurück, würde ich eine Fremde sein…«

Chelifas Hand strich den Schleier aus der Stirn. Ihre scharf geschnittenen Züge waren von jener reinen, strengen Hoheit, die mit der Zeit ein edel geformtes Gesicht annimmt. Mir war, als suche ihr Blick auf den Grund meiner Seele zu dringen.

Sie begann zu sprechen. Husten schüttelte ihre Brust. Ihre Lippen waren trocken und aufgesprungen. Sie musste Fieber haben. Tarek übersetzte gleichzeitig und ohne Zögern, sodass ich den Eindruck hatte, durch seinen Mund die Worte der alten Frau zu hören.

»Dieses Land gehört den Ihaggaren. Es ließ sich hier gut leben. Unser Volk hat hier seine Wurzeln. Berge und Täler waren sein Besitz. So war es immer, so weit die Erinnerung unseres Volkes reicht. Heute sind im Hoggar große Veränderungen im Gange. Viele Menschen, viele Dinge werden davon betroffen. Mein Herz ist schwer vor Trauer, denn ich kann die Aufgabe, die ich mir gestellt habe, nicht erfüllen. Indessen, wir sterben jeden Tag ein wenig, und wenn der Tod kommt, gilt es, ihn ohne Bitterkeit entgegenzunehmen. Ich werde in Frieden sterben, denn ich habe das Glück in den Augen meines Sohnes gesehen…«

Die Stimme Tareks und die der alten Frau verstummten gleichzeitig. Chelifa neigte ihr Haupt. Sie schien in sich zusammenzusinken. Ihre Hand griff tastend nach dem Stock, zog sich jedoch wieder zurück. Schon hatte sie sich aufgerichtet. Ihr Blick erwachte, leuchtete schwach. Ihre Lippen bewegten sich: »Ja. Du kannst es verstehen, du…«

Eine Stimme? Ein Gedanke? Ich hatte Tarek den Satz nicht übersetzen hören und doch klang er wie ein Echo in meinem Bewusstsein. Chelifa hatte sich von dem sie stützenden Kissen aufgerichtet. In ihren Augen las ich unendlichen Stolz, der sich in ferne, längst vergessene Zeiten zu verlieren schien. Was ich in mir fühlte, dieses Vibrieren, dieses unsichtbare Band des Lichts, ich hätte ihm keinen Namen geben können. Mein Geist war ohne persönliches Denken, ein klarer Spiegel, der nichts andeutete, aber auch nichts verfälschte. Ich hörte

Chelifa etwas sagen. Sie wies auf eine hölzerne Schatulle, die mit Kupfer beschlagen und nach Tuareg-Art mit einem Schloss versehen war.

Tarek hob die schwere Truhe auf und stellte sie vor seine Mutter hin. Chelifa wählte einen Schlüssel aus dem Bund, der an ihrem Schleier hing, und reichte ihn Tarek, der das Schloss öffnete. Die alte Frau wühlte in der Truhe und nahm schließlich ein silbernes Brustgeschmeide heraus, das an einem geflochtenen Lederband hing. Es war ein ungewöhnliches Schmuckstück, viereckig und ungefähr handflächengroß. Die vier Arme eines Kreuzes waren in das Metall graviert. In der Mitte erhob sich eine kleine Pyramide aus schwarzem Holz, gekrönt von einem winzigen Silberkügelchen. Mit einer Handbewegung deutete Chelifa mir an, den Kopf zu neigen, und legte mir den Schmuck um den Hals.

Tareks Stimme war leise vor unterdrückter Erregung: »Meine Mutter schenkt dir dieses Geschmeide, das wir Teraut nennen, denn sie betrachtet dich fortan als ihre Tochter.«

Ich berührte die Silberplatte. Sie war kühl und sehr schwer. Das feine eingravierte Muster war mehr als nur ein ornamentales Motiv, es schien einem wohlbegründeten Einklang zu unterstehen. Ich warf Tarek ein schüchternes Lächeln zu.

»Was – was bedeutet dieser Schmuck?«

Meine Hand ruhte in seinen zarten, gebräunten Händen. Ich sah seine Augen im Halbdunkel der Seriba leuchten.

»Der Teraut ist sehr alt. Man sagt, die Silberschmiede, die ihn herstellen, geben die Geheimnisse der Urzeiten vom Vater auf den Sohn weiter. Der Teraut vereint in sich die Symbole vom Entstehen und Werden des Universums, vom Kreislauf der Gestirne und dem Schicksal der Menschheit – aber nur wenigen ist es vergönnt, den verborgenen Sinn zu deuten. Du hast das Recht ihn zu tragen, denn du bist jetzt eine der Unsrigen.«

Ich richtete den Blick auf Chelifa. Sie lächelte mir zu, sanft und gütig. In ihren von Krankheit gezeichneten Zügen lag ausgeglichene Willenskraft. Impulsiv beugte ich mich vor, drückte meinen Mund auf ihre Schulter, dankbar und glücklich, und atmete den scharfen Geruch von Fieber, Schweiß und Alter ein.

Goldbrauner Hitzedunst lag über der Erde. Die Felszacken zitterten in der dünnen Luft, verschwammen wie Erscheinungen. Auf weißen Mehara, Zaumzeug und Zügel mit Kupferglöckchen und bunten Wollfäden verziert, folgten wir langsam den Windungen der Piste. Kein Laut war zu hören, außer dem Pfeifen des Windes, dem heiseren Atem der Kamele und dem gedämpften Knirschen ihrer Schritte im Sand.

»Bist du nicht müde?«, fragte Tarek.

Ich verneinte lächelnd, wie immer gerührt von seiner ständigen Fürsorge um mich. Er hatte sein Versprechen gehalten.

Jeden Morgen beim Aufwachen knieten die Mehara schon fertig gesattelt und gezäumt vor unserer Seriba. Mein Tier kannte ich bereits: Es war Iuinaran, die Stute mit den blauen Augen, auf der ich damals in Tam geritten war. Tareks Mehari, Atlar, ein Falbe, war groß und arrogant, mit weißen Fesseln. Ich hatte immer etwas Angst vor ihm.

Wenn wir abends den Rückweg ins Lager einschlugen, fiel er stets von selbst in Trab. Tarek hielt ihn mit einem Fersendruck, einer kurzen Drehung der Zügel zurück und ich bewunderte die außerordentliche Gewandtheit, wenn er, scheinbar mühelos, das riesige Tier in vollem Schwung auf der Stelle stoppte.

Ich hörte viel über die Mehara: Die Auswahl begann schon bei den Jungtieren. Je nach Stärke und Fähigkeiten wurden sie als Last- oder Reittier bestimmt. Die Rennkamele wurden sorgfältig ausgebildet; sie mussten besonders gelehrig und folgsam sein.

»Eine Arbeit, die viel Geduld und Einfühlungsvermögen erfordert«, erklärte mir Tarek. »Die jungen Mehara sind sehr widerspenstig. Sie schlagen und beißen und ertragen nur schwer den Zwang von Zaumzeug und Sattel. Aber so störrisch sie auch sind, wir behandeln unsere Tiere immer mit Rücksicht. Ein Mehari zu quälen, gilt als Schande.«

Als wir vom ersten Ritt zurückkamen, konnte ich mich kaum noch im Sattel halten: Mein Hintern brannte, der Rücken war steif und die Oberschenkel waren durch das ständige Reiben des Sattelgriffs wund gescheuert. Ich glaubte, keinen Schritt mehr gehen zu können, ohne vor Schmerz aufzustöhnen. Nach und nach gewöhnte ich mich daran. Es war weniger eine Frage des Willens, eher der Eitelkeit: Ich hatte es satt, unter den verhalten spöttischen Blicken der Kel Rela wie ein Sack daherzuschaukeln! Schon nach ein paar Tagen konnte ich Iuinaran traben lassen. Ich liebte es, wenn ich spürte, wie das Tier plötzlich seine Muskeln spannte und sich seltsam lautlos in Bewegung setzte. Mein gelockertes Rückgrat folgte geschmeidig dem Rhythmus des Trabens. Der Wind blies mir um die Ohren. Auf dem hellen Sand sah ich meinen mit dem Tier verschmolzenen Schatten neben mir über den Sand huschen. Die ganze Wüste gehörte mir! Ich fühlte mich sicher, stark und frei, frei wie sonst niemand auf der Welt...

»Siehst du«, sagte Tarek lachend, »ich habe dir ja gesagt, du wirst es schnell lernen!«

Driss, der schwarze Schäferhund, begleitete uns. Er folgte den Kamelen in großen Sprüngen. Nach ein oder auch zwei Stunden schalteten wir eine Rastpause ein. Tarek fesselte die Kamele und ließ sie weiden. Er löste den Schesch, raffte die Ärmel der Gandura über die Schultern, wurde zum Hirtenprinz mit langen, schwarzen Locken, der mich an die Hand nahm, um mir die Geheimnisse der Wüste zu zeigen.

Während wir durch den Sand schritten, presste er seine Handfläche auf die meine und er lachte sein Kinderlachen. Driss rannte zwischen den Felsbrocken herum. Ab und zu legte er sich erschöpft in den Schatten eines Felsens, hechelte mit heraushängender Zunge. Seine Flanken bebten. Er kratzte sich: Flöhe und Zecken plagten ihn. Wir nahmen ihn auf die Knie und suchten sie ab. Danach sprang er wie toll um uns herum, rollte sich am Boden, bewarf uns mit Sand.

Vor nicht allzu langer Zeit hatte es in Abalessa geregnet. Der Hoggar wurde ein Paradies. Heuschrecken hüpften im Gras, der Boden war voll weißer Trüffeln. Die Asphodelos-Schmetterlinge mit ihren irisblauen Flügeln schaukelten trunken in der Morgensonne. Inmitten von Schilfrohr, an dem sich wilde Reben rankten, glänzte klares grünes Wasser in Becken aus hellem Granit, Fische glitten unter die bemoosten Steine, die glasklaren Flügel der Libellen surrten über dem Kiesgeröll.

Ich hatte das Gefühl für die Zeit verloren, war wie mit ihr verschmolzen. Tag um Tag offenbarte sich mir das wechselnde Gefüge des Himmels und der Erde, all die mannigfaltigen Wunder des Lebens: ein neugeborenes Mehari, das zitternd sich zum ersten Mal auf seine Beine erhebt, eine Horde zerlumpter Kinder, behängt mit Amuletten, strahlend vor Schönheit und Kraft, ein feuchter, prall gefüllter Wasserschlauch, ein Krug mit süßer Buttermilch, um den brennenden Durst zu löschen…

Das Leben der Wüstenbewohner besteht aus einer Unmenge winziger, genau zu beachtender Einzelheiten. Tarek lehrte mich die Vorzüge und Gefahren bestimmter Pflanzen zu erkennen, zeigte mir, wie man in den kaum merkbaren Schwingungen von Licht und Dunst die Geburt eines Sandsturmes beobachten konnte. Großartig und unvorstellbar enthüllte sich die Wüste in den kleinsten Teilen ihrer Struktur: In Tareks Händen verwandelte sich Sand in schimmernden Topas oder zart glänzende Perlen. In einer seidigen Blütenkrone glitzerten, kaum sichtbar, winzige Lebewesen wie Tautropfen. Ich erkannte die Übereinstimmung des unsagbar Kleinen und des grenzenlos Weiten in der Harmonie des Universums, die einzige Wahrheit und die einzige Macht. Der Nebelstrom der Milchstraße schwang sich über die ganze Breite des Himmels, wie Fackeln glühten die Sterne, deren Namen Tarek mir beibrachte. Und ich begriff, warum sein Geist, der immer wieder Altüberkommenem aus Jahrmillionen gegenüberstand, sich über Zweifel und Niederlagen hinweg diesen tiefen, dauerhaften Frieden erkämpft hatte.

An jenem Tag hatte Tarek mich zu einem der Anbauzentren unweit des Lagers geführt, die man »Gärten« nennt und die man überall im Hoggar in der Nähe von Quellen findet. Ein Schwarzer im hoch geschürzten Serruel führte einen Esel, der das Wasser an Seilen aus dem Brunnen schöpfte. Ein trichterförmiger Ledersack, der Tirest, hing an einem der Seile, das über das Holzrad des Brunnengerüstes lief. Das Schöpfwasser wurde in kleine Kanäle geleitet. Dämme steuerten den Wasserstrom in die einzelnen Gartenfelder; dort gab es Gemüse, Salate und niedere Obstbäume.

»Wem gehört dieser Garten?«, fragte ich.

»Den Kel Rela. Wir haben Glück in Abalessa: Das Wasser enthält weder Magnesiumsalze noch Kalzium. Das ist der Grund, weshalb sich unser Lager schon seit vielen Jahren in dieser Gegend befindet.«

Der Schwarze kam näher. Er grüßte uns respektvoll, wechselte mit Tarek ein paar Worte. Darauf entfernte er sich und kam kurz danach zurück mit einem Salatkopf in der Hand, den er mir reichte. Es wäre mir nie in den Sinn gekommen, diese Geste lächerlich zu finden, denn ich wusste, welche Bedeutung der kleinsten Frucht, dem geringsten Gemüse in der Sahara zukommt. Vorsichtig legte ich den Salat in die Tasche, die an meinem Sattel hing.

»Tanemered, vielen Dank«, sagte ich gerührt. Tarek pfiff Driss herbei. »Was ich dir zeigen wollte, liegt dort unten.«

Er wies auf eine quadratische Anhäufung von Lavagestein, auf dem sich die Sonnenstrahlen in glühenden Funken brachen.

»Das Grab von Tin-Hinan.«

Ich hielt die Hand über die Augen und blinzelte. Der schwarze, schimmernde Hügel schien Natur- und Menschenwerk zugleich, ursprünglicher Fels und Keim des Lichts. Verträumt sagte ich: »Als ich im ethnografischen Museum von Algier zum ersten Mal den Namen Tin-Hinan hörte, da war mir ganz seltsam zu Mute. Schau, auch jetzt wieder!« Ich zeigte ihm meinen Arm, auf dem sich eine Gänsehaut gebildet hatte.

»Warum?«, fragte er erstaunt.

»Ich weiß es nicht. Ich glaube, dass ich damals schon eine Ahnung von dir in mir trug, noch ehe ich wusste, dass es dich gab.«

Er nickte ernsthaft. »Meine Mutter hat sich nicht geirrt. Es war vom Schicksal bestimmt...«

Wir ritten auf das Grabmal zu. Die weichen Sohlen der Mehara schritten lautlos und sicher über das Geröll. Kurz vor der Grabstelle ließ sich Tarek zu Boden gleiten. Er hielt mir die Arme entgegen und half mir aus dem Sattel. Hand in Hand erklommen wir die aufgeschichteten Steinblöcke, über denen die Hitze zu knistern schien. Der Himmel umgab uns wie eine Kuppel aus funkelndem Kristall. Fasziniert stieg ich über diese Felsbrocken, die seit Urzeiten tot waren, zu Glas geworden, fast spiegelglatt.

»Hier entsprang einst die unterirdische Quelle des Wadi Tit«, sagte Tarek.

Ich lehnte mich atemlos an seine Brust. Mein Blick schweifte über den nackten Fels, der keinen Ausdruck, keine Qual und keine Erinnerung mehr kannte. Welches Geheimnis lag in dieser Stille, in dieser Leere? Welche Frage überdauerte in der gähnenden Muschel dieses Lavagesteins?

»Tarek, woher kommen die Ihaggaren?«

Er seufzte. »Viele Male, Sonia, habe ich mir diese Frage gestellt! Die Schriftzeichen, die unsere Ahnen in die Felsen geritzt haben, sind die gleichen, die wir auch heute noch verwenden, aber die Zeit hat ihre Bedeutung verändert. Niemand kann sie entziffern. Du weißt, bei uns sind die Schmiede die Hüter der Überlieferung. Einer von ihnen sagte mir einmal, wir seien das älteste Volk der Erde, unsere Zivilisation sei schon lange untergegangen, ehe die Ägypter ihre Pyramiden erbaut hätten...«

Er träumte einen Augenblick vor sich hin.

»Schau, zwischen Vorher und Nachher gibt es keinen Bruch, solange die Elemente einer Kultur sich wie sprudelnde Quellen in Raum und Zeiten ausbreiten. Aber wir haben das Ende des Kreislaufs erreicht. Unsere Generation wird die letzte sein, die sich das Bewusstsein ihrer Vergangenheit bewahrt hat. Die kommende wird anders beeinflusst. Herz und Geist werden sich verändern, die Gefühle sich nach anderen Formen ausrichten. Die Zukunft...«

Er unterbrach sich in einem dieser plötzlichen Anfälle von Schwermut, die ich schon oft bei ihm beobachtet hatte. Ich wusste auch, wie ich ihn beruhigen konnte. Sanft sagte ich: »Deine Zukunft ist Mariama. All dein Wissen, deine Gedanken und Gefühle werden weiterleben in ihr.«

Sein Ausdruck veränderte sich. Er lächelte sein schönes, warmes Lächeln und legte mir beide Hände auf die Schultern.

»Weißt du, warum ich dich liebe? Dein Herz findet immer

Worte, um Bitterkeit und Zweifel zu vertreiben. Dank dir weiß ich, dass meine Auflehnung weder eitel noch vergeblich ist; sie gehorcht einer tieferen Bestimmung. Sag mir das oft, sorge dafür, dass ich es nie vergesse.«

Er zog mich an sich. Seine Stimme, nun nicht mehr bedrückt, war die eines kleinen Jungen, von naivem Staunen erfüllt. »Aber unser Glück, woher kommt es – und unsere Freundschaft, unser Vertrauen? Kannst du es mir sagen, Sonia?«

Als wir den Rückweg einschlugen, wurde das Licht sanfter und die Hitze nahm ab. Der Himmel war ein einziges blaues Funkeln. Die Mehara folgten der Karawanenpiste, die als schmales helles Band zwischen dem Geröll hindurchführte. Hier und da lag zwischen zerbröckelter Felsoberfläche weicher, goldblonder Sandboden, der in der Sonne schimmerte. Im wiegenden Auf und Ab des roten Sattels, den Kopf leicht gesenkt, sang Tarek halblaut vor sich hin. Seine weiche, leise Stimme vermischte sich mit den fernen Lauten des Windes.

»Übersetz mir bitte dein Lied!«

Er lächelte. »Es ist ein sehr altes Lied, weit über hundert Jahre alt, glaube ich. Es lautet ungefähr so: ›Mein Goldfuchs-Mehari ist gefesselt in den Schluchten. An der Wasserstelle von Tirsin. Ein Schwert besitze ich und einen schützenden Schild, eine geladene Doppelflinte dazu. Schnell suche ich mein goldfarbenes Mehari, das aufrecht weidet. Ich lass es niederknien und spring in den Sattel, ein Schlag, und schon trabt es davon. Los jetzt, sage ich, es wird nicht mehr geschlafen! Noch zur Neige des Tages möcht ich bei den schönen Frauen sein, die am Fuße der kleinen Dünen beisammensitzen. Dort, wo sich Schleier aus weißer Wolle, silberne Ohrringe und lange schwarze Schleier ein Stelldichein geben...‹«

Er unterbrach sich plötzlich und kniff die Augen zusammen.

»Da unten ist ein Mann.«

Ich schaute in dieselbe Richtung, sah aber nichts.

»Wo?«

»Unter dem Baum, beim Wadi...«

Den Baum konnte ich sehen, er warf einen ovalen Schatten auf den Boden. Darunter erkannte ich mit Mühe einen braunen Fleck.

»Es ist Rahim!«, sagte Tarek.

Ich pfiff zwischen den Zähnen. »Allerhand, kurzsichtig bist du nicht!«

Rahim erwartete uns, die Hände in den Taschen seiner Jeans, den Pullover um die Schultern geschlungen. Seine Stoffschuhe gruben sich in den Sand, er mahlte an einem Kaugummi. »Ich habe mich gefragt«, warf er mir lässig zu, »wer wohl der Typ sein konnte, der da mit meinem Exschwager aufkreuzt.«

Er konnte mich nicht täuschen: Ich wusste ganz genau, dass er uns auflauerte. Er streichelte den Hals meines Tieres.

»Du hast Fortschritte gemacht in den vier Tagen.«

»Tarek ist ein guter Lehrer.«

»Und du eine gute Schülerin. Mit viel Lokalkolorit noch dazu. Dein Aufzug steht dir gut.«

Ich trug bei meinen Kamelritten stets einen Serruel und eine Gandura von Tarek. Er hatte mir auch gezeigt, wie man den Schesch schlingt, um die Haare vor Sand zu schützen.

»Wie oft ist sie gefallen?«, wandte sich Rahim fragend an Tarek, dabei seinen Kaugummi bearbeitend.

Tarek schüttelte lachend den Kopf. »Nicht ein einziges Mal!«

»Ich meine nicht nur vom Kamel«, sagte er anzüglich. Er musste den Zorn in meinen Augen gesehen haben, denn er grinste. »Na und? Die Wüste ist bestens geeignet für erotischkulturelle Ausflüge. Man nennt das Ortsveränderung.«

»Da so viel von Kamelen die Rede ist«, entgegnete ich eisig, »kann ich mir das Wortspiel ersparen!«

Er grinste noch breiter, ungerührt. »Wenn du dich da oben schon so wohl fühlst, dann kannst du auch nach Tam zurückreiten und mir den Landrover hier lassen. Ich bin es nicht mehr gewohnt, mir mit dem Tamsak den Hintern wund zu reiten, und ich werde neurotisch, wenn ich noch lange, ohne Abwechslung, in diesem gottverlassenen Lager sitzen muss!«

»Das ist eine blendende Idee!«, sagte ich herausfordernd. Dann stieß ich die Zehen in den Hals von Iuinaran. In meiner Wut musste ich zu fest gedrückt haben: Die Stute wich zur Seite und trabte los. Ich wäre um ein Haar im Sand gelandet. Schon hatte Tarek mich eingeholt. Der Atem der beiden Tiere ging im gleichen Rhythmus. Die dumpf stampfenden Füße hinterließen runde Spuren im Sand.

»Den werde ich beim Wort nehmen«, zischte ich. »Ich komme glänzend ohne seine Kiste aus! Er tut so, als habe er meinetwegen verzichtet!«

»Aber es war ja auch deinetwegen, dass ich den Wagen geliehen habe«, sagte Tarek treuherzig. Wir mussten beide lachen. »War das eben dein Ernst?«, fuhr er belustigt fort. »Fühlst du dich in der Lage, bis nach Tam zu reiten?«

Ich richtete mich mit unbekümmerter Miene auf und ließ die Zügel fahren. »Was denkst du?«

»Gut, abgemacht«, sagte er lachend. »Wir können es in einem Tag schaffen.«

Ich sagte ihm nichts von Rahims Anspielungen. Ich wollte ihn nicht verwirren oder ihm wehtun. Der andere da sollte bloß nicht so selbstherrlich auftreten. Ich würde ihn schon klein kriegen!

18. Kapitel

Länger als eine Woche lebte ich schon im Lager. Noch immer stand ich unter dem gleichen Zauber wie am ersten Tag. Die Tuareg beachteten die Fremde kaum, die sich unter sie geschlichen hatte. Einige von ihnen, hauptsächlich die Älteren, hoben niemals den Gesichtsschleier in meiner Gegenwart. Ich lernte, sie von weitem an ihrem Gang oder ihren Bewegungen zu erkennen, noch ehe ich in ihr Blickfeld kam oder ihre Stimme gehört hatte.

Belata beschäftigte sich oft mit Lederarbeiten. Ich schaute ihr gerne zu. Mit einer großen Nadel nähte sie die Lederstücke zusammen, die sie vorher lange gegerbt und gewalkt hatte, bis sie schmiegsam wie Samt wurden. Sie war gerade dabei, eine dieser wunderschönen großen Satteltaschen herzustellen, die ich schon so oft bewundert hatte. Sie arbeitete mit viel Sorgfalt und unendlicher Geduld. Die Tasche wurde mit langen, karminroten Fransen geschmückt. Die Linienornamente, die die breiten herabfallenden Bänder verzierten, entstanden durch Ablösen der Oberhaut. Sie wurden mit buntem Leder überklebt und mit Seidengarn bestickt. Belata hatte mir einen kleinen, hübsch geschmückten Beutel geschenkt, der an fein geflochtenen Schnüren um den Hals getragen wurde.

Lila, ihre Tochter, brauchte lange, bis sie ihre Schüchternheit überwunden hatte. Als sie endlich Vertrauen zu mir fasste, entdeckte ich, wie fröhlich und voller Schalk sie war. Einmal hatte ich ihr die Fingernägel rosa lackiert. Sie strahlte vor Freude, wirbelte herum und rief alle ihre Freundinnen zusammen, um sich bewundern zu lassen.

Tareks älterer Bruder, Joji, sprach zu meinem Bedauern kein Französisch. Zerstreute Gutmütigkeit schimmerte in seinen dunklen Augen. Beim Sprechen bewegte er unablässig die Hände. Ich starrte wie hypnotisiert auf seine langen, biegsamen Finger, die unglaublich gelenkig waren. Er war außerordentlich geschickt im Umgang mit Tieren, besonders mit kranken. Die Schwarzen brachten ihm oft neugeborene Mehari, die an Koliken litten oder von Dornen verletzte Ziegen. Joji nahm sie behutsam in die Arme. Seine geschmeidigen Finger glitten sanft wie eine Liebkosung über das schmerzverkrampfte Tier, das sich bald beruhigte und pflegen ließ. Er besaß erstaunliche Kenntnisse über allerlei Pflanzen, Blätter, Wurzeln und Körner, aus denen er Medizin herstellte, um Beschwerden wie Fieber, Kopfschmerzen oder Erbrechen zu lindern. Die Leute suchten ihn auf und fragten um Rat.

Es war zur Gewohnheit geworden, dass wir uns alle zum Abendessen in Belatas Seriba trafen. Rahim erschien selten, was mir nur recht war. Ich unterhielt mich viel mit Achmed. Mir gefiel sein offener Blick, sein strahlendes und unverfälschtes Lachen, das seine schönen Zähne entblößte. Seine Bewegungen waren lebhaft und doch verhalten beherrscht. Er war schlagfertig, witzig und, genau wie Tarek, von unendlicher Nachsicht und Geduld. Er besaß die sonst nur Kindern eigene Fähigkeit, sich in jedes Wort, in jede seiner Gebärden fast blindlings zu verlieren.

An jenem Abend streifte ich allein durchs Lager. Ein Mann hatte Tarek aufgesucht, um sich über den Verkauf eines Mehari beraten zu lassen. Der Singsang von Kinderstimmen, die das arabische Alphabet aufsagten, ließ mich vor Rahims Seriba stehen bleiben.

Die Sonne war im Sinken, die Luft war klar und kühl. Im Sand kauernd, wiederholten die Kinder in monotonem Tonfall die von Rahim vorgesprochenen Buchstaben. Es mochten ungefähr ein Dutzend Schüler sein, schwarze und weiße; die kleinen Mädchen trugen bunte Kopftücher über ihrem geflochtenen Haar und Pyjamahosen unter ihren Kleidern, eine von den Arabern übernommene Sitte. Die kleinen Jungen hatten die Köpfe kahl geschoren, mit Ausnahme einer einzigen Locke, die auf die Stirn oder über ein Ohr fiel. Alle trugen Lederamulette um den Hals.

Rahim sah mich neben dem Asabar stehen und grüßte mich mit einem kurzen Kopfnicken. Die Kinder folgten seinem Blick und stockten. Rahim warf ihnen ein paar zischende Laute zu. Sofort starrten alle wieder beflissen vor sich hin, bewegten nervös die Zehen und sangen mit gepresster Stimme weiter. Ich lachte und wollte weitergehen, doch Rahim hielt mich mit einer Handbewegung zurück. Er richtete einen kurzen Satz an die Kinder. Sie rafften ihre Bleistifte, ihre fettbeschmierten Hefte zusammen und drückten sich mit gesenktem Kopf an mir vorbei; ihr neugierig verstohlener Blick streifte mich aus den Augenwinkeln.

Rahim erhob sich geschmeidig, klopfte den Sand von seinen Jeans. Er klaubte ein Paket Gitanes aus der Tasche und schob sich eine Zigarette in den Mund. »Na, wie gefällt dir unsere Schule hier?«

»Interessant.«

Er zog die Schultern hoch. »Etwas Berufung gehört schon dazu.«

»Hast du sie vielleicht nicht?«

Er umging die Frage, steckte die Zigarette an und zog den Rauch durch die Nase. Sein Blick glitt abschätzend an mir herunter. »Sexy, wirklich. Die Wüstenluft scheint dir gut zu bekommen. Sag, sind Röhrenjeans jetzt Mode in Europa? Als ich in Frankreich war, trug man sie oben ganz eng und unten ganz weit.« Seine Finger streiften lässig meine Hüften. Ich sah ihn an, lächelte kaltschnäuzig und rührte mich nicht. Er zog seine Hand wieder zurück. Zwei, drei Kinder ließen uns nicht aus den Augen. Rahim rief ihnen ein paar Worte zu. Die Kinder machten ein erschrockenes Gesicht und liefen davon. Rahims Augen kehrten zu mir zurück.

»Hast du auch alles gut beobachtet und dir gemerkt, damit du später in Genf eine Menge erzählen kannst? Ferien in einem Tuareg-Lager... ein höchst romantisches Erlebnis! Vergiss nicht, die Fliegen, das Spucken und den allgemeinen Mangel an Hygiene zu erwähnen.«

»Und die Flöhe«, sagte ich. »Ich habe einige von Driss aufgeschnappt. Das juckt!«

Er lächelte kühl. »Ich habe mir schon immer den Kopf darüber zerbrochen, warum die Widerwärtigkeiten, die unserer unterdrückten Minderheit auferlegt sind, in Europa ein Übermaß an gefühlsduseliger Anteilnahme hervorrufen, während die Ausrottung der Pygmäen fast jedermann kalt lässt.«

»Vielleicht sind sie weniger verführerisch«, gab ich gelassen zur Antwort.

Jetzt lachte er höhnisch auf. »Du musst es ja wissen!«

Er ließ die Asche in den Sand fallen, verscharrte sie mit der Fußspitze. »Siehst du? Kein Aschenbecher und kein Loch im Teppich! Zurück zur Natur. Er hat dir also ein Haus gemietet...«

Er sprach von Tarek. Ich versteifte mich innerlich. Ein Alarmzeichen begann in meinem Kopf zu blinken. Er beobachtete mich mit kalten Augen unablässig. Ich fühlte, dass er bluffte. Sein Hohn verbarg Verwirrung, Misstrauen und noch etwas anderes, das ich nicht deuten konnte.

»Ja, und?«, fragte ich trocken.

Mit einer Geste deutete er auf die Seriba, die Strohmatten, die zerlumpten Schwarzen.

»Er wollte dir all das ersparen, gib's doch zu.«

Ich hob die Schultern. »Ist mir völlig schnuppe, in einer Seriba, einer Jurte oder einem Iglu zu leben, wenn es nur mit Tarek ist.«

Sein Blick leuchtete spöttisch auf. »Im Grunde hat er's mit dir gar nicht so schlecht getroffen. Du bist hübsch, gescheit und voller Idealismus. Du hast dich in ihn verknallt, nicht wahr?«

»Warum? Ist das so ausgefallen?«

»Für wie lange?«, schlug er schroff zurück.

Ich lächelte ruhig, freundschaftlich. Mir wurde langsam einiges klar. »Nun reg dich doch nicht auf«, sagte ich friedfertig.

Mit der Zigarette zwischen den Fingern strich er sich über die Stirn, als wäre er von plötzlicher Müdigkeit befallen. Ich betrachtete sein Profil im Licht der Abendsonne und wieder hatte ich den Eindruck, dass die Kel Rela wirklich ein besonderes Volk waren.

Er sagte in abwesendem Tonfall. »Seine Art, Mariama vom Lager fern zu halten, wird von manchen Leuten als sehr unpassend empfunden. Er irrt sich, wenn er glaubt, auf diese Weise Scherereien aus dem Weg zu gehen.«

Ich begann mich an sein sprunghaftes Wechseln des Gesprächsthemas zu gewöhnen. »Das geht nur Tarek etwas an«, sagte ich. »Sie ist seine Tochter.«

Er unterdrückte einen Hustenanfall. »Nicht so schnell, meine Hübsche! So einfach ist das nicht. Samira war meine Schwester. Unserer schönen matriarchalischen Überlieferung getreu ist der natürliche Beschützer eines Kindes nicht der Vater, sondern der ältere Bruder der Mutter. Dieses ausgeklügelte System hat den Vorteil, den Fortbestand des politischen Erbes zu gewährleisten und den Besitz der Familien zu sichern.«

Ich zog die Stirn kraus. »Was soll das heißen?«

»Ganz einfach das: Mariama ist Tochter des Tobols. Was ihre Erziehung und Zukunft betrifft, so habe ich auch ein Wort mitzureden.«

Ich betrachtete ihn gleichgültig. Ich fühlte mich überlegen, war sanft und gelöst. »Du weißt genau«, sagte ich ruhig, »dass du dich nicht einmischen wirst.«

Er zuckte zusammen. Die spöttische, gleichgültige Maske seines Gesichtes zerfiel, die dunklen Augen blickten plötzlich müde und traurig. Mit heiserer Stimme sagte er: »Versuche ihn zur Vernunft zu bringen. Er hat keine Chance, sich durchzusetzen. Er steht allein da gegen alle.«

»Er ist nicht allein«, erwiderte ich stolz. »Ich bin auch noch da.«

Sein Blick flammte auf. Er zischte: »Wenn du...«

Der Satz blieb in der Luft hängen. Leichte Schritte knirschten im Sand. Achmed näherte sich mit unglücklicher Miene. In den Armen trug er ein Zicklein, dessen Bein aufgerissen und blutverklebt herunterhing.

»Es ist in einer Felsspalte hängen geblieben. Der Knochen liegt frei. Ich kann Joji nirgends finden. Was soll man bloß mit dem armen Tier machen?«

»Braten«, sagte Rahim trocken. Er zerdrückte die Zigarette im Sand und entfernte sich mit seinen elastischen Schritten. Ich sah ihn in der Seriba verschwinden. Fast im selben Augenblick dröhnte der hektisch pulsierende Sound von »In-a-Gadda-Da-Vida« durch die Abendstille. Er musste einen Kassettenrekorder haben und wohl auch eine Reserve an Batterien.

Achmed und ich tauschten ein Lächeln aus. Ich wies mit

dem Kopf in Richtung der Seriba. »Ist er immer so?«

Achmed streichelte gedankenverloren das Zicklein. »Oft. Er redet sich ein, es sei unerträglich, hier zu leben. Alle zwei, drei Monate fährt er nach Algier, treibt sich in Bars und Diskotheken herum. Aber glaube mir: Sein Herz ist hier, unter uns. Nur will er es nicht wahrhaben.«

Seine weiche, gedämpfte Stimme, die Art, wie er beim Sprechen die Worte wählte, erinnerten mich in verwirrender Weise an Tarek. Er hatte den gleichen eindringlichen, klaren Blick, die gleiche ruhige Vernunft; er war zugleich unbefangen und ernst, voller Mitgefühl und trotzdem heiter. Das Zicklein meckerte kläglich. Ich besah mir die Hautfetzen, die an der Wunde klebten.

»Komm«, sagte ich, »ich habe Verbandszeug.«

Es wurde kühl, wie abends immer. Der Horizont glühte blutrot. Tarek saß vor der Seriba und erwartete mich. Im Halbdunkel sah ich von weitem das bläuliche Weiß seiner Kleider. Sah, wie er Driss streichelte, der vor ihm im Sand lag. Als er uns erblickte, stand er auf und half Achmed, das zitternde Zicklein zu beruhigen, während ich im Schein der Taschenlampe die Wunde desinfizierte und verband.

Eine hohe, schwarz gekleidete Gestalt tauchte aus der Dunkelheit auf. Ich erkannte Belu, den Diener Chelifas. Er richtete einige Worte an Tarek, der ein Zeichen der Zustimmung gab und sich dann mir zuwandte. »Meine Mutter möchte uns sprechen.«

Ich hatte den Verband umgelegt. Tarek goss aus einem Krug Wasser über meine Hände. Dann durchquerten wir das Lager, um uns zu Chelifa zu begeben. Hier und da blinkten Petrollampen in der vom Rauch der Holzfeuer erfüllten Dunkelheit. Tarek zog mich an sich und ich drückte das Gesicht an seine Schulter.

»Ich habe mit Rahim gesprochen. Er macht sich Sorgen um dich.«

» Ja, ich weiß. Was hast du ihm gesagt?«

»Dass wir zusammenhalten.«

Ein Lächeln füllte den glänzenden Spalt seiner Augen. »Das ist die Wahrheit.«

»Aber das wird ihn kaum beruhigen«, meinte ich.

»Er spielt seine Rolle schlecht«, erwiderte Tarek. »Und er ist nicht immer sehr einsichtig.«

Ein loderndes Feuer brannte vor der Seriba. Belu kauerte am Boden; sein Schatten zeichnete sich unter dem Vordach aus dürrem Astwerk ab. Das Geräusch klappernder Küchengeräte war zu hören. Eine Ziege meckerte in einem Schilfverschlag.

Wir streiften unsere Sandalen ab. Die Flammen warfen rötliches Licht in das Innere der Seriba. Chelifa lag ausgestreckt, den Ellbogen auf Kissen gestützt. Ihre sorgfältig geschminkten Augen leuchteten im Halbdunkel. Ein schwarzer, silberdurchwebter Schleier hüllte sie fast vollständig ein. Die ungeschickte Geste, mit der sie uns einzutreten bat, entblößte ihr verkrümmtes Handgelenk. Sie musste starke Schmerzen haben.

Tarek beugte sich schweigend über seine Mutter und nahm ihre Hand, die er zuerst an seine Stirn, dann an sein Herz legte, bevor er sich mit unterschlagenen Beinen vor ihr auf den Teppich niederließ. Ich verhielt mich ebenso. Chelifas Hand war heiß und trocken. Sie rang nach Atem. Ihre Stimme schwankte zwischen eintönigen Lauten und Flüstern. Ich hatte inzwischen etwas Tamahaq gelernt; es gelang mir sogar, einfache Sätze zu bilden, aber mein Wortschatz reichte nicht aus, um den Sinn der nuancenreichen Worte, die stoßweise über die Lippen der alten Frau kamen, zu verstehen.

»Ein Vertrauensmann meiner Mutter ist aus Silet gekommen«, übersetzte Tarek. »Der Amenokal und El Hadj Lachmi kehren morgen ins Lager zurück.«

Ein Hustenanfall schüttelte Chelifa. Sie hielt ein Tuch vor den Mund und bedeckte ihr Gesicht mit dem Schleier. Tarek senkte den Kopf. Stumm wartete er, bis seine Mutter erneut das Wort ergriff. Sie sprach jetzt unter hastigen, rauen Atemzügen. Ich spürte, wie Tarek sich verkrampfte. Seine empfindlichen Lider zuckten. Er unterdrückte eine knappe, heftige Bewegung. »Ein arabischer Kaufmann aus Silet wünscht Lila zur Frau.«

Ich starrte ihn entsetzt an. »Aber sie ist doch erst dreizehn Jahre alt!«

»Bei den Moslems werden die Mädchen früh verheiratet«, sagte Tarek zornig. »Der Mann hat den Antrag schon vor einigen Monaten gestellt, ist aber abgewiesen worden. Jetzt hat er den Amenokal ersucht, zu seinen Gunsten einzugreifen, in der Annahme, dass die Eltern nicht wagen werden, sich dem Wunsch des Herrschers zu widersetzen, aus Furcht, ihn zu beleidigen.«

»So ein Blödsinn!«, entfuhr es mir. »Wenn dieser Mann sich verheiraten will, soll er sich eine Frau unter seinesgleichen suchen. Warum ausgerechnet Lila?«

»Es handelt sich um eine politische Verbindung. Der Mann scheint wohlhabend zu sein und großen Einfluss zu besitzen. Lila ist zwar nicht Tochter des Tobols, da ihr Vater zum Vasallenstamm der Aît Loaien gehört, jedoch ist Belata eine Kel Rela, und du weißt, dass bei uns der Adel durch die Mutter übertragen wird.«

»Weiß Belata schon Bescheid?«

»Meine Mutter hat sie schon benachrichtigt. Sie wird versuchen, Zeit zu gewinnen und antworten, dass sie in Abwesenheit ihres Mannes keine Entscheidung treffen möchte.«

»Was sagt der Amenokal dazu?«, fragte ich betroffen.

Unbewusst hatte ich Tamahaq gesprochen. Es war ein einfacher Satz, den ich kannte. Chelifas Augen leuchteten überrascht auf. Sie antwortete: »El Hadj Lachmi spricht aus seinem Mund.«

Ich nickte; ich hatte jedes Wort verstanden. In meinem Herzen war langes Schweigen. Dann sagte ich gepresst: »Warum müssen wir so gedemütigt werden?« Wieder sprach ich Tamahaq: Ich merkte es nicht, denn meine Gedanken kreisten in weiter Ferne.

Ich sah nur, wie Tarek und seine Mutter einen Blick wechselten. Er beugte sich zu mir, seine Hand strich an meinem Arm entlang. Er verstrickte seine Finger mit den meinen, drückte sie fest. Seine Stimme klang leise und erregt. »Von nun an sind wir uns nicht nur im Herzen nahe, sondern auch im Geist, in der Vernunft, in der Sprache. Mir scheint, als lebten in uns Verbindungen wieder auf, die unsere Völker im Ursprung vereinten; als hätten wir uns schon immer gekannt, dann aus den Augen verloren, bis endlich das Schicksal uns wieder zusammenführte...« Die Leidenschaft seiner Stimme und die mystische Glut, die in seinen Augen brannte, erschreckten mich. Ich fühlte plötzlich die Verantwortung auf mir lasten, mit der ich mich belud, als ich die Liebe dieses Mannes erweckte. Aber ich wusste auch, dass sie mir leicht war, dass ich ohne sie nicht mehr leben konnte, dass sie der Inhalt meines Daseins war...

Tareks Finger umschlossen eng mein Handgelenk. »Wenn der Amenokal mich hier weiß, wird er mich sehen wollen. Ich werde seiner Einladung folgen müssen, jedoch lege ich Wert darauf, dass du mich begleitest. Danach werden wir das Lager verlassen.«

19. Kapitel

Wasser dampfte im Kupferkessel. Ich füllte zwei Löffel Nescafé in die Gläser, gab Zucker und Kondensmilch aus der Tube hinzu und goss das siedende Wasser darüber. Halb ausgestreckt auf dem Teppich, im Schatten der Schilfsmatte, schlürften wir behaglich das heiße Getränk. Jeder neue Morgen in der Wüste war ein Erlebnis, dessen Erinnerung mich den ganzen Tag, weit über die lähmende Schläfrigkeit der heißen Stunden hinaus, begleitete. Das kühle Licht, zart glitzernd wie eine Seifenblase, die vom Geruch des Sandes erfüllte Luft, das rosa Schimmern der aufgehenden Sonne, all das tauchte mich in eine Art verträumten Entzückens. Ich fühlte mich heiter, gelöst, berauscht vor Glück. Als wir den Kaffee getrunken hatten, machte Tarek den Vorschlag, einen Spaziergang zu machen.

Wir gingen in Richtung des Wadi. Unsere Sandalen hinterließen Spuren im weichen Sandteppich. Halbwüchsige führten Kamele zur Tränke. Beim leichten Schaukeln der Sättel zeichneten sich ihre schlanken, biegsamen Gestalten am funkelnden Himmel ab. Sie grüßten mit einer Handbewegung, einem schüchternen, doch selbstbewussten Lächeln. In ihren langen, kohlschwarzen oder braunen Haaren spielte der Wind.

Vögel sangen in den Büschen des Wadi. Tarek hatte Körner mitgebracht. Er streckte den Arm aus, sie flogen ohne Furcht herbei, pickten die Körner aus seiner Hand und schienen ihn als ein Wesen anzusehen, das ebenso vertraut mit den Geheimnissen der Natur war wie sie selbst. Später zeigte er mir ein flach liegendes Grasbüschel, das, vom Wind niedergebogen, unaufhörlich auf dem Sand kreiste. Dann wies er auf einen Strauch mit fleischigen, giftgrünen Blättern. Rosa schimmernde Blütendolden öffneten sich der Sonne entgegen.

»Das ist eine Defla. Sie sieht schön aus, aber berühre sie nicht: Ihre Blüten und Blätter enthalten ein gefährliches Gift.«

Plötzlich hob er den Kopf und lauschte.

»Was ist?«, wollte ich wissen.

»Da kommt ein Wagen. Der Landrover des Amenokals, nehme ich an.«

Ich horchte angestrengt und schüttelte schließlich den Kopf. »Tut mir Leid! Ich höre nichts!«

Er lachte. »Wir Wüstenbewohner haben feine Ohren!«

Er pfiff Driss zurück. Der Schäferhund kam uns in großen, Sand aufwirbelnden Sprüngen entgegen und Tarek fasste ihn am Halsband. Als ich endlich das Brummen des Motors vernahm, war der Landrover schon in Sicht: In einer Staubwolke folgte er den Windungen des Wadi, erklomm im Zickzack die sandige, mit Sträuchern bewachsene Böschung und schlug die Richtung ins Lager ein. Die verschleierten, hin und her geschüttelten Insassen waren nur undeutlich hinter den staubigen Fenstern sichtbar.

»Fährt der Amenokal selbst?«

»Nein, er sieht schlecht.«

»Wer sind die andern?«

»El Hadj Lachmi und Mohammed ag Mejia, der Amrar der Kel Rela.«

»Was ist ein Amrar?«

»Der Anführer unseres Stammverbandes. Er hat das Recht, bei Ratsversammlungen den Amenokal zu vertreten.«

Ich pfiff zwischen den Zähnen. »Alles hohe Tiere!«

»Ja«, grinste Tarek. »Man erwartet nun von uns, dass wir uns würdevoll benehmen.«

»Kannst du das?«, neckte ich ihn.

»Nicht, wenn ich verliebt bin«, entgegnete er schelmisch und wir lachten.

Dann wurde ich wieder ernst. »Tarek, was geschieht mit Lila? Kann der Amenokal die Eltern zwingen, ihre Tochter zu verheiraten?«

»Nein, zwingen nicht. Aber er kann einen moralischen Druck ausüben. Ungehorsam gegen den Amenokal kann eine ganze Familie in Verruf bringen. Wäre ich Lilas Vater, so würde ich einen Vorwand suchen, um das Mädchen unverzüglich fortzuschicken. Aber ich habe nicht viel Hoffnung. Die Autorität des Amenokals und der Einfluss El Hadj Lachmis belasten die Entscheidung der Eltern.«

Ich dachte an die fröhliche, intelligente, lebenssprühende Lila. Ihr Lebensraum, jetzt weit wie der Himmel, würde sich bald auf das Gefängnis der vier Lehmwände eines Hauses verringern. Sie würde selbst den Blicken ihrer nächsten männlichen Verwandten entzogen werden. Ihr von allen äußeren Einflüssen isolierter Geist würde sich nicht mehr weiterentwickeln können: Sie würde ihr Leben lang die Mentalität einer Halbwüchsigen beibehalten. Ich stellte sie mir vor, wie sie fünfmal am Tag ihre Gebete abstottern und im Geruch ihrer Küche, von einer Schwangerschaft in die andere geratend, ein eintöniges Dasein fristen würde...

Ich biss mir auf die Lippen. Ich war müde, angeekelt vom drohenden Schicksal Lilas, den Tränen nahe. »Kann man... wirklich nichts unternehmen?«

Traurig schüttelte er den Kopf. Wir gingen schweigend nebeneinander her. Der Himmel leuchtete über uns, ein leichter Wind bewegte die Büsche, in denen die Vögel zwitscherten, doch wir verspürten nichts mehr von der Heiterkeit des Morgens. Wir empfanden nur noch Verbitterung und ohnmächtige Empörung...

Am Nachmittag näherte sich ein mir fremder Schwarzer unserer Seriba. Er trug eine türkisblaue Gandura und eine Menge Lederamulette um den Hals. Ich war gerade dabei, mir über einem Becken die Haare zu waschen, und Tarek half mir dabei. Er ging dem Schwarzen ein paar Schritte entgegen, kam aber sofort wieder zurück. Ich hob den Kopf und verzog das Gesicht, denn Seifenschaum floss mir in die Augen.

»Der Amenokal erwartet meinen Besuch. Wir müssen hingehen.«

Ich lachte nervös auf. »Konnte er sich nicht einen besseren Augenblick aussuchen?«.

»Sei unbesorgt«, antwortete Tarek. »Die Saharaleute haben viel Geduld. Im Übrigen«, schloss er mit einem Lächeln, »möchte ich, dass du dich sehr schön machst.«

Er half mir, die Haare zu spülen. Ich wickelte sie in ein Handtuch und setzte mich in den Vorhof, um sie in der Luft zu trocknen und zu kämmen. Es war sehr warm; bald hüllten die von der Sonne vergoldeten Strähnen meine Schultern ein. Ich lehnte den Kopf an Tareks Knie und er bürstete behutsam mein Haar. Ich blinzelte in das strahlende Blau des Himmels. Ein schwarz und weiß gefleckter Geier schwebte in großer Höhe; ich hörte die Kamele stöhnen.

»Bedauerst du nicht, hierher gekommen zu sein?«, fragte Tarek halblaut. »Leidest du nicht zu sehr unter dem beschwerlichen Leben?«

Ich wandte den Kopf, um ihm in die Augen zu sehen. »Tarek, ich bin hier glücklich. Es ist... ja, es ist wie im Traum, aber du weißt, dass ich mich immer vor Träumen etwas fürchte.« Ich spürte das leichte Gleiten der Bürste in meinen Haaren.

»Träume«, sagte Tarek, »sind Spiegelbilder der Wirklichkeit, Äußerungen unseres Geistes. Sag, wovor hast du Angst?«

»Ich weiß es nicht. Vor Fernem, Unbestimmtem. Angst, dich zu verlieren, vielleicht...« Ich stockte. Plötzlich überfiel mich tiefer, verwirrender Schrecken. Es war, als ob sich die Welt verdunkelte. Er musste es gespürt haben, denn er beugte sich über mich und küsste meine Stirn.

»Du sollst nie Angst haben«, flüsterte er zärtlich. »Ich werde immer bei dir bleiben. Ich hab es doch versprochen...«

Die große Seriba des Amenokals befand sich mitten auf einer weiten, leeren Ebene, etwas abseits des Lagers: Sie war von weither sichtbar. Vor dem Eingang, unter dem Schutzdach aus Schilfrohr, lagen buntfarbige Teppiche ausgebreitet. Männer kauerten darauf. Etwas abseits, unbeweglich im Abendlicht, saß ein Targi, ganz in Weiß gekleidet. Lässig stützte er seinen Ellbogen auf ein wunderschön besticktes Lederkissen. Ein indigoblauer Überwurf lag, glänzend wie die Flügeldecken eines Skarabäus, auf seinen Schultern und fiel in steifen Falten über die Brust. Ein Streifen des gleichen metallisch schimmernden Stoffes schmückte den wie eine Krone geschlungenen Schesch. Selbst im Sitzen, mit untergeschlagenen Beinen, war er von außergewöhnlich hoher Gestalt. Der Amenokal, dachte ich. Eigenartige Empfindungen bewegten mich: Ehrerbietung, gleichzeitig Mitleid und Unbehagen. Sie schienen mir eine Spiegelung der Gefühle Tareks zu sein: Ich sah mit seinen Augen, spürte mit seinem Bewusstsein...

Zwei noch jüngere Männer hatten sich erhoben, die anderen blieben sitzen. Ich hatte mich schon an die zeremonielle Begrüßung der Tuareg gewöhnt, an das mit gedämpfter

Stimme zum Ausdruck gebrachte Willkommenheißen. Der Amenokal gab mir lässig ein Zeichen, näher zu treten. Ich berührte seine feuchte, etwas fiebrige Handfläche. Seinen Blick sah ich nicht: Er trug eine dunkle, im amerikanischem Stil eingefasste Brille. Später erfuhr ich von Tarek, dass er an einer Augenkrankheit litt.

Mit einer Handbewegung lud der Amenokal mich zum Sitzen ein und sprach dabei einige Worte. Seine Stimme hatte den dunklen, tiefen Klang einer bronzenen Glocke.

»Der Amenokal bittet dich, ihn zu entschuldigen«, übersetzte Tarek. »Er spricht nicht Französisch.«

Ich lächelte höflich. Ich fühlte mich durch seine nicht sichtbaren Augen abgeschätzt und gemustert; unbehaglich rutschte ich hin und her. All diese würdevollen Gestalten, so vornehm, dass man nicht mit den Wimpern zu zucken wagte, jagten mir Ameisen über den Rücken. Einer der Männer trug eine blaue Gandura, die nach arabischer Art nicht geschlitzt war; er machte einen gewöhnlichen Eindruck, saß da wie ein Sack, stocherte in den Zähnen. Sein gelber Schesch war schief um den Kopf gewickelt. Das aufgedunsene Gesicht wies unzählige Pockennarben auf. Diese unappetitliche Erscheinung musste der berühmte Hadj Lachmi sein. Obwohl seine schwarzen, unter buschigen Brauen liegenden Augen mich nur flüchtig streiften, war es mir, als glitte eine scharfe Messerklinge über meine Haut. Ich blickte nervös zur Seite. Der Schwarze, der Tarek die Einladung überbracht hatte, bereitete Tee. Ein Geruch von gegrilltem Fleisch lag in der Luft.

Hin und wieder stellte einer der Männer Fragen an Tarek, die dieser mit höflich zurückhaltender Stimme beantwortete. Seine ruhigen Augen, die gelassenen Bewegungen waren Ausdruck völliger Selbstbeherrschung.

Hadj Lachmi räusperte sich laut, bohrte mit den Zehen ein Loch in den Sand und spuckte hinein. Auf einem großen

Kupfertablett brachte der Schwarze den grünen, schäumenden Tee und die vorgewärmten Gläser. Tarek ergriff eins für mich und stellte es vorsichtig auf den Teppich. Der Diener reichte an Spießchen gegrilltes Hammelfleisch, das mit Fett umwickelt und noch halb roh war. Ich unterdrückte meinen Ekel und versuchte mir einzureden, es sei Kaugummi. Kaum hatte ich das Zeug heruntergewürgt, als mir der Schwarze schon eine weitere Portion brachte.

Hadj Lachmi rülpste lautstark. Er stand auf und richtete einige arabisch gesprochene Worte an Tarek. Dieser erhob sich schweigend und folgte ihm. Sie setzten sich abseits. Tarek strich mit den Fingern über den Sand, während ihn Hadj Lachmi mit einem Schwall eindringlich zischender Laute überschüttete.

Trotz der dunklen Brillengläser fühlte ich den Blick des Amenokals auf mich gerichtet, ich lächelte ihm gequält zu. Er gab ein Zeichen. Ein drittes Spießchen wurde mir zugeschoben, ich fühlte, wie sich mein Magen umdrehte. Meine Augen suchten Tarek. Ich sah ihn den Kopf schütteln und gelassen sprechen. El Hadj Lachmi presste die Lippen zusammen, erhob sich abrupt und kehrte an seinen Platz zurück.

Tarek setzte sich zu mir, er wirkte ruhig. Nicht die geringste Veränderung war bemerkbar, weder in der Stimme noch in den Bewegungen: Ich spürte jedoch, dass etwas geschehen war.

Der Amenokal sagte etwas, das mich betraf, und Tarek übersetzte: »Er hofft, dass du angenehme Tage im Lager verbringst.«

»Ja, danke«, erwiderte ich steif. »Mir gefällt es hier.«

»Er fragt, ob es dir an nichts fehlt.«

»Nein, an nichts!«

Die Stimmung war eisig. El Hadj Lachmi saugte geräuschvoll an seinen Zähnen. Er hatte wohl ein Geschwür wie Onkel Gilbert.

Der Amenokal wandte sich erneut an Tarek. Ich verstand den Namen Mariama. Mit ruhiger, höflicher Stimme gab Tarek die Antwort, die ich schon kannte: Das Kind sei schonungsbedürftig und die Sorge um sie erforderte unsere baldige Rückkehr nach Tam.

Der Amenokal machte eine Handbewegung, die uns zu entlassen schien, denn Tarek stand auf. Ehrerbietig berührte seine Hand die des Amenokals. Ich machte es ihm nach. Etwas schnürte mir die Kehle zu. Ich fühlte Mitleid mit diesem all seiner materiellen Macht entblößten Mann, der als Gefangener einer Legende und Symbol einer toten Vergangenheit sein Leben fristete; er war nur noch Stille, Traum und stumpfe Gelassenheit.

Die Hand Hadj Lachmis war rundlich und fettbeschmiert. Der kühle, unergründliche Funke, der in seinen Augen leuchtete, konnte Hohn bedeuten. Langsam, wortlos gingen wir zu unserer Seriba. Mir war übel, ich hatte Lust, mich irgendwo im Wadi zu verkriechen und einen Finger in den Hals zu stecken. Dieses verdammte Hammelfleisch! Alle starrten uns nach, es machte mich nervös. Am liebsten wäre ich losgerannt – aber was hätte das für einen Eindruck gemacht? So schritten wir würdevoll weiter. Ein Seitenblick auf Tarek zeigte mir, dass er mühsam seinen Zorn bändigte. Hinter dem Asabar ließ er seine Sandalen von den Füßen gleiten und holte hörbar Atem. Seine Spannung ließ nach; ich sah, wie sich seine Schultern lockerten.

»Was hat diese Eule von dir gewollt?«

»Er hat mir eine endlose Predigt über Glauben und Verblendung gehalten.«

»Wie erbaulich!«

»Er hat mir mit Allahs Zorn und der Strafe des Himmels gedroht, wenn sich mein Starrsinn weiterhin den Worten des Heiligen Buches verschließt.«

»So. Und was hast du ihm zur Antwort gegeben?«

»Dass meine Seele nicht käuflich sei!«

In einem Winkel unserer Seriba stand ein Krug mit Wasser. Ich füllte einen Schöpflöffel und gab ihn Tarek. Er zog seinen Gesichtsschleier herunter, um zu trinken. Ich füllte noch einen Löffel und leerte ihn in hastigen Zügen: Meine Kehle brannte. Tarek ließ sich auf den Teppich nieder und lehnte sich mit finsterem Gesichtsausdruck an das rot polierte Leder seiner Tamzak. Unvermittelt fuhr er fort: »Danach warf er mir vor, mich mit dir ins Gerede zu bringen.«

»Das geht ihn doch nichts an! Vielleicht hat er zu Hause einen ganzen Harem!« Ich schwankte zwischen Lachen und Entrüstung. Außerdem bekam ich Schluckauf. Ich presste die Hand vor den Mund.

»Seiner Auffassung nach beschmutze ich die Ehre meiner Familie, weil ich es zulasse, dass meine ausländische Konkubine dem Amenokal und dem Amrar, zwei sehr achtungswürdigen Persönlichkeiten, unverschleiert und ohne Kopftuch gegenübertritt.«

Vom Schluckauf geschüttelt, legte ich den Kopf an sein Knie und lachte aus Geringschätzigkeit und Liebe.

»Tarek, das ist schlimm! Wir sollten uns schämen! Wie hast du dich da bloß aus der Klemme gezogen?«

»Mit der Erklärung, dass wir heiraten werden, sobald du mich danach fragen wirst.«

»Allah sei ihm gnädig!«, stöhnte ich. »Dem werden heute Abend die Hammelspießchen schwer im Magen liegen!«

Je mehr ich über diese Sache nachdachte, desto komischer kam sie mir vor. Ich schüttelte mich vor Lachen. Tareks Züge entspannten sich. Er lächelte und streichelte meine Haare, der Wirklichkeit entfernt und unempfindlich geworden durch das Glück unseres Beisammenseins.

»Wenn du so lachst, bringst du mich ganz durcheinander.

Wo bleibt die demütige Reue, die wir empfinden müssten, jetzt wo wir auf frischer Tat des Kufr und der Unsittlichkeit ertappt wurden?«

»Aber ich möchte ja viel lieber heulen!«, stöhnte ich. »Ehrlich, ich habe Magenschmerzen und mir ist schlecht. Das ekelhafte Fleisch muss schon verdorben gewesen sein oder Hadj Lachmi hat Rattengift darüber gestreut!«

»Warum hast du es nicht zurückgewiesen?«

»Das ging doch nicht: Der Amenokal persönlich hat's mir angeboten! Wenn ich schon unverschleiert und sittenlos bin, kann ich mich doch nicht obendrein noch unhöflich benehmen!«

»Recht hast du, Sonia!«

Er legte mir die Arme um den Hals. Wir lachten und lachten und dann küssten wir uns und irgendwann vergaßen wir völlig, was sich zugetragen hatte und wo wir waren. Wir zerrten uns die Kleider vom Leib, liebten uns in besessener, herausfordernder Trunkenheit. Gemeinsam erlebten wir die steigende Lust, ließen sie kommen und pulsieren wie Wellen. Auf dunkle, geheimnisvolle Art fühlten wir, dass keiner niemals mehr Macht über uns haben würde. Es war längst zu spät. Unserer Liebe wurde ein Siegel aufgeprägt. Wir wussten um diesen Segen, um diese Kraft. Vielleicht würde sie uns nicht nur Glück und Freude bringen, sondern Trauer und Einsamkeit, aber auch Sieg über Furcht und Schmerz. Sie war Teil unseres Lebens geworden, nicht nur für diese Nacht, sondern für immer und ewig, solange die Sterne kreisten.

Kurz vor Nachteinbruch querte Tarek das Wadi, um die Mehara von der Weide zu holen; wir wollten am nächsten Morgen in aller Frühe das Lager verlassen. Ich war in der Seriba geblieben und packte Zeug in meine Tasche, als leichte Schritte draußen im Sand knirschten.

»Tarek?«, rief ich, überrascht, dass er schon so schnell zurück war.

»Tut mir Leid, dich enttäuschen zu müssen!«, sagte eine spöttische Stimme.

Rahims Gestalt zeichnete sich im Halbschatten des Eingangs ab. »Können wir einen Augenblick reden?«

»Komm herein«, sagte ich.

Er schnürte seine Schuhe auf und hockte sich mit untergeschlagenen Beinen auf den Teppich. Ich drehte das Licht der Sturmlaterne heller und stellte sie in die Mitte der Seriba. Er fischte eine Zigarette aus der Tasche seiner Lederjacke und zündete sie an. Ich setzte mich ihm gegenüber auf die Fersen und strich die Haare zurück, die mir ins Gesicht fielen. Er beobachtete mich schweigend.

»Nun?«, fragte ich.

»Du hast tolles Haar«, brummte er.

»Danke. Das haben schon andere vor dir festgestellt. Wenn du gekommen bist, um mir das zu sagen...«

Seine Zähne blitzten im Schein der Lampe. »Lass mir doch etwas Zeit, dich zu bewundern. Morgen verschwindest du und dann bleiben in diesem elenden Wüstencamp nur noch Mädchen mit fettglänzenden Zöpfen zurück, die sich kichernd unter ihren Schleier verkriechen. Ich werde züchtig reden müssen, mein gestörtes Unterbewusstsein verdrängen und eine verborgene Wunde in mir herumtragen. Und du liebst mich nicht, Sonia.«

»Sag mal, bist du gekommen, um mir deinen Seelenzustand zu beschreiben?«

»Nein«, entgegnete er schroff. »Es ist deiner, der mich interessiert.«

Ich steckte den Hieb ein. Dieser Junge mit seinem frechen Mundwerk, den spöttisch traurigen Augen brachte mich ins Wanken. Ich konnte ihm nicht richtig böse sein. Hör endlich auf, ihm auszuweichen und blödes Zeug zu quatschen. Sag ihm die Wahrheit..., mahnte ich mich.

»Wovor hast du Angst?«, fragte ich sanft.

Er betrachtete mich feindselig und stieß den Rauch durch die Nase. »Ich kenne Tarek. Ich kenne ihn seit jeher. Dich aber kenne ich nicht.«

»Im Grunde bin ich ziemlich durchsichtig, weißt du«, sagte ich mit schwachem Lächeln.

Er schüttelte den Kopf, die Augen blieben hart. »Nicht genügend für meinen Geschmack. Und eins sollst du wissen: Mit Tareks Gefühlen wirst du nicht spielen!«

Ich erwiderte ruhig: »Dich hat ein Mädchen sitzen gelassen, nicht wahr?«

Sein Atem stockte. Er blickte mir stumm ins Gesicht. Dann stand er auf und begann in der Seriba auf und ab zu gehen. Ich sah seinen Schatten über die Schilfwände gleiten. Ich blieb ruhig sitzen, rührte mich nicht. Ich wusste, dass ich ins Schwarze getroffen hatte. Ein Mädchen, natürlich...

Er blieb endlich stehen. Den Ellbogen an einen Balken gelehnt, betrachtete er mich abwesend, mit einer Art Staunen, als sähe er mich zum ersten Mal. »Wir sind immer schnell mit Vorurteilen zur Hand! Wir beanspruchen für uns das Recht des gekränkten Selbstbewusstseins. Schau, wir haben viel Zeit verloren und nicht über Dinge geredet, die wirklich wichtig sind. Dein Gesicht hat mich getäuscht, deine Augen und deine Art zu lachen. Du siehst so ruhig aus, so sanft, und du beißt... wie eine Säure. Auf dem Weg der einfachen Logik schmeißt du mir deine Schlussfolgerungen mitten ins Gesicht. Was soll ich dazu sagen?«

Er senkte den Kopf und lachte bitter. »Sie hieß Anne und kam aus Grenoble. Philosophiestudentin im ersten Semester, hübsch und sexy. Sie war mächtig stolz, mich geangelt zu haben. Ein Targi, wie romantisch! Selbst die Eltern waren beeindruckt. Sie luden mich ein, das Wochenende mit ihnen zu verbringen. Ich habe sogar Skilaufen gelernt!« Er warf den Zigarettenstummel in den Sand und zerdrückte ihn wütend.

»Zu jener Zeit war ich wie Tarek. Ich stammte aus einer Welt, wo der einfache Gedanke des Überlebens mein Wissen und Können formte. Ich hatte gelernt, gegen die Elemente, gegen Hunger und Durst zu kämpfen. Der Falschheit und der Lüge stand ich wehrlos gegenüber. Da bin ich Anne begegnet. Was ich für sie empfunden habe, werde ich niemals mehr für ein anderes Mädchen empfinden können...«

Er schwieg und ich hörte seinen Atem. In nachdenklicher Haltung legte er die gefalteten Hände vor die Stirn; seine Stimme klang fern und gleichgültig, aber ich wusste, dass er seine Erschütterung unter der scheinbaren Kälte verbarg, dass er sich gegen die auf ihn einstürzenden Erinnerungen auflehnte.

»Sie gab mir den Laufpass, als ihr klar wurde, dass meine Familie nichts als ein paar Kamele besitzt und dass ich mit Hilfe eines Stipendiums studierte. Ihr Wüstenprinz war kein Ölscheich! Mein Taschengeld verdiente ich mir als Aushilfskellner in einer Pizzeria. Man hatte mich angestellt...«, er grinste, »weil ich wie ein Italiener aussah!«

Er zog eine neue Zigarette und sein Feuerzeug hervor, das er hochwarf und wieder auffing.

»Das Ding da hat mir Anne geschenkt. Ich hab's nie fertig gebracht, es in den Müll zu schmeißen. Wenn man verliebt ist, wird man zum Idioten...«

Er zündete die Zigarette an. »Kannst du dir vorstellen, was es heißt, in einem fremden Land allein, vollkommen allein, durch die Straßen zu irren? Ohne Geld, ohne Hoffnung, ohne nichts? Mit dem Drang, etwas zu zerschlagen, Glas oder anderes...«

Ich schwieg.

Er zuckte mit den Schultern. »Danach... gut, ich machte einige Dummheiten, verkehrte mit Leuten, die ich besser hätte meiden sollen. Einige Monate später wurde ich in eine Drogengeschichte verwickelt und nach Algerien abgeschoben. Der Umstände wegen ließ ich mich zum Islam bekehren. Die im Koran verankerte Rechtslage der Frau, nur der Fortpflanzung zu dienen, brachte mein Selbstvertrauen wieder in Schwung. Wir Ihaggaren sind da erblich belastet, hängen sowieso zu viel am sentimentalen Getue...« Er betrachtete eindringlich das Feuerzeug, steckte es dann wieder in die Tasche.

»Das Spiel mit der Treue, die vergessenen Tränen und die erlittenen Wunden haben meine Seele geschwächt und erniedrigt. Klingt dir das zu aufgeblasen?« Er verzog das Gesicht zu einem verkrampften Lächeln. »Ich bin ein Kel Rela, Sonia, ich komme aus dem Mittelalter. Wir werden mit einer schrecklichen Last an Ehrgefühl geboren. Ich musste wie ein kleines Kind die Bedeutung jedes Wortes neu erlernen. Mein ursprüngliches ›Ich‹ wurde zerstört. Mir ist gewaltsam ein neues eingepflanzt worden und damit muss ich mich abfinden. Jetzt will ich nur noch meine Ruhe haben. Ich lebe außerhalb von Welt und Zeit und ich pfeife auf alles. Aber du, wie stellst du dir deine Zukunft bei uns vor? Hast du noch nicht begriffen, dass es für uns keine mehr gibt?«

Er wartete auf meine Antwort, doch ich blieb stumm. Er setzte sich mit einer gleitenden Bewegung nieder, den Rücken an den Balken gelehnt. Nach einer Weile fuhr er fort: »Wenn ich Tarek betrachte, wenn ich ihn sprechen höre, erkenne ich mich in ihm wieder. Ich spüre zutiefst seine Empfindungen und Gedanken. Bisher hat ihn noch niemand verletzt, nichts hat ihn verdorben: Licht und Wüste haben ihn beschützt. Aber jetzt...«

Er hielt inne. In der plötzlichen Stille war das Rascheln des Schilfes zu hören. Ich hob den Kopf.

»Der Wind macht sich auf. Immer, wenn es Nacht wird...«

Ich fröstelte. Ich stand auf, um den Poncho umzulegen. Verstohlen sah er zu, wie ich das Haar schüttelte und es dann auf den Rücken gleiten ließ. Ruhig sagte ich: »Du irrst dich. Er ist bedeutend stärker als du oder ich. Stärker als wir alle.«

Seine Wimpern zuckten, als blendete ihn das Licht. »Wie kommst du darauf?«

»Ich weiß es. Ich kenne ihn.«

Er bewegte ungeduldig die Hand. »So... und?«

»Er hat seinen Glauben«, sagte ich.

Er lachte spöttisch auf. »Tarek? Mach keinen Witz! Er glaubt nicht an Allah!«

»Er glaubt an das Leben. Das ist dasselbe.«

»Ich...«

Er starrte mich an. Ich sprach unerbittlich weiter: »Das ist doch ein klarer Fall: Ein Mädchen hat dich sitzen gelassen und du hast's schlecht ertragen! Du erschöpfst dich in Selbstmitleid, hast deine wunde Seele und die angeschlagene Eitelkeit mit Rauschgift und Koransprüchen wieder hochgepäppelt. Das kann jeder! Aber Tarek hat Tod und Einsamkeit erlebt. Seine Seele ist dadurch nicht geschwächt, sondern gestärkt worden. Du machst dir Sorgen um ihn? Du möchtest ihn beschützen, nur weil du blasiert aus Europa kommst und dir einbildest, alles zu wissen? In Wirklichkeit ist es Tarek, der dich schützt. Du bedienst dich seiner Geduld, seiner Einsicht, seiner Gelassenheit, weil du das Wesentliche verloren hast: die Freiheit des Geistes, ohne die wir Gefangene unserer selbst, unserer Schwächen und Vorurteile sind.«

Abermals Schweigen. Nur der Wind und das Knistern der Lampe waren zu hören. Rahims Gesicht war völlig im Schatten, aber ich sah, wie sich seine Schultern unter schweren Atemzügen hoben und senkten. Die Zigarette zitterte in seinen Fingern. Dann stand er auf und sagte tonlos: »Ich ... ich muss jetzt gehen.«

Wortlos schaute ich ihm nach, wie er die Seriba verließ.

20. Kapitel

Wir erreichten die Stadt bei Sonnenuntergang. Seit mehr als einer Stunde schon stand die Felswand des Hadrians im wechselnden Farbenspiel des sinkenden Lichtes vor uns. Die Ebene leuchtete korallenrot. Rauch stieg aus den Häusern.

Über dem Serruel trug ich eine von Tareks Ganduras, die ich mit einem Gürtel zusammenhielt. Ich hatte den Schesch abgenommen, der Abendwind spielte mit meinen Haaren. Alle Müdigkeit war wie verflogen, ich fühlte mich ausgezeichnet in Form. Seite an Seite ritten wir durch die Hauptstraße, zwischen den Tamariskenbäumen, den flammend roten Lehmhäusern. Der Duft nach Holzrauch und Gewürzen erfüllte die Luft. Die Leute blickten uns nach. Einige hoben die Hand, um Tarek zu grüßen, und er erwiderte höflich ihren Gruß, den Schesch in strengen, glatten Falten über die Stirn gezogen.

Ein Landrover kam uns entgegen. Mit einem leichten Fersendruck lenkte ich Iuinaran etwas beiseite, um das Fahrzeug vorbeizulassen. Ein brauner Ellbogen, ein lachendes Gesicht unter kurzen, wirren Haaren, die Brauen von der Sonne gebleicht, tauchte am offenen Wagenfenster auf. »Ist es eine Luftspiegelung oder ein Traumbild?«, rief eine fröhliche, etwas heisere Stimme.

»Frau Dr. Tanner!« Ich trieb mein Mehari neben das Auto

und beugte mich aus dem Sattel, um die Hand zu drücken, die sie mir reichte. In ihrem gebräunten Gesicht mit den vollen, harten Wangen strahlten die blauen Augen, die mich damals in Algier so fasziniert hatten.

»Ich hatte Ihnen ja gesagt, wir würden uns wiedersehen. Aber wie zum Teufel konnte ich ahnen, Sie in dieser Aufmachung anzutreffen und dazu noch auf einem Mehari!«

Sie stellte den Motor ab, stieg aus dem Wagen; sie trug Jeans und eine Leinenjacke mit breitem Gürtel. Sie ging auf Tarek zu und streifte seine Handfläche nach Art der Tuareg.

»Freut mich, dich wiederzusehen, Tarek! Das hast du mir verheimlicht, als wir uns das letzte Mal sahen!«

Tarek blickte auf mich und lächelte. »Ich wollte es Sonia überlassen, es dir mitzuteilen.«

Karin Tanner lachte schallend. »Sehen Sie?«, sagte sie zu mir gewandt. »Er stopft mir das Maul! So ist er immer ...«

Sie kniff schelmisch ein Auge zu. »Natürlich wusste ich Bescheid. Tam ist ein Hühnerhof: Die Leute schlagen die Zeit mit Klatsch tot!«

Ihr durchdringender blauer Blick wanderte von einem zum anderen. »Wunderbar, euch zu sehen! Das hebt mir die Stimmung nach Feierabend. Ich wollte gerade nach Hause fahren. Kommt, ich lade euch zu einem Whisky ein!«

Ich warf Tarek einen fragenden Blick zu. Er streckte die Hand nach dem Zügel Iuinarans aus. »Geh mit Karin. Ich bringe die Mehara meinem Vater. Er wird einen Hirten finden, der sie auf die Weide bringt. Ich komme dann nach.«

Ich stützte mich auf Iuinarans Hals und glitt zu Boden. Meine Knie zitterten ein wenig. Im wiegenden Schritt seines Reittieres entfernte sich Tarek zwischen den Tamariskenbäumen; Iuinaran führte er am Zügel hinter sich her. Ich folgte ihm mit den Augen und stieß einen glücklichen Seufzer aus. Dann wandte ich mich Karin Tanner zu. Unsere Blicke kreuzten sich. Sie ließ ihr leises, raues Lachen hören, das mich bis hinter die Ohren erröten ließ. Sie berührte meinen Arm.

»Kommen Sie. Ich wohne nicht weit von hier.«

Ich stieg in den Landrover. Sie startete und fuhr los.

»Meinen Glückwunsch«, sagte sie, als der Motor gleichmäßig brummte. »Sie haben eine gute Partie gemacht.«

Ich lächelte ihr zu. »Als Sie mir in Algier sagten, ich würde den Tuareg gefallen, war es Tarek, auf den Sie anspielten?«

»Nicht im Geringsten. Ihre Aussicht, diesem Jungen zu begegnen, war praktisch gleich null. Im Allgemeinen treibt er sich mit seinen Herden in einem Umkreis von tausend Kilometern um Tam herum. Jedoch...«, sie schnalzte nachdenklich mit der Zunge, »ich habe in meinem Leben zu viel gesehen, um alles Zusammenspiel als Zufall zu bezeichnen. Manchmal kann ein scheinbar belangloses Gespräch sowohl Vorhersage wie Warnung bedeuten und übersehen werden...«

Sie streifte mich mit einem kurzen Blick. »Ich muss Ihnen gestehen, Sie haben sich sehr verändert. Beinahe hätte ich Sie nicht wiedererkannt. In Algier waren Sie ein nettes Mädchen, wie es sie haufenweise gibt, versnobt und etwas leer. Jetzt strahlen Sie: Ihre Haut, die Augen, die Haare. Auch die Art, wie Sie sich bewegen, ist völlig anders, selbstsicher und gelöst. Sie sind ausgesprochen hübsch geworden.«

»Freut mich, dass Sie das sagen.«

Sie lachte halblaut ihr weiches Lachen. »Und keine Komplexe mehr, nicht wahr? Auf dem Empfang damals gaben Sie sich abweisend und verkrampft. Sie wagten nicht den Mund aufzumachen.«

»Ich war wahnsinnig von Ihnen beeindruckt.«

»Sie gestehen es: Ich beeindrucke Sie jetzt also nicht mehr!«, erwiderte sie verschmitzt. »Ja, ja, das Klima der Sahara erzeugt erstaunliche Wirkungen.« Sie grinste. »Von nun an werde ich Sie Sonia nennen und Sie mich Karin. Einverstanden?«

»Einverstanden... Karin!«

Sie bremste, der Wagen hielt an. »So! Hier wohne ich.«

Es war eines der wenigen Häuser in Tam, die in arabischem Stil erbaut waren: weiße Mauern, ein schmiedeeisernes Gitter, ein kleiner, mit Kies bedeckter und von Säulen umgebener Innenhof. Ich streifte die Sandalen von den Füßen und trat in das romantische Halbdunkel einiger langschnabeliger Lampen. Grün-blaue Keramikplättchen schmückten die Wände. Meine nackten Füße versanken in weichen, bunt gewobenen Teppichen. Mit Lack überzogene Möbel, eine mit Büchern voll gestopfte Bibliothek.

»Wo hast du diese Möbel her?«

»Selbst gemacht! Zwischen einem Schädelbruch, einem Kaiserschnitt und einem Ruhranfall greife ich zu Säge und Hobel und schlage Nägel ein. Mindestens zehn Mal bin ich zwischen Tam und Algier hin- und hergefahren, um Bretter und Farbtöpfe zu holen.«

Ein Farbfoto hing an der Wand: braune Dächer zwischen herbstlich roten Weinbergen. Bläulicher Dunst lag über dem See, der erste Schnee bedeckte die Berge.

»Das ist Rivaz, mein Heimatdorf.«

»Der Genfer See...«, sagte ich verträumt. »Wie glücklich wäre Tarek, diese Landschaft zu sehen!«

»Die Tuareg sehen nicht nur die Landschaft, sie gehen in ihr auf. Sie spüren die Kraft der Wurzeln und der Pflanzen, die Bewegungen der Wolken, das lebendige Feuer der Sonne und des Lichts. Das ist eine Frage der Durchdringlichkeit, der Osmose, eine Fähigkeit, die wir bedauernswerten Europäer schon seit Jahrtausenden verloren haben... Nimmst du Whisky oder Fruchtsaft?«

Ich strich mit der Zunge über die Lippen. »Fruchtsaft, bitte. Ich komme von Abalessa und habe Durst.«

»Von Abalessa? Mit dem Mehari?« Sie stieß einen kurzen

Pfiff durch die Zähne. »Eine beachtliche Leistung, mein Kind! Hast du Chelifa gesehen? Wie geht es ihr?«

»Sie hustet viel und kann kaum aufrecht stehen, aber vom Stock will sie nichts wissen.«

»Und von Antibiotika auch nicht.« Karin seufzte. »Ich werde in den nächsten Tagen mal das Lager aufsuchen. Sag, wie hat sie dich aufgenommen?«

Ich berührte den Teraut, der über meiner Gandura hing. »Diesen Schmuck hat sie mir gegeben…«

Karin zog überrascht die Brauen hoch. »Sieh an, du gefällst ihr! Ein umso beeindruckenderer Erfolg, da sie Tarek besonders zugeneigt ist. Sie vertreten die gleichen Ideen und…«

Sie hielt inne. Ein Schwarzer, im Serruel, barfüßig, brachte auf einem Tablett die Getränke herein. Er begrüßte mich mit einem breiten Lachen.

»Das ist Ali«, sagte Karin. »Er versteht sich ausgezeichnet auf die waadtländische Küche. Ich werde euch an einem der nächsten Abende einladen, damit ihr einen Begriff davon bekommt.«

Sie goss mir ein Glas Orangensaft ein, spritzte Wasser in ihren Whisky, zündete sich einen Zigarillo an und ließ sich in einen Stuhl fallen.

»Entschuldige – ich bin sehr indiskret, das ist so meine Natur: Wo zum Teufel hast du Tarek ag Barka kennen gelernt?«

Ich erzählte ihr von unserer Fahrt nach Amded und vom Ausflug zu den Debni.

»Als mir klar wurde, dass ich in Tarek verliebt war, habe ich fast eine Nervenkrise bekommen. Ich dachte: Wo soll das hinführen? Dann hat er mich in Tamanrasset im Hotel abgeholt, wir haben zwei Nächte im Zelt verbracht. Er erzählte mir vom Tod seiner Frau. Das Flugzeug startete am nächsten Tag, mir blieb kaum Zeit zum Überlegen; ich wusste aber, dass wir zusammengehörten. Ich fuhr heim, brachte meine Sachen in Ordnung und ... da bin ich wieder!«

»Ausgezeichnet! Wenn man von Tarek spricht, muss man sich Zeit lassen. Vergiss nicht, dass die Kinder Chelifas in gerader Linie von Tin Hinan abstammen. Sechshundert Jahre Adel ohne das geringste Anzeichen von Degeneration. Die Wüste vollzieht eine natürliche, erbarmungslose Auslese: Schwächlinge oder Körperbehinderte beseitigt sie schon in frühester Kindheit. Ich kenne Tarek von Jugend auf. Er besitzt einen klaren, hellsichtigen Verstand. Er ist sehr empfindsam, rasch im Handeln, aber nie unüberlegt. Jahrelang habe ich darauf gewartet, dass er sich ändern würde, opportunistisch oder verzagt werden würde. Als er zum Militärdienst musste, sagte ich mir: ›So, jetzt ist's so weit, achtzehn Monate Kaserne werden ihn schon umkrempeln!‹ Nach verstrichener Zeit suchte er mich auf und ich fragte ihn: ›Wie war's denn in Oran?‹ Er antwortete: ›Na ja, es ist jetzt vorbei!‹ und lachte. Er hatte die gleichen Augen, die gleichen Bewegungen. Drill und eingetrichterte Massenmeinung waren an ihm abgeglitten wie Wasser auf dem Gefieder einer Ente.«

Ich saß auf dem Diwan mit untergeschlagenen Beinen und hörte fasziniert zu wie damals in Algier, aber auf andere Weise. Sie sprach von Dingen, die ich kannte, und sie sprach von Tarek.

»Als zu Beginn der Trockenheit Flüchtlinge aus der Sahelzone bis hierher kamen, hat er mir unschätzbare Hilfe geleistet«, fuhr Karin fort. »Er war immer in meiner Nähe, um Aufgeregte zu beruhigen, um ihnen die Behandlung, die ich an ihnen vornehmen musste, zu erklären. Jetzt, wo Lager errichtet sind und strenge Grenzkontrollen durchgeführt werden, gelingt es nur noch wenigen, die von der Dürre betroffenen Gebiete zu verlassen. Die Leute kommen schwarz über die Grenze, ich bringe sie mit Hilfe Sidi Nadirs irgendwo unter, obwohl wir den Gesetzen zuwiderhandeln. Natürlich muss ich vermeiden aufzufallen, um nicht ausgewiesen zu werden.«

Ihre blauen Augen ruhten nachdenklich auf mir.

»Tarek hat Verständnis für Menschen, die leiden, weil er selbst gelitten hat. Er liebt dich mit seinem ganzen Wesen, bedingungslos und voller Vertrauen. Hast du vor, bei ihm zu bleiben?«

»Ja.«

»Das freut mich. Er hat dich nötig. Mache dir aber keine falschen Vorstellungen: Du wirst es nicht immer leicht haben. Nicht seinetwegen, nein, sondern wegen der ganzen Situation; du weißt schon, was ich meine. Ich verschweige dir nicht, dass ich seine Absicht, Mariama vom islamischen Leben fern zu halten, als ein gewagtes Unterfangen erachte. Mit dir hat er eine Chance, dass es gelingt.«

Sie nahm gedankenverloren einen Schluck Whisky. »Ich frage mich, ob Tarek sich seines Verhaltens, das eine Herausforderung der herrschenden Gesellschaftsordnung und der patriarchalischen Wertbegriffe des Islams bedeutet, in der ganzen Tragweite bewusst ist. Das will nicht Ausflucht oder Verneinung der Wirklichkeit heißen, sondern ganz einfach Rückkehr zu früheren Erdepochen, die paradoxerweise die Zukunft vorwegnehmen. Deutlicher gesagt: Das Matriarchat, dessen Spuren die Kultur der Tuareg heute noch prägt, bestand schon, bevor Staat oder Familie ein Begriff wurden. Es entstammt jenen Urzeiten, als die Völker die Rolle des Mannes bei der Zeugung noch nicht erkannt hatten und in der Frau die Funktion der allein Leben Spendenden sahen. Aus diesem Glauben heraus entstand eine Sozialstruktur, die der Frau – oder vielmehr einer bestimmten Vorstellung von der Frau – den Vorrang einräumte. Indem er fast tausend Jahre muselmanischen Einflusses über den Haufen wirft, schöpft

Tarek im vorgeschichtlichen Erbe den Gedanken, der seiner Tochter die Tore der Zukunft öffnet. Ein weiter, aber verdammt zielsicherer Umweg!«

Sie lachte leise und ironisch.

»Jeder vernünftige Mensch weiß, dass die Frau von Natur aus nicht untergeordnet ist, sondern untergeordnet wurde. So bleibt die wesentliche Frage: Wie wird die Zukunft eines Mädchens aussehen, das inmitten der islamischen Gesellschaftsordnung unter derartigen Bedingungen erzogen wurde? Heute noch betrachtet der größte Teil der islamischen Welt die Frau als Arbeitstier oder Luxusspielzeug. Um nicht eine Art weiblicher Don Quijote zu werden, im Streit gegen die Windmühlen der übernommenen Ideen, wird Mariama einen eisernen Willen haben müssen und außergewöhnliche Klarsichtigkeit. Sie wird, wie Tarek, Außenseiter sein und ist wie alle Außenseiter zur Einsamkeit verurteilt. Möglich ist sogar, dass ihr das Land verlassen müsst, das wird euch vor neue Probleme stellen. Jedenfalls wirst du eine gehörige Portion Idealismus benötigen und Nerven wie Drahtseile.«

»Die habe ich.«

»Du glaubst, sie zu haben«, erwiderte Karin, nachsichtig und etwas spöttisch. »In Wirklichkeit besitzt du nichts als Lebensbejahung, Großmut und Zärtlichkeit. Doch sei unbesorgt: Das Übrige stellt sich schon von selbst ein. Es ist nur eine Frage der Zeit...«

Ein Geräusch von der Tür her veranlasste mich, den Kopf zu drehen. Der Schatten Alis glitt durch den Gang. Ich errötete, denn ich spürte Tareks Anwesenheit, ehe ich ihn sah. Er stand auf der Schwelle, groß, ruhig, mit lachenden Augen. Er wandte sich mir zu und seine Bewegung entsprach einer Bewegung meines Herzens: So sehr war mein ganzes Wesen mit ihm verbunden.

»Setz dich«, sagte Karin. »Nimmst du einen Whisky?«

Er lächelte. »Nur ganz wenig Whisky und sehr viel Wasser, sonst werde ich...«

»... beschwipst, ich weiß«, sagte Karin fröhlich. Während sie das Getränk zubereitete, zog Tarek einen zerknitterten Brief aus der Brusttasche seiner Gandura und reichte ihn der Ärztin.

»Ich traf Sidi Nadir. Er gab mir diesen Brief, den er aus Niger erhalten hat. Ich glaube eine Arbeit gefunden zu haben.«

»Lass mal sehen.« Sie grinste und begann den arabisch geschriebenen Brief zu lesen. Die Hand mit dem Zigarillo an die Schläfe gepresst. Plötzlich lachte sie auf.

»Sachen gibt's!«, sagte sie zu mir. »Es ist ein Schreiben von Abdallah ben Yusfi, dem Unterpräfekten von Arlit. Ein Mineningenieur aus Schweden trifft im nächsten Monat ein. Er will drei Monate in der Republik Niger verbringen. Er wünscht einen Dolmetscher, der ihm den Kontakt mit den Eingeborenen erleichtert. Er bietet gutes Gehalt und eine Unterkunft.«

»Arlit«, fragte ich. »Wo liegt das?«

»Auf nigerischem Gebiet, etwa zweihundertdreißig Kilometer nördlich von Agadez. Im Jahre 1970 haben französische Geologen dort eines der größten Uraniumlager der Welt entdeckt. Schon ein Jahr später stand eine Fabrik betriebsbereit, um das im Durchschnitt 2,5 Promille Uranium enthaltende Mineral in konzentriertes Pulver von 65 Prozent Gehalt zu verwandeln. Die Fabrik entnimmt das notwendige Wasser den artesischen Brunnen, die fossiles Grundwasser liefern, von Regenfällen vergangener geologischer Epochen her stammend. Dasselbe Wasser speist auch die Ziehbrunnen der Nomaden, die nun Gefahr laufen, eines Tages auszutrocknen. Für die ›Société des Mines de l'Aïr‹, die SOMAIR, wie man hier abkürzt, und das ›Commissariat à l'Energie

Atomique Française‹ spielt so eine ›Kleinigkeit‹ natürlich keine Rolle! Diese beiden Gesellschaften besorgen gemeinsam die Gewinnung des Uraniums, aber Amerikaner, Deutsche und Italiener, die mit beteiligt sind, verlangen ebenfalls ihren Anteil am Kuchen. Diese Entwicklung wirkt sich natürlich auf das ganze Gebiet aus. Nomaden kommen in Scharen her, in der Hoffnung Arbeit zu finden. Dadurch steigt die Zahl der Arbeitslosen unaufhörlich. Arlit, das inmitten der Wüste liegt und eigentlich nur den Technikern und Arbeitern Unterkunft bieten sollte, hat bereits Elendsviertel und Bordelle. Ein kleiner Flugplatz mit Naturpiste wird dreimal in der Woche von der nigerischen Fluggesellschaft angeflogen, die alle Lebensmittel und Früchte hinbringt. Alles in allem ist Arlit ein scheußlicher Ort, ein futuristischer Albtraum, die deprimierende Vorschau der Sahara im nächsten Jahrtausend!«

»Ja, genauso ist es«, stimmte Tarek finster zu.

»Du siehst nicht gerade begeistert aus, aber drei Monate sind schnell vorüber«, fügte Karin bei, als Tarek schwieg. »Was ist los?«

Er senkte den Blick. »Ich will mich nicht von Sonia trennen.«

»Dann geh mit der ganzen Familie!«, erwiderte Karin lachend. »Du kümmerst dich um den Schweden, Sonia kümmert sich um Mariama und Matali um euch alle zusammen!«

Tarek schaute mich fragend an: »Du wirst unglücklich sein in Arlit.«

»Ich pfeife auf den Albtraum des nächsten Jahrtausends.« Ich lehnte meine Stirn an seine Schulter. »Ich will bei dir sein, das ist alles.«

»Kann ich den Whisky noch in Ruhe austrinken oder soll ich auf der Stelle verschwinden?«, grinste Karin. »Du siehst, Tarek, alles geht in Ordnung. Sie zieht mir dir.«

»Ja, dann ist es gut«, sagte er lächelnd, aber seine Augen blieben ernst. Ich bemerkte es.

»Was ist?«, fragte ich zärtlich.

Er schlang den Arm um mich. Sein Blick ging in die Ferne. Ich kannte ihn gut, diesen Blick!

»Ich weiß es nicht! Ich habe ein sonderbares Gefühl. Aber das ist gleichgültig, wenn wir nur beisammen sind...«

21. Kapitel

Tarek suchte Sidi Nadir auf und teilte ihm mit, dass er das Angebot annehme, aber seine Familie mitzuführen wünsche. Sidi Nadir versprach ihm in diesem Sinne Abdallah ben Yusfi zu antworten.

Wir besaßen nur eine alte Karte, noch vor 1968 gedruckt, auf der die Stadt nicht eingezeichnet war. Tarek wies auf einen Punkt mitten in der Sandwüste Talak. »Schau, Arlit befindet sich ungefähr hier. Ursprünglich war da nur ein Wasserloch namens Arlit, an dem sich die Karawanen versorgten. Von Tam aus führt keine Piste dorthin. Die einzige Verbindung geht von Agadez aus. Wir können mit dem Wagen bis In Guezzam fahren, wo der Grenzposten liegt. Dann müssen wir die Kamele benützen.«

»Und wo nehmen wir den Wagen her?«

Tarek lächelte viel sagend. »Achmed wird bald einen haben. Einer seiner Kollegen an der Radiostation geht zurück nach Algier. Er hat Achmed seinen Landrover angeboten.«

»Glaubst du, dass er ihn uns zur Verfügung stellt?«

»Klar. Bei uns ist das in der Familie so üblich. Übrigens wird Achmed in einigen Tagen nach Tam kommen, dann können wir darüber sprechen.«

Es blieb uns nicht ganz ein Monat bis zur Abreise. Die Zukunft bedeutete uns nicht viel: Die Gegenwart erfüllte uns ganz. Die Tage und Nächte gingen dahin; wir lebten, fühlten, lachten – und manchmal waren wir auch ein wenig traurig. »Eines Tages«, flüsterte ich, »eines Tages wird es nicht mehr so sein wie jetzt...«

»Wie meinst du das?« Ich hörte in der Dunkelheit sein leises, zärtliches Lachen. »Warum sollte es nicht mehr so sein?«

»Du weißt, ich habe Angst. Ich kann mich nicht dagegen wehren...«

»Du sollst keine Angst haben«, er streichelte mein Gesicht, »Angst ist nur ein Zeichen von Unsicherheit und Schwäche. Und im Grunde deines Herzens bist du mutig und stark. Ich fühle es und ich weiß es.«

Seine Gewissheit vertrieb meine Zweifel, meinen Mangel an Selbstvertrauen, stärkte mich im Glauben, ich sei wirklich gelassen und ohne Furcht.

Wir beschäftigten uns viel mit Mariama. Sie war aufgeschlossen, lebhaft, an allem interessiert. Sie machte gute Fortschritte in Französisch und ich beherrschte das Tamahaq so weit, dass ich mich mit ihr mühelos verständigen konnte. Tarek gab auch mir täglich Unterricht in arabischer Sprache. Ironisch schrieb ich meiner Mutter, dass sich mein »ungebildeter Kameltreiber« in einen Sprachlehrer verwandelt habe.

Ich gab Tarek den Brief zum Lesen. Er lachte Tränen. »Im Grunde hat sie Recht, Sonia: Ich bin völlig unzivilisiert! Ich liefere den Leuten Stoff zu berechtigter moralischer Entrüstung, zeige mich mit dir Hand in Hand in einem Land, wo die öffentliche Bloßstellung der Gefühle als anstößig verurteilt wird.«

»Du hast dich eben der islamischen und jeder anderen Dressur entzogen. Du spielst nicht den Scheinheiligen. Weil du den Maschen des Netzes entkommen bist, sind dein Herz und dein Geist frei geblieben...«

»Die Freiheit«, antwortete er, »ist wie ein Vogel. Sie ist

nicht leicht zu ergreifen; aber einmal gezähmt, verlässt sie uns nie wieder.«

Karin hatte sich angewöhnt, nach ihrer täglichen Arbeit in der Krankenstation bei uns hereinzuschauen. Auf dem Schwarzmarkt hatten wir für sie von einem Franzosen Whisky gekauft. Sie machte es sich auf dem Divan bequem, schlug die langen Beine übereinander, der Duft ihres Zigarillos erfüllte den Raum. Wie Tarek war auch Karin ein Mensch der Einsamkeit, sie waren sich verbunden in gegenseitiger Achtung, in dauernder, sicherer Zuneigung und im völligen Sichverstehen.

An jenem Abend schwang in ihrem gewohnten Ton – ein Gemisch aus Spott und gelassenem Kummer – eine ungewohnte Bitterkeit mit.

»Kinder, ich sage euch, es gibt Augenblicke, in denen ein Glas Whisky nicht genügt: Man kommt in Versuchung, eine ganze Flasche zu leeren! Wollt ihr einen Querschnitt meines heutigen Tagesablaufs?«

Sie hob die Hand und zählte an den Fingern ab: »Es begann mit einem Schriftstück betreffend den Rücktransport einer Gruppe von Flüchtlingen nach Mali, Frauen und Kinder, für welche die Unterpräfektur das Nötigste nicht mehr zur Verfügung hat, weder Kleider, Decken, Nahrung noch Unterkunft. Darauf folgte eine Morphiumspritze zwecks Amputation: Das Bein eines armen Kerls war von einer Betonmaschine zermalmt worden. Es ging weiter mit der Röntgenaufnahme eines Jungen aus Hirhafok, der an Tuberkulose im letzten Stadium litt; selbst in den Augen hatten sich schon Knötchen gebildet. Seine Frau ist schwanger. Und um alles zu krönen, bringt man mir einen Alten, ein wandelndes Skelett, den man in einer zerfallenen Hütte gefunden hat: Seinen Angehörigen war er zur Last gefallen, so haben sie ihn sich selbst überlassen, damit er endlich stirbt. Was, zum Teufel, soll ich mit ihm anfangen?«

Sie strich sich mit den Fingern über die müden Augen.

»Ja, das ist jetzt das Schicksal der Nomaden: Die Betonmaschinen zermalmen sie. Sie spucken Blut. Leben im Dreck, in Lumpen. Verhungern. Und das geschieht mit Menschen, die nie krank waren, sich vor nichts fürchteten! In einigen Jahren werden vielleicht Eisenbahnschienen die Wüste durchqueren, neue Straßen sind schon geplant. Die Sahara wird sich in einen riesigen Bauplatz verwandeln, Schweiß wird fließen, Habgier die Gemüter erregen, Viersternehotels mit Bar und Nachtklub werden aus dem Boden schießen und der Rauch von Erdgasfackeln zum Himmel stinken!«

Sie zerdrückte den Zigarillo so heftig, dass er zerblätterte.

»So, jetzt habe ich mir Luft gemacht! Ich werde nach Hause gehen, eine Platte von Vivaldi auflegen und Ordnung in meine Karteikarten bringen.«

»Willst du nicht zum Essen bleiben?«

»Nein.« Sie grinste müde. »Ich bin so in Fahrt, dass ich Erinnerungen auftischen würde, die euch den Appetit verderben würden!«

Ihr Blick verweilte auf Mariama, die glücklich und versunken mit ihren Marionetten spielte. Ein zärtliches Lächeln entspannte Karins Züge. Sie bückte sich und nahm das Kind in die Arme.

»Es ist zwecklos, die Flucht zu ergreifen. Die Idiotien der Menschheit sind Tatsachen, mit denen man sich abfinden muss. Eines Tages wirst du begreifen, Mariama, dass dein Schicksal in dieser Welt nur in deinen eigenen Händen liegt. Freunde zu haben ist unerlässlich, aber in kritischen Stunden wirst du feststellen, dass du dich nur auf dich selbst verlassen kannst. Wenn du in Schwierigkeiten kommst, suche nicht Hilfe, wende dich an niemanden. Es wird dir gelingen, dich selbst zu verteidigen, wenn du dafür gut vorbereitet bist.«

Sie setzte das Kind auf den Teppich und sagte ironisch:

»So groß meine Bemühungen auch waren, meine Empfindsamkeit einzuschläfern: Ich bin noch immer verletzbar.«

Tarek sagte mit ruhiger Stimme: »Du hilfst denen, die leiden; es stehen dir Heilmittel zur Verfügung. Ist das nicht schon ein großer Trost?«

»Der einzige!«, erwiderte Karin mit leisem Lächeln. Ihr Blick war eindringlich und zärtlich. Sie legte ihm leicht die Hand auf die Schulter und verließ das Haus.

Es war früher Nachmittag; die heiße Luft flimmerte vor der offenen Tür. Mariama war in meinen Armen eingeschlafen. Ich wagte nicht, mich zu bewegen, um sie nicht aufzuwecken: Sie zahnte und hatte Fieber. Auf den Ellbogen gestützt, fächerte ihr Tarek Kühlung zu. Plötzlich hob er den Kopf: Motorenlärm durchbrach die Stille.

»Das wird Achmed sein, der aus Abalessa kommt!«, sagte Tarek. Er ging hinaus. Ich nahm den Fächer auf und bewegte ihn vor Mariamas Gesicht.

Schritte nackter Füße kamen näher, Stimmen wurden laut: Achmed und Joji traten ins Zimmer. Ich deutete auf Mariama und legte einen Finger auf meine Lippen.

»Ihre Wangen sind gerötet«, flüsterte Achmed. »Was hat sie?«

»Etwas Fieber. Das kommt vom Zahnen.«

»Ich werde sie ins Bett bringen«, sagte Tarek. »Hoffentlich kann sie schlafen.«

Er nahm das kleine Mädchen in die Arme und brachte es ins andere Zimmer, während ich Ismain rief, um den Tee zu bereiten.

»Hast du dein Auto?«, fragte ich Achmed.

Er lachte vergnügt. »Ja, seit zwei Tagen. Eine alte Kiste, aber sie rollt noch!«

»Wie lange bleibt ihr in Tam?«

»Nur so lange, bis wir die Herden beisammen haben.

Rahim ist auch hier. Er geht morgen für eine Woche nach Algier.«

Wir wechselten einen verständnisvollen Blick und brachen in Gelächter aus.

»Er muss sich mal wieder die Nerven beruhigen, nehme ich an!«

Achmed schnippte mit den Fingern. »Bald hätte ich's vergessen: Belata gab mir ein Geschenk für dich mit!«

Er rief dem kleinen Omar, der schüchtern auf der Türschwelle stand, ein paar Worte zu. Der Junge rannte hinaus. Als er wiederkam, zog er an einem Strick eine kleine sich sträubende und kläglich meckernde schwarze Ziege hinter sich her.

»Soll... soll die gegessen werden?«, fragte ich blöde.

Tarek, der eingetreten war, lachte laut auf und legte den Arm um meine Schultern. »Wie ich Sonia kenne«, neckte er mich, »werden wir der Ziege zu essen geben!«

Achmed hatte eine Zigarette angezündet. Schon glühte das Kohlebecken. Matali brachte einen Zuckerstock und frische Minzeblätter. Tarek berichtete seinen Brüdern von seinem Job in Arlit. Er fragte Achmed, ob er uns seinen Wagen überlassen würde, und dieser war sofort einverstanden.

»Wir werden etwa zehn Tage bei In Guezzam im weichen Sand des Wadi Tin-Amzi lagern. Du kannst mir den Wagen dorthin bringen. Die Mehara für die Weiterreise werden bereit sein.«

Er blickte mich an und lachte sein offenes, strahlendes Lachen. »Ihr müsst unbedingt eine Nacht im Lager verbringen. Wir werden einen Iljugan veranstalten.«

»Was ist das?«

»Ein Reiterspiel«, erklärte mir Tarek. »Frauen und Mädchen schlagen die Trommel und singen und die jungen Leute lassen ihre Kamele tanzen.«

Achmed nickte mir begeistert zu. »Du wirst sehen, das gibt Stimmung!«

»Das kann ich mir vorstellen«, sagte ich und lachte.

Rahim kam gegen Abend. Er trug schwarze Kordsamtjeans, einen ebenfalls schwarzen Pulli mit Rollkragen, er sah sehr sexy aus. Nach der Auseinandersetzung in Abalessa hatte sich sein Verhalten mir gegenüber verändert. Seine dunklen Augen leuchteten ruhig. Ich erinnerte mich der Worte Tareks, als ich ihm an jenem Abend über unser Gespräch berichtet hatte: Du hast ihn gezwungen, sich einer Wahrheit zu entsinnen, vor der er auf der Flucht war, aber ohne an der Ehrlichkeit seines Herzens zu zweifeln. Dafür ist er dir dankbar.

Die Hände in den Jeanstaschen, die nackten Zehen im Teppich vergraben, ließ Rahim seinen Blick schweifen und stieß einen bewundernden Pfiff aus.

»Ich muss schon sagen, ihr seid gut eingerichtet!«

Ich lachte. »Es gibt ein paar Tücken. Kürzlich stand ich unter der Dusche, eingeseift, das Haar voller Shampoo: plötzlich Schluss! Kein Tropfen Wasser mehr! Omar musste zum Brunnen rennen und mir einen Krug voll holen!«

Rahim lachte auch. »Das sind so die Überraschungen der Sahara.« Er ließ sich auf den Divan fallen und zündete sich eine Zigarette an. Die Flamme des Feuerzeugs beleuchtete sein Gesicht.

»So, ihr habt also vor, nach Arlit zu gehen. Ein Drecknest! In einem Monat wird die Hitze unerträglich. Täglich Sandstürme. Kein Baum, kein Strauch. Nichts als Beton, Blech und Sandwüste. Ich frage mich, wie du das aushalten wirst.«

»Wir bleiben ja nur drei Monate«, meinte ich.

»Sonia ist sehr mutig«, fügte Tarek hinzu.

»Oh nein, das stimmt nicht!«, protestierte ich, doch er lachte nur. Dann zog er mich an sich und küsste mich. Es war sehr provokativ, dass er es in Rahims Anwesenheit tat, und ich amüsierte mich darüber. Und wie immer war es so, als ob die Zeit stillstünde; wir versanken in weiche, warme Dunkelheit.

Von weither ertönte Rahims tiefe, etwas belegte Stimme. »Drei Monate«, sagte er, »das kann die Hölle sein.«

Ich richtete mich auf und strich meine Haare hinter die Schläfen. »Na ... und?«, fragte ich. Selbstsicher und beinahe anmaßend hielt ich seinem Blick stand. Er senkte die Augen und ich lächelte. Ich dachte: Wenn Menschen das Klima ihrer Seele in die äußere Erscheinung hineinlegen, gibt es für mich keine Hölle. Die Liebe umgibt mich wie eine Mauer, hält alles fern von mir. Solange Tareks Arme mich umfassen, solange ich seinen Atem auf meinen Lippen spüre, weiß ich, dass ich geborgen bin, fühle mich stark, unverletzbar und frei.

Eine Woche danach brachen die Herden nach Tamesna auf. Wir standen um drei Uhr auf, um sie zu sehen. Schlaftrunken schlüpfte ich in einen dicken Pullover und wickelte mich in den Poncho, denn die Temperatur war eisig. Achmed hatte bei uns gewohnt, ich sah ihn an diesem Morgen zum ersten Mal in der Kleidung der Tuareg. Voll Erstaunen musterte ich die weite blaue Gandura, den Serruel, der ihm in weichen Falten auf die Füße herabfiel, den emailweißen Schesch, die zwei purpurroten Stoffstreifen, die sich wie ein Wehrgehänge auf seiner Brust kreuzten.

»Du siehst prächtig aus!«

Er lachte ein wenig verlegen. »Findest du?«

Ich hatte eine Thermosflasche mit Kaffee und einige belegte Brote für ihn vorbereitet. Er stopfte alles in die bestickte Ledertasche, die er über die Schulter warf. Tarek setzte sich ans Steuer des Landrovers, wir fuhren los. Die Herden waren auf dem weiten freien Platz am nördlichen Rande Tamanrassets zusammengetrieben worden, in der Nähe des Hauses

Barka ag Hamids. Es war noch dunkel, aber langsam begannen die Sterne zu verblassen. Tarek parkte den Wagen in einer Gasse in der Nähe des Marktplatzes. Ein verwirrender Chor von Kamelschreien, mahlenden Kiefern, Schellenklang und kehligen Stimmen erfüllte das Dunkel. Im bläulichen Sandnebel warteten die Mehara. Wir bahnten uns einen Weg zwischen den aufgetürmten Ladungen, den Ballen mit Lebensmitteln, den Futterbündeln für die Tiere. Da und dort verglimmten Feuer am Boden wie Leuchtkäfer. Zerschlissene Decken über den Schultern, schlürften die Männer ihren Tee, während andere die Mehara beluden.

»Wer sind diese Leute?«

»Es sind Imrads, Vasallen vom Stamm der Issakamaren, von arabischer Herkunft«, antwortete Achmed. »Sie sind tüchtige Kameltreiber. – Ah, da kommt mein Vater.«

Eine hohe Gestalt kam aus dem Dunkel. Die Falten der schwarzen Gandura schimmerten wie der Stahl einer Rüstung, sie bewegten sich schwach im Rhythmus seiner Schritte. Unter dem tief herabgezogenen Schesch glänzten die goldbraunen Augen. Wir begrüßten uns auf Tamahaq. Seine warme, kräftige Hand streifte die meine, ich ahnte sein Lächeln.

»Sie haben unsere Sprache gut gelernt.«

»Noch nicht«, antwortete ich lachend auf sein Kompliment. Höflich erkundigte er sich nach Professor Baumann. Dann trat ein Mann zu ihm und flüsterte ihm ein paar Worte zu. Barka ag Hamid entfernte sich mit einer entschuldigenden Geste.

»Mein Vater wird uns bis zur Grenze begleiten«, sagte Achmed. »Der Chef des Zollpostens von In Guezzam ist ein gemeiner Kerl. Er wäre im Stande, uns tagelang zurückzuhalten.«

Der Morgen dämmerte, uns umgab der Geruch von Staub,

verschwitzter Wolle und die Ausdünstung der Mehara. Klagend gellten die Schreie der Tiere, die von ihren Treibern durch rauen Zuruf und leichten Peitschenschlag auf die Schenkel gezwungen wurden aufzustehen. Sie streckten die schwieligen Knie und erhoben sich widerwillig mit gewaltigem Ruck. In langer Kette aneinander gebunden, eines hinter dem anderen, setzten sie sich wiegenden Schrittes in Gang. Die größten und stärksten führten den Zug an. Ob Reit- oder Lasttiere, mit glatt polierten Holzsätteln oder mit Ballen beladen, ihre Gangart war die gleiche: hochmütig und träge. Kamelfüllen drängten sich an den Bauch der Mütter. Die Issekamaren schritten neben den Tieren, die sie mit einem Wort oder einer knappen Berührung der Peitsche führten. Die Ganduras flatterten ihnen um die breiten Schultern. Sie bewegten sich lebhaft und mühelos, mit dem stolzen Gang der Nomaden, die es gewohnt sind, stundenlang im selben Rhythmus zu gehen.

Die Morgendämmerung gehörte uns, in ihrer eisigen Pracht, erfüllt vom Schreien der Kamele, vom Knirschen der Schritte, vom hellen Klingeln der Glöckchen und vom starken Geruch der Tiere. Da tauchten aus den bläulichen Schwaden zwei Mehara mit alabasterfarbenen Flanken und silberbeschlagenem Zaumzeug auf. Barka ag Hamid und Achmed, auf hohen Sätteln aus purpurnem Leder, ließen ihre Tiere im gleichen Schritt gehen. Sie näherten sich lautlos, wie von den Staubwolken der Karawane herbeigetragen.

In Indigo gehüllt, wie eine Statue aus blauem Erz, trug Barka ag Hamid einen Gürtel aus breitem Leder, an dem in einer zinnoberroten, mit Kupfer verzierten Scheide ein langes Schwert hing.

»Mein Vater hat seine Takuba umgehängt, das Symbol des freien Mannes«, sagte Tarek. »Die Adligen vom Air tragen sie heute noch.«

Barka ag Hamid grüßte uns beim Vorbeireiten: ein leichtes Kopfnicken. Durch Fersendruck setzte Achmed sein Tier in Trab. Und mit der unnachahmlichen Eleganz der Tuareg hob er den Arm, warf die Gandura auf die Schulter zurück und stieß einen schrillen, durchdringenden Ruf aus; er klang wie ein Vogelschrei.

Tarek lachte. »So hört es sich an, wenn die Reiter ihre Kamele tanzen lassen!«

Schon hatte Achmed eine Volte gedreht, er entfernte sich im sanften Klingeln der Kupferschellen.

Langsam legte sich der Staub. Hunde strichen um die verkohlten Feuer. Die Sterne waren erloschen, der Morgen erwachte.

22. Kapitel

Bis zum Bordj von In Guezzam, dem Grenzposten zwischen Algerien und Niger, waren an die fünfhundert Kilometer zurückzulegen. Tarek hatte vorgeschlagen, die Reise in zwei Tagen zu machen, um Mariama nicht zu ermüden. Wir würden eine Nacht in der Gegend von Laouni im Freien verbringen, denn das dortige Bordj war unter der Last des Flugsandes eingestürzt.

Durch den Briefwechsel zwischen Sidi Nadir und seinem Kollegen in Arlit wussten wir, dass Bo Johannson, der schwedische Ingenieur, uns erwartete und eine Wohnung für uns bereithielt. Karin Tanner hatte, als sie uns Schlangenserum brachte, ironisch bemerkt: »Ein Targi als Dolmetscher eines Schweden, der für eine nigerianische Gesellschaft arbeitet: Wenn das nicht ein prächtiges Beispiel internationaler Zusammenarbeit ist.«

Wie üblich machten wir uns in der Morgendämmerung auf den Weg. In eine violette Gandura gehüllt, den Kopf vom schwarzen Schesch umschlungen, saß Matali auf dem Rücksitz und hielt Mariama auf den Knien. Omar und Ismain waren in Tam zurückgeblieben mit der Anweisung, das Haus zu bewachen.

Ich saß neben Tarek und sah zu, wie er den Wagen vorsichtig und sicher lenkte, als könnte er die Querrillen und die

Schlaglöcher instinktiv voraussehen. Zwischen Geröll und Fels wand sich die Straße in weiten Kurven südwärts, flachen Strecken folgten regelmäßig solche mit hart gepressten Querrippen. Befahren konnte man diese Wellblechpiste entweder nur im Schritt oder mit Vollgas. Wie alle Bewohner der Sahara hielt sich Tarek an die zweite Möglichkeit. Die Räder hüpften schlagend von Rille zu Rille, es war, als müsste der Wagen unter den schnellen harten Erschütterungen explodieren. Ich hatte das Gefühl, keinen heilen Knochen mehr im Leib zu haben.

»Da reite ich lieber auf einem Mehari«, brüllte ich, um den Lärm zu übertönen. Tarek warf mir einen lachenden Blick zu.

»Ja, Kamele brauchen keinen Ölwechsel.«

Die Hitze stieg rasch an. Die Klarheit des Morgens war einem fahlen, rostgelben Dunst gewichen. Die Berge flimmerten in der zitternden Heißluft. Eine bläuliche Wasserlache, die vor uns zurückwich, schien die Straße zu bedecken: Fata Morgana.

Gegen Mittag stoppte Tarek den Wagen im bläulichen Schatten von Felsen, die von einer goldschimmernden Düne umfasst wurden. Matali entzündete ein Feuer und kochte Tee. Wir aßen Käse und Brot. Dann schälte Tarek eine Orange für Mariama. Das Kind wurde bald müde und schlief ein. Tarek legte die Arme um mich. Wir sprachen ganz leise, unser Atem vermischte sich.

»Im Air wird es sehr heiß werden«, sagte Tarek. »Das Klima ist schlechter als im Hoggar. Es gibt viele Fliegen. Du darfst dich nicht anstrengen und solltest erst am Abend ausgehen, wenn es kühl wird. Hoffentlich bekommen wir eine bequeme Wohnung.«

»Du weißt doch, dass mir das egal ist.«

»Nein«, er schüttelte den Kopf. »Ich werde den ganzen Tag unterwegs sein. Du sollst dich wohl fühlen.«

»Ich werde mich um Mariama kümmern und Arabisch lernen. Ich will lesen, nähen, basteln. Wenn ich viel zu tun habe, werden die Tage rasch vergehen. Mach dir keine Sorgen, ich werde mich nicht einsam fühlen. Auch wenn du fort bist, bist du ganz nah. Mehr als nah. Ich fühle mich ganz eins mit dir.«

»Ich werde mit dem Herzen zu dir sprechen; du wirst mich hören.«

»Und jeden Abend wirst du zu mir zurückkehren.«

»Aber die Nächte sind so kurz.«

»Wir werden nicht schlafen. Die Zeit, die wir dem Schlaf rauben, wird für uns die Zeit sein, während der wir leben.«

»Ja, wir werden mit den Kamelen in die Wüste reiten. Tagsüber weht immer der Wind, aber die Nächte sind ruhig. Die Sterne leuchten über den Dünen, sie strahlen so hell und scheinen so nah, dass man glaubt, man könne nach ihnen fassen, um eine Hand voll zu greifen. Du wirst das nach Pflanzen schmeckende Wasser der artesischen Brunnen trinken. Wir werden nach Sandrosen graben und Bergkristalle suchen. Ich werde dir Versteinerungen von Reptilien und Fischen zeigen, denn vor sehr langer Zeit war diese Wüste ein Meer...«

»Und in drei Monaten kehren wir nach Tam zurück«, sagte ich.

Er lachte. »Ja. Und dann werden wir ein wenig Geld haben, denn weißt du, jetzt sind wir sehr arm...«

Wir machten uns wieder auf den Weg. Wir umgingen das verfluchte Wellblech und wählten eine feste Sandpiste, die wohl riskanter war, sich aber angenehmer befahren ließ. Ich hatte Mariama auf die Knie genommen. Meine Hand hielt ich vor ihre Stirn, um sie vor unerwarteten Stößen zu schützen.

Plötzlich kniff Tarek die Augen zusammen. »Dort drüben sind Menschen.«

Ich fragte nicht wo, denn ich wusste, dass seine Augen und sein Instinkt sich nie irrten. Auch Matali hatte sie erblickt. Mit seiner heiseren Stimme warf er ein paar rasche Worte hin.

Tarek schüttelte nachdenklich den Kopf. »Sie kommen von Südwesten, von der Grenze Malis her. Es müssen Flüchtlinge aus der Sahelzone sein, die bei uns Zuflucht suchen. Es gibt hier weit und breit keine Piste aus jener Richtung. Sehen wir nach...«

Unter den schrägen Strahlen der Sonne schien die Ebene kupferfarbig, der Himmel fast grün. Der dunkle Fleck am Horizont wurde rasch größer. »Sie sind zu Fuß«, sagte Tarek. »Wie haben sie es nur geschafft, diese Strecke zurückzulegen?«

Schemenhafte Gestalten zeichneten sich an der Grenze zwischen Sand und Himmel ab. Sie standen völlig reglos, gefangen im goldenen Schein der Sonne wie in sandfarbenen Maschen eines riesigen Netzes. Das Licht fiel auf die verstaubte Windschutzscheibe, ich kniff die Augen zusammen, um besser sehen zu können. Mir stockte der Atem, ich presste die Hand vor den Mund, um einen Schrei des Entsetzens zu unterdrücken, denn was wir da mitten in der Wüste antrafen, waren keine menschlichen Wesen, sondern Bilder des Grauens, Tote, die sich nicht hingelegt hatten. Man konnte nicht erkennen, ob es sich bei den sieben oder acht in Lumpen gekleideten Gestalten um Männer oder Frauen handelte.

Zwei Kinder von etwa zwölf Jahren waren ganz nackt, die Körper mit eiternden Wunden bedeckt, die Bäuche vom Hunger aufgetrieben, auf den kahlen Köpfen ein paar Haarbüschel, die die Sonne weiß gefärbt hatte. Mit gesenkten Köpfen standen sie still, wie leblos. Sie schauten uns an.

Tarek stoppte. Er schloss die Augen, holte tief Atem, dann stellte er den Motor ab und stieg aus. Ich hielt Mariama fest umschlungen, mühsam kletterte ich aus dem Wagen. Meine Knie zitterten. Es war ein Albtraum – so etwas konnte nur in einem Albtraum vorkommen! Die Stille unter der sinkenden Sonne war unerträglich; kein Hauch war zu verspüren, es gab keine Bewegung, keinen Lärm. Die Augen der Kinder, riesig und leer, waren auf mich gerichtet. Mariama legte mir die Arme um den Hals, ihr Gesicht verzog sich: Sie hatte Angst.

Tarek und ich gingen auf die ausgemergelten Gestalten zu. Er streckte die Hand aus und strich sanft über die knochigen Hände, die sich ihm entgegenstreckten. Einer der Männer begann zu husten und spuckte einen Strahl blutigen Speichels aus. Die Frauen hatten das Gesicht bedeckt. Eine von ihnen kauerte im Sand; sie hielt ein kleines Kind in den Armen. Der Kopf des Kindes, kaum größer als ein Granatapfel, schaute aus den Falten eines Schals, der vor Schmutz starrte. Zwischen den Hustenanfällen begann der Mann zu sprechen. Seine Stimme klang leise, abgehackt. Sein Schesch wirkte wie der Kopfverband eines Verwundeten.

Tarek wandte sich nach mir um. Sein Blick war still und verzweifelt. »Es sind Iforas. Es gelang ihnen, einem Flüchtlingslager zu entfliehen; heimlich sind sie über die Grenze gekommen. Sie haben eine Guerba und eine Ziege gestohlen. Als das Wasser ausging, tranken die Kinder das Blut des Tieres, um zu überleben. Trotzdem sind drei von ihnen unterwegs gestorben.«

Ich brachte keinen Ton hervor. Es war mir klar, dass der schreckliche Anblick mich bis ans Ende meines Lebens verfolgen würde. Plötzlich sah ich, wie die am Boden kauernde Frau eine Hand voll Sand aufnahm, sie zum Gesicht führte und sich die Augen damit rieb.

Ich stieß einen Schrei aus: »Nein!«

Tarek war der Richtung meines Blickes gefolgt. »Trachom!«,

sagte er. »Du hast doch Augentropfen? Und gib mir ein Taschentuch.«

Ich übergab Mariama Matalis Armen und lief zum Wagen, um die Reiseapotheke zu holen. Meine Finger zitterten so stark, dass ich Mühe hatte, diese zu öffnen. Das Tuch und das Fläschchen Augentropfen brachte ich zu Tarek.

»Lass mich das machen«, sagte er. »Sie würde nicht erlauben, dass du sie berührst.«

Er beugte sich über die Frau. Leise und höflich sagte er ihr einige Worte auf Tamachek, dem Dialekt der Tuareg aus dem Süden. Die Frau zog den schmutzigen Fetzen, der ihr als Schal diente, vor das Gesicht; schweigend wiegte sie den Kopf hin und her. Tarek nahm das Kind, das die Frau ihm widerstrebend überließ, und reichte es mir. Es war ein kleines Mädchen, etwa im gleichen Alter wie Mariama. Die Knochen zeichneten sich unter der trockenen, brennenden Haut ab. Aus dem von Krusten und Eiter verstellten Gesichtchen starrten die erloschenen Augen ins Leere. Ich hielt dieses kleine, übel riechende Menschenkind an mich gedrückt. Es war von geringem Gewicht und dennoch schien es schwerer zu sein als alles auf der Welt, so schwer, dass ich mich kaum auf den Beinen halten konnte. Mein Herz hämmerte vor Anstrengung.

Tarek wartete ruhig. Die Frau schlug den Schal zurück. Das Gesicht war ausgemergelt, starr vor Leid. Die geschwollenen, eiternden Lider, die schwer auf den geröteten Augen lagen, waren nunmehr sandverklebte Schlitze. Ich war wie gelähmt. Ich konnte weder zusehen noch vermochte ich den Blick abzuwenden. In mir stieg etwas Unerträgliches hoch, ich fühlte Auflehnung und Abscheu, Liebe und Schmerz; Tränen rannen mir über das Gesicht. Ich sah, wie Tarek sanft und geschickt die blutigen Augen reinigte. Mit dem Taschentuch tupfte er den Eiter ab und löste die verklebten Wimpern voneinander, während er Worte des Trostes und des Verstehens murmelte. Er bat die Frau, den Kopf zu heben, und träufelte die Augentropfen behutsam zwischen die geschwollenen Lider. Die Targia presste die Hände vor das Gesicht und stöhnte. Dann streckte sie die Arme nach ihrem Kind aus. Ich legte es ihr auf die Knie, sie hüllte es in ihren Schal. Als Tarek sich aufrichtete, lag eine tiefe Müdigkeit in seinen Augen.

»Man muss ihnen zu essen geben«, sagte er, »aber sehr vorsichtig, denn sonst kann ihr ausgehungerter Magen die Nahrung nicht aufnehmen.«

»Woher haben sie ... diese fürchterlichen Wunden?«

»Es ist der Kalkmangel. Sie haben auch Typhus. Ich habe ihnen gesagt, sie müssten in Tam zur Tubiba in die Krankenstation gehen.«

Inzwischen hatte Matali ein Feuer entfacht. Wir führten eine Guerba Milch und natürlich Wasservorräte mit uns. Tarek mengte in einem Gefäß Milch und Wasser zu gleichen Teilen und zerdrückte darin Datteln zu einem Brei.

Die erschöpften Nomaden hatten sich schweigend abseits in den Sand niedergelassen. Unter den zerlumpten Ganduras schienen sich nicht Menschen, sondern nur Gerippe zu verbergen. Ab und zu trug ein Windstoß den Gestank der verdreckten Kleider zu uns herüber. Fliegen umschwärmten sie. Tarek brachte ihnen das Essen. Wir gaben ihnen einen Löffel, der von einem zum andern ging. Ihre Bewegungen waren ruhig und ohne Gier. Sie hatten kaum genügend Kraft, sich zu bewegen. Die Mütter befeuchteten den Finger mit Brei und steckten ihn den Kindern in den Mund. Die Frau, deren Augen Tarek behandelt hatte, hielt ihr kleines Mädchen auf den Knien. Es glich einem verhutzelten Äffchen; reglos lag es da. Vergeblich versuchte die Targia, dem Kind etwas Nahrung zwischen die aufgesprungenen Lippen zu schieben. Tarek legte die Hand auf die Brust des Kindes. Die Herzschläge waren schwach, die Atemzüge nur ein Hauch. Tarek blickte in das starre Gesicht der Mutter, die zwischen verkrusteten Lippen eine dumpfe Klage ausstieß. Er wandte sich mir zu und sagte mit seltsam gefasster Stimme: »Das Kind wird sterben.« Seine Augen blickten ins Nichts, als träume er. Abwesend schien er der Klage zu lauschen, die noch immer über die Lippen der Frau kam.

Ich schluckte würgend: »Kann man... kann man dem Kind nicht helfen?«

Er schüttelte leicht den Kopf. »Nein, es ist zu spät. Es wird sterben... heute Nacht oder morgen.«

Der Mann, der so stark hustete, sagte ein paar Worte. Seine Stimme war nur ein heiseres Flüstern. Tarek übersetzte: »Er bittet für seine Leute um die Erlaubnis, die Nacht in unserer Nähe verbringen zu dürfen. Morgen wollen sie wieder weiter in Richtung Tam.«

Gelb glühend schwamm die Sonne am Horizont. Ein kühler Wind blies Sandfahnen vor sich her. Tarek und Matali holten einen Pfahl und Seilrollen. Sie gruben ein Loch, in das sie einen Stein hineinlegten, um den ein Seilende geknotet war. Das Loch füllten sie wieder mit Sand, den sie feststampften. Das Seil wand Matali um den Pfahl, den Tarek in etwa zwei Meter Abstand festhielt. Das andere Ende des Seils wurde auf dieselbe Weise verankert. Mit dem zweiten Seil, das über Kreuz gespannt wurde, gingen sie genau gleich vor. Über dieses Seilviereck legte der Schwarze Decken, deren aufliegender Saum von Tarek ringsherum mit Sandhaufen beschwert wurde.

Ich näherte mich Tarek. »Hör mal, ich möchte nicht im Zelt schlafen. Überlass es den Frauen und den Kindern!«

Er drückte mir leicht die Hand auf die Schulter. Dann ging er zu den Nomaden und sprach mit ihnen. Die Frauen erhoben sich und gingen auf das Zelt zu, die Kinder vor sich herstoßend.

Eine Flut widersprüchlicher Gefühle stieg in mir auf. Ich hatte kaum den Mut und die Kraft, diese Leute anzusehen, zugleich stieg vor meinen Augen eine Szene auf, die mir jetzt unerträglich war: Genf im Herbst, das blaue Licht des Sees, der Strom der Wagen auf der Mont-Blanc-Brücke. Mit aller Deutlichkeit atmete ich den Duft gerösteter Kastanien, das Aroma heißer Schokolade, erinnerte mich des Geschmacks von Apfeltorte mit Schlagsahne... Der Speichel sammelte sich in meinem Mund, ich spuckte in den Sand. Nass von kaltem Schweiß kehrte ich zum Wagen zurück, zog meinen Poncho über und knüpfte Mariamas Wolljacke zu. Das Kind zog mich an der Hand.

»Enda kmet! – Gehen wir zusammen«, sagte sie auf Tamahaq und ich begriff, dass sie sich fürchtete und sich entfernen wollte. Ich folgte ihr, wir verließen das Feuer. Die versinkende Sonne strahlte ein rosafarbenes Leuchten über die Ebene. Das Licht, bereits von der Nacht geschwächt, war von fast schmerzlicher Zartheit. Ich kauerte mich nieder. Mariama presste die Arme um meine Schultern.

»Hab keine Angst!«, flüsterte ich ihr zu. »Diese Leute sind sehr unglücklich. Sie haben ein kleines Mädchen bei sich, das sehr krank ist...«

Mariama schaute mich an. Die grünen Augen glänzten erschrocken im Halbdunkel. »Ma ful? – Warum?«, fragte sie.

»Weil es sehr arm ist. Es hat während sehr langer Zeit nichts zu essen und nichts zu trinken bekommen.«

Leichte Schritte knirschten im Sand. Tarek setzte sich neben uns.

»Verzeih mir«, sagte er. »Ich hatte vergessen, dass du es nicht gewohnt bist, solche Dinge zu sehen. Ich hätte dich warnen müssen.«

Schweigend schüttelte ich den Kopf. Er fuhr fort: »Morgen Abend erreichen wir das Lager von Achmed. Ich habe Matali angewiesen, einen Teil unserer Decken und Vorräte zu verteilen. Mehr können wir nicht tun.«

Ich fuhr mit der Hand über die Stirn, ich schwitzte immer noch, trotz des eiskalten Windes.

»Kommt denn niemand ... diesen Leuten zu Hilfe?«

Die Stimme von Tarek klang leise und mutlos. »Wenn du die Landkarte Afrikas betrachtest, siehst du, dass die Landesgrenzen Algeriens und anderer Staaten in gerader Linie gezogen wurden; diese Schreibtischgrenzen trennen auch die Gebiete, durch die wir ziehen. Als diese Grenzen festgelegt wurden, hat uns niemand gefragt, ob wir zu Algerien, Mali oder einem anderen Land gehören wollten. Du siehst, Sonia, wir Ihaggaren haben weder Land noch Heimat. Wir sind ganz allein, wie wir übrigens immer allein waren, aber damals waren wir frei und wir wussten es nicht. Zu spät haben wir es begriffen...« Gedankenverloren spielte er mit Mariamas Zöpfen. Ich hörte auf seine unendlich traurige Stimme. Ich hob den Kopf, um die Tränen zurückzuhalten. Zum Teufel mit der Heulerei! Er brauchte jetzt Ruhe, Besänftigung. Schweigend ergriff ich seine Hand. Seine Finger schoben sich zwischen die meinen. »Die Iforas leben in den Bergen des Adrar, entlang der Grenze. Die Trockenheit hat ihre Herden vernichtet. Wie viele andere sind auch sie nach Norden gezogen, nach Algerien. Aber Algerien kommt selbst mit seinen Arbeitslosen nicht zurecht und weigert sich deshalb, Flüchtlinge aufzunehmen. Um die Auswanderung aus Mali einzudämmen, hat man dort Auffanglager geschaffen, in denen die Leute unter entsetzlichen Bedingungen leben. Es fehlt an Lebensmitteln, an Medikamenten, sogar an Holz zum Feuern. Eine Typhusepidemie hat zahlreiche Opfer gefordert und oft ganze Familien dahingerafft. Diese Gruppe hier ist am Grenzposten von Tin Zaouten abgeschoben worden, da haben sie die Tassili-n-Ahaggar durchquert. Sie hoffen, im Hoggar Arbeit zu finden...«

»Hast du ihnen gesagt, dass es aussichtslos ist?«

»Ja, ich war ihnen die Wahrheit schuldig. Sidi Nadir, an den ich sie gewiesen habe, wird ihnen so lang wie möglich Aufenthalt gewähren und das Absenden der Meldung an die Präfektur hinauszögern. Hat sich aber die Verwaltungsmaschinerie einmal in Gang gesetzt, ist sie nicht mehr aufzuhalten. Ich habe in Tam auf der Unterpräfektur gearbeitet, ich weiß, wie es dort zugeht. Für viele Beamte zählen nicht die Menschen, sondern die Aktenstöße, die sie vor der Nase haben. Man schiebt die Verantwortung von einer Abteilung zur anderen, doch oben schweigt man, um nicht das Gesicht zu verlieren: Es geht um das politische Prestige.«

»Klar«, stieß ich zwischen den Zähnen hervor. »Ich als Genferin kann ein Lied davon singen! Wenn man im UNO-Gebäude das große Wort führt, sich im Schwimmbad des Interkontinental auf Staatskosten entspannt und sein Geld im Casino von Evian verspielt, ist es peinlich, zuzugeben, dass gleichzeitig irgendwo in der Wüste ein ganzes Volk an Hunger verreckt...«

»Und außerdem«, fügte Tarek hinzu, »sind wir in Afrika, wo die Macht des Starken über den Schwachen immer noch als Naturgesetz gilt. Bei den sesshaften Völkern verhindert der althergebrachte Fatalismus jeden Fortschritt. Die Leute sagen: ›Es ist Allahs Wille‹ und verkommen in Stumpfsinn.«

»Die Tuareg sind anders...«

»Ja, unsere Lebensweise hat uns immer zum Kampf gezwungen. Auch diesmal haben wir zuerst reagiert, denn der Staat leugnete das Flüchtlingselend und die Existenz von Lagern. Einige der unsrigen, die in der Verwaltung tätig sind, haben mit dem Ausland Verbindung aufgenommen. Sie liefen Gefahr, ihre Stellung zu verlieren oder im Knast zu landen, als sie die Fremden in diese Lager führten und ihnen Einsicht in offizielle Dokumente ermöglichten. So haben

Karin Tanner und andere Ärzte über ihre Botschaften das Rote Kreuz benachrichtigen können. Unter dem Druck der öffentlichen Meinung wurde die Sahelzone offiziell zum Katastrophengebiet erklärt. Durch die Vermittlung des Algerischen Roten Halbmondes sind Lebensmittel und Medikamente verteilt worden, Ärzte wurden an Ort und Stelle eingesetzt und man bemüht sich, den Bestand der Herden wieder zu ergänzen. Aber für viele Menschen kommt die Hilfe zu spät und die Dürre dehnt sich weiter aus...«

Eines Tages hatte Tarek zu mir gesagt: »Dein Herz findet immer die richtigen Worte, um Bitterkeit oder Zweifel zu vertreiben.« An diesem Abend aber blieb ich niedergeschlagen, stumm. Worte hatten keine Bedeutung. Wozu weinen, fluchen, sich empören? Gemessen an den so genannten »Staatsinteressen« zählt die Verzweiflung einiger tausend Menschen nicht, hat nie gezählt. Diese Männer, Frauen und Kinder waren nicht nur Opfer der Dürre, sondern ebenso sehr der unerbittlichen fernen Mächte, die Politik, Bürokratie und politisches Prestige heißen...

Inzwischen war es Nacht geworden. Meine Schulter berührte jene Tareks, ich spürte seinen bedrückten Atem. Er zog Mariama an sich, legte sein Gesicht an das ihre, sog lange ihren Atem ein. Mit dem Daumen strich er ihr über die Brauen und die zarten Schläfen. Leise sagte er: »Wenn ich ein Kind leiden sehe, denke ich immer an Mariama. Ich sehe sie an Stelle des kleinen Mädchens, das im Sterben liegt...«

»Sterben, was ist das?«, fragte Mariama.

»Der Tod bedeutet für jeden Menschen etwas anderes«, antwortete Tarek. »Für dieses kleine Mädchen bedeutet er, keinen Hunger, keinen Durst, keine Schmerzen mehr zu haben...«

Er sprach genauso ernst mit ihr wie zu einem Erwachsenen. Mariama überlegte: »Dann wird sie gesund?«

»Ja«, sagte Tarek sanft, »sie wird gesund...«

Er streckte sich aus, legte den Kopf an meine Schulter, wie er es manchmal zu tun pflegte. Ich konnte ihn nicht von seiner Bitterkeit befreien, ich konnte ihm nur Ruhe geben. Deshalb sagte ich nichts – ich war nur einfach da. Ich fühlte, wie sich sein Atem nach und nach beruhigte. Er hatte sich entspannt, war fast eingeschlummert. Und auch in mir kehrte der Friede zurück, denn das war alles, worauf ich hoffen konnte.

Das kleine Ifora-Mädchen starb in dieser Nacht. Seine Mutter begrub es selbst, abseits des Lagers, vor Anbruch des Tages.

23. Kapitel

In Guezzam. Schwer lastete die Hitze auf dem Bordj, in dem sich der Grenzposten befand. Der Wind wirbelte Sandwolken auf und die Steine glitzerten im blendenden Licht des Nachmittags. Ich saß im Schatten des Wagens, während Tarek Wasser in den Kühler nachfüllte. Wir warteten auf den Zollbeamten, der das Näherkommen unseres Wagens beobachtet haben musste. Ich hatte die Augen halb geschlossen, denn ich war matt, wie ich es noch nie zuvor gewesen war – aber diese Mattigkeit hatte nichts mit Erschöpfung zu tun. Die Begegnung mit den Flüchtlingen war für mich ein Schock gewesen, einem brutalen Erwachen vergleichbar, von dem ich mich noch nicht erholt hatte. Es fiel mir wie Schuppen von den Augen, nun konnte ich die Mühe ermessen, die Tarek aufgewendet hatte, um mich vor den unangenehmen Dingen zu schützen, mir den Anblick des Elends zu ersparen, das ein Bestandteil seines täglichen Lebens war. Seine feinsinnige, tiefe Zärtlichkeit bewahrte mich vor Verzweiflung und Grauen. In wenigen Monaten hatte ich lange Jahre übersprungen. Tarek hatte mich verwandelt, dank ihm war ich ausgeglichen und meiner selbst bewusst. Mein Glück war Wirklichkeit, aber diese Wirklichkeit schuf Tarek für mich, jeden Tag erneut, um dann allein dem Leid, der Ungewissheit und dem Bangen um die Zukunft gegenüberzustehen. Er beschützte mich, weil er mich liebte. Er hatte versprochen, mich glücklich zu machen. Und gerade weil ich ihn liebte, wollte ich nicht länger beschützt werden. Mein Entschluss war gefasst. Von nun an wusste ich, was zu tun sei...

Wir warteten noch immer, nichts rührte sich am Grenzposten. Die Hitze war erdrückend. Endlich trat ein Soldat in khakifarbener Uniform aus dem Bordj. Er hatte krauses Haar und machte ein mürrisches Gesicht.

Er nahm unsere Papiere und ging schleppenden Schrittes auf den Bordj zu. Eine Viertelstunde verging, bis der Soldat zurückkam. Träge pflanzte er sich vor Tarek auf und gab mit leiser Stimme eine verworrene Erklärung ab, die der junge Targi hoheitsvoll und mit unnahbarem Blick anhörte.

»Er sagt, dass sein Chef schläft und wir warten müssten, bis er aufwacht.«

Ich war wie vor den Kopf gestoßen. Tarek wandte sich schroff ab und hieß Matali Feuer zu machen und Tee zuzubereiten. Wir breiteten eine Decke aus.

»Er macht wohl Siesta, der Herr«, fauchte ich. »Wie lange mag das dauern?«

»So lang er will«, antwortete Tarek bitter. »Wir können nichts tun, er hat unsere Papiere mitgenommen.«

Eine Stunde verging und noch eine. Tareks Zorn zeigte sich in eisiger, gleichmütiger Kälte. Schon neigte sich die Sonne zum Horizont, als der Soldat wieder auftauchte. Er schlenderte gemächlich näher. Tarek blieb bewegungslos sitzen.

Der Soldat räusperte sich, starrte zu Boden und stammelte verlegen. Tarek reagierte blitzschnell. Er schnappte mit den Fingern und erzeugte ein Geräusch ähnlich eines Peitschenknalls. Der Algerier zog den Kopf ein und schlich davon. Tarek neigte das Haupt. Ich sah trotz des Schleiers, wie er sich auf die Lippen biss.

»Wir müssen die Nacht hier verbringen«, erklärte er, seine

Wut gewaltsam unterdrückend. »Der Chef empfängt seine Freunde. Er will uns erst morgen sehen.«

Ich starrte ihn verständnislos an. Ich verfügte nicht über seine Gelassenheit und platzte los: »Was fällt dem Kerl ein? Macht er sich über uns lustig?«

»Er will mich demütigen, weil ich ein Targi bin. Aber wenn er darauf wartet, dass ich die Geduld verliere, irrt er sich!« Er ergriff meine Hand und legte sie an sein Gesicht. »Beruhige dich«, sagte er, »deine Handflächen sind ganz feucht.«

»Tarek, ich...«

Mit der Zungenspitze fuhr er leicht über meine Handfläche. »Still, Sonia. Ich weiß. Auch ich bin zornig, und wenn ich allein wäre, würde der Kerl sich wundern. Aber mit dir und Mariama will ich nichts aufs Spiel setzen. Es gibt ein Sprichwort, das besagt: ›Ändere das, was du ändern kannst, ertrage das, was du nicht ändern kannst, und merke dir den Unterschied.‹«

Ich fühlte, wie mein Zorn nachließ, er hatte Recht wie immer. Und wie immer war es ihm gelungen, mich zu besänftigen, mit einem Wort, einer Liebkosung, einem Lächeln. Er erhob sich mit einer geschmeidigen Bewegung und raffte die Falten seiner Gandura über die Schultern.

»Wir schlagen das Zelt weiter drüben auf, wo der Zöllner uns nicht sehen kann. Die Ruhe wird dir gut tun. Der Tag ist hart gewesen...«

Der Morgen schmeckte nach Sonne und Staub. Schon verschluckte das Licht die kühlen Schatten. Der Himmel war blass, die Ebene farblos. Seit zwei Stunden saßen wir neben dem Wagen und warteten. Im Bordj regte sich nichts. Tarek war in finsteres Schweigen versunken. Abseits kauerte Matali am Boden und legte Mariamas hölzerne Spielsachen aus. Plötzlich hob Tarek den Kopf. Er spähte zur Piste hinüber. Eine kleine Staubwolke stieg in der Ferne auf.

»Da kommt ein Wagen. Nun wird er gezwungen sein, sich zu zeigen.«

Mit langsamer Bewegung zog er den Schleier über das Gesicht. Ein großer Landrover mit langer Motorhaube und belgischem Nummernschild näherte sich. Der Fahrer, ein junger Mann mit wirrem blondem Haar und sympathischem Gesicht, streckte den Kopf aus dem Fenster.

»Wo ist der Zoll?«

»Der Chef kommt selbst, wenn er nicht gerade schläft oder frühstückt oder auf dem Klo hockt und Zeitung liest«, antwortete ich wütend.

Verblüfftes Schweigen bei den Belgiern. Dann sprangen die Türen auf. Drei junge Leute stiegen aus: zwei Jungen in Jeans und T-Shirts und ein schlankes Mädchen mit rund geschnittenem Haar. Sie trug khakifarbene Shorts, eine Leinenjacke und Sandalen.

»Wir sind seit gestern hier. Seinetwegen«, sagte ich und zeigte auf Tarek.

Das Mädchen musterte ihn von Kopf bis Fuß und lachte. »Haben Sie sich mit dem Zollbeamten geschlagen?«

»Noch nicht«, erwiderte Tarek spöttisch, »aber das geht gleich los.«

»Oh, warum denn?«

»Weil er ein Araber ist und ich ein Targi.«

Die Belgier starrten ihn an. »Ein Targi? Ein echter?«

»Haben Sie noch nie einen gesehen?«, grinste Tarek.

»Nein, hören Sie«, antwortete das junge Mädchen etwas beschämt, »wir sind zum ersten Mal in Afrika. Als wir im Hoggar ankamen, waren unsere Köpfe voller romantischer Vorstellungen über die Tuareg. Am ersten Abend haben wir einen Araber kennen gelernt, der uns erklärt hat, es gebe keine Tuareg mehr, sie hätten sich alle mit den Schwarzen vermischt und arbeiteten heutzutage auf den Ölfeldern.«

»Einige schon«, lächelte Tarek, »aber nicht alle.«

Wir stellten uns gegenseitig vor. Es war ein junges Paar, Paul und Marie-Claire Jaubert und der Bruder von Marie-Claire, Daniel. Sie kamen aus Brüssel und befanden sich auf der Fahrt nach Abidjan an der Elfenbeinküste.

»Ich fürchte, man sieht uns die Unerfahrenheit auf den ersten Blick an«, meinte Daniel und verzog das Gesicht.

Tareks Hand streifte meinen Arm. Ich folgte der Richtung seines Blickes.

Ein magerer kleiner Mann in einer Khakiuniform mit Litzen an den Schultern kam vom Bordj her mit raschen Schritten auf uns zu. Sein Gesicht war gelblich, sorgfältig rasiert, aber völlig ausdruckslos. Ohne uns eines Blickes zu würdigen, begrüßte er mit einer nachlässigen Handbewegung die Belgier. »Sie wollen Algerien verlassen? Kann ich Ihre Papiere sehen?«

Rasch blätterte er die Pässe durch, reckte den Hals, um das Innere des Landrovers zu kontrollieren, und knallte einen überflüssigen Fußtritt gegen das Rad.

»Es ist gut«, sagte er trocken, »Sie können weiterfahren.« Hierauf wandte er sich an Tarek, als hätte er ihn eben erst bemerkt und wies mit dem Kinn auf mich. »Ihr müsst warten. Der Pass deiner Freundin ist nicht in Ordnung.«

Tarek trat gelassen auf den Zöllner zu und sah auf ihn herab. In seiner ruhigen Stimme klang eiskalte Verachtung mit. »Dieser Pass ist in Tam kontrolliert worden. Der Bürgermeister hat ihn abgestempelt. Sie haben kein Recht, uns hier zurückzuhalten.«

»Meinst du, du könntest mir Befehle erteilen?«, entgegnete anmaßend der Zöllner. »Du bist hier nicht in deinem Lager. Du wirst dich schön ruhig hinsetzen und warten, bis ich meine Arbeit beendet habe und mich um diese Geschichte kümmern kann.«

Er räusperte sich und spuckte aus, direkt zwischen die Füße von Tarek. Der junge Targi rührte sich nicht, ich aber spürte in seiner starren Regungslosigkeit, wie sich seine Muskeln strafften. Die Luft schien plötzlich geladen. Der Zöllner blinzelte nervös, seine Hand griff nach dem Lederfutteral der Pistole. In die Stille hinein erklang Pauls Stimme, klar und bestimmt: »Wir fahren alle zusammen oder überhaupt nicht!«

Tareks Schultern entspannten sich. Er seufzte leise, als hätten ihn die Worte des Belgiers plötzlich in die Wirklichkeit zurückgerufen. Bemüht, das Gesicht nicht zu verlieren, wandte sich der Zöllner hochnäsig und beleidigt an Paul: »Wie kommen Sie dazu?«

»Diese Leute sind Freunde von uns«, log eiskalt der Belgier. »Wir hatten uns hier verabredet, um nach Agadez weiterzufahren. Wir sind Mitglieder der arabisch-belgischen Liga, die unter dem Patronat Ihrer Botschaft in Brüssel steht. Ich nehme an, dass Ihnen nichts daran liegt, das Bild Ihres Landes in bestimmten, einflussreichen Kreisen zu trüben...«

Ein nervöses Zucken lief über das Gesicht des Zöllners. Wie die meisten arabischen Beamten lebte auch er in der ständigen Furcht vor den Vorgesetzten. Er brüllte einen Befehl. Der Soldat, der an der Tür des Bordj gelehnt hatte, stürzte in das Gebäude wie ein Hase ins Gebüsch. Außer Atem kam er angerannt, unsere Papiere in der Hand. Er überreichte sie Tarek und Matali. Als ich meinen Pass ergreifen wollte, hielt mich der Beamte zurück.

»Nicht so schnell. Ich sagte ja, dass dieser Pass nicht in Ordnung ist.«

Er feuchtete seine fettigen Finger an und blätterte die Seiten durch. »Wenn Sie nach Niger wollen, müssen Sie zahlen.«

Unter eisigem Schweigen zog Tarek seine Brieftasche und

holte eine Banknote heraus. Mit der Spitze seiner langen schmalen Finger reichte er sie aber nicht dem Zöllner, sondern Matali, der dem Araber das Geld übergab, als wäre dieser ein Bediensteter. Der Zöllner erbleichte. Auf seinem Gesicht zeigten sich Schweißtropfen. Tarek drehte sich mit kalter Verachtung um und gab Matali das Zeichen einzusteigen. Die Türen schlugen zu. In einer Staubwolke stob der Landrover davon, während Tarek sich ans Steuer setzte und den Motor startete. Ich hielt Mariama fest an mich gedrückt. Der Wagen grub sich aus dem Sand, wir rollten. Matali kicherte unter seinem Schleier. Ich blickte auf Tarek, er gab mir den Blick zurück. Erlöst brachen wir in Gelächter aus.

»Du lieber Himmel«, meinte ich, »wenn ich dieser Zöllner wäre, ich hätte Komplexe bis an mein Lebensende!«

»Mir scheint«, sagte Tarek mit einem Lächeln in den Augenwinkeln, »dass ich etwas zu weit gegangen bin. Du musst mir verzeihen, ich war in Wut geraten. Wäre Paul nicht dazwischengetreten, ich hätte ihn platt gedrückt wie eine Wanze.«

Wir hielten genügend Abstand zum Landrover, um nicht dessen Staub schlucken zu müssen.

»Dank diesen Leuten haben wir das Theater überstanden«, sagte Tarek. »Ich möchte sie ins Lager einladen. Achmed wird einen Iljugan veranstalten. Das wird ihnen gefallen.«

Tarek blinkte mit den Scheinwerfern, die Belgier hielten an. Wir stiegen lachend aus.

»Der Typ hat sich unglaublich aufgeführt«, sagte Daniel zu Tarek. »Was können Sie gegen ihn unternehmen, außer ihn zusammenzuschlagen?«

Tarek zuckte die Achseln. »Nicht viel, denn ich bin ja algerischer Staatsangehöriger.« Er hatte sein ruhiges Lächeln wieder gefunden. »Zum Lager meines Bruders ist es nicht weit. Möchten Sie uns begleiten und einen Iljugan sehen?«

Als er den Belgiern erklärte, dass es sich um ein Reiterfest handelte, waren alle begeistert.

»Wir werden zwei Tage verlieren«, meinte Paul, »aber ich glaube, die Sache lohnt sich.«

»Das glaube ich auch«, meinte Tarek belustigt. »Sie werden dabei Gelegenheit haben, ein paar andere – echte – Tuareg kennen zu lernen!«

24. Kapitel

Vor zwei Stunden hatten wir die Piste bei der Wasserstelle von Assamaka verlassen. Endlos erstreckte sich die Sandwüste, völlig flach bis auf die kleinen Dünen, zwischen denen hin und wieder ein Büschel trockenen Grases wuchs. Weit und breit war nichts von einer Spur zu sehen, aber Tarek schien genau zu wissen, wie er zu fahren hatte. Hinter uns folgten die Belgier, ich konnte ihren Wagen über die Ebene kriechen sehen, wie ein schwerer, leuchtender Käfer.

Es war früher Nachmittag. Die Sonne stach; der Horizont ertrank in blauem Licht. Das gleichmäßige Brummen des Motors schläferte mich ein. Mein Kopf lag auf Tareks Schulter. Erst als ich seine Lippen auf meiner Stirn spürte, richtete ich mich benommen auf.

Er lächelte mir zu. »Schau, da hinten!«

Ich sah nichts als Wellen der Dünen, die sich über die gelbe Ebene ausbreiteten. Ich schüttelte den Kopf. »Auch nach zwanzig Jahren mit dir werde ich nie verstehen, wie du es fertig bringst, dich zu orientieren.«

»Hast du die Absicht, mich noch zwanzig Jahre zu ertragen?«, neckte er mich. »Sieh, da kommt ein Reiter auf einem Mehari.«

Ich kniff die Augen zusammen. Der dunkle Punkt weit hinten im Dünenmeer konnte irgendetwas sein, ein Strauch oder ein Felsen. Doch allmählich zeichnete sich dort, wo Gold und Blau ineinander flossen, eine verschwommene Gestalt ab. Wie ein Traum schien sie auf einem Wasserspiegel zu gleiten.

Matali lachte vergnügt und Tarek rief: »Das ist Achmed!«

Von blendendem Licht umgeben, kam uns der Reiter entgegen. In königlicher Haltung näherte er sich, geschmeidig, lautlos, graziös. Die kurze Peitsche zwischen den Fingern, schaukelte Achmed im federnden Trab seines Reittiers. Er trug zwei Ganduras übereinander, eine weiße und eine schwarze. Der leichte Stoff flatterte wie Storchenflügel im Wind.

Als der Landrover bremste, ließ Achmed sein Mehari einen Halbkreis drehen und brachte das Tier neben dem Wagen zum Stehen. Er neigte sich aus dem purpurnen Sattel. Unsere Hände streiften sich. Seine samtbraunen Augen, die denen von Tarek so ähnlich waren, strahlten vor Freude. »Hat meine Kiste durchgehalten? Wie war die Reise?«

»An der Grenze gab es Schwierigkeiten«, sagte Tarek. »Ich habe fast die Beherrschung verloren.«

Achmed grinste. »Hat dir dieser kleine Schweinehund zugesetzt? Papa musste zwei volle Tage verhandeln und Schmiergeld bezahlen, um die Herde über die Grenze zu bekommen.« Mit der Peitsche zeigte er auf den Landrover der Belgier. »Du bringst Leute mit?«

»Touristen, die ich ins Lager eingeladen habe«, sagte Tarek. »Ohne sie wäre es am Grenzposten schief gegangen. Kannst du für heute Abend Reittiere auftreiben?«

Achmed nickte bejahend. »Beim Wadi Tin Amzi lagern Leute von den Aït Loaien. In zwei Stunden können sie da sein. Ich kümmere mich darum.«

Mit den Fersen trieb er sein Mehari an und näherte sich den faszinierten Belgiern, die er höflich begrüßte. »Ich bin Achmed ag Barka. Herzlich willkommen im Lager!«

Die Belgier starrten zu ihm hinauf. »Stellen Sie sich vor«, erzählte Paul, »dass man uns in Tam gesagt hat, es gäbe keine Tuareg mehr in Algerien.«

Achmed warf den Kopf in den Nacken und lachte schallend. »So? Dann bin ich eine Fata Morgana!«

Er winkte fröhlich, streifte mit der Peitsche leicht die Flanken seines fuchsroten Reittiers und verschwand trabend zwischen den Dünen. Wir bestiegen wieder unseren Wagen.

»Bleiben Sie hinter mir, weichen Sie nicht von meiner Spur ab«, sagte Tarek zu Daniel, »sonst laufen Sie Gefahr zu versanden.«

Langsam rollten wir über dem von den runden Sohlen der Kamele gezeichneten Boden. Links erhob sich eine korallenfarbene Düne, rechts eine felsige Erhöhung, zartlila getönt wie eine Muschel. Es war windstill; kein Hauch, kein Staubkorn in der Luft. Plötzlich öffnete sich vor uns ein felsiger Kessel. Sträucher umgaben ein Wasserloch, in dem sich der Himmel spiegelte. Hirten bewachten die Mehara, die das trockene Gras rupften. Etwas abseits waren einige rote Zelte aufgebaut. Ein Feuer brannte. Im Schatten einer aufgestellten Strohmatte breiteten Diener Teppiche aus. Mit der Reitpeitsche in der Hand trat Achmed zu uns.

»Ich habe einen Boten zu den Aït Loaien geschickt.« Zu den Belgiern gewandt, sagte er: »Ich bitte Sie, machen Sie es sich bequem, ruhen Sie sich aus. Der Tee wird gleich bereit sein.«

Die Gäste betrachteten ihn mit einer Mischung aus Staunen und Bewunderung. Er trug kein Hemd unter seinen beiden Ganduras, oberhalb des Ellbogens umspannte ein breiter Reif aus Schlangenstein den nackten Arm.

»Was ist das für ein Schmuck?«, fragte Marie-Claire neugierig.

Achmed lachte. »Das war früher eine Waffe. Man fasste

den Gegner mit dem Arm um den Hals und drückte zu. Das ging meistens schnell.«

Paul stieß einen leisen Pfiff aus. »Ihre Vorfahren müssen gefährliche Burschen gewesen sein! Ich beginne den Zollbeamten zu verstehen...«

»Ja«, sagte Achmed, »er hat einen tausendjährigen Groll auf dem Buckel.«

Er nahm Mariama auf die Arme, streichelte sie mit seinem Atem und führte sie zu einem Kamelfüllen, das, an einen Pfahl gebunden, kläglich nach der Mutter schrie.

»Schau, es ist heute Nacht erst geboren worden...«

Schon dampfte der Wasserkessel über dem Feuer. Auf einem Kupfertablett brachte ein Diener zwei Teekannen, Gläser, einen Kasten aus verziertem Holz, der Tee enthielt, und Stockzucker. Eigenhändig bereitete Achmed den Tee und zerkleinerte den Zucker. Ich beobachtete seine lässigen, geschmeidigen Bewegungen, in denen er Tarek so sehr glich. Wenn sich unsere Blicke kreuzten, lächelten wir uns zu.

»Leg den Kopf an meine Schulter«, sagte Tarek. Er saß mit dem Rücken gegen den geschnitzten Zeltpfosten, ich schmiegte mich an ihn. Ich sog den Duft des schäumenden grünen Tees ein und spürte den friedlichen Atem Tareks in meinem Haar. Plötzlich entstand im Lager Bewegung. Achmed hob den Kopf. »Die Aït Loaien sind da!«

Ich richtete mich auf, den Belgiern stockte der Atem. Eine Reitergruppe näherte sich. Die metallisch glänzenden indigofarbenen Scheschs verwandelten die Gesichter der Männer zu geheimnisvollen Masken. Ihre Ganduras leuchteten violett und türkisblau, an den Gürteln hingen die purpurnen Scheiden der Säbel. Frauen ritten auf weißen Kamelen, sich geschmeidig in den roten Holzsätteln wiegend. Die Nägel der zarten Hände waren mit Henna rot gefärbt. Indigoblaue

Schleier, die sich ab und zu über silbernem Schmuck öffneten, verdeckten ihre Gesichter.

»Prachtvoll«, murmelte Paul.

Achmed lachte. »Ja, alle haben sich für den Iljugan in Gala geworfen.«

Die Aït Loaien ließen ihre Mehara niederknien und halfen den Frauen beim Absteigen. Während ein Diener für den Tee sorgte, kauerten sich die Frauen in den Sand. Ihre ausgebreiteten Schleier schillerten wie dunkelblaue Blütenblätter.

»Warum verbergen sie ihr Gesicht?«, fragte Marie-Claire, »ich hatte gehört, dass sich die Frauen der Tuareg nicht verschleiern.«

Achmed zwinkerte ihr zu. »Nichts als Eitelkeit! Sie wissen, dass alle Männer auf sie sehen, und ziehen den Moment noch hinaus, ehe sie ihre Schönheit den Blicken preisgeben. Gibt es einen Junggesellen unter Ihnen?«

»Ja, mich«, rief sofort Daniel.

»In diesem Fall«, grinste Achmed, »hindert Sie nichts daran, Ihr Glück zu versuchen.«

Zwei Schwarze brachten eine große, mit Ziegenhaut bespannte Holztrommel, die sie zwischen die Frauen stellten.

»Das ist der Tendi«, erklärte Achmed.

Marie-Claire näherte sich ihnen und drehte an ihren Objektiven. Die Frauen betrachteten sie interessiert, mit unterdrücktem Gekicher. Ihre Schleier waren wie unbeabsichtigt heruntergeglitten und ließen liebenswürdige Gesichter sehen, in denen schelmisch glänzende, kohlschwarz geschminkte Augen lachten. Der indigoblaue Stoff hatte auf Stirn und Wangen einen blasslila Schimmer hinterlassen, der das warme Braun ihrer Haut belebte.

»Sie sind wirklich sehr hübsch«, urteilte Daniel verträumt und alle lachten.

Achmed wandte sich an Tarek. »Hättest du nicht Lust mitzumachen? Dein Mehari hat Bewegung nötig. Seit einer Woche ist es auf der Weide.«

»Einverstanden«, sagte Tarek. »Aber zuerst muss ich mich umziehen.«

Achmed führte uns zu einem Zelt. Kurz danach brachte ein junger Hirte ein Becken Wasser. Im rötlichen Halbdunkel nahm Tarek seinen Schesch ab, der steif vor Staub war, strich sich die Locken zurück und wusch sich sorgfältig Gesicht und Hände.

Ich sagte lächelnd: »Wenn ich besser reiten könnte, würde ich gerne auch mitmachen!«

Tarek warf mir einen schelmischen Blick zu. »Warum denn nicht?«

»Meinst du wirklich, dass ich...«

Er schüttelte sich vor Lachen. Ich konnte mich nicht erinnern, dass ihn jemals etwas so erheitert hätte.

»Ich werde dir Kleider von mir geben, niemand wird dich erkennen und alle werden sich fragen, wer bist du.«

Er rief den Jungen herbei und trug ihm auf, Iuinaran und Atlar zu satteln. Dann zog er aus einer Ledertasche eine sehr weite, gestärkte Gandura mit violetten und sandfarbenen Streifen heraus. Prächtige weiße Stickereien verzierten Rücken und Schultern.

»Nimm deine Haare hoch, ich werde dir den Schesch schlingen...« Mit geschickten Fingern glättete, faltete und wand er den Stoff, bevor er zurücktrat, um das Ergebnis zu beurteilen.

»Lege den Teraut um. Und... warte! Du musst noch den Tari festknüpfen.«

»Was ist das, Tarek?«

Er schüttelte einen großer Streifen dunkelblauen Stoff auseinander.

»Er ist mit Indigo getränkt. Da, sieh nur!« Er hielt mir die

Handflächen hin. »Er färbt auf die Haut ab. Das muss so sein.«

Ich blieb steif und unbeweglich, während er mir den Tari wie eine Krone um den Schesch schlang. Dann legte er die Hände auf meine Schultern und lachte zufrieden. »Du bist ein perfekter Targi.«

Ich lehnte meine Stirn an seine Stirn. »Und du, du bist so lieb.«

Er schlang beide Arme um mich. »Ich glaube nicht«, meinte er spöttisch, »dass der Zöllner von In Guezzam diese Ansicht teilt!« Wir lachten beide.

»Hör nur«, rief ich plötzlich. »Die Trommel.«

Das rasche, regelmäßige Schlagen des Tendi vibrierte durch die Stille, sie brachte mein Herz zum Klopfen. Tarek hatte sich in eine weiße Gandura gehüllt. Sein Schesch war ebenfalls weiß und der dunkel schimmernde Baumwollüberwurf fiel ihm über die Schultern. Zusammen traten wir vor das Zelt, vor dem die Reittiere auf den Knien lagen. Der Klang des Tendi erschütterte die Luft. Die Trommlerin hatte goldgetönte Haut, eine fein geschwungene Nase. Ihre Brauen waren so zart, als wären sie mit einem Pinsel gezogen. Silberschmuck schimmerte auf ihrer Brust. Ihre Gefährtinnen klatschten den Takt.

Tarek berührte meinen Arm und lachte mit den Augen. »Komm!«

Ich schlang den Zügel um das rechte Handgelenk und schwang mich in den Sattel. Ein leichter Peitschenschlag riss das Tier hoch. Die verschleierten Gestalten der Reiter schienen wie in den blauen Himmel gemalt. Plötzlich begegneten meine Augen jenen Achmeds, der auf seinem fuchsroten Mehari herantrabte. Ein Lachkrampf erschütterte ihn derart, dass er einen Hustenanfall vortäuschte.

Ein Mädchen hatte ein Lied angestimmt. Ihre Stimme war

metallisch schrill. Sie wiegte den Oberkörper, das Geflecht ihrer Haare schwang rhythmisch um die schweißnassen Schläfen. Die Gefährtinnen sangen das Lied im Chor mit und untermalten den Gesang mit langen spitzen Trillern. Zuerst stellten wir uns in zwei Reihen beiderseits der Sängerinnen auf. Paarweise ritten wir dann aufeinander zu. Die Kamele trabten mit geweiteten Nüstern und erhobenem Kopf, die langen Beine im Takt der Trommelschläge bewegend. Das dumpfe Schwingen des Tendis schien die blau behelmten, in ihren purpurroten Sätteln hoch aufgerichteten Reiter zu elektrisieren. Die schwarzen Hirten standen beim Feuer und klatschten in die Hände, den Körper von keuchendem Atem geschüttelt. Unvermittelt schlug die Sängerin eine noch schrillere Tonlage an. Die Trommel dröhnte gewaltig. Die Reihe der Mehara schloss sich in wogendem Kreis um die Sängerinnen. Mit speicheltriefenden Lefzen wiegten sich die Köpfe der Kamele auf den schlangenartigen, biegsamen Hälsen. Der Geruch des Staubs vermischte sich mit dem Duft des warmen Leders und der bitteren Ausdünstung der schweißnassen Felle. Plötzlich stieß Achmed einen kurzen, spitzen Schrei aus, trieb sein Mehari an und stürzte wie ein Falke auf die Sängerinnen, die ihm furchtlos entgegenblickten. Im letzten Augenblick wendete er sein Mehari ab und raste in einer Spirale um den Kreis der Frauen herum, um sich danach mit triumphierendem Lachen, die Hand lässig auf den Sattelgriff gestützt, zu entfernen.

Ich war verzaubert, fühlte mich in einen Ozean von Farben, Bewegung und Rhythmus versinken. Ich leitete Iuinaran instinktiv, sie folgte von selbst den Schritten und dem Takt. Ich sah nur noch Tarek und unsere Augen, die sich gefunden hatten, ließen sich nicht mehr los. Mit unnachahmlicher Würde, hoch im Sattel aufgerichtet, führte er sein Mehari mit ruhiger, lässiger Konzentration. Seine weiße Gandura wogte mit den Bewegungen des Meharis, das den Sand stampfte, während die purpurnen Fransen des Zaumzeugs mitschwangen.

... Tarek, ich umkreiste dich und schaute dir in die Augen. Du warst schön, impulsiv, aber beherrscht, stark und zärtlich, du konntest lachen, du lachtest oft, du hattest sanfte Hände und einen Blick, der mich bis in den Traum verfolgte...

Einer glühend roten Blume gleich schwebte die Sonne in den dunklen Abgrund des Horizonts. Alles drehte sich in meinem Kopf. Im Trab flog Iuinaran an der Gruppe der Belgier vorüber. Ich sah Marie-Claire ihren Fotoapparat heben und platzte vor Lachen. Ich trieb das Mehari an, riss mir den Schesch vom Kopf; ich fühlte meine Haare über die Schultern fallen und im Wind wehen, während ich den Kreis der Reiter verließ und den Dünen entgegenpreschte. Mein Gesicht glühte, ich war wie berauscht vor Freiheit und Glück. Die Felsen aus Bronze, der goldene Sand, der Himmel, der Feuer fing, gehörten nur uns ganz allein.

Hinter mir hörte ich leichte, stapfende Schritte im Sand knirschen. Ich zog die Zügel etwas an und verlangsamte die Gangart meines Meharis. Ohne den Kopf zu wenden, streckte ich den Arm aus und Tarek fasste meine Hand. Er zog mich an sich, während unsere Tiere im gleichen Schritt, Flanke an Flanke, einhergingen. Lange küssten wir uns.

Meine Stimme klang fremd und heiser, als ich sagte: »Ich will bei dir sein. – Enda kmet.«

Langsam ritten wir durch die Abendstille. Die Kupferschellen klingelten. Die ersten Sterne leuchteten, als Tarek die Mehara am Fuß einer Düne anhielt. Die Tiere knieten nieder, Tarek fesselte sie. Sträucher hoben sich schwarz vom Himmel ab. Eng umschlungen gingen wir ein paar Schritte.

»Sieh da, eine Sternschnuppe«, sagte Tarek, »das ist ein gutes Omen.«

Mit der Peitsche strich er über den Sand, um Skorpione zu vertreiben. Dann zog er die Gandura aus und legte sie auf den Boden. Er umfasste meine Taille, hob mich auf und legte mich sanft nieder.

Was uns verband, diese Gewissheit jenseits von Bewusstsein und Vernunft, konnte nicht benannt werden. Wozu die herkömmlichen Bezeichnungen Sex, Lust, Gier, Abenteuer? Hier trat etwas Neues in Erscheinung, eine langsame Arbeit für das ganze Leben. Einmal hatte es mich berührt und würde immer währen. Solange Atem in mir war, würde ich mich an ihn erinnern, an sein Gesicht, an seine Augen, an den Duft seines warmen, pulsierenden Lebens. Und so wie ich ihn betrachtete, betrachtete er mich auch, und unsere Gesichter erwachten zu einem fast unbewussten Lächeln. Ich liebkoste seine Wangen, sog seinen tiefen, ruhigen Atem in mich ein. »Ich liebe dich«, sagte ich.

Er küsste die Innenfläche meiner Hände. »Sag mir das nochmals!«

»Ich liebe dich –, ich möchte dich heiraten! Heirate mich, ich bitte dich!«

Leise fragte er: »Willst du das wirklich?«

»Ja, du hast alles Traurige, Hässliche, Böse von mir fern gehalten. Jetzt will ich endgültig zu dir gehören! Ich will Hunger haben und Durst und spüren, wie es schmerzt. Ich will die Demütigungen teilen, die Ungerechtigkeit fühlen und selbst Lust haben, Zöllner und andere Flegel zu verprügeln...«

»Fürchtest du dich nicht davor, deine Freiheit zu verlieren?«

»Freiheit? Es genügt, sie zu nehmen und dann zu bewahren. Du selbst hast es mir gesagt. Meine Freiheit ruht in dir, bei dir. Niemand kann sie mir wegnehmen.«

Seine Handfläche lag in der meinen, unsere Finger waren

eng verschlungen. Aus dieser Berührung entstand ein Strom, der uns ins Blut ging und bis ins Herz stieg. Er seufzte. »Ich weiß, dass ich immer ein wenig verrückt gewesen bin, aber was soll aus uns werden, wenn du noch weniger vernünftig bist als ich?«

»Glaube nicht, dich zu heiraten sei für mich ein Opfer. Ich wünsche es mir; mehr als das: Ich habe es nötig, es ist mir sogar eine Genugtuung!«

Er presste das Gesicht an das meine. Seine Stimme war nur noch ein Flüstern. »Am Morgen, wenn ich aufwache und du noch schläfst, schaue ich dich an und denke daran, wie teuer du mir bist. Ich möchte, dass es immer so bleibt. Ich fürchte mich nicht mehr vor der Zukunft. Jetzt nicht mehr, ich bin so von Glück erfüllt, dass kein Platz mehr ist für etwas anderes.«

»Da siehst du, dass du mich heiraten musst. Und dann, denk an Mariama und an die Kinder, die wir haben werden.«

Er nahm meinen Kopf in beide Hände. »Warum weinst du?«

»Ich weiß es nicht. Ich bin so glücklich, dass ich mir dumm vorkomme. Oh, sieh nur! Noch mehr Sternschnuppen! Ich habe noch nie so viele gesehen!«

Ich lächelte und heulte zugleich. Tarek hielt mich eng umschlungen und fing mit den Lippen die Tränen auf, die mir die Wangen nässten.

…Und das war, was ich mir wünschte: weinen und den Kopf an deinen Hals pressen. Weinen, weil alles Wahre und Ewige auch immer ein bisschen traurig ist. Mir war, als ob die Erde sich unter uns bewegte und mit uns ins All gleite…

»Ja«, sagte Tarek, »ich heirate dich! Wir werden heiraten, sobald wir wieder in Tam sind.«

Ich spürte seinen Mund, den salzigen Geschmack meiner Tränen. Er drückte mich an sich und wiegte mich sanft wie ein Kind. Es schien mir, als gäbe es in dieser Nacht voller Sternschnuppen und dem fernen Rauschen des Windes auf der ganzen weiten Welt keine Lebewesen außer uns.

25. Kapitel

Öde und leer breitete sich die Ebene bis zum Horizont aus. Der blanke Himmel flimmerte vor Hitze. Schweiß nässte das raue Fell der Mehara. Die Piste, der wir folgten, war nur eine undeutliche Spur, die die Sohlen der vorbeiziehenden Kamele hinterlassen hatten. Ich ritt neben Tarek, benommen von der Hitze und dem schaukelnden Gang Iuinarans. Matali folgte uns auf einem Mehari, an dessen Sattel Mariamas Wiege befestigt war. Ein Stoffdach schützte sie vor der Sonne. Wir hatten das Lager am frühen Morgen verlassen, nachdem wir uns von den Belgiern verabschiedet hatten, die Achmed bis zur Piste nach Agadez zurückbringen wollte.

Der Wind pfiff, meine Augen brannten. Es war schon Nachmittag, als Tarek auf einen aschfarbenen Hügel am Horizont wies. »Dort hinten liegt Arlit.«

Er sah mich an: »Müde?«, fragte er besorgt.

»Ein wenig, es ist der Wind...«

»In dieser Gegend ist es immer so«, sagte Tarek.

Sandfahnen fegten in rasendem Flug über den Boden. »Arlit, das ist die Hölle«, hatte Rahim gesagt und ich hatte gelächelt. Wen kümmerte schon die Hölle?

Die Zeit verging, ich versank in eine stumpfsinnige Erstarrung. Unsere Ganduras und Kopfschleier waren mit Sand bedeckt, unsere Wimpern weiß vom Staub. Ich schwitzte, aber der Schweiß verdunstete sofort. Tareks Stimme riss mich aus meiner Betäubung. »Das Flugfeld!«

Es war nur eine Sandpiste mit einem kleinen Verwaltungsgebäude und einer asphaltierten Zufahrtsstraße, die schwarz unter der Sonne glänzte. Vor uns türmte sich ein riesiger Haufen leerer Flaschen und zerbeulter Konservendosen. Glasscherben lagen im weiten Umkreis im Sand verstreut.

»Aufgepasst«, sagte Tarek, »die Kamele könnten sich verletzen...«

Vorsichtig umgingen wir das Hindernis. Da und dort wuchs ein borniger Strauch. In gerader Linie führte die Straße auf einige flache Betonbauten zu. Der Sand war auch hier mit Unrat übersät. Zerlumpte Kinder, von Fliegen umschwärmt, starrten uns entgegen. Wir ritten an Seribas vorüber, deren Ritzen mit Lumpen zugestopft waren. Mit der Reitpeitsche wies Tarek auf einen flachen Bau, den ein Turm überragte und neben dem Metallkessel in der Sonne glänzten. »Die Fabrik der SOMAIR!«

Die Straße wurde gesäumt von blechgedeckten Baracken. Der Geruch heißen Teers stieg uns in die Nase. Arbeiter waren mit dem Ausbessern der Straße beschäftigt. Ein schwitzender Mann lenkte eine Teermaschine, aus der eine Dampfwolke quoll. Iuinaran wich zur Seite, ich strich ihr beruhigend über die feuchte Flanke. »Die Hölle«, hatte Rahim gesagt. Aber ich glaubte nicht an die Hölle.

Wir hatten das Verwaltungsviertel erreicht. Unterpräfektur, Polizeigebäude, Schule, alles in Beton, der in der glühenden Sonne kochte. Den Mauern entlang hockten fliegenbedeckte Nomaden und hielten die schwieligen Hände schützend vor die Augen.

»Sie suchen Arbeit«, sagte Tarek.

Vor der Unterpräfektur hielt er die Mehara an. Matali kauerte sich im Schatten der Arkaden nieder, während Tarek

Mariama auf den Arm hob und ihr lächelnd das staubige Gesichtchen abwischte. Wir betraten das Büro des Unterpräfekten. An der Decke summte ein Ventilator. Gierig atmete ich die kühle Luft, den Mörtelgeruch, der mir um die Nase strich. Abdallah ben Yusfi, der Unterpräfekt, war ein kleiner nervöser Mann, dessen Arme von dicken Adern überzogen waren. Die schwarzen Augen musterten mich. Er bot uns Limonade, Erdnüsse und Oliven an. Tarek sprach mit dem Unterpräfekten Arabisch. Er hielt das müde Kind auf den Knien und gab ihm Limonade zu trinken.

Endlich wandte er sich an mich: »Ein Bote wird uns zu Herrn Johannsson bringen. Wir können zu Fuß hingehen, es ist in der Nähe.«

Abdallah ben Yusfi gab einen Befehl; ein junger Mann, in eine weiße Gandura gehüllt, erschien. Der Unterpräfekt begleitete uns auf die Straße. Seine Augen glitten über mich hin. Wie zufällig streifte seine Schulter die meine, ich wich zur Seite.

Das Verwaltungsgebäude der SOMAIR lag im Norden. Die Häuser sahen alle gleich aus: viereckige Betonkästen. Einige staubbedeckte Palmen raschelten im Wind.

Im Schatten eines Vordachs parkten einige Landrover und zerbeulte Citroën. Eine Gruppe Europäer in weißen Kitteln diskutierte vor dem Gebäude, das wir nun betraten. Hinter meinem Rücken ertönte ein bewundernder Pfiff, dem Gelächter folgte.

Wir warteten in einem Büro, in dem kurz danach ein Mann erschien. Er war groß, fast so groß wie Tarek, und sehr mager. Das lange, knochige Gesicht, die vom Wind geröteten Augen, das schwere Kinn waren von sympathischer Hässlichkeit. Er gab uns die Hand.

»Der Unterpräfekt hat mir Ihre Ankunft gemeldet. Ich bin froh, dass Sie da sind. Ist die Reise nicht zu anstrengend gewesen für die Kleine?«

»Sie ist es gewohnt«, antwortete Tarek lächelnd.

Zwei Rohrsessel standen an der Wand. Johansson lud uns ein, Platz zu nehmen. Er sprach das korrekte, etwas abgehackte Französisch vieler Nordländer.

»Sind Sie Französin?«, fragte er.

»Nein, Schweizerin.«

»Man findet hier alle Nationalitäten«, sagte Bo Johansson. »Deutsche, Franzosen, Italiener und sogar Japaner.« Er lachte. »Und einige Schweden. Rauchen Sie?«

»Ich messe der Wahl eines Dolmetschers große Bedeutung zu«, fuhr er zu Tarek gewandt fort, »weil meine Stellung hier etwas ungewöhnlich ist. Ich bin Grubeningenieur in Kiruna, im Norden Schwedens. Auf Grund der Beziehungen unserer Gesellschaft mit der SOMAIR bin ich hierher versetzt worden. Ich habe keinerlei afrikanische Erfahrungen... In Schweden verfügen wir über qualifizierte Arbeitskräfte, die es gewohnt sind, selbst die Initiative zu ergreifen. Hier befinde ich mich in einem Land, in dem die Leute meine Befehle verkehrt oder gar nicht ausführen. Das ist sehr deprimierend!«

»Ich verstehe«, sagte Tarek.

Auf einem Tablett brachte ein Schwarzer drei Tassen schwarzen Kaffee und Kekse für Mariama. Johansson fuhr fort: »Ich benötige weniger einen Dolmetscher als vielmehr einen Vermittler, der mir sagen kann, warum meine Anordnungen nicht ausgeführt werden. Glauben Sie, dass Sie mir helfen können?«

»Ja, das glaube ich«, sagte Tarek gelassen. In seinen Augen sah ich ein ironisches Funkeln.

Der Schwede musterte ihn mit seinen blassen, vom Sand geröteten Augen.

»Sie sind anders als die Leute hier. Zu welchem Stamm gehören Sie?«

»Ich bin ein Kel Rela«, antwortete Tarek. »Wir sind nicht

ein Stamm, sondern ein Volk aus mehreren Verbänden von Adligen und Vasallen.«

Ein Seufzer hob die magere Brust des Schweden. »Ich glaube, dass Sie der Mann sind, den ich brauche. Ich bin es gewohnt, offen zu reden, und ich werde Sie vielleicht schockieren, wenn ich sage: Die Leute hier gefallen mir nicht, sie sind nicht aufrichtig. Vielleicht ist es das Klima?«

»Es ist der Selbsterhaltungstrieb«, antwortete Tarek ruhig.

»Das verstehe ich nicht!«

»Ich will es Ihnen erklären. Im Gegensatz zu den sesshaften Oasenbewohnern, den Bauern und früheren Sklaven, sind die Nomaden immer Männer der Tat gewesen. Ihre Lebensweise hat sie dazu gezwungen. In der Wüste, wo Weideplätze eine Frage von Leben und Tod sind, und die Nahrung keine Selbstverständlichkeit sondern ein Privileg ist, hatten sie ein Gleichgewicht gefunden, zerbrechlich zwar, aber ihren Bedürfnissen angepasst. Die Natur gab ihnen eine Tauschware in die Hand: Salz, das man in den Salinen von Amadror, Bilma und Taoudeni abbaut. Mit Karawanen brachten sie die Salzblöcke auf die Märkte von Agadez, Timbuktu oder sogar Gao. Dort tauschten sie dafür Weizen, Datteln, Stoffe und all die Dinge ein, welche die Nomaden zum Leben brauchen. Unser Gesellschaftssystem glich einem Zelt, das von fünf Pfeilern getragen wird. Den Hauptpfeiler bildete die Viehzucht, die vier Eckpfeiler waren landwirtschaftliche Produkte, Handel, Durchgangszölle und früher Schutzgeleite und das Plündern von Karawanen.«

Er grinste. »Sie beschreiben mir da eine Gesellschaftsordnung, die derjenigen des europäischen Mittelalters entspricht«, sagte Johansson. »Wir aber leben im zwanzigsten Jahrhundert.«

»Ich hatte nicht Gelegenheit zu studieren und die Grundlage fehlt mir, um einen gültigen Vergleich anzustellen«, sagte Tarek schlicht, »aber ich glaube zu wissen, dass sich in Europa die Entwicklung von der Feudalgesellschaft zur Industriegesellschaft über Jahrhunderte hingezogen hat.«

»Das stimmt«, pflichtete ihm Johansson erstaunt bei.

Tarek fuhr fort: »In der Sahara hat sich diese Entwicklung brutal, innerhalb von knapp zwanzig Jahren vollzogen. Verbindungswege wurden geschaffen, Bodenschätze entdeckt und ausgebeutet. Das Land war den Spekulationen der großen multinationalen Gesellschaften ausgeliefert, das Wirtschaftsgefüge der Nomaden liegt in Trümmern. Wir haben gelernt, den Elementen und den Menschen zu trotzen, aber den abstrakten Begriffen wie Macht, Ausbeutung, Geld stehen wir hilflos gegenüber. Was tun? Wir müssen uns anpassen. Viele gehen zu Grunde, die anderen kämpfen ums Überleben. Einige dieser Menschen tragen das Licht der Erkenntnis in sich und leiden stärker. Ihre Intelligenz entwickelt sich oder stirbt.«

»Ich dachte«, sagte Johansson, »dass die Religion die Leute in den Fatalismus treibt.«

»Die Religion«, sagte Tarek friedfertig, »ist häufig ein Ausdruck der Machtergreifung.«

Beide schwiegen. Der Schwede fuhr sich mit der Zunge über die trockenen Lippen und sagte: »Ich bin hier, um meine Arbeit zu tun.«

»Und ich die meine«, sagte Tarek gelassen.

Johansson lächelte und erhob sich. »Ich glaube, dass wir uns verstehen werden.« Zu mir sagte er: »Ich habe ein Haus für Sie besorgt. Ich muss Sie aber darauf aufmerksam machen, dass der Komfort sehr zu wünschen übrig lässt. Arlit ist im Aufbau, es fehlt an allem. Wir haben nicht einmal ein Krankenhaus, nur eine Krankenstube.« Er räusperte sich verlegen. »Wenn ich gewusst hätte, dass Sie Europäerin sind...« Er ließ den Satz in der Schwebe.

Ich lächelte ihm zu. »Es macht nichts!«

»Ich erwarte Sie morgen«, sagte er zu Tarek. »Ich werde Ihnen die Mine zeigen und Sie mit den Vorarbeitern bekannt machen. Wenn Sie uns begleiten möchten, um es sich anzusehen«, sagte er zu mir, »sind Sie willkommen.«

Er rief den Bediensteten, der uns begleiten sollte.

Der Abend brach herein, die Straßen belebten sich. In Lumpen gekleidete Arbeiter kreuzten Männer in Anzug und Krawatte, offenbar Beamte. Ein paar Soldaten in Khakiuniformen kamen mit geschultertem Gewehr, Frauen mit fettglänzenden Zöpfen und blau tätowierter Haut saßen vor den Türen. Die malvenfarbene Wüstennacht, von Salpeter und Teergerüchen entzaubert, lastete auf den rechtwinkligen Straßen. Auf einem kleinen, von Kneipen umgebenen Platz spielten Schwarze Domino. Ein Transistorradio plärrte. An einem Tisch saßen ein paar Typen und spielten Karten. Sie machten viel Lärm und ich sah, dass sie betrunken waren. Sie blickten mich unverschämt an, einer von ihnen brüllte: »Hey sweetheart, come and have a drink.« Alle lachten. Ich setzte mein Favre-Gesicht auf und schaute weg. Tarek hatte keine Miene verzogen. Ein Schwarzer in verwaschener blauer Gandura versperrte uns den Weg. Seine weißen, geweiteten Pupillen blickten starr.

»Er nimmt Rauschgift«, sagte Tarek.

Der Bote zeigte auf eine Tür in einer schmutzigen Betonmauer, die Spuren von Urin trug. »Hier ist Ihre Wohnung.« Er zog einen Schlüssel aus der Tasche seines Serruels und öffnete die Tür. Der Geruch verschimmelten Mörtels schlug uns entgegen. Vergeblich drehte ich am elektrischen Schalter.

»Es ist keine Lampe da«, sagte Tarek und holte seine Taschenlampe.

Im Wohnzimmer blätterte Gips von den Wänden; es stand nur ein Tisch mit einem großen Aschenbecher im Raum. Das Ende des Ganges diente als Küche. Die beiden anderen Zimmer waren ebenfalls leer, bis auf ein paar Matratzen, die man in eine Ecke geworfen hatte. In einem winzigen Badezimmer entdeckte ich im Licht der Taschenlampe ein rostiges Waschbecken und eine verdreckte Badewanne, in der einige Küchenschaben aufgeschreckt hin und her rannten.

»Nun«, sagte ich, »wir werden ein paar Teppiche auslegen und du wirst deine Ledertaschen an die Wand hängen, dann sieht alles viel hübscher aus.«

Tarek sah mich unglücklich an. Ich kicherte und ich sah, wie sich die Besorgnis in seinen Augen in ein ironisches Lächeln verwandelte. Er legte mir den Arm um die Schulter. »Wirst du das ertragen können?«

»Ich werde Küchenschaben jagen«, sagte ich finster, »in drei Monaten habe ich genügend Zeit, mich darin zu üben.«

Am Fenster waren weder Vorhänge noch Läden. Aus meiner Matratze stieg ein saurer Geruch auf. Aus der nahen Bar brüllte das Radio. Ich drehte mich zu Tarek und sah, dass er nicht schlief. Seine weit geöffneten Augen schimmerten im Halbdunkel. Ich legte den Kopf an seine Schulter. »Sag, woran denkst du?«

»Verzeih mir«, antwortete er gepresst, »dass ich dich hierher gebracht habe.«

»Hör auf, dir Sorgen zu machen. Denk an das, was du mir gesagt hast. Abends werden wir in die Wüste hinausreiten. Niemand zwingt uns, in diesem Loch zu bleiben. Wir werden mit Mariama in den Dünen schlafen. Ich schlafe so gern unter dem Sternenhimmel ein...«

»Ja«, seufzte er, »am Himmel ist so viel Klarheit und Friede...«

Er starrte zur Decke. »Dieses Zimmer ist wie ein Gefängnis. Es ist schmutzig, man glaubt zu ersticken...«

Mariama schlief unruhig. Ich legte ihr die Hand auf die Stirn. Sie schwitzte.

Gelächter und Schritte vor dem Fenster, ein arabisches Schimpfwort, Musik von der Bar.

»Wenn du in meiner Abwesenheit fortgehst, lass dich von Matali begleiten«, sagte Tarek. »Ich will nicht, dass man dich belästigt.«

»Die Leute hier sind merkwürdig. Sogar der Unterpräfekt scheint ein wenig verrückt zu sein… Hast du das auch bemerkt?«

»Liebste«, erwiderte er lächelnd, »nichts entgeht mir, was dich betrifft.«

»Nun ja«, brummte ich, »Sexprobleme scheinen auch noch zu Karins futuristischem Albtraum zu gehören!«

Das brachte ihn zum Lachen. Ich legte mein Gesicht in seine Hände. Er entspannte sich, atmete ruhiger. Sanft streichelte er mein Gesicht, meine Wimpern schlugen gegen seine Finger. Ich fühlte mich geborgen, in Sicherheit, und hatte nicht die geringste Furcht. Ich schlief ein.

26. Kapitel

Auf dem Grunde der riesigen Grube bewegten sich die Bagger ruckweise, die Motoren brüllten. Die Ladeschaufeln hoben und senkten sich, der Aushub, Sand, Schlamm und Steine, donnerte in die Wannen riesiger Laster, die das Material bei der Fabrik abluden. Die Maschinen mit den gewaltigen Stahlkiefern schienen wie gierige Ungeheuer, eine Art mechanischer Saurier. Johansson brüllte, um sich trotz des Getöses verständlich zu machen.

»Die Mine ist jetzt gut vierzig Meter tief und über zweihundert Meter breit. Hier wurden in den Kohlesedimenten, welche die Ströme vor zweihundert Millionen Jahren abgelagert hatten, uranhaltige Mineralien entdeckt.«

Vorsichtig trat ich näher. Von den senkrecht abfallenden Wänden tropften schmale Rinnsale. Die freigelegten Schichten schimmerten in allen Farbtönen, von Kobaltblau bis Violett, von Gelb bis Ockerbraun.

»Da kommt Bertrand, einer meiner Vorarbeiter«, sagte Johansson. Ein schwitzender Mann überwachte einen Schwarzen, der, im Helm der Grubenarbeiter, mit einem Transportkarren Dynamit, Kabelrollen und Zündkapseln zur Grube fuhr.

»Sie sprengen heute«, erwähnte Johansson beiläufig. Wir drückten Bertrand die Hand.

»Das ist mein Dolmetscher«, sagte Johansson, auf Tarek weisend. Bertrand grinste unter seinem gelben Helm. Schweiß perlte auf seinem staubigen Gesicht.

»Kel Ahaggar, nicht wahr?«, sagte er. »Man sieht wenige bei uns und das ist bedauerlich. Es sind die Einzigen, die ein Gehirn haben in dieser verdammten Wüste. Nicht so, Selim!«, schnauzte er den Schwarzen an, der sich am Dynamit und den Kapseln zu schaffen machte. »Herr im Himmel, die Brüder gehen so leichtsinnig mit dem Zeug um. Alles muss man wiederholen. Es ist noch keine Woche her, da einem Arbeiter beide Hände abgerissen wurden!«

»Kommen Sie«, sagte Johansson, »wir haben noch Zeit, um mit dem Landrover in die Mine hinunterzufahren. Sie geben ein Signal vor dem Sprengen.«

Plötzlich fiel mir auf, dass die Bulldozer standen. In der unerwarteten Stille hörte man das Pfeifen des Windes. Johansson nahm den Helm vom Kopf und wischte sich den Schweiß von der Stirn.

»Es ist geradezu eine Erholung, wenn diese verfluchten Maschinen einen Moment verstummen«, brummte er.

Wir liefen den Kraterrand entlang. Mein Blick schweifte über die senkrecht in die Tiefe stürzenden Wände. Ich spürte, wie mir übel wurde, und drückte mich an Tarek. Meine Reaktion war Johansson nicht entgangen, er lächelte.

»Wird Ihnen schwindlig? Atmen Sie tief durch, dann geht es besser! Vom Boden der Grube aus gesehen, wirkt das Loch noch eindrucksvoller.«

Es war noch früh, dennoch brannte die Sonne grausam. Ein violetter Himmel lastete über der weiten Ebene. Da und dort türmten sich Erdhaufen: Sand und Gestein, das man aus der Grube geholt hatte. Von Zeit zu Zeit blieb Johansson stehen, um Erklärungen abzugeben. Ich hörte nur mit halbem Ohr zu. Ein seltsames Unbehagen hatte mich erfasst. Mir schien, als hätte ich diese trostlose, chaotische Landschaft schon einmal gesehen, vor sehr langer Zeit. Aber wo? Und wann? Etwas Kaltes, Dunkles, Beklemmendes nahm von meiner Seele Besitz. Ich beschleunigte meine Schritte und versuchte das unerklärliche Gefühl aufkommender Panik zu unterdrücken. Und plötzlich erinnerte ich mich der gespenstischen Landschaft: Ich hatte sie im Traum gesehen. Es war in jener Nacht, als ...

Ein Donnerschlag zerriss die Stille. Die Erde hob sich, Welt und Himmel barsten in Scherben. Dumpf rollte die Explosion in wirbelnder Woge. Die Gestalt Tareks, ganz in Weiß, hob sich vom feurigen Himmel ab. Er warf seine Arme um mich. Ich hörte das Prasseln von Steinen und wurde zu Boden geschleudert. Ich schlug mit dem Gesicht in den Schutt und wurde bewusstlos ...

Hustend, nach Atem ringend, kam ich wieder zu mir. Das Echo der Explosion dröhnte in meinem Kopf, in meinen Ohren. Ich hatte das Gefühl, taub zu sein, mir schien, das Gehör sei mit Watte verstopft. Ich war benommen, stumpf. Allmählich wurde mir gewahr, dass Tareks Arme mich noch immer umschlungen hielten. Ein unerträgliches Gewicht lastete auf mir, nahm mir den Atem. Ich versuchte mich zu bewegen, aber es gelang mir nicht. Ich fiel zurück. Bitterer, ekliger Staub, der nach Heizkessel schmeckte, drang mir in Mund und Nase. Ein Hustenanfall zerriss mir fast die Brust. Ich klammerte mich an Tareks Hände.

Endlich war ich meiner Sprache wieder mächtig. »Was war das?«, stammelte ich. »Um Himmels willen, was ist geschehen?«

Tarek bewegte sich nicht, antwortete nicht. Ich erstickte fast unter dem Druck seiner Umarmung, keuchte und stöhnte, rang nach Luft. Plötzlich fielen seine Arme von mir ab. Ich konnte mich aufrichten. Tarek lag quer über mir. Ich sah den mächtigen Steinbrocken, der ihm auf Rücken und Beinen lag. Ich versuchte aufzustehen. Jemand packte mich am Arm und zog mich hoch. Johanssons gerötete Augen starrten aus dem staub- und schmutzbedeckten Gesicht. Sein Atem ging pfeifend. Mit rauer Stimme stieß er hervor: »Sie... haben kein Signal gegeben, diese Idioten. Fehlt Ihnen... nichts?«

»Helfen Sie mir«, brüllte ich.

Wir stemmten uns gegen den Stein auf Tareks Rücken, versuchten ihn mit aller Kraft wegzurollen. Ich stieß mir die Arme, die Knie und die Hüften wund. Meine Finger bluteten, aber ich verspürte keinen Schmerz. Johansson schrie etwas, das ich nicht verstand. Der Stein ließ sich nicht bewegen...

Und dann sah ich in Tareks Augen. Weit aufgerissen blickten sie mich an. Das Gesicht war voll Schmutz und Staub, ein tiefer Riss klaffte auf der Wange. Seine Lippen standen halb offen. Er atmete stockend. Ich fiel auf die Knie, hob seinen Kopf.

»Hast du Schmerzen?« Er zuckte mit den Wimpern. Ich wusste nicht, ob er die Frage gehört, ob er sie verstanden hatte. Ich fasste nach seinen Händen und ich fühlte, wie sich seine Finger verkrampften. Ich sah hoch, suchte mit den Augen nach Johansson, der verstört dastand. Ich schrie ihn an: »Bleiben Sie nicht stehen, tun Sie doch was!«

Der Schwede drehte sich um, entfernte sich unsicheren Schrittes. Ich fühlte etwas Nasses an meinen Händen, die Finger schienen zusammengeklebt: Blut...! Es floss in dünnem Faden aus Tareks Mund, stoßweise, in kleinen Wellen, und begann seinen weißen Schesch zu färben. Ich drückte mein Gesicht an das seine, ich fühlte seinen leisen Atem, die laue Wärme seines Blutes, und spürte die schwache Bewegung seiner Lippen.

»Mariama – verlasse – sie nicht...«, hauchte er.

Eine Kältewelle rann durch meinen Körper. Ich zitterte so

stark, dass meine Zähne aufeinander schlugen. Ich konnte an nichts denken. Mein Kopf war leer.

»Alles wird gut! Sorge dich nicht! Wir werden dich ins Krankenhaus bringen...«

Eine Stimme in meinem Gedächtnis hallte wie ein Echo zurück: »Es gibt noch kein Krankenhaus in Arlit.«

Wer hatte das gesagt?

»Ich werde dich pflegen«, stöhnte ich. »Du wirst wieder gesund...«

Wieder bewegten sich Tareks Lippen an meiner Wange. Ich erriet mehr als dass ich verstand, dass er meinen Namen nannte: »Sonia –«

Und dann noch ein Wort: »– Achmed –«

»Ja«, flüsterte ich an seinem Ohr, »ich werde ihn benachrichtigen. Er wird kommen. Wir verlassen diesen schrecklichen Ort. Wir gehen heim...«

Schauer durchliefen seinen Körper. Seine Hände waren eiskalt. Ich schmiegte mich an ihn, um ihm etwas von meiner Wärme zu geben. Sein Herzschlag war nur schwach zu spüren. Immer noch rann ihm Blut aus dem Mund. Ich sah, wie seine Augen matt wurden, als verdunkle sie ein Schatten. Zitternd stieß er einen tiefen Seufzer aus; sein Kopf lag immer schwerer auf meinem Arm. Langsam schloss er die Augen, ich fühlte, wie sein Körper sich verkrampfte. Dann hörte das Blut auf zu fließen.

Ich rief: »Tarek –?« Meine Stimme klang seltsam rau.

In meinem Kopf dröhnte es, in den Ohren rauschte es wie das Meer, wenn es stürmt. Ich sah auf meine blutverklebten Hände, ich blickte auf Tarek. Sein Gesicht, umrahmt vom blutgetränkten Schesch, war friedlich. Es trug den etwas kindlichen Ausdruck, den ich an ihm kannte, wenn er schlief. Eine Fliege setzte sich auf den Mundwinkel, eine andere auf ein Augenlid. Ich scheuchte sie weg.

Jemand riss mich hoch, vielleicht erhob ich mich selbst: Ich weiß es nicht. Es waren plötzlich Leute da, die erregt durcheinander redeten, alle gleichzeitig, und die sich abmühten, den Steinbrocken wegzuwälzen. Ich aber wusste, dass es jetzt nutzlos war...

Der Boden wankte, mir schien, die Welt stürze ein und ich würde ins Leere geschleudert. Ich fiel in den tiefblauen Schlund des Himmels, drehte mich immer schneller um mich selbst und glitt in einer Spirale der Sonne entgegen. Alles brannte vor meinen Augen, mein Kopf schmerzte, alles zerriss, riss sich los... Die Flammen schlugen über mir zusammen. Ich explodierte in Fetzen.

27. Kapitel

Finsternis, Verwirrung. Ein unerträglicher Schmerz durchbohrte mich. Jemand hielt mich in den Armen, ich fühlte die Körperwärme und die Atemzüge im Haar. Ich nahm den schaukelnden Gang eines Mehari wahr. Meine Finger krallten sich in den Arm, der mich umschlungen hielt. Ich presse den Kopf an eine Schulter, die nach Leder und Sand roch. Ich stöhnte »Tarek«, aber niemand gab Antwort...

Pausenlos dröhnender Motorenlärm. Ich lag, jemand hielt mir den Kopf. Das Pochen des Fiebers, die weiße Glut der Sonne, der Benzingeruch, alles vermengte sich ins Unerträgliche. Es war, als zerfleischte mich eine glühende Säge.

Dann war wieder Dunkelheit und Stille. Kühlende Hände streichelten mein Gesicht, der bittere Saft einer Frucht netzte meine entzündete Kehle. Ich hatte Schmerzen und stöhnte: »Tarek, hilf mir, ich bitte dich, hilf mir!«

Eine Stimme antwortete: »Ich bin da, Sonia...«

Es war nicht deine Stimme, Tarek! Wessen Stimme war es bloß?

Eine Hand legte sich auf meine Stirn – ich stieß sie von mir und schrie: »Geh weg!« Dann war wieder Dunkelheit, wieder das Dröhnen des Motors. Mein Körper wurde hin und her geschüttelt, der Schmerz kam und ging, eine steigende Flut. Ich fieberte und phantasierte, das Blut dröhnte in meinem Schädel. Ich träumte im Grau der Schlaflosigkeit, in der Hitze der wiederkehrenden Sonne. Meine Zunge war geschwollen, die Spitze fühlte sich wie Papier an. Dann und wann umkreisten mich grüne und gelbe Gestirne und ich selbst war ein Stern. Irgendwo weinte ein Kind. Ein Name erwachte in meinem Bewusstsein: Mariama. Die Sterne zerplatzten in sprühenden Garben und wiederum war Finsternis, lange Zeit.

»Beruhige dich, bewege dich nicht«, sagte eine heisere Stimme begütigend. Ich schlug die Augen auf und erblickte ein Zimmer, das ich nie gesehen hatte. Karin Tanner, eine Spritze in der Hand, nickte mir zu: »Jetzt wird alles gut.«

Die Nadel wurde in meinen Arm gestoßen, der Schmerz ließ nach. Ich hatte das Gefühl zu schweben. Auch die Dinge im Zimmer hatten kein Gewicht mehr. Mit einer Hand könnte ich den Schrank heben. Über mir hing eine Flasche, mit Blut gefüllt. Ich drehte die Augen zum Fenster. Auch der Himmel war rot. Blutrot.

Später: Fernes Stimmengewirr. Ich wurde hochgehoben, hörte dicht an meinem Kopf ein trockenes, knirschendes Geräusch. Ich öffnete die Augen und erkannte Achmed. Er hielt eine Haarsträhne zwischen den Fingern. Ich sah in seinem erschöpften Gesicht die Augen, die Trauer und Besorgnis verdüstert hatten. Das Geräusch hörte auf. Ich dachte: Man hat mir die Haare geschnitten, und dann: Was macht das schon aus? Zum Atmen drehte ich den Kopf zur Seite und schlief ein. Als ich erwachte, beugte sich eine Gestalt im weißen Kittel über mich und eine Stimme sagte: »Gott sei Dank, sie kommt zu sich!«

Ich bewegte den Kopf. Er kam mir seltsam leicht vor. Karin legte mir die Hand auf die Stirn, lächelte mir zu: »Das Fieber ist gefallen.«

Ich fuhr mit der Zunge über die aufgesprungenen Lippen. »Wo – wo bin ich?«

»In der Krankenstation von Tam, seit zehn Tagen. Versuche nicht zu denken. Schlaf!« Sie streichelte meine Stirn. Ich schloss die Augen.

Erst am Abend wachte ich auf. Das grelle Licht einer Glühbirne fiel auf Regale mit Medikamenten. Auf dem Nachttisch standen eine Karaffe, ein Glas und Watte. Karin zog einen Stuhl ans Bett, setzte sich und nahm meine Hand in die ihre, die warm und kräftig war.

»Geht es besser?«, fragte sie sanft.

Ich blickte sie angestrengt an. Mein ganzer Körper tat mir weh. »Was ist ... was ist mit mir?«

»Eine ganze Menge: Hirnhautentzündung, eine innere Blutung und der Anfang einer Lungenentzündung. Jetzt haben wir es geschafft, du bist über den Berg.«

Ich drehte den Kopf zur Wand und brach in Schweiß aus. »Ich – ich will nicht mehr leben!«

»Rede keinen Blödsinn! Es hat mich genug Mühe gekostet, dich durchzubringen. Denk an Mariama!«

Ihre Stimme klang hart. Ich versuchte mich aufzurichten, doch ein Hustenanfall schüttelte mich. Ich fiel erschöpft zurück.

»Wo ... wo ist Mariama?«

»Im Lager bei Chelifa. Sorge dich nicht, es geht ihr gut.«

»Ich – ich muss sie holen. Sie kann nicht dort bleiben!«

»Gut«, sagte Karin, »so gefällst du mir besser!« Sie goss etwas Wasser in das Glas, hob meinen Kopf und gab mir eine Kapsel zu schlucken. »Das beruhigt den Hustenreiz. Reg dich nicht auf und versuch tief zu atmen. Sitzt die Nadel noch gut? Zeig mal deinen Arm!« Sie betastete ihn vorsichtig. »Keine Schmerzen?«

»Nein.«

Zum ersten Mal trafen sich unsere Blicke. Im grellen Licht der Lampe schien mir ihr Gesicht von einer tiefen Müdigkeit gezeichnet. Sie sagte mit matter Stimme: »Mein Liebes, es tut mir furchtbar Leid. – Als ich hörte, was geschehen war, habe ich mich in meinem Büro verkrochen und geheult wie ein kleines Kind. Tarek war für mich wie ein Sohn, den ich nie gehabt habe.« Sie vergrub die Fäuste in den Taschen ihres Kittels und durchmaß das Zimmer mit schweren Schritten. »Seit dieser Geschichte frage ich mich, wozu die fünfzehn Jahre gut waren, die ich hier in dem trostlosen Loch verbracht habe. Die Aufgabe, die ich als Ärztin erfülle, scheint nur edel und vorbildlich. Ist sie nicht eher der Ausdruck von Egoismus und Selbstüberheblichkeit dem Kranken gegenüber? Tarek kannte weder Zynismus noch Zweifel. Er hat es immer verstanden, die Dinge nach ihrem eigentlichen Wert zu messen.« Sie unterbrach sich, biss sich auf die Lippen. »Zum Teufel mit meinen Seelenzuständen. Ich sollte nicht so zu dir sprechen.« Sie setzte sich wieder an mein Bett. Ihre Stimme hatte ihre Festigkeit zurückgewonnen. »Achmed hat sich um alles gekümmert. Ich kann nicht sagen, was aus dir ohne ihn geworden wäre.«

»Wer hat ihn benachrichtigt?«

»Matali. Achmed hat dich in Arlit abgeholt und nach Tam zurückgebracht. Er hat bei dir gewacht, als du bewusstlos warst, hat sich selbst keinen Augenblick Ruhe gegönnt.« Sie versuchte zu lächeln. »Er hat dir sogar Spritzen gegeben. Einen besseren Krankenpfleger konnte ich mir nicht wünschen.«

Mühsam sagte ich: »Ich muss nach Abalessa. Ich will Mariama holen. Tarek sagte: ›Verlass Mariama nicht!‹ Ich will sie zu mir nehmen. Sie ist alles, was mir noch bleibt...«

Meine Stimme versagte. Alles verschwamm, ich trieb in einem weißlichen Nebel dahin. Karins Stimme kam aus weiter Ferne. »Lass dich nicht gehen, Sonia, bleib ruhig, hör mir zu…« Der Nebel lichtete sich wieder. Karin drückte ein feuchtes Tuch auf meine Stirn. Sie ergriff meine Hände, streichelte sie.

»Sonia, versteh. Du bist krank, sehr krank. Du wärst fast gestorben. Du brauchst viel Ruhe und gehörst in die Hände eines Spezialisten. Du musst vor allem… von hier weg. Nein, unterbrich mich nicht! Das Flugzeug nach Algier fliegt übermorgen. Der Steward ist ein Bekannter von mir. Er wird dich in Dar-el-Beida ins Flugzeug nach Genf setzen. Deiner Mutter schicke ich ein Telegramm. Still, sag nichts, überlege zuerst. Sobald du geheilt bist, kommst du zurück und holst Mariama. Sie benötigt eine Ausreisegenehmigung. Rahim wird sich darum kümmern.«

Sie hielt meine Hände umklammert, forschte mit ihrem durchdringenden Blick in meinen Augen. Tareks Bild stieg in mir auf: Sein Gesicht war blutverschmiert. Ich krümmte mich unter einem Hustenanfall. Dann: »Ich – ich hätte mein Leben für ihn hergegeben…«

Karin drückte meine Hände fester. »Er gab dir seines, vergiss das nie!«

Wieder hatte ich geschlafen, aber so leicht, dass leise Schritte, das schwache Geräusch eines Atemzuges genügten, um mich zu wecken. Ich öffnete die Augen, sah Achmed und Rahim an meinem Bett stehen.

»Wie fühlst du dich?«

Die Frage kam von Achmed. Ich setzte mich mühsam hoch. »Danke, es geht.«

»Ja, du siehst besser aus«, meinte er befangen. Rahims Blick strich über mein Gesicht, die kurz geschnittenen Haare. Ich musste scheußlich aussehen, aber das war völlig egal. Steif hielt er mir die Hand hin. An seiner feuchten Handfläche merkte ich, wie aufgewühlt er war.

»Mir tut eine ganze Menge Leid«, sagte er.

Ich wandte die Augen ab. »Schon gut«.

Stille. Nach einer Weile brach Achmed das lastende Schweigen. »Karin hat mir gesagt, dass du am Dienstag abfliegst. Ich werde dich zum Flugplatz bringen.« Ich nickte stumm, wusste nicht, was ich ihm sagen sollte – allzu viele Dinge verbanden uns, die sich nicht aussprechen ließen. Er stand vor mir, wiegte leicht mit den Schultern; ich sah, dass er stark abgemagert war. Sein Gesicht schien eingefallen, erwachsen. Ein verhaltenes Leuchten strahlte aus seinen großen, glänzenden Augen.

Ich zwang mich zum Sprechen. »In zwei, drei Monaten komme ich zurück und hole Mariama. Sie wird bei mir bleiben. Tarek will es so.«

Ich hätte sagen müssen, »wollte es so«, aber ich brachte es nicht über die Lippen, in dieser Art von ihm zu sprechen. Ich war sicher, dass er wiederkommen würde, wenn ich die Augen nur lang und fest genug geschlossen hielte. Ich wollte niemanden mehr sehen, nicht Achmed und auch nicht Rahim, obwohl ich sie so nötig hatte! Mir war heiß, mein Atem ging rasselnd. Es war das Fieber! Ich suchte Rahims Blick.

»Ich bitte dich, kümmere dich um Mariamas Ausreisegenehmigung.«

Er nickte ausdruckslos: »Bei unserer Verwaltung muss man Geduld haben. Ich tue, was ich kann.«

»Du lässt mich nicht im Stich? Versprichst du es?«

Er hob die Hand wie eine Filmfigur, die sich auf theatralische Weise zu einem Schwur bekennt. Ich hätte misstrauisch werden sollen, schon damals, aber ich hatte keine Kraft – für nichts.

»Versprochen!«, sagte er feierlich. »Aber Wunder bringe ich nicht fertig.«

Erschöpft und schweißgebadet fiel ich auf das Kissen zurück. Ein Falter kreiste an der Decke. Hinter dem nachtdunklen Fenster stiegen die Geräusche des Abends auf: das Kreischen des Ziehbrunnens, Stimmen, das Meckern der Ziegen, die von der Weide kamen. Mit beiden Händen hielt ich mir die Ohren zu; es waren die Geräusche des Lebens.

»Es ist ungerecht«, stöhnte ich, »es ist so ungerecht!«

»Beruhige dich, versuch nicht mehr daran zu denken«, hörte ich Achmed heiser sagen. »Noch ein bisschen Geduld, du wirst bald wieder gesund.«

Auf dem Nachttisch stand frisches Wasser. Achmed füllte das Glas. Er hob behutsam meinen Kopf, gab mir zu trinken. Rahim hatte das Zimmer verlassen. Ich merkte es an dem Luftzug, als er leise die Tür schloss.

»... Meine Seele schrie nach dir, Tarek, denn du hattest gesagt: Nie werde ich dich verlassen – und dennoch hast du es getan! Warum bin ich nicht mit dir gestorben? Wozu hast du mich gerettet? Man hat dich irgendwo begraben, Steine über deinen Körper gehäuft. Ich weiß nicht, wo dein Grab ist, nie werde ich es erfahren. Deine Ruhe wird gestört vom Lärm der Bulldozer, der Betonmischer, der Sprengungen. Unaufhaltsam werden sich die Baracken von Arlit, die Baustellen, das Elendsviertel vergrößern, die Straßen sich bis hin zu deinem Grab ausdehnen, und eines Tages...«

Schreien: »Lasst mich allein, geht fort!« Das Gesicht zur Wand drehen, nichts mehr sehen, nichts mehr fühlen, nichts mehr hören – mir das Dunkel deines Grabes vorstellen und denken, ich sei bei dir, Geliebter...

Eisige Finsternis umhüllte mich, immer schwärzer, immer tiefer. Ich glitt dahin, wie gelähmt, mit geschlossenen Lidern. In mir war Friede, ich lächelte, ich fühlte keine Furcht: Ich wusste, dass ich auf dem Weg zu dir bin! Eine letzte Anstrengung noch – dann liege ich in deinen Armen...

EWIGKEIT

28. Kapitel

Im Garten des Aletti spiegelt sich die Sonne auf den nassen Palmwedeln. Die schaumweißen Dächer der Kasbah klettern Stufe um Stufe zum Blau des Himmels hinauf.

Auf dem Balkon sitzend, habe ich die Absätze meiner Stiefel gegen den Tisch gestemmt und schaukle im Rohrsessel. Achmed schläft noch. Ich fühle mich völlig leer, ausgebrannt. Wozu an Genf denken? Meine Mutter, daran erinnere ich mich, weinte diesmal nicht, als sie mich vom Flughafen abholte. Auf ihrem Gesicht lag nur ungläubiges Staunen. Sie legte mir den Arm um die Schultern. Schwach, zitternd habe ich »Mama« geseufzt, wie früher, als ich noch ein Kind war und sie nötig hatte. Sie sagte nur: »Komm«, mit einer mir fremden Entschlossenheit. Sie hat mich in ein Taxi geschoben und nach Hause gebracht.

Das Übrige... Kleinigkeiten! Sie steigen in meiner Erinnerung auf: zum Beispiel das Ticken des Weckers auf dem Nachttisch. Stundenlang hörte ich ihm zu, während ich zur Decke starrte. Ein Lied von Catherine Le Forestier ging mir durch den Kopf: »Ich kenne ein Land, es ist wie ein Garten.« Gelegentlich summte ich es vor mich hin, es kam von sehr weit her, dann grub ich die Zähne in die Hand. Es begann zu bluten und mir schien, ich blute überall, kein einziger Tropfen sei mehr in meinem Körper. Meine Mutter sagte kein

Wort, wischte mir sanft die Hand ab und gab mir ein Beruhigungsmittel. Ticktack, ticktack, machte der Wecker.

Herumschlendern, blicklos in die Schaufenster sehen, mich von der Menge schieben lassen, ein Gesicht unter vielen Gesichtern, anonymer Widerschein eines verlorenen Ichs. Ich zitterte, meine Zähne klapperten, jedoch nicht vor Kälte. »Ich will nicht, dass du allein ausgehst«, hatte meine Mutter gesagt, »denk an die Medikamente, die du schluckst...«

Nachts schlief ich nicht oder nur sehr wenig. Der Husten hielt mich wach. Von Krämpfen geschüttelt, zerschlagen von Schwäche und Müdigkeit, hörte ich die Glocken der Kathedrale Saint-Pierre unerbittlich die Viertelstunden schlagen. Auch die Spezialisten fanden für meinen Husten kein Mittel! »Es sind die Bronchien«, sagte der eine, »die Lungen sind angegriffen«, behauptete der andere. Schließlich empfahl mir ein Arzt, alle Antibiotika in den Müll zu schmeißen.

»Medikamente sind da, um Krankheiten des Körpers zu heilen, nicht aber die der Seele. Wenn man damit Missbrauch treibt, schadet es der Gesundheit.« Er hat mich angelächelt. Trotz des grobknochigen Gesichts war dessen Ausdruck empfindsam; sein Blick durchdringend. Ich höre noch heute seine sachliche Stimme. Er erklärte: »Ihr Husten ist nervösen Ursprungs. Solange Sie sich den Tod dieses Mannes nicht eingestehen, sehe ich für Sie keine Aussicht auf Besserung.«

»Was... was wollen Sie damit sagen?«

»Ihre Vernunft hat sich mit den Tatsachen abgefunden, nicht aber Ihr Unterbewusstsein. Es verschließt sich der Wahrheit. Sie handeln, als wäre er noch am Leben... Irgendwo...!«

Ich schluckte. Er hatte meine Gedanken erraten, schließlich war das sein Beruf. Er fuhr fort: »Sie haben beschlossen, sein Töchterchen aufzuziehen. Sie sind noch sehr jung, aber Sie sind erfüllt von einer tiefen Entschlossenheit und Weisheit, die weit über Ihr Alter hinausgeht. Das Bewusstsein der

Verantwortung diesem Kind gegenüber wird Ihnen vielleicht helfen, den Schock zu überwinden und endlich mit sich selbst Frieden zu schließen.«

Meine Mutter hatte mich zum Arzt begleitet, sie wartete in einem nahen Café. Während ich meinen Tee trank, sagte ich: »Ich gehe nach Algerien zurück, um Mariama zu holen.«

Es war nicht das erste Mal, dass wir dieses Thema anschnitten. Aus Rücksicht auf mich verzichtete sie auf ihre üblichen Zigaretten.

Gedankenverloren sagte sie: »Die Kleine steht jetzt allein da und Politik ist eine widerwärtige Angelegenheit. Die beste Lösung scheint mir wirklich, wenn wir sie bei uns aufnehmen.«

Sie hat mir zugelächelt, mit roten Flecken auf den Wangen. Seit meiner Rückkehr entwickelte sich eine Übereinstimmung, die sich von einzelnen Worten und behutsamen Anspielungen nährte. Sie stellte kaum Fragen, aber sie war für mich da. Tag und Nacht. Vor langer Zeit tat ich ihr weh. Ich sagte ihr damals harte Wahrheiten, die ich in diesem Ton nicht hätte sagen dürfen. Ich hatte noch nicht gelernt, Rücksicht auf einen empfindsamen Menschen zu nehmen. Tarek hatte mich Geduld und Zärtlichkeit gelehrt. Er zeigte mir alles: die Pracht des Lebens, die Liebe, den Tod ...

Ich legte meine Hand über die schmale, etwas raue Hand, die leicht zitterte. »Du wirst Mariama sehr lieb gewinnen, Mama. Sie spricht schon ein wenig Französisch. Sie ist jetzt meine Tochter, weißt du. Tarek sagte, dass ...« Ich sprach die Worte nicht aus. In meinem Kopf begann sich etwas zu drehen. Schwindel erfasste mich.

Der Arm meiner Mutter legte sich um meine Schultern. Sie drückte mich fest an sich, gab mir Halt. Sie hielt mir das Glas an die Lippen. »Trink«, sagte ihre ruhige Stimme. »Trink, sonst wird dein Tee kalt.«

Meine Zähne schlugen an den Rand des Glases. Ich trank gierig, das Schwindelgefühl ließ nach.

Anfang Dezember erhielt ich einen Brief von Achmed. Er schrieb mir, dass Karin Tanner ihn gebeten habe nach Algier zu fahren, um Medikamente und Decken zu holen. Ich antwortete ihm sofort, dass ich ihn im Aletti erwarten würde. Zwei Tage vor Weihnachten reiste ich ab. Meine Mutter begleitete mich zum Flughafen. Sie war besorgt, weil ich darauf bestand, allein zu reisen. »Nimm nicht zu viele Medikamente und geh nicht in die Viertel, die einen schlechten Ruf haben. Man weiß nie, was geschieht.«

Das übliche Lied. In diesen Dingen würde sie sich wohl nie ändern.

»Mach dir keine Sorgen, Achmed wird da sein.«

Ihr Ausdruck war müde, aber gefasst. Sie nickte. »Nach allem, was er für dich getan hat, kann ich ihm wohl vertrauen...«

Eine Autoschlange staut sich vor dem Aletti. Ein Hupkonzert hebt an. Der Wind trägt mir den Geruch von Rauch, Tang und Auspuffgasen zu.

Ich schaukle in meinem Sessel. Ich stelle mir keine Fragen, weshalb ich gestern Abend Achmed in mein Zimmer nahm. Die Gründe kenne ich. Und ich weiß auch genau, was ich zu tun habe.

Ein Geräusch: Achmed steht unter der Tür, in Jeans, mit bloßen Füßen. Er beugt sich über mich, beide Hände auf die Lehnen des Sessels gestützt.

»Sonia...«

Ich senke den Kopf und schweige. Er hält mich an den Schultern und zieht mich hoch. Ich sehe zur Seite. Er fasst mich am Kinn, zwingt mich, ihn anzusehen.

»Bleib bei mir! Verlass mich nicht. Enrid Sonia – ich liebe dich, Sonia.«

Er hat Tamahaq gesprochen. Ich will zurückweichen, aber

er lässt mich nicht los. Und gegen meinen Willen antworte ich in derselben Sprache: »Du darfst mich nicht lieben, Achmed. Ich habe kein Herz mehr und mein Gefühl ist tot. Ich bin ganz ausgehöhlt...«

»Sprich nicht so«, flüstert er. »Ich will dir helfen zu vergessen. Ich möchte dich glücklich machen.«

Ich nehme sein Gesicht zwischen meine Hände und streichle ihm mit den Daumen über die Schläfen, dann über Brauen und Augenlider.

Da sehe ich, dass er weint. Tränen nässen seine Wimpern, rinnen ihm über die Wangen. Er schluchzt nicht – nur ab und zu geht ein Zucken über sein Gesicht.

»Beruhige dich – bitte.«

Ich habe schon so viel von ihm verlangt und verlange noch mehr. Auf die Liebe, die mir Achmed entgegenbringt, habe ich kein Recht, denn meine Seele ist auf dem Weg zu dir, Tarek, in jenen Bereich unbestimmten Dämmerlichts, wohin ich allein gehen will. Ich warte auf dich, wie damals, in Tam. Ich weiß, dass du kommen wirst... Laut sage ich: »Achmed, du musst mir helfen...«

Mit den Fäusten wischt er sich die Tränen von den Wangen. Seine Stimme ist gefasst, aber sehr leise: »Du weißt, dass ich alles für dich tue. Fordere und ich gehorche!«

»Ich will nach Abalessa, Mariama holen.«

Ich spüre, wie er zusammenzuckt. »Sonia, hast du dir das gut überlegt? Denke an Chelifa, an Rahim. El Hadj Lachmi wird sagen...«

Ich schneide ihm das Wort ab. »El Hadj Lachmi kann mir gestohlen bleiben. Der Kerl ist kein Targi, er soll gefälligst das Maul halten! Ich werde Mariama nach Algier nehmen und suche mir dort Arbeit.«

Erschöpft lege ich die Stirn an seine Schulter und flehe: »Hilf mir, lass mich nicht im Stich... Ich brauche dich...«

Er drückt mich an sich, mit seiner ganzen Kraft. Seine Stimme klingt rau. »Ich habe dir etwas versprochen, Sonia, und ich werde es halten.«

Ich hole tief Atem. Eine Last fällt mir vom Herzen.

Er löst sich von mir, um mich ganz anzusehen.

»Mit Rahim zu diskutieren hat keinen Sinn: Er steht unter Hadj Lachmis Einfluss. Wir gehen nachts ins Lager, wenn alle schlafen. Mariama ist bei meiner Mutter. Du musst mit ihr sprechen. Aber wenn sie sich weigert...«

»Sie wird sich nicht weigern«, entgegne ich bestimmt.

Er wirft mir einen raschen Blick zu. »Bist du dessen so sicher?«

»Chelifa weiß genau, dass nach ihrem Tod die Verantwortung für das Kind an Rahim übergeht. Aber Rahim wird niemals den Mut aufbringen, El Hadj Lachmi oder gar dem Amenokal Widerstand zu leisten, falls diese beschließen sollten, Mariama mit irgendeinem Kerl zu verkuppeln, der sie einsperrt, verschleiert und ihr jedes Jahr ein Kind aufzwingt.«

Ein Hustenanfall verschlägt mir die Sprache. Ich renne ins Bad, lasse kaltes Wasser über mein Gesicht laufen. Achmed folgt mir nach. Keuchend stoße ich hervor: »Nicht Mariama, hörst du, nicht Tareks Tochter! Nie werde ich zulassen, dass ihr das gleiche Schicksal wie Lila widerfährt. Chelifa muss mich unterstützen.«

Er umarmt mich wortlos, seine Finger streicheln mein Haar. Ich schließe die Augen. Ich bin müde, so müde...

»Sei unbesorgt«, flüstert er. »Wir werden es schaffen. Wir holen Mariama und dann fahren wir nach Algier zurück.«

Überrascht sehe ich auf. »Was sagst du da?«

»Glaubst du, ich verlasse dich? Du und Mariama, ihr werdet mich nötig haben. Ich habe etwas Geld auf die Seite gelegt, wir werden uns eine Wohnung mieten. In Tam hatte ich einen technischen Fernkurs begonnen. In Algier könnte ich aufs Technikum gehen und nebenher arbeiten. Irgendetwas...«

Er legt sein Gesicht an das meine, um mich mit seinem Atem zu streicheln.

»Eines Tages, wenn ich einen Beruf habe, könnten wir vielleicht das Land verlassen, nach Europa gehen...«

»In die Schweiz?«

»Wohin du willst«, sagt er zärtlich. »Nach dem Tod meiner Mutter hält mich nichts im Hoggar zurück. Das Verhältnis zu meinem Vater ist kühl. Er würde sich meinem Entschluss nicht widersetzen. Was Joji betrifft, nun, er lebt für sich. Tarek verband sein Schicksal mit dem unseres Volkes. Ich habe nicht seinen Mut. Aber ich werde Mariama unsere Überlieferungen, unsere Geschichte lehren, werde sie im Stolz, eine Kel Rela zu sein, erziehen.«

Er hält mich fest in den Armen, mein Zittern lässt nach. Mit ruhiger Stimme frage ich: »Wie viele Tage brauchen wir bis in den Hoggar?«

»Ungefähr fünf. Wird es für dich nicht zu anstrengend?«

»Keine Angst, ich halte schon durch! Wann fahren wir?«

»Sobald wie möglich. Ich bringe den Wagen zur Kontrolle und besorge das Material für Karin.«

»Gut.«

Er nimmt meine Hand und lächelt. »Wie wär's mit einem Frühstück? Ich brauche jetzt einen Kaffee – du nicht auch?«

Ich erwidere sein Lächeln. Ich spüre, dass ich zum ersten Mal seit langem wieder hungrig bin.

29. Kapitel

»Du hustest zu viel«, sagt Achmed. »Du solltest schlafen!«

Wir sind in Laghouat, der ersten Sahara-Oase. Das Hotel Marhaba, ein großes, weiß getünchtes Gebäude, wirkt trotz der vielen Berberteppiche leer. Es gehört dem algerischen Staat und ist für unsere Verhältnisse sehr teuer. Aber Achmed besteht darauf, ein Zimmer zu nehmen. Ich solle mich wohl fühlen, mich ausruhen.

Bei Tagesanbruch hatten wir Algier verlassen. Schnee lag auf den Ausläufern der Atlasberge. Der eisige Wind blies in den Wagen. Achmed trug über dem Pullover nur die Lederjacke, die Kälte schien ihm nichts auszumachen. In den Poncho gehüllt, ließ ich die Landschaft gleichgültig vorbeiziehen. Oft schlief ich, den Kopf an seiner Schulter.

Das Zimmer riecht nach Chlor und feuchtem Mörtel. Ich schlottere vor Kälte. Die Heizung sei defekt, behauptet der Boy mit fliehendem Blick. Achmed bestellt Tee aufs Zimmer. Ich bin erschöpft. Er hebt mich hoch wie ein Kind, legt mich aufs Bett. Er zieht mir die Stiefel aus und hüllt mich in Decken ein.

»Versuche zu schlafen...«

Er bleibt bei mir sitzen. Seine Hand gleitet über mein Haar. Ich höre ihn atmen. Von der nahen Moschee klingt laut die Stimme des Muezzin herüber.

»La illaha ill Allah...«
»Ruh dich aus«, sagt Achmed. »Denk an nichts...«
Ich schließe die Augen...
Ghardaia. Wir schlendern zwischen perlmuttweißen Häusern. Die schmalen Gässchen klettern in unzähligen Stufen in die Höhe. Wir begegnen Männern in Burnussen aus schwerer Wolle. Eine Frau, in weißen Wollstoff gehüllt, kreuzt unseren Weg. Sie darf nur aus einem Auge sehen, das andere muss verdeckt bleiben. Das verlangt hier die Religion. Und so folgt mir dieses einzige Auge, mir, die ich in Jeans und Stiefeln bin, Hand in Hand mit einem jungen Mann. Ich lache, weil Achmed mich zum Lachen bringt, mir lustige Dinge zuflüstert. Er schleppt mich auf den Markt, zeigt mir ziseliertes Kupfer, Teppiche, Schmuck. Er kauft eine Hand voll Datteln, Orangen, in Schaffett gebratene Krapfen. Im Schatten der Mauer eines Palmenhains schält Achmed eine Orange. Ich liege ausgestreckt im Sand, den Kopf auf seinen Knien. Er steckt mir Orangenschnitze in den Mund. Hufe klappern – ein alter Mann auf seinem mit Körben beladenen Esel reitet vorüber. Er blickt uns schräg an und murmelt etwas. Achmed verschluckt ein Lachen. In seinen Augen blitzt der aufrührerische Spott der Tuareg: »Für ihn sind wir der Gipfel der Unmoral...«
Die Wüste. Zwischen den niedrigen schwarzen Kämmen, die sich am Horizont drängen, zwischen den steinigen Halden, den Wellen feinen Sandes spiegelt sich die Luft zu fantastischen, ewig unerreichbaren Lagunen.
Wir fahren. Eine Oase folgt der anderen: El Golea, In Salah. Wir erreichen die Schlucht von Arak. Auf beiden Seiten der Piste öffnen sich schwarze Klippen wie steile, unheimliche Tore. Die Sonne wirft Flammenbündel auf die senkrechten Mauern, deren Zinnen über den Sandbänken hängen. Ein großer Transsahara-Laster holpert über die Piste. Achmed

überholt ihn. Der Fahrer in schmutzigem Schesch winkt. Am Horizont schwimmen im Dunst die blauen Berge des Hoggar...

Ich sitze bewegungslos da. Mein Herz hämmert gegen die Rippen. Nichts entgeht Achmed: Er spürt meine Erregung. Er sucht meine Hand und drückt sie. Ich versuche zu lächeln. Er seufzt. Seine Handfläche ist feucht.

Gegen Abend erreichen wir In-Eker. Die dunkelrote Sonne neigt sich dem Horizont entgegen. Die Berge haben die Farbe gebrannten Tons: Ocker, fahles Rot, warmes Braun... Das ist das Land, das du liebtest, die Luft, die du geatmet hast, der Sand, über den du gegangen bist, Tarek...

Meine Zähne schlagen aufeinander, ich zittere. Achmeds Hand streicht mir über die Stirn.

»Du hast Fieber. Wir werden erst morgen weiterfahren.«

»Es ist nichts, ich nehme ein Beruhigungsmittel, dann geht es gleich besser...«

In einer Felsnische hat Achmed ein Feuer entfacht. Er kocht Tee und brät Spiegeleier. Ich schlucke zwei Tabletten. Sie wirken rasch. Achmed hüllt mich in Decken, nimmt mich in seine Arme. Ich sehe die Sterne: Orion, Wega, den Großen Wagen, ich entsinne mich der Worte, die Tarek in Arlit zu mir sagte: »Am Himmel ist so viel Klarheit und Friede...«

Es war die letzte Nacht, die wir damals gemeinsam verbrachten...

Tränen laufen mir über das Gesicht. Achmed wiegt mich, drückt mich an sich. Weinend schlafe ich ein, versinke in die dumpfe Betäubung der Beruhigungsmittel...

Tamanrasset am Morgen. Gelber Sandnebel verwischt die Umrisse des Hadrian. Die Tamarisken sind aschfarben... du bist tot, alles ist schmutzig, hässlich. Ich hasse diesen Ort. Niemals mehr könnte ich hier leben...

»Achmed, was ist aus unserem Haus geworden?«

»Ein Radiotechniker hat es gemietet. Deine Sachen sind bei Karin, ich habe alles in Schachteln verpackt. Wir können sie nach Algier mitnehmen.«

Ich schüttle den Kopf: »Nein!«

»Aber deine Bücher, deine Schallplatten...«

»Ich will nichts«, sage ich heftig. »Ja doch, die Marionetten für Mariama.«

Flüchtlinge warten im Hof der Krankenstation. Im Sand kauernd verbergen die Frauen ihre mit Geschwüren bedeckten Kinder unter den Lumpen. Ein Alter hustet. Unbarmherzig brennt die Sonne. Wir betreten einen getünchten Flur. Der Geruch von Äther und Formalin schlägt uns entgegen. Diesen Geruch kenne ich. Eine Türe öffnet sich. Eine kleine, magere Frau in einem blauen Kleid betritt den Gang: Schwester Maria, eine der Pflegerinnen. Freudig strahlt das knochige Gesicht. »Sonia, welche Überraschung! Sind Sie endlich wiederhergestellt? Warten Sie, ich sage Karin, dass Sie da sind.«

Sie entfernt sich: ein stiller, blauer Schatten. Ich reibe die feuchten Hände an den Nähten meiner Jeans. Ein Junge mit Krücken schleppt sich daher. Das Bein ist bis zum Knie eingegipst. Sein schwärzliches Zahnfleisch blutet.

»Skorbut«, sagt Achmed halblaut.

Wieder öffnet sich die Tür. Es ist Karin. Über den Jeans trägt sie einen weißen Kittel mit aufgekrempelten Ärmeln. Mit ausgestreckten Händen kommt sie auf uns zu: »Sonia!«

Sie schließt mich in die Arme, dann tritt sie zurück, fasst mich an den Schultern. »Wie glücklich bin ich, dich zu sehen! Lass dich anschauen...« Sie dreht mich gegen das Licht, mustert mich mit zusammengekniffenen Augen. Ich senke den Blick. Ihr Lächeln weicht einem nachdenklichen Ausdruck. Sie seufzt leise. »Hustest du immer noch?«

»Nicht mehr so häufig.«

Sie wendet sich an Achmed: »Warum hast du mir nicht gesagt, dass du sie mitbringst?«

Er lächelt etwas verlegen. »Ich... nun, wir werden nach Algier zurückfahren und dort zusammenleben.«

Ihr lebhafter Blick geht von einem zum andern. Ich sehe die tiefen Falten um ihre Mundwinkel. Ich denke: Wie alt ist sie geworden!

»Ja«, sage ich, »mit Mariama. Wir holen sie heute Abend von Abalessa.«

Kurzes Schweigen, dann sagt Karin: »Gehen wir in mein Büro.«

»Ich komme nach, Karin«, sagt Achmed. »Ich muss mich um Benzin kümmern, bevor die Tankstelle schließt...«

Es ist nur ein Vorwand; er weiß, dass Karin mit mir allein sprechen möchte. Ich sehe seiner hohen Gestalt nach, die sich durch den Flur entfernt, und plötzlich wird mir klar, wie verloren ich ohne ihn bin.

In Karins Büro sind die Läden geschlossen. Der Raum ist dunkel und kühl. Ein Tisch mit Papieren, ein Feldbett, ein mit Büchern voll gestopftes Regal. Ich setze mich auf das Feldbett. Sie reicht mir ein Glas Ananassaft, nimmt einen Zigarillo. »Du erlaubst, dass ich rauche? Erzähl mir! Was ist geschehen?«

Während ich spreche, lehnt sie am Tisch, sieht mich mit ausdrucksloser Miene an. Dann sagt sie nachdenklich: »Wenn Achmed es auf sich nimmt, dir zu helfen, hast du eine Chance. Es hängt natürlich davon ab, ob Chelifa bereit ist, sich von Mariama zu trennen.«

»Chelifa wird einverstanden sein.«

Karin zieht die Schultern hoch. »Schon möglich.«

Ich presse das Taschentuch gegen den Mund, um einen Hustenanfall zu unterdrücken. »Ich... reise nicht ohne Mariama!«

Karin raucht und beobachtet mich. Ich werfe ihr ein schüchternes Lächeln zu. »Wie... wie findest du mich?«

»Du gefällst mir nicht«, antwortet sie trocken. »Was sagen die Spezialisten?«

»Dass mein Husten nervöse Ursachen hat. Ich muss mir darüber klar werden, dass... dass Tarek nicht mehr lebt.«

»Und das tust du nicht. Ich verstehe...«

»Nein, so ist es eigentlich nicht.« Ich stocke. Das Blut pocht mir im Hals, es schmerzt ein wenig. Wird sie begreifen? »Ich weiß, dass er zurückkommen wird«, sage ich. »Er hatte versprochen, mich nie zu verlassen...«

Stille. Ich sehe, wie ihre Lider sich zusammenziehen. Steif dreht sie mir den Rücken zu. Schiebt etwas auf dem Tisch hin und her, sie atmet laut. Als sie sich mir zuwendet, zittert die Hand, die den Zigarillo hält, aber ihr Ausdruck ist gelassen. »Du übernimmst eine große Verantwortung mit dem Kind.«

»Ich bin stark.«

Karin zuckt fast unmerklich die Achseln. »Es geht hier nicht um Stärke. Du weißt genau, worauf ich hinauswill.«

»Achmed ist da.«

Sie nickt. Ihre Züge entspannen sich. »Ja«, sagt sie sanft. »Ohne ihn würdest du nicht durchhalten. Er ist ehrlich und er liebt dich. Um deinetwillen verlässt er sein Volk, seine Familie. Mach ihn nicht unglücklich.«

»Wie könnte ich?«

Sie schweigt einen Augenblick. Dann: »Was macht ihr in Algier?«

»Achmed geht aufs Technikum. Ich werde arbeiten. Für Mariama sorgen wir beide. Vielleicht verlassen wir später Algerien.«

»Werdet ihr heiraten?«

Ich betrachte meine Fingernägel. »Er will mich heiraten.«

»Und du?«

Ich gebe keine Antwort. Karin dringt nicht weiter in mich. »Es wird nicht leicht sein, in Algier Arbeit zu finden. Du sprichst ein wenig Arabisch, nicht wahr? Ich werde meiner Freundin schreiben, die eine Mütterberatungsstelle leitet. Zorha Djebar ist eine sehr tüchtige algerische Ärztin. Wende dich an sie. Ich will sie sofort benachrichtigen.« Sie schließt halb die Augen und fügt mit tonloser Stimme hinzu: »Nie werde ich den Abend vergessen, an dem ich dich mit Tarek zum ersten Mal sah. Ihr kamt auf den Mehara aus Abalessa. Die Tiere gingen im Gleichschritt. Es war Sonnenuntergang und ihr wart ganz von Gold umrahmt. Eine fast mythische Harmonie, eine Vollkommenheit ging von euch aus, die mich mit einem Schlag fünfzehn Jahre Bitterkeit und Zynismus vergessen ließen. Illusion und Wirklichkeit zugleich, so habt ihr euer Leben und euer Vertrauen in Raum und Zeit getragen. Ihr wart Liebe, Schönheit, Hoffnung...« Ihre Stimme versagt. Der Zigarillo zwischen ihren Fingern verwandelt sich in weiße Asche. Wir verharren schweigend. Draußen schreit ein Mehari. Mich fröstelt... ich warte und bin ganz ruhig. Ich weiß, dass du zurückkehren wirst...

30. Kapitel

Es ist Nacht. Rötlich schwebt die Mondsichel über den Dünen. Wir kauern in einer Mulde, die uns vor Kälte schützt. Achmed hatte es vorgezogen, kein Feuer zu machen. Laute durchdringen die Finsternis: das Knacken eines Zweiges, das heisere Bellen eines Wüstenfuchses, leises Pfeifen des Windes.

»Wir müssen warten, bis alles schläft«, sagt Achmed. »Die Hunde kennen uns, sie werden das Lager nicht aufwecken.« Er berührt meine Hände. »Frierst du?«

Mit dem Atem wärmt er zärtlich meine Finger und nimmt sie unter seine Jacke. Ich fühle die Schläge seines Herzens. Leise sage ich: »Als Tarek starb, nannte er deinen Namen.«

Sein warmer Atem streift mein Haar.

»Tarek und ich, wir sind uns immer sehr nahe gewesen. Ich glaube, er wusste es...«

»Was?«

»Dass ich dich liebte.«

»Warum glaubst du das?«

Ein Seufzer hebt seine Brust. »Erklären kann ich es nicht. Tarek wusste viele Dinge.« Dunkelheit verbirgt sein Gesicht. Seine Stimme klingt ruhig, aber er drückt meine Hände so stark, dass es mich schmerzt. »Sonia, ich weiß, dass du Tarek in mir suchst. Ich habe es schon am ersten Abend in Algier gespürt...«

Ich versuche ihm meine Hände zu entziehen, aber er lässt mich nicht los.

»Als ich dich aus Arlit zurückholte, hast du in der Bewusstlosigkeit seinen Namen geschrien. Ich umarmte dich, du hast mich zurückgestoßen. Aber ich liebte dich, ich wusste, dass du mich brauchtest. Nur das gab mir die Kraft... das Unerträgliche zu ertragen.«

»Achmed...«

Seine Lippen gleiten über mein Gesicht, meinen Mund. Seine Stimme ist nur noch ein heiseres Flüstern. »Nein, sage nichts, es ist unwichtig. Ich werde dich weiterhin lieben. Du bist mein Leben, Sonia. Ich weiß, ich werde leiden, aber ich werde nie die Hoffnung aufgeben, dass du mich eines Tages meiner selbst wegen liebst.«

Wie kaltes Silber glänzt jetzt der Mond. Wind schüttelt die Sträucher. Achmed führt mich vorsichtig durch die Nacht. Ich klammere mich an seinen Arm. Keiner spricht ein Wort. Da ist das Wadi, in dem ich mit Tarek spazieren ging. Ich verschließe mich diesen Bildern und Gefühlen. Meine Stiefel sinken im weichen Sand ein. Achmed hilft mir, die Böschung zu erklettern. Wir sind ganz nah am Lager. Im Mondlicht heben sich die Seribas und die weiten Umfriedungen dunkel vom Sandboden ab. Mein Herz schlägt bis zum Hals.

»Alles schläft«, flüstert Achmed. Seine Hand umschließt die meine. »Komm, wir müssen uns beeilen.«

Lautlos bewegen wir uns im Schatten der Seribas. Ich kenne den Platz, wo jene von Tarek stand. Ich will nicht hinsehen. Da ist die Hütte von Chelifa.

Achmed nähert sich dem Asabar. Er raunt: »Belu!«

Etwas rührt sich: Die dunkle Gestalt des Bediensteten, der unter dem Vordach schlief, richtet sich mit einem unterdrückten Ausruf auf. Eine Handbewegung Achmeds bringt ihn zum Schweigen. Er spricht leise auf ihn ein. Belu nickt, verschwindet im Dunkel der Seriba. Eine kleine Weile vergeht. Dann leuchtet eine Sturmlaterne hinter dem Strohgeflecht auf: Chelifa ist wach. Wir durchqueren den Vorhof, schlüpfen aus unseren Stiefeln. Ich trete hinter Achmed ein. Safrangelbes Licht schimmert im Innern der Seriba, flackert über aufgestapelte Teppiche und die Lederkissen. Chelifa liegt unter einem Schafsfell. Ihre weit geöffneten Augen sind auf mich gerichtet. Ich knie nieder, lege meine Stirn in ihre Hand. Ich fühle, wie ihre Finger sich bewegen, sie streichelt mein Gesicht.

Die Tränen brennen unter meinen Lidern und rinnen in ihre Hand. Schluchzen schüttelt mich.

Endlich spricht sie. Ihre Stimme ist nur ein Hauch. »Du bist zurückgekommen...«

»Ja.«

»Wegen Mariama?« Sie hat verstanden. Ich hebe den Kopf. Sie blickt in mein verstörtes, tränenüberströmtes Gesicht.

Ich stammle: »Hilf mir, Chelifa! Hilf mir, ich bitte dich...«

Mühsam hebt sie die verkrüppelte Hand, zeigt auf die Rückwand der Seriba, dort wo das Licht der Sturmlaterne nicht hinreicht. Ich krieche über den Teppich. Mariama schläft, in eine Decke gewickelt. Die feinen Zöpfchen fallen ihr auf die rosigen Wangen. Ich flüstere: »Mariama...«

Sie stöhnt im Schlaf. Sanft hebe ich sie hoch und lege mein Gesicht an das ihre. »Mariama, ich bin es, Sonia...«

Sie öffnet die Lider. Die grünen Augen glänzen im Halbdunkel. Unter Tränen lächle ich ihr zu. Ihr Atem stockt. Sie wirft mir die Arme um den Hals, klammert sich mit aller Kraft an mich.

»Sonia... ich will bei Sonia bleiben!«

»Ich nehme dich mit, Mariama. Wir gehen zusammen. Jetzt, gleich...«

Ich streife ihr die Farmerhose über, die Wolljacke, und

ziehe ihr die Sandalen an. Sie gähnt schlaftrunken. Mit den Lippen berühre ich die warme Wange.

Achmed spricht, über Chelifa gebeugt, mit leiser Stimme. Erschüttert sehe ich auf die alte Frau, deren Gesicht so abgemagert ist, dass es nichts mehr auszudrücken vermag. Nur die schwarzen Augen glänzen voll Willensstärke. Ein heiseres Flüstern kommt über ihre Lippen.

»Meine Mutter rät mir, die verbotene Spur westlich des Tefedest einzuschlagen, um über Hassi Messaoud nach Ouargla zu gelangen. Dies ist zwar ein Umweg, aber sie fürchtet, Rahim könnte uns auf der Hoggar-Straße nach In Salah verfolgen. Sie will versuchen, ihn zur Vernunft zu bringen. Hadj Lachmi und der Amenokal wissen, dass sie nicht mehr lange lebt, und werden sich ihr nicht widersetzen. Sie ist glücklich, dass wir beisammen sind, sie weiß aber auch, dass sie mich verliert. Nur Joji wird bei ihr wachen, wenn die Stunde des Todes naht.«

Chelifa winkt mir näher zu kommen. Mit der Hand fährt sie über Mariamas Haar, sie streichelt sie mit ihrem Atem. Sie fragt Achmed: »Hast du Geld?«

»Ein wenig, ja«, antwortet er.

Mühsam hebt sie den Arm und löst den Schlüssel, der an ihrem Schleier hängt. Aus derselben Truhe, aus der Chelifa damals den Schmuck nahm, zieht Achmed jetzt einen mit Fransen verzierten Lederbeutel. Chelifa entnimmt ihm einige Geldscheine und legt sie in seine Hand.

»Nehmt das Geld, ihr werdet es brauchen. Und jetzt geht!«

Achmed kniet nieder, umarmt seine Mutter. Er legt den Kopf an ihre Schulter. Sie wiegt ihn wie ein Kind. Ich denke: Es ist das letzte Mal, dass er seine Mutter sieht...

»Geht«, wiederholt Chelifa befehlend. Sie zieht den Schleier vor das Gesicht, wendet sich ab. Wir gehen hinaus. Vor der Seriba kniet Achmed nieder und zieht mir die Stiefel an. Dann nimmt er das Kind auf den Arm. Belus Augen leuchten im Dunkel. Ein Hund bellt, dann ein zweiter. Belu entfernt sich, um die Tiere zu beruhigen. Wieder herrscht Schweigen...

Wir gehen auf das Wadi zu. Das Taschentuch auf den Mund gepresst, unterdrücke ich den Hustenreiz. Schon kündet sich die Dämmerung an, die Sterne verblassen. Ein harter, eiskalter Mond wandert über den Horizont...

EPILOG

Heute leben wir in unserer kleinen Wohnung in Genf und das alles liegt weit zurück. Ein Stück Leben ist vergangen. Ich weiß, dass Tarek zu mir zurückgekehrt ist. Er ist nicht mehr bei mir, er ist in mir, wir sind ein und dasselbe Wesen. Es ist nicht wichtig, ob man in Gedanken zu den Toten spricht oder durch Gefühle. Oft hatte er es mir gesagt, aber ich hatte es nicht verstanden. Jetzt habe ich den Weg zu ihm gefunden. Diese Gewissheit verscheucht jeden Schatten, jeden Schmerz.

Heute ziehen Asphaltstraßen schwarz und schnurgerade von den Küsten Algeriens hinunter bis nach Kapstadt. Ich habe das Versprechen, das ich Tarek gab, gehalten. Mariama vom Volk der Kel Rela ist jetzt erwachsen; sie ist frei und schön und wunderbar klug. Unsere Freundschaft mit Karin hat sie tief geprägt. Kranke heilen, das wollte sie schon als Kind. Und später in die Sahara zurückkehren, ihren Arztberuf ausüben. Karin ist im Frühling siebzig geworden. Ihre Kräfte lassen nach, auch wenn sie es sich nicht eingestehen will. Mariama wird ihre Arbeit fortsetzen. Sie kommt bald, sie ist schon auf dem Weg. Es geht kein Tag vorbei, ohne dass ich ihre Ungeduld spüre. Ihre Ungeduld und ihre Freude.

Mich schmerzt der Verlust einer Welt, der Menschen und der Dinge, die niemals zurückkehren werden. Mariama hat diese Welt kaum gekannt. Sie denkt an die Zukunft und das ist gut so.

Inzwischen geht das Leben weiter, gleichmäßig, heiter, fast immer fröhlich. Es gibt auch schwere Zeiten, das gehört dazu. Wir sind voller Zuversicht. Und Achmed ist immer bei mir, der meine Erinnerungen teilt. Mit ihm bin ich nie unglücklich und meistens sogar richtig glücklich.

Stefanie Zweig

Stefanie Zweigs autobiographische
Romane wurden zu Bestsellern!

»Eine literarische Liebeserklärung – vor tragischem
Hintergrund.« **Hamburger Abendblatt**

»Der Background wird ausgezeichnet dargestellt...
Stefanie Zweig beobachtete sehr genau.«
Süddeutsche Zeitung

3-453-12429-4

Nirgendwo in Afrika
3-453-12429-4

Irgendwo in Deutschland
3-453-13656-X

Katze fürs Leben
3-453-15234-4

*Nirgenwo in Afrika/
Irgendwo in Deutschland*
3-453-17202-7